住户部门资产负债核算理论方法与政策研究丛书

住户部门资产负债表编制：国际准则与实践

主编　杜金富　阮健弘　朱尔茜

中国金融出版社

责任编辑：张　铁　丁　芊
责任校对：刘　明
责任印制：裴　刚

图书在版编目（CIP）数据

住户部门资产负债表编制：国际准则与实践/杜金富等主编．—北京：中国金融出版社，2020.6
（住户部门资产负债核算理论方法与政策研究丛书）
ISBN 978－7－5220－0455－6

Ⅰ.①住…　Ⅱ.①杜…　Ⅲ.①居民家庭收支调查—资金平衡表—编制—研究　Ⅳ.①F222.34

中国版本图书馆CIP数据核字（2020）第021976号

住户部门资产负债表编制：国际准则与实践
ZHUHU BUMEN ZICHAN FUZHAIBIAO BIANZHI：GUOJI ZHUNZE YU SHIJIAN

出版发行　中国金融出版社
社址　北京市丰台区益泽路2号
市场开发部　（010）66024766，63805472，63439533（传真）
网上书店　http：//www.chinafph.com
（010）66024766，63372837（传真）
读者服务部　（010）66070833，62568380
邮编　100071
经销　新华书店
印刷　保利达印务有限公司
尺寸　169毫米×239毫米
印张　21.25
字数　366千
版次　2020年6月第1版
印次　2020年6月第1次印刷
定价　58.00元
ISBN 978－7－5220－0455－6
如出现印装错误本社负责调换　联系电话（010）63263947

前　言

我们于2018年完成了国家自然科学基金重点项目“政府资产负债测度核算的理论方法与政策研究”（项目编号71333014）。在这一课题研究中，我们对狭义政府、包括狭义政府和事业单位及国家控制的非营利组织在内的广义政府，国有非金融企业、包括中央银行在内的国有金融企业的存量资产负债核算进行了较全面系统深入的研究，并编制出版了《中国政府资产负债表（2008—2016）》。若再对住户部门和非居民部门（国外部门）资产负债进行全面系统的研究，就完成了国家资产负债核算中的所有部门核算的研究。非居民部门（国外部门）资产负债的核算相对比较成熟。为了建立和完善我国国家和地方资产负债的核算，我们又开展了住户部门资产负债核算的理论方法与政策研究。这一想法得到了国家统计局国民经济核算司的支持，也得到了在这方面有较深研究的专家学者的支持。

我们的研究大体分为三个阶段：第一阶段研究住户部门资产负债核算的国际准则及有关国家核算实践，第二阶段研究中国住户部门资产负债核算的理论与方法，第三阶段编制我国住户部门资产负债表并进行政策研究。

《住户部门资产负债表编制：国际准则与实践》就是课题研究第一阶段的成果。全书共由十章组成。第一章和第十章主要研究住户部门资产负债核算的国际准则，包括《国民账户体系2008》《货币与金融统计手册和编制指南》和堪培拉专家小组①建议有关住户部门资产

① 堪培拉专家小组是1996年专门为修订住户收入等国际统计标准问题而成立的国际专家小组。

负债核算准则等内容。第二章至第九章分别研究了美国、英国、日本、加拿大、澳大利亚、新西兰、南非、印度编制住户部门资产负债表的实践，包括各国住户部门资产负债表编制的基本情况、机构核算范围与分类、资产负债核算范围与分类、资产负债表的编制等内容。

本书由杜金富（北京语言大学商学院、经济研究院）、阮健弘（中国人民银行调查统计司）、朱尔茜（北京语言大学商学院、经济研究院）主编，张文红、陈浩协助主编统稿。具体分工：第一章由杜金富、白玮、唐哲编写；第二章由朱尔茜、张月梅、史楠编写；第三章由吴伟、徐璐涵编写；第四章由潘明霞、计茜编写；第五章由范奇、肖青云编写；第六章由代金奎、张杨、李夏炎编写；第七章由吴霞、付秋虹、李炜楠编写；第八章由彭江波、张杨、李夏炎编写；第九章由付秋虹、李炜楠编写；第十章由叶翔编写。

许宪春教授、高敏雪教授、张晓晶教授、国家统计局徐雄飞副司长、柴强研究员对本书审定并提出了修改意见，在此向他们表示感谢！

本书得到了北京语言大学一流学科高峰计划“宏观经济核算与分析”（项目号 GF 201904）的支持。

杜金富
2019 年 10 月 31 日

目　录

第一章　住户部门资产负债表编制的一般准则

目前，编制住户部门资产负债表的国际一般准则主要有联合国等机构出版的《国民账户体系2008》（SNA2008），国际货币基金组织（IMF）2016年出版的《货币与金融统计手册和编制指南》，堪培拉专家小组2001年出版的《专家组关于住户收入统计的最终报告及建议》等。本章主要介绍上述国际准则编制住户部门资产负债表的三个方面内容：住户部门的定义及分类，资产负债核算的范围与分类，住户部门资产负债表的编制。

第一节　住户部门的定义及分类

上述三个国际准则对住户部门的定义基本一致，但各有侧重。SNA2008从社会生产及对市场影响的角度对住户部门进行了定义和分类，IMF从核算资金流量的角度对住户部门进行了定义和分类，堪培拉专家小组从核算收入流量的角度对住户部门进行了定义和分类。

一、SNA2008对住户部门的定义及分类

（一）作为机构单位的住户定义

住户是指共享生活设施，把成员的部分或全部收入汇聚起来使用，集体消费某些货物和服务——主要是住房和食物的一个或一群人。一般而言，每一位住户成员对住户中的集体资源都拥有一定的权利，至少某些影响消费或其他经济活动的决定必须由全体住户成员作出。

住户的概念与家庭的概念通常是一致的，但同一住户的成员不一定属于同一个家庭，因为住户只要求在资源和消费上存在一定程度的共享。

与雇主生活在同一住所的家政人员虽然接受雇主提供的住宿和食物作为劳动报酬，但他们仍然不能被当做雇主所在住户的成员，因为接受雇主薪酬的家政人员对雇主住户的集体资源没有主张的权利，而且他们消费的住宿和食物也不包括在雇主的消费中，所以应该把他们看成是独立于雇主住户的其他住户

成员。

住户中有一类单一机构住户，即那些永久居住或者可能在很长或无限期的时间内居住在一个机构，几乎或者根本没有行动自主权或经济事务决策权的人。例如，居住在寺院、修道院或者类似宗教机构中的成员；在包括精神病医院在内的医院中长期住院的病人；长期服刑的犯人；长年居住在养老院的老人等。另外，短期进入医院、诊所、疗养院、宗教静修场所或类似机构，常驻在学校、学院或大学学习，以及短期服刑的人员，应视为正常所属住户的成员。

个人的常住性由其所属住户的常住性决定，而不是由其工作所在地决定。同一住户的所有成员与住户本身有同样的常住国，即使他们跨越国界工作或者在国外生活一段时间也属于同一住户。但是，如果他们在国外工作或居住地的时间长到具有经济利益中心的程度，就不再是原属住户成员。

住户中包括非法人企业。住户和公司的不同之处在于住户要进行最终消费，而相同之处在于住户也可能从事生产。住户成立市场性非法人企业是为了生产能在市场上销售或易货的货物和服务。事实上，住户可以从事农业、采掘业、制造业、建筑业、零售和其他种类的服务业等所有生产活动。住户的市场性非法人企业也包括那些生产能在市场上销售或易货的货物或服务的非法人合伙企业。

（二）住户非法人企业的子部门——非正规部门

非正规部门是住户非法人企业的一个子部门。非正规部门中的“部门”和SNA中通常使用的“部门”具有不同的基础。SNA中的部门由完整的机构单位组成，非正规部门则仅涉及生产活动。

非正规部门是指为了创造就业和收入而从事商品服务生产的单位集合。这些单位通常组织程度较低，很少或没有区分生产要素中的劳动与资本，并且规模很小。劳动关系主要是基于临时雇用、亲属以及社会关系，而不是正式合同安排。非正规部门的生产单位具有住户企业的特征。生产所使用的固定资产及其他资产不属于生产单位本身而属于其所有者。单位本身不能以自己的名义从事交易，或与其他单位签订合同，或发生债务。所有者必须自担风险筹集必要的资金，且对生产过程中产生的任何债务或义务负无限个人责任。

生产支出通常很难从住户企业支出中区分出来。同样地，像楼房或汽车这样的资本品也很难区分出究竟是商用还是家用。在SNA中，住户企业不是一个独立于其住户成员的独立法人实体。生产中使用的固定资本可能会被用于其他目的，比如，实施活动的经营场所可能就是其家庭住宅，汽车既用于运输家庭生产的货物也用于家庭日常运输。这些资产不属于企业本身而属于住户成员。因此，由于住户企业的某些资产（包括金融资产和非金融资产）兼具生产属性和生活属性，故几乎不可能为其编制一套完整的账户。因此，住户企业只能作为非法人企业纳入住户部门统计范围，而不是作为准法人公司纳入公司部门统计范围。非正规部门的住户企业子部门具有不同于其他非法人企业的经济目标、行为及组织形式。非正规部门不包括纯粹为自身最终使用为目的而进行生产的单位，不包括有正规经济特征的单位。只有那些没有在特定国家法律（商法、税法、社会保障法和管理法规等）下注册的单位才被视为非正规单位。非正规部门作为住户非法人企业的一个子部门，主要分为两类：无雇员的非法人企业和有雇员的非法人企业。

（三）住户部门及其子部门

住户部门由所有常住住户构成。划分住户部门的子部门有多种方法。

1. 从生产的角度划分，住户可分为机构住户、拥有非法人的住户和一般住户。这些我们在前面已做介绍。

2. 从收入的角度划分，住户的收入可分为来自住户非法人企业（付酬雇员）所有者的收入（雇主的混合收入）；来自住户非法人企业（无付酬雇员）所有者的收入（自雇工作者的混合收入）；雇员报酬；财产收入和转移收入。住户的子部门分为雇主、自雇工作者、雇员、财产收入和转移收入接受者。

财产收入和转移收入接受者可以进一步划分为财产收入接受者、养老金接受者、其他转移收入接受者。

3. 按参照人的特征划分子部门。这种部门划分方法通常需要在每个住户中确定一个参照人。参照人根据经济重要性而非年龄或地位排行来决定，即参照人通常是收入最多的人，或者是对住户消费作出主要决定的人。根据参照人的特征，住户部门根据参照人的职业、工作的行业、受教育程度、拥有的资格或技能进行划分。

4. 根据住户的规模和所在地划分子部门，例如可根据住户总收入、住户成员数、住户居住地区的类别来划分。

二、IMF 对住户的定义及分类

（一）对住户的定义

IMF 在其出版的《货币与金融统计手册和编制指南》中对住户的定义为：住户是共享同一居所、集中部分或者全部收入和财富、共同消费某些类型（通常是住所和食物）商品和服务的群体。

一个住户可能由一人或多人组成。由两人或多人共同组成的住户共享资产、共担责任，个人收入可以集中起来为所有住户成员谋福利。许多关于支出的决定可能要由整个住户共同作出，尤其是那些涉及食物或住房消费支出的决定。编制以整个住户为单位的交易账户和资产负债表很有意义。它以整个住户部门而不是个体住户作为统计单位。因此，由多人组成的住户的各个成员并不会被看做独立的机构单位，而是把住户作为一个整体和机构单位来进行统计。

以住户为单位开展的生产活动（比如生产或销售商品和提供服务）被视为住户的组成部分，除非法律或者社会实体创建了独立于住户的实体，如那些满足某些标准进而视为准公司的情形。

（二）对住户的分类

IMF 在其出版的《货币与金融统计手册和编制指南》的部门分类中，把为住户服务的非营利组织划分为一个单独部门，但在编制金融统计报表时，却把为住户服务的非营利机构（NPI）与住户部门合并在一起，形成一个部门。

非营利机构是由法人或社会实体创建的、不以获取收入为目的的生产或分配商品和服务的机构。住户、公司或政府及其他机构设立非营利机构的动机包括：（1）为家庭提供服务或者向为自己提供资金支持的企业提供服务；（2）基于慈善或福利向他人提供商品和服务；（3）提供医疗和教育服务；（4）提高商业或政治团体的利益。

非营利机构又分为从事市场生产的非营利机构和从事非市场生产的非营利机构。

从事市场生产的非营利机构虽然不像其他机构单位那样有一个利润来源，但如果它们按照经济性显著的价格提供服务，非营利机构也可以作为市场化生产商。经济性显著的价格是指对生产者供给意愿和消费者购买意愿能产生重大影响的价格。从事市场化生产的非营利机构以经济性显著的价格卖出产品。从事市场生产的非营利机构被归类为公司。像小学、学院、大学、诊所或医院这类非营利机构基于生产成本为它们的服务收取费用时，它们扮演的是市场生产商的角色。由于其地位的影响，如果住户、公司和政府通过筹集方式得到更多的社会捐赠资金，而且它们以经济性显著价格出售商品和服务，这类非营利机构也算作市场生产商。

其他市场的非营利机构限于为其他市场生产者提供服务的特定领域。这样的非营利机构是由关联的企业在利益驱动下设立的。它们包括商会、农业协会、制造业协会、贸易协会、雇主组织、研究和测试实验室或者其他组织或机构，这些非营利机构主要从事一些与商业集团的利益和福利密切相关的活动，而这些商业集团是非营利机构的控制方，并为它们提供资金支持。

从事非市场生产的非营利机构，其提供的大部分产品都不是以经济性显著的价格出售。从事非市场生产的非营利机构主要分为两类：（1）政府控制的非营利机构；（2）非政府控制的非营利机构。后者是为住户部门提供服务（NPISHs）的非营利机构，其构成一个独立的经济部门。

政府控制的从事非市场产生的非营利机构一般包含在政府部门中。以下几种情况，非营利机构被认为是由政府控制：（1）政府有权任命非营利机构的管理人员；（2）存在使政府能够影响非营利机构政策或程序等重要方面的其他规定；（3）政府与非营利机构之间存在合同协议，允许政府制定非营利机构一般政策的重要走向；（4）非营利机构的资金主要由政府资助；（5）政府承担与非营利机构活动完全或大部分相关的金融风险。这种由政府控制的非营利机构一般从事研究和开发，如涉及生产者（农民）的利益的相关问题。这些机构也可能关注如何建立或维持健康、安全、环境、会计、金融、教育等标准的问题。不管机构单位是否主要受益于它们的行为，政府控制的非营利机构都被归入到一般政府部门。某些由政府创建的法律意义上的实体可能有非市场营利机构的特点，无论对这些实体如何命名，它们都被视为一般政府部门。

为住户部门提供服务的非营利机构包括没有被政府控制的非从事市场生产的非营利机构。它们为住户部门提供免费的或者不是以经济性显著的价格出售的商品和服务。

三、堪培拉专家小组对住户的定义及分类

堪培拉专家小组从统计收入与支出流量的角度，对统计单位主要分为独立个体、住户、广义家庭、核心家庭。

（一）独立个体——不在家庭中的人

选择家庭作为统计单位的含义是，每个家庭都会产生一些不同的、可称之为“不在家庭中的人”的个人群体，即可以分为独自生活的人和与其他人一起生活的人。在许多国家（尽管不是全部），无论使用的哪种家庭的定义，那些独自生活的人都被归类为“不在家庭中的人”。在核心家庭定义的情况下，这些人可能与同一住宅中的其他人有关，但由于不是亲属关系，因此他们也被认为是“不在家庭中的人”。在广义或经济家庭定义的情况下，“不在家庭中的人”指那

些只在同一屋檐下，但没有亲属关系的人。按照定义，住户包括独居于住所的人（即一人一户），如果以住户作为统计单位，就不存在类似“不在家庭中的人”的情况，这就显示了以住户作为统计单位进行测度的一个特点。由于家庭是指两人或两人以上的组，而住户是更具包容性的单位（住户的计算中包含了一人一户的家庭），因此在计算中往往会得出平均住户收入低于平均家庭收入的结果。

（二）住户

住户的定义主要有两类：一是共享住宅的人；二是比第一个定义更严格的定义，即共享住所并且共享食物的人。后者通常用于住户的预算调查中。

住户可能包括与所有其他家庭成员没有血缘关系、婚姻关系或领养关系的人。在极端情况下，一些家庭成员，如住户成员（如寄宿生）可能就其享受的服务向其他住户成员支付报酬。其他住户成员可以分享这笔收入（寄宿生支付的报酬），但他们不分享寄宿生的所有收入。很明显，在住户层面，收入分享假设并不总是有效的。另外，存在跨越住户边界的收入分享情况。在许多发展中国家存在一些重要的大家族，这些家族在国外的家庭成员向祖国的家庭成员进行大量收入转移。在发达国家，高收入的老年人家庭往往将收入转移给居住在不同住所的成年子女（或孙儿女们）。住户间分享收入也发生在家庭破裂时，一个配偶（通常是没有子女监护权的一方）向前配偶支付支持配偶和孩子的生活费用。

住所的定义。传统的定义中住宅是一组结构独立的生活区。一般而言，这样的定义在发达国家较为适用。但当其他家庭成员或家庭工作人员共享一间房屋时，住所的传统定义就不再适用了，因为共享一间房屋或小屋相当于以共用烹饪和洗涤设施向个人提供了低成本住房。

（三）广义家庭

广义家庭通常包括所有与血缘、婚姻或领养关系有关的、分享同一住所的人，通常被称为经济家庭。这个定义依靠血缘、婚姻和领养关系来支持收入分享假设。在最通用的术语中，一个家庭应该显示出以下特征：它应该由两个或两个以上的人组成，其中一人应该达到法定成人最低年龄（一些国家是 15 岁，一些国家是 16 岁），他们通过血缘、婚姻或领养关系相联系。家庭成员应该是这一住所的常住人员，其中依法登记的婚姻和事实上的婚姻具有同等地位。居住在同一住宅，但是不符合上述一般特征的人将被定性为独立个体。

（四）核心家庭

核心家庭被定义为共享住所的父母和未婚子女。有时，定义中对儿童有年龄限制（如18岁）。

（五）协调统计单位的建议

表1-1列出了堪培拉专家小组建议采用的分析单位等级，作为收集和提供家庭收入数据的标准。该建议已被大多数国家采用。

表1-1　　堪培拉专家小组对协调统计单位的建议

住所	结构独立的生活场所，从建筑物外部或从内部的公共走廊或楼梯进入私人入口
住户	一个人或同一住所的一群人
家庭	两个或两个以上的人共享一个共同的住宅单位，并通过血缘、婚姻（包括同性伴侣、法律上的婚姻以及事实上的婚姻）或领养关系相联系
独立个体	独居或在住户中但与其他住户成员无关的人
收入单位	在住户内的一个人或一组相关人员，他们掌管并分享收入

为了保证基本分析单位与收入统计单位能一一对应，堪培拉专家小组认为住户是首选的基本分析单位。这一偏好很大程度上受住户与微观（住户调查）和宏观（SNA）数据使用关系的影响。

宏观意义上，将住户作为一个分析单位来使用，有赖于与该单位相联系的收入概念。然而，国民账户体系中的住户定义非常宽松，是机构单位和部门的几个子集之一。住户部门被定义为（欧洲共同体委员会等，1993年，第19-20页）：由一个人或一组个人组成的。非法人企业视为住户。住户的主要职能是劳动力供给、最终消费，以及作为企业家生产商品和提供非金融（也可能是金融）服务。

第二节　资产负债核算的范围与分类

上一节我们介绍了住户部门资产负债核算的主体——住户部门，这一节我们介绍住户部门资产负债核算的客体——资产负债。

一、资产和负债的定义

（一）资产的定义

住户部门的所有资产都是经济资产，这些资产是具有以下特点的实体：机构单位对这些资产行使单个或集体所有权，资产的所有者通过在一定时期内持有或使用这些资产获得经济利益，资产能以货币计量。

1. 资产必须是持有者或所有者能够实际拥有或控制的实体。对持有者而言，不能为持有者拥有或控制的实体不构成其资产。当住户对某实体建立并行使所有权时，该实体就成为经济资产。一些实体也可能是经济资产，但它们的所有权尚未被建立或行使。例如，不可能建立对大气和某些其他自然资产的所有权。

2. 资产能为持有者或拥有者带来经济利益。住户部门持有或拥有的资产，除了通过其作为价值储存手段提供利益外，在使用该资产（如建筑物或机器）生产商品和提供服务的过程中也能产生利益；一些利益则是资本利得，如金融资产及某些其他资产的所有者获得的利息、股息和租金。

某一实体若要成为经济资产，必须能够产生经济利益。这种经济利益可以在某一给定时点上存在，也可以是在可预见的将来通过技术、科学知识、经济基础设施、可用的资源在当期价格下取得。

3. 资产能以货币计量。资产以货币计量就是指资产应该有价格。资产在任一给定时点的价值是其当期市场价格。当期市场价格的定义是，在定值日获得资产所必须支付的货币数额。考虑到资产的年限、状况及其他相关因素，这货币数额取决于资产所有者能从持有或使用该资产中获得多少经济利益。该资产预期可获得的剩余利益随时间的推移而减少，这会降低资产的价值。由于价格的变化，剩余价值可能增加或减少。

（二）非金融资产

非金融资产是指除金融资产以外的所有经济资产。非金融资产不代表对其他单位的债权。像金融资产一样，非金融资产也是一种价值储存手段。多数非金融资产通过使用该资产生产商品和提供服务或以财产收入的形式提供利益。

非金融资产可能作为生产过程的产出而产生、自然产生或作为社会构成物。生产资产可分为固定资产、存货、贵重物品和非生产资产。固定资产是指在生产过程中重复或连续使用一年以上的生产资产；存货是指生产者为出售、在生产过程中或在将来某个时候使用而持有的商品和服务；贵重物品是具有相当高价值的生产商品，主要作为长期的价值储存手段而持有，一般不用于生产或消费。自然资产及社会构成物都称为非生产资产。自然资产包括土地、地下矿藏、开放领海内的鱼等。社会构成物包括专利和租赁。

（三）金融资产或负债

金融资产包括金融债权，因为它可以通过融资为债权人提供利益。债权人以利息、其他财产收入或持有收益的形式获得额外的利益。金融债权包括现金、存款、贷款、债券及应收账款。

作为金融债权基础的大部分合同（也称为工具或金融工具）是在债权单位

向债务单位提供资金，债务单位同意在将来偿还资金时产生的。在多数情况下，金融债权通过表明债务人和债权人之间关系的正式文件予以确认。因此，这些正式文件就是金融工具。然而，在有些情况下，金融债权通过债权人隐含地向债务人提供资金而产生。例如，某单位在支付义务到来时（如销售之后立即转移销售税）不进行支付，住户部门就会获得对这一单位的债权。

公司及类似法律组织发行股票和其他权益就是金融债权。虽然金融债券的持有者不具有对公司的固定或事先确定货币的求偿权，但股票和其他权益赋予其持有者以股息或其他所有权分配形式来获得利益的权利，通常持有者在持有这些资产期间内预计能获得持有收益。一旦发行单位进行破产清算，股票和其他权益就成为剩余价值，其持有者将得到求偿权。

二、非金融资产及其分类

非金融资产包括固定资产、存货、贵重物品和非生产资产。表 1－2 列出了非金融资产的完整分类。

表 1－2　　　　非金融资产分类

非金融资产	1.3.1 培育资产
1. 固定资产	1.3.2 无形固定资产
1.1 建筑物和构建物	2. 存货
1.1.1 住宅	3. 贵重物品
1.1.2 非住宅建筑	4. 非生产资产
1.1.3 其他构建物	4.1 土地
1.2 机器和设备	4.2 地下资产
1.2.1 交通设备	4.3 其他自然资产
1.2.2 其他机器设备	4.4 无形非生产资产
1.3 其他固定资产	

（一）固定资产

固定资产是指在生产过程中重复或连续使用一年以上的生产资产。固定资产的显著特征并不是物理意义上的耐用，而是在较长时间内能重复或连续使用。一些商品，如作为燃料的煤，虽然它们在物理上可以长期存储，但因为只能使用一次，所以不是固定资产。

一些固定资产（主要是建筑物和构建物）的生产可能跨越两个或两个以上的会计期间。如果是通过销售合同所规定的分期付款而获得的未完工构建物，对于任何已分期支付的款项，在购买者的资产负债表上应列为固定资产，而不是金融资产。类似地，自己建造的固定资产视为固定资产，而不是在制品存货。

通过融资租赁获得的固定资产（主要是机器和设备）应被视为使用者或承租者购买和拥有，而不应被视为法定所有者或出租者购买和拥有。持有者可以通过这种固定资产进行融资，因此该资产可以被视为一项金融债权（划作贷款）。

固定资产进一步划分为建筑物和构建物、机器和设备及其他固定资产。

1. 建筑物和构建物。建筑物和构建物包括住宅、非住宅建筑和其他构建物。建筑物和构建物的价值包括现场清理和准备的费用以及与构建物相关的整体固定装置、设施和设备的价值。

一些构建物是对土地的重大改良，如为防洪、排水或垦荒而建造的堤坝、沟渠和海堤。建造这些资产是为了获得更多或更好的土地，而不是以直接用于生产商品和提供服务为目的。它们的价值包含在土地价值之内。

（1）住宅。住宅是完全或主要用于居住的建筑物，包括车库和相关构建物。作为主要住所的水上房屋、驳船、住房拖车和大篷车也包括在内。由于存在正常的住宅交易，房地产市场上观察到的价格可以补充或替代以减记重置成本进行的定值。

（2）非住宅建筑。非住宅建筑包括除住宅外的所有建筑物。

（3）其他构建物。

2. 机器和设备。机器和设备包括运输设备及其他机器和设备。构成建筑物或其他构建物整体组成部分的机器和设备包含在建筑物或构建物的价值之内，不列入机器和设备。

3. 其他固定资产。其他固定资产主要是培育资产，也包括一些无形固定资产。培育资产包括重复或连续使用一年以上、以生产其他商品或提供服务的动物和植物。动物种类有：饲养牲畜（包括鱼和家禽）、奶牛、羊或其他用于毛生产的动物，以及用于运输、竞速或娱乐的动物。植物包括树、藤、果树、坚果、树液、树皮及树叶产品。只能使用一次的动物和植物，如为宰杀而饲养的牛以及为取材而种植的树，划作存货而非固定资产。

无形固定资产包括计算机软件，娱乐、文化和艺术原作以及其他杂项无形固定资产，其他杂项无形固定资产包括一些未分类的新信息和专业知识。若要将前述某项资产划作固定资产，必须在生产中使用该资产一年以上。

（二）存货

存货是生产者以将来销售、在生产中使用或其他用途为目的而持有的商品和服务。存货应以资产负债日期的当期市场价格进行定值，而不是其获得价格。原则上，多数类型的存货都有当期市场价格。但在实际中存货的价值经常是通过价格指数调整存货的账面价值或获得价值来估计的。

（三）贵重物品

贵重物品是具有高价值的商品，主要作为储存手段而持有，不用于生产或消费。通常，人们预期贵重物品的实际价值在将来会保值或升值，并且它们的形态在正常条件下一般不会随时间而变化。贵重物品包括：（1）宝石和贵金属，例如，非货币黄金和白银；（2）作为艺术品或古董的绘画、雕塑及其他物品；（3）由宝石和贵金属制成的具有较高价值的珠宝饰物、收藏品及其他杂项贵重物品。

如果贵重物品有组织良好的市场，它们可用当期市场价格估值，包括任何代理费和佣金。如果没有这种市场，可用它们的保险额（用于防止火灾、偷盗或其他风险）来估值。

（四）非生产性资产

非生产性资产包括对其行使所有权的有形自然资产以及作为社会构成物的无形非生产性资产。自然资产包括土地、地下资产、其他自然资产、无形非生产性资产。

1. 土地。土地是地面本身，包括覆盖的土壤、相关的地表水及土地的重大改良（在实物上无法与土地分开），但不包括以下内容：（1）在土地上或穿过土地建造的建筑物和其他构建物，如道路、办公楼和隧道；（2）培育的葡萄园、果园及种植的其他树木、作物和饲养的动物；（3）地下资产；（4）非培育生物资源；（5）地下水资源。相关地表水包括任何水库、湖泊、河流及其他内陆水，因为可以对其行使所有权，因此它们可作为各单位间交易的主体。

在实物上无法与土地分开的重大改良价值包括在土地的价值之内。这种改良要么提高了土地的数量、质量或生产率，要么防止了土地的退化。重大改良的例子包括：通过建造河坝、海堤和水闸而退海造地；清理森林以使土地首次用于生产；排干沼泽里的水；为防洪而建造防浪堤、海堤或其他障碍物。重大改良的价值通常由其减记重置成本来决定。

土地的价值差别主要取决于地点及用途。因此，在确定土地的当期价值时，必须考虑这些因素。在一些情况下，将土地的价值与在土地上建造的建筑物的价值分开可能很困难或不可行。一种估值方法是，计算从评估中得到的土地价值与建筑物价值的比值；另一种方法是，用土地和建筑物结合的市场价值减去建筑物的当期减记重置成本。

2. 地下资产。地下资产是指石油、天然气、煤（包括无烟煤、烟煤和褐煤）、金属矿藏（包括黑色、有色和贵金属矿石）及非金属矿藏（包括石场、黏土和砂场、化学和肥料矿藏、盐、石英、石膏、天然宝石、沥青和泥炭储藏）。矿井及其他开采地下资产的设施是固定资产，而非地下资产。

储藏可能位于地表之下或之上，包括海底的储藏，但它们必须是可开采的。通常以商业开采的预期净收益的现值作为储藏的价值，但如果地下资产的所有权在市场上频繁改变，也可以得到合适的价格。

3. 其他自然资产。其他自然资产包括非培育生物资源、水资源及电磁波谱。非培育生物资源是指这样的一类动物和植物，即使对它们行使所有权，但它们的自然生长和/或繁殖不在任何单位的直接控制、责任和管理之下。例如，商业可开发的原始森林、渔场等。其他自然资产只包括那些经济价值未包含在相关土地价值之内的资源，由于难以观察到这种资产的价格，其价值通常由预期未来收益净现值决定。

水资源是指含水层和其他地下水，由于它们属于稀有资源，因此可对其行使所有权和/或使用权；可进行出于经济目的开采或即将进行开采；其经济价值不包括在相关土地的价值中。由于难以观察到这种资产的价格，其价值通常由预期未来收益净现值决定。

电磁波谱包括声音、数据和电视传播中使用的无线电频率。电磁波谱的价值由预期未来净收益的现值决定。如果签订了使用电磁波谱的长期合同，可依据合同内容估计资产的总价值。

4. 无形非生产性资产。无形非生产性资产是指法律或会计行为证明的社会构成物。一些社会构成物赋予其所有者参与某些特定活动或生产某些特定商品或提供某种特定服务的权利。除非得到所有者的许可，否则禁止其他单位也这样做。资产的所有者可以通过独占资产的使用权获得垄断利润。无形非生产性资产包括专利实体、租赁和其他合同以及购得的商誉。在可能的情况下，实际在市场上交易的无形资产以当期价格估值，否则应用预期未来收益净现值来估计。

依据法律或司法规定，专利可以为发明提供保护。可以得到保护的发明如物质构成、过程、机制、电气和电子线路和装置、药方以及人工培育的新生物种类。

可划作经济资产的租赁和其他合同包括：土地、建筑物和其他构建物的租赁，开采矿藏或电磁波谱的特有权或专有权，与运动员和作家签订的合同，购买尚未生产的有形资产的期权。

购得的商誉的价值是购买一家企业所支付的数额与该企业资产净值之间的差额。因此，商誉的价值包括尚未单独确定为资产、对企业具有长期利益的任何因素，以及由一组资产，并不是单个资产的简单拼凑，而是被有机地结合使用的事实所创造的价值。购得的商誉应以其获得成本减去累计备抵来定值，并进行适当的重新估值。

三、金融资产与负债及其分类

由于金融资产与负债是同一金融工具的两个方面，因此对金融工具的描述可以同时适用于二者。金融资产与负债可根据金融工具的流动性和法律特征进行分类，这些流动性和法律特征描述了从属的债权人——债务人关系。金融工具的流动性包括可流通性、可转让性、可交易性及可转换性等特征。

住户部门的金融资产与负债一般分为通货和存款、债务性证券、贷款、股权和投资基金份额、保险和养老金、金融衍生工具、其他应收/应付款等。

（一）通货和存款

通货包括纸币和硬币。它们由中央银行或政府单位发行，是发行单位的负债。本币具有固定的名义价值。根据合并原则，作为同一单位或部门的资产和负债的货币应被冲销。政府单位持有的未发行货币不视为资产。不能作为法定货币流通的黄金和纪念币划作非金融资产，而不是货币。

外币以资产负债表数据相关日期有效的汇率转换为本币。可根据实际情况，按照所持有的本币或外币的金额再进行细分。是否有必要做这种划分取决于所拥有的外币的数量。

存款也是一种具有固定名义价值、用于支付的金融资产。它可以作为一种价值储存手段，有些类型的存款还可以作为直接交换手段，有的可以获得利息，有的赋予存款持有者享受特定服务的权利。国内存款的价值是其名义价值，当存款变现时，债务人根据合同有义务向债权人偿还相应的数额。

（二）债务性证券

债务性证券是一种可流通的金融工具，作为某单位具有需要结清的债务的证明，这种债务通过提供现金、金融工具或其他一些具有经济价值的项目而结清。通常证券规定了利息支付和本金偿还的时间表。

债务性证券包括：（1）短期债券；（2）长期债券和担保债券，包括可转换为股票的长期债券；（3）商业票据；（4）可流通的大额存单；（5）可交易的存款收据；（6）通过循环承购便利和债券发行便利发行的票据；（7）证券化的抵押贷款和信用卡应收款项；（8）事实上可交易的贷款；（9）支付固定收入，但在公司解散时不参与残余价值分配的优先股；（10）银行承兑汇票。

短期债券、可流通的大额存单、银行承兑汇票及商业票据都是短期证券，它们赋予持有者在规定的日期无条件收到事先约定的固定金额的权利。债券通常以低于面值的价格发行和交易，这一差额取决于利率和到期时间。如果这些证券没有市场价值，那么应以发行价格加上应计利息定价，利息额由原始发行价格中隐含的利率决定。

长期债券和担保债券属于长期证券，它们赋予持有者无条件得到固定金额收入或合同确定的可变金额收入（主要指利息）的权利。很多长期债券和担保债券还赋予持有者在一个（或几个）规定的日期无条件得到一项（或几项）作为本金偿付的固定数额的权利。但永续债券没有到期日。

零息债券是在债券期限内无定期支付的长期证券。与短期证券类似，这种债券折价发行，到期时按面值一次性支付本利。高折价债券是一种在期限内定期支付利息的长期证券，但支付金额远低于市场利率。

如果长期证券没有市场价值，应以发行价格加上尚未支付的应计利息进行定价。需要注意的是，高折价债券和零息债券不应以面值定值。

只要债券持有者愿意，一些公司债券可转换成同一公司的股票。这种转换期权单独交易时应被视为一项单独的资产，划作金融衍生工具。

（三）贷款

贷款是指债权人直接将资金借给债务人，并收到一份不可流通的资产证明的金融工具。贷款包括抵押贷款、分期贷款、租购信贷、为贸易信贷和预付款提供融资的贷款，由金融租赁隐含产生的金融资产和负债等。普通贸易信贷和类似的应收/应付账款不是贷款。

以融资租赁的方式获得商品时，即使法律规定租赁商品仍是出租人的资产，其所有权也从出租人向承租人转移。这是因为所有权的所有风险和收益事实上都转给了承租人。基于所有权的这种变化而形成了实际意义上的贷款融资，该融资是出租人的资产，是承租人的负债。

证券贷款是指证券持有者将证券转给借入者，在规定的日期或持有者要求时，借入者必须归还同样的或类似的证券。与证券回购协议一样，所有权的风险和收益仍属于原始所有者。如果借入者以现金作为担保品，那么对这种贷款的处理方法与回购协议相同。如果借入者以非现金资产作为担保品，那么就不记录交易。在这两种情况下，相关证券仍在其原始所有者的资产负债表上。

黄金掉期交易是货币黄金与其他储备资产（通常是外汇存款）进行交换的回购协议。黄金贷款与证券贷款的形式相同，应以同样的方式处理。

向第三方出售从回购协议或证券贷款而获得的证券时，就发生了卖空。在这种情况下，卖方的资产负债表上应包括一项负资产，金额等于被出售的证券的当期市场价值。

（四）股权和投资基金份额

股权和投资基金份额包括所有这样的工具和记录，在所有债权人的债权都得到偿付后，对公司的残余价值具有求偿权。多数权益证券不赋予持有者得到事先确定的收入或在公司解散时得到一个固定金额的权利。权益的所有权通常由股份、股票、参股证书或类似文件来证明。股票和其他权益不能作为住户的负债，但它们可由这些单位作为资产持有。

除公司的普通股外，以下类型的证券划作股权和投资基金份额：(1)住户部门对准公司所有权股权的价值；(2)合伙公司或有限合伙公司的权益；(3)在公司解散时参与剩余价值分配的优先股或股票；(4)共同基金股份。

一般而言，股权和投资基金份额，包括有活跃交易的公共公司的股票，应以其在股票交易所或其他有组织的金融市场上的当期价格定价。住户持有公共公司未交易的股票及所有准公司的权益等于该公司或准公司的资产总值减去其他负债总值。对所持有的不定期交易的私人公司股票进行估价时，应参考与该公司在盈利、股息历史和前景方面都相似的上市股票的价格。考虑到不上市股票的交易性和流动性较差，这一价格可向下调整。

（五）保险和养老金

保险和养老金包括寿险、年金权益以及养老金权益等。寿险和年金权益反映了投保人对提供寿险或年金的企业所拥有的金融债权。养老金权益反映了现有和未来的养老金领取者对其雇主或雇主指定的到期支付养老金的基金所拥有的金融债权，属于雇主与雇员所签的报酬协议的一部分。

（六）金融衍生工具

金融衍生工具是一种与某一特定金融工具、指标或商品相联系的金融工具，特定的金融风险本身可以通过金融衍生工具在金融市场上进行交易。金融衍生工具的价值衍生自标的资产的价格，这一价格称为参考价格。“标的资产”一词与某种商品、金融资产、利率、汇率、另一个金融衍生工具、两个价格之间的价差、指数、一揽子价格等有关。对金融衍生工具定价时，标的资产的市场价格或指数是必不可少的。如果因为缺少标的资产的市场价格和指数而不能完成对金融衍生工具的定价，那么这一金融衍生工具就不属于金融资产。与许多其他金融债权不同，金融衍生工具不需要偿还本金，也没有应计的投资收入。

金融衍生工具可以分为两大类：远期合同（包括掉期）和期权合同。在远期合同下，双方同意在某一特定的日期以事先约定的价格交换特定数量的标的资产（可以是实际或金融产品）。合同开始时交易双方就交换了具有相等市场价值的风险，合同本身价值为零。一段时间之后，双方风险的市场价值才会出现变化，一方得到了资产，另一方产生了负债。在远期合同的期间内，债务人与债权人的关系在数量和方向上都可能发生变化。

1. 远期合同。常见的远期合同包括利率掉期、远期利率协议、外汇掉期、远期外汇合同及交叉货币利率掉期。

（1）利率掉期是指在一定时间内，货币相同、本金相同、期限相同的两笔资金做固定利率和浮动利率的互换，但不交换本金。

（2）远期利率协议是这样一种协议，双方同意在特定的交割日对一定名义数额的本金支付某一利率。如果市场通行利率高于商定的利率，卖方向买方支付利率差额；如果市场通行利率低于商定的利率，买方向卖方支付利率差额。

（3）外汇掉期是指即期卖出/买入一种货币，同时远期买入/卖出同一种货币。

（4）远期外汇合同是双方同意在将来某一商定的日期以商定的汇率交易特定数量的某种外币。

（5）交叉货币利率掉期（有时也称货币掉期）是交换与利息支付有关的现金流量，并在合同结束时以商定的汇率交换本金。在合同开始时也可以交换本金。

2. 期权。期权是这样一种合同，期权购买者有权利但没有义务在将来某一期间内或某一日期以事先确定的价格购买（买入期权）或出售（卖出期权）某种特定的金融工具或商品。可针对多种基础工具出售或开立期权，如权益、利率、外币、商品及特定的指数。期权的卖方承诺在买方要求时出售或购买特定数量的基础工具或商品，买方为此向卖方支付一定期权费。

（1）认股权证是期权的一种。它是可交易的工具，赋予持有者在特定期间内以特定的条件从认股权证的发行者（通常是公司）手中购买一定数量的股票或债券的权利。还有货币权证（基于购买一种货币所需另一种货币的数量）及交叉货币权证（通过第三种货币关联）。

(2) 保证金是为了保证金融衍生工具合同中规定的实际或潜在义务的履行而缴纳的现金或抵押品。可退还的保证金包括为保护交易方免受违约风险而存入的现金或其他担保品，这种现金或担保品归存入者所有。以现金支付的可退还的保证金是存款，而不是金融衍生工具。以证券或其他非现金资产支付的保证金仍保留了它们作为证券或其他资产的特征。不可退还的保证金使金融衍生工具合同下产生的负债减少。

许多金融衍生工具都在活跃的市场上进行交易，因此它们都具有市场价值。如果没有市场价值，可使用其他方法对金融衍生工具定价，如期权模型或贴现现值。如果没有期权的当期市场价值，可以用已付或应付的期权价格定价。

3. 雇员股票期权。雇员股票期权是雇主与雇员在某日（授权日）签订的一种协议。根据协议，在未来约定的时间（含权日）或紧接着的一段时间（行权期）内，雇员能以约定价格（执行价格）购买约定数量的雇主股票。

（七）其他应收/应付款

其他应收/应付款包括贸易信贷和预付款，以及其他应收或应付的杂项资金。债务人应根据合同向债权人支付欠款以减少或结清债务。

第三节　住户部门资产负债表的编制

在明确核算的主体和客体后，本节介绍住户部门资产负债表核算的一般原则、方法及编制。虽然单个住户不能提供完整的账户信息，但这些原则方法对编制住户部门资产负债表是适用的。

一、记账的一般原则

核算的数据主要来源于会计记录。会计记录必须明确记账的方法和记录时间。

（一）复式记账

住户部门的资产负债核算以复式记账为基础。复式记账是相对单式记账法而言的。单式记账法是一种比较简便但不完整的记账方法。它对每笔交易只记录一次。复式记账法是一种比较完整系统的记账方法。每笔交易必须记录两次，一次作为使用（或资产变化），一次作为来源（或负债变化）。两次交易总额必须相等，这样才能检查账户的一致性。会计平衡公式为：资产 = 负债 + 所有者权益，按照数学方程式的原理描述，等式两边同时增加或减少同一数值，等式仍然成立。

（二）记录时间

记录时间是指记录交易的时间。交易一经确定，必须决定其发生的时间，以便汇编在某一会计期间全部交易的结果。

确定交易时间时存在一个问题，即一个行为从开始发生到最终完成往往需要较长的一段时期。例如，购买商品时，从卖方与买方签订合同开始，然后卖方开始生产所订购的商品，完成生产后商品从卖方所在地运抵买方所在地，卖方准备并邮寄发票，买方邮寄支票，卖方收到支票并存入卖方银行，最终由卖方银行支付支票。即使这样，交易可能还没有完成，因为可能还有退货或索赔。上述每一个不同时点都具有一定的经济影响，并可能导致在住户部门核算体系中发生多项交易，但是每一笔交易只能有一个记录时间。

总体来说，有四种制度确定记录时间：权责发生制、到期支付制、承诺制和现金收付制。

1. 权责发生制。在权责发生制下，交易在经济价值被创造、转移、交换或消失时记录。换句话说，交易的结果在事件发生的时期记录，而不管是否收到或支付了现金，或者是否应收或应付现金。然而，交易发生的时间并不总是明确的。一般而言，交易的时间是商品所有权发生变化的时间、提供服务的时间、产生纳税义务的时间、认可社会福利支付要求的时间或认可其他无条件债权的时间。

如果一个交易要求随后发生现金流动（如通过信用购买商品和服务），那么在权责发生制下确定事件的时间与现金流动的时间之间的那段时期应通过记录应收或应付项目过渡。

2. 到期支付制。在到期支付制下，发生现金支付的交易在不产生额外费用或罚款的前提下，在最后时刻记录，或者在进行现金支付时记录。与权责发生制一样，如果一笔付款在到期之后支付，期间的差距应通过记录应收项目过渡。如果一笔付款在到期前支付，则不必记录应收项目。根据会计制度目标的不同，到期支付制可以记录非货币交易，也可以不记录非货币交易。

3. 承诺制。在承诺制下，交易在住户部门承诺进行一笔交易时记录。通常这一制度仅适用于购买资产、商品和服务，包括雇员报酬。一般是在住户部门发出购货订单时记录交易。

4. 现金收付制。在现金收付制下，交易在收到或拨付现金时记录。虽然现金收付制可以记录非货币交易，但因为该制度的重点是现金管理，因此采用现金收付的大多数会计制度不记录非货币流量。

二、估价的一般原则和方法

在确定了记账原则后，就要讨论资产负债的估价问题。

（一）估价的一般原则

资产在市场上交易的价格，是投资者、生产者、消费者以及其他经济机构决策的基础。例如，金融资产（如证券）和自然资源（如土地）的投资者要依据其市场价值作出获得或处置这些资产的决定。生产者要参照市场价格来决定某商品的生产量及销售地点。对某项资产而言，在购买者支付的价格与销售者收到的价格之间有一个清晰的关系。对于非金融资产，由于存在所有权转移费用，购买者支付的价格会超过销售者得到的价格。对于金融资产，其转移费用是作为消费支出而不是积累来处理的，因此，其价值对债权人和债务人而言则是一致的。

在理想状态下，应采用可观测到的市场价格对资产负债表中所有资产和负债进行估价。如果所有资产在市场上都能够正规、活跃、自由地交易，以现期市场价格对资产负债来进行估价时，可以采用市场中所有交易的总平均价格。如果资产在近期内没有在市场上交易，导致没有可观测的市场价格，那就只能按照一个假定价格——假定在资产负债表编表日期的市场上获得该资产时的可能价格进行估算。

除了利用市场上观测到的价格或基于市场观测价格而估算的价格，还可以用其他两种方法得到近似的现期价格。在某些情况下，通过在资产的使用年限内重估该资产的获得减去处置，就可以得到近似的市场价格。对固定资产来说，通常这是最切实际的，也是优先使用的方法，但该方法也可用于其他资产。在另一些情况下，使用某一资产的预期未来经济收益的现值或贴现价值也可以得到近似的市场价格。这一方法适用于许多金融资产、自然资源以及固定资产。比如，在信息通畅和有效市场的前提下，通过累加和重估价交易得到的资产价值，应当等于或至少近似等于这些资产未来收益的现值或贴现价值，也应该等于在活跃的二手市场中该资产的市场价值。

1. 市场中观测到的价格。市场是理想的观测场所，如证券交易所。在证券交易所交易的每一项资产都是完全同质的，成交量通常较大，同时还能观测到每一时间段的价格。以此类市场产生的价格数据，乘以数量指标，就可以计算出由部门持有的各类资产和负债的全部市场价值。几乎可以获得全部金融债权、现有运输设备、农作物、牲畜以及新生产的固定资产和存货的市场价格。

例如，对于在证券交易所上市的证券，我们可以收集各笔资产以及各类资产的价格。此外，还可以确定某种类型资产的现有全部证券的总估价。另一个由于资产大量交易从而可以提供有用价格信息的例子是某些国家的现有住宅市场。

除了提供直接观测到的实际交易的资产价格，来自这些市场的信息还可以用于确定未进行交易的类似资产的价格。例如，通过将证券交易所的信息与未上市的类似股票进行对比，可以估算出未上市股票的价格。同样，出于保险或其他目的对资产进行估价时，通常也是基于观测到的相近替代品的价格，尽管这些替代品与要估价的资产不完全相同。这一方法也可用于资产负债表的估价。

2. 通过累加和重估交易得到的资产价值。对大多数非金融资产而言，每年的价值变化反映了市场价格的变化。同时，初始获得成本也因为在资产预期寿命期内的固定消耗（固定资产）或其折旧形式而减少。这种资产在其寿命周期内某一时点的价值，是通过一个同等新资产的现行获得价值减累积折旧而得到的。这一估价有时候被称为折后重置成本。对旧资产而言，如果无法得到一个可靠的、可直接观测的价格，该方法可以提供一个在市场上出售该资产的合理近似值。

3. 未来收益的现值。对于收益被递延（如林木）或分布在很长时期内（如地下资产）的资产来说，尽管可以用市场价格来估算其最终产出，但还必须用贴现率来计算预期未来收益的现值。

4. 以外币计值的资产。以外币计值的资产和负债，应该按照资产负债表编表日期的市场汇率换算为本币。该汇率应当是货币交易买进价和卖出价的中间价。

（二）资产和负债的估价方法

1. 非金融资产的估价。

（1）固定资产。原则上，固定资产应当按照相同技术规格和年限的资产在市场中的通行价格进行估价。但在实际工作中由于很难获得详细信息，因此必须依赖其他方法进行估价，通行的估价方法是：用资产负债表期初（或获得资产的时间）价值加上核算期内资产的重估价因素，减去核算期内估算的固定资产折旧以及任何其他物量变化和处置价值。在计算固定资产折旧时，即使得不到完全的市场信息，也要对该资产价格的减少进行假设，并用局部信息检查该假设是否与此一致。

估算固定资产折旧时，必须将购买者承担的、与这些资产有关的所有权转移成本价值的减少包括在内，这些成本将在购买者预期拥有资产的期间内冲销。在许多情况下，拥有资产的时期与资产的预期寿命长度是一致的，但对于有些类型的资产，特别是车辆，购买者在一段时期后，例如为了得到规格更高、维护成本更低的新型资产，可能会出售旧资产。对安装成本也应以类似方法处理。可能的话，固定资产折旧的估算还要考虑预期的终期费用，如淘汰或复原费用。

土地改良价值按最初实施改良的价值记录，并要进行适当的重估价。它永远等于土地在未改良或天然状态时的价值与改良后价值的差，尽管土地的价格和土地改良的价格都会随时间而发生改变。

①建筑物和构筑物。从新建住宅和现有房屋的销售中可能会获得足够多的信息，用以估算资产负债表中全部住宅的价值。但是，房屋价格在相当大的程度上取决于该时期内出售房屋的位置和地形，可能无法充分覆盖所有区域。在这种情况下，就不得不利用像永续盘存法一样的测算技术进行估值。这一技术也可以用于许多其他结构较为特殊的建筑物和构筑物的测算。

②机器和设备。对交通设备来说，市场可能存在足够多的代表性价格用于对现有汽车、飞机及其他运输工具这些存量的估价，或者至少可与永续盘存法的假设相衔接。但对于计算机、家电、通讯、家具等其他机器和设备，观测到的市场价格却未必适用于确定资产负债表中的价值，其中原因可能在于：一是许多被交易的资产可能并不具有典型性，二是可能这些资产是过于陈旧而被迫处置的。

③其他固定资产。对培育资产来说，应当对那些在生产中被连续使用的牲畜，以某一年度该动物的购买现价为基础进行估价。这种信息不像培育的树木（包括灌木）年复一年生产产品那样易于获得，为此应当以累积资本形成的经减记的现价进行记录。对无形固定资产来说，知识产权产品的原作，如计算机软件和娱乐、文学或艺术原创，应当基于其最初成本经减记的价值计值，或以现期价格进行重估价。由于这些原作通常是自己创作的，最初成本可以用发生费用之和来估算，其中包括生产中使用的固定资产的资本回报。如果不能采用这一方法，可以通过原作未来收益净现值进行估算。

（2）存货。存货应当用资产负债表编表日期的价格进行估价，而不是用产品进入存货时的价格进行估价。在资产负债表中，存货的数据常常通过调整工商会计中存货的账面价值来进行估算。材料和产品存货按购买者价格估价，制成品和在制品存货按基本价格估价。批发商和零售商准备转销、不再加工的货物存货按购买它们的价格估价，不包括任何运输费用，这些费用由批发商和零售商单独记录，包含在中间消耗中。

对于在制品存货，资产负债表期末价值等于期初价值加上当期发生的投入，并根据核算期间内的价格变化进行必要的重估价。

人类活动培育的正在生长的一次性农作物（包括林木）以及以屠宰为目的而饲养的牲畜也视为在制品存货。对于正在生长的林木，常规估价方法是，确定销售林木的未来收益，扣除林木培育、伐木等费用，然后贴现为现值。在大多数情况下，其他农作物和牲畜可以参考此类产品的市场价格进行估价。

（3）贵重物品。考虑到贵重物品的基本作用是价值储藏，特别需要按现期价格对艺术品、古董、珠宝、宝石和贵金属进行估价。如果有组织良好的市场，贵重物品应当按资产负债表编表日期的实际购买价格或估算的购买价格估价，其中不包括销售者应付的代理人费用或佣金。从获得方进行估价时，要对这些物品以购买者支付的价格估价，包括代理人费用和佣金。

如果缺乏有组织的市场，一种方法是根据可获得信息的程度，利用为防火、防盗等投保的价值数据对贵重物品进行估价。

（4）非生产性资产。

①土地。原则上，记录在资产负债表自然资源科目的土地价值不包括土地改良的价值以及土地之上建筑物的价值。土地改良价值和建筑物价值都单列在固定资产项下。土地以新所有者支付的现期价格估价，不包括所有权转移费用。根据惯例，后者要作为固定资本形成总额以及固定资产折旧处理。

土地的现期市场价值会因为其位置以及用途不同而产生明显区别，因此在识别每一块土地的位置和用途或土地的地域范围后，才能进行估价。

对于其上有建筑物的土地，有时市场可以直接提供土地价值的数据。但通常无法获得这些数据，此时较为通用的方法是根据价值评估报告计算场地价值与建筑物价值的比率，利用建筑物的重置成本或土地和建筑物的合并市场价值推算出土地的价值。如果土地价值不能与其上的建筑物、构筑物、种植园、葡萄园等分开，该复合资产应当划入价值较大的那一类资产中去。类似地，如果土地改良价值（包括为建筑物施工或农作物种植而进行的场地清理和准备）无法与自然状态的土地价值分开，土地的价值也要根据价值较大的那一部分归入相应类别的资产中。

通常，在经济总体层面上把土地和建筑物分开，比在个别部门或子部门层面上容易很多。分开的数据是研究国民财富和环境问题所必需的。幸运的是，合在一起的数据常常可用来分析机构单位和机构部门的行为。

法定所有者资产负债表中的土地不包括用于融资租赁的土地，因为它常常与土地之上的建筑物或种植园的融资租赁联系在一起。根据惯例有一个例外：建筑物的法定所有者不是建筑物所附着土地的法定所有者，但建筑物的购买价格包括了为其下土地而预先支付的未来租金。

②地下资产。地下矿产和能源资源价值通常取决于该资产商业开发的预计净收益的现值。尽管该估价受不确定性影响，并且有可能不时修正，但由于地下资产所有权不能通过市场经常改变，因此很难获得合适的、能够用于估价的市场价格。实践中，通常使用资产所有者自身会计核算中使用的估价。

常见的情况是资源开采企业并不是资源的所有者。例如在许多国家，石油资源为国家所有。但资源的消耗速度是由开采者决定的，由于资源在人类历史上是不可再生的，因此尽管并没有法律规定，上述情况仿佛是将资产的经济所有权转移给了开采者。目前面临的情况是，直到该项资源耗尽，开采者只拥有开采权。没有一种完全令人满意的方法将该项资产价值划分给法定所有者和开采者，因此当前的处理方法将该项资产价值全部归入法定所有者的资产负债表，同时将开采者对所有者的支付作为租金处理（因此，此处使用的资源租金概念可以扩展应用于可耗竭资产）。

③其他自然资产。一些被认为有经济价值的非培育性生物资源、水资源及其他自然资源也包含在资产负债表中，但其中不包括与其对应的土地的价值。由于无法获得可观测的价格，通常是通过预期未来收益的现值进行估价。

④无形非生产资产。对于合同、租约和许可来说，可以是使用自然资源的租约和许可证，也可以是开展某项活动的许可以及未来货物和服务专用的授权。此类合同只在以下条件下才被作为资产：法律协议使得持有者的收益超出了支付给自然资源出租人、所有者或许可发放者的价格，并且在法律上和实际上得到持有者的认定。建议只在资产价值较大且可以认定，并有合适的市场价格时才对这些资产进行记录。一旦超过合同协议时间，该资产便不复存在。因此，其价值应该随着合同剩余期限的缩短而下降。对于商誉和营销资产来说，资产负债表记录的是企业被接收或营销资产被出售时出现在金融账户上的摊销后价值。对这些记录不进行重估价。

2. 金融资产和负债。遵循上述一般估价原则，只要金融资产和负债是在有组织的市场上有规律地交易，就可以对它们按现价估价。债权不在有组织的市场上交易，要根据债务人必须付给债权人以抵销债务的数额对债权进行估价。

债权在资产负债表中具有同样的价值，无论其作为资产出现还是作为负债出现。价格应当不包括进行交易时对所提供服务支付的服务收费、酬金、委托金及其他类似费用。

（1）通货和存款。对通货来说，其名义价值或面值即是其估价。对于存款而言，债权人和债务人资产负债表中记录的价值是存款结清时债务人根据契约规定应偿还给债权人的数额。未偿本金数额中包括各种应付但未付的利息和服务费用。外币通货和存款以资产负债表编制日的现汇卖出价和买入价的中间点兑换为本币。与金融衍生合同有关的应偿还现金保证金费用应包括在其他存款中。

（2）债务性证券。短期债券及对应的负债应以其当期市场价格进行估价。在高通货膨胀或高名义利率情况下，特别应该使用此种方法估价。长期债券应当始终按其市场价格估价，无论是定期支付利息的债券，还是付息很少的高贴现债券或不付息的零息票债券。其价格总是包含随时间而产生的利息（所谓含息价）。尽管长期债券发行者的名义负债可以固定为某一货币金额，但利息固定债券的市场交易价格却可以随一般市场利率的波动而发生相当大的变化。长期证券的发行者通常有机会在市场上回购该证券来清偿其债务，因此按市场价格估价对长期证券的发行者和持有者都是合适的，特别是对于那些积极操纵资产或负债的金融交易者。对于指数化债务性证券，不管与证券相挂钩的指数具有何种特点，在资产负债表中也应按照市场价格估价。如果某个债务工具的本金和息票以某种外币为参照而被指数化，应当将该债券视为是由该外币表示的，需要按照资产负债表编制日的汇率中间价将外币兑换为本币处理。

（3）贷款。债权人和债务人的资产负债表中都要记录的贷款价值是指未偿付本金的数额。这个数额中包括已产生但未支付的利息，还包括间接测算的由该项债务所承担的已产生但未支付的服务费用（银行利息与 SNA 利息的差）。在一些例子中，已产生的利息会列在应收/应付款下，但如果可能，最好是包含在贷款中。

贷款的价值不反映资产负债表日之后应付利息的影响，虽然在最初的贷款协议中可能规定了这种影响。如果有贷款的二手市场，而且可以得到市场报价单，就应将此类贷款重新归类为证券。一份贷款只被交易一次，没有在市场中继续交易，就不再重新归类，只作为贷款处理。在此遵循债券和贷款的估价原则。

如果贷款的本金是指数化的，或本金和利息是某种外币的指数，应当按上述具有类似特征的债券相同的方法处理。

（4）股权和投资基金份额。上市股票会在证券交易所或有组织的金融市场中有规则地交易。在资产负债表中应以现价估价。

对于未上市的股票，可能没有可观测的市场价格。这种情况经常发生在直接投资企业、私人权益资本、未上市或退市股权、上市但是非流通公司、合资企业以及非法人企业中。

在无法获得实际市场价格时，需要进行估算。可采取各种接近直接投资企业中股东权益市场价值的方法。以下这些方法无法按优劣排列，需要根据实际情况和结果的合理性对每一种方法进行评估。

①近期交易价格。未上市股票在过去年份里可能偶尔被交易，因此可以按曾经交易的近期价格进行估价。如果情况没有发生改变，近期价格就是现期市场价值的良好指标。该方法从交易日起，在企业情况没有发生重大变化时可以使用较长时间。随着时间和情况变化，近期交易价格会越来越不准确。

②净资产价值。可以对未交易股权进行评估，这种评估可能要通过具有一定知识的管理者或企业经理来实施，或者通过独立审计提供，以现期资产价值总额减去市场价值的负债（不包括权益）。估价应当是近期完成的（在过去一年内）。

③现值/市盈率。未上市股权的现值可以通过预测未来收益进行贴现来估算。最简单地，可以采用近似的方法，参照一个市场或行业的市盈率与该未上市企业（平稳的）最近的收益计算出价格。此方法比较适合于那些资产负债表信息很少但可以得到较多收益数据的情况。

④统计人员根据宏观信息调整企业的账面价值。对于未交易股权，可以从企业收集到“自有资金账面价值”信息，然后以合适的价格指标为基础形成一些比率——比如运用上市股票价格/账面价值进行调整。此外，还可以利用适当的资产价格指数对企业以成本计价的资产（如土地、工厂、设备、存货）进行重估价，转换为现期价格。

如果上述几种方法都不可行，就需要使用一些推断的数据。例如，唯一可利用的资料是累计流量或以前经过后续流量调整的资产负债表。由于这些资料使用的是以前时期的价格，因此应当用后续的价格对价格进行调整，比如利用综合股票价格或资产价格指数进行调整，并考虑相关的汇率变动。不建议采用未经调整的过去交易的总和。生成股权的方法有多种，如发行股票、无需发行股票的股权注入（有时称作“盈余配送”或“资本配送”）、股票发行溢价、累计再投资收益或重估价。如果基于累计流量测算股权价值，那么上述因素都应当加以考虑。

如果不能直接观测到现期市场价格，应从信息的可获得性和最接近市场价值的可用方法的角度思考应该采取何种方法。不同方法适用于不同的情况，在市场价格无法直接观测到的情况下，无法通过固定模式来比较各种备选方法的优劣。这时候就需要编制者充分了解所采用的方法，并要对其作出清晰的描述。《OECD 外国直接投资的基准定义（第四版）》（OECD，2008）中对直接投资股权头寸的估价方法有更详细的讨论。

其他股权覆盖了其他各种不发行股票的公司或准公司的股权。这些公司包括公共企业、中央银行、其他一些特别的政府单位、合伙企业、无限责任公司及准公司，无论何时它们都是没有股票的机构单位。其他股权的估价应当等于该单位的资产价值减去其负债的价值。

货币市场基金和其他投资基金中的份额（或单位）可以用股权中建议的类似方法估价。上市基金份额可用基金份额的市场价格估价。未上市基金份额可从未上市股权估价方法中选择某一种方法估价。

（5）保险和养老金。估计分为两类：一是数额的决定方式是事先协议的，应采用资金提供者的精算估计值；二是数额根据所缴款项未来获得的投资绩效（定额缴款计划）来确定的，此时的价值是未来收益的折现值。

（6）金融衍生工具。金融衍生工具包括期权、远期合同、雇员股票期权等。期权应当以期权的现期价值（如果有的话）估价，或以应付权利金的数额估价。负债应计入期权卖方所在的部门，表示收购持有者期权的现期成本或持有收益的增加。一个期权的价值为零可能更为适宜，因为持有者每天将盈利或亏损。这些资产项目的对应方为负债。远期合同以市场价值记录。当支付实现后，资产及相应负债的价值被分期清偿，并随后反映在资产负债表编表日期的价值中。期货合同的市场价值可在核算期间内根据标的资产价格的变动，在资产头寸与负债头寸之间转换。所有价格的变化，包括期货合同市场价格变动的结果，都作为重估价处理。雇员股票期权应根据所授予的权益工具的公允价值进行估价。对于权益工具的公允价值，应利用在行权日已交易的期权同等的市场价值（如果可以得到的话）或利用期权定价模型（二项式模型或 Black-Scholes 模型）进行估价。

（7）其他应收/应付款。商业信用、预付款和其他应收或应付项目（如税收、红利、地租、工资薪金、社会缴款）对债权人和债务人来说，都应按债务清偿时债务人依据合同约定向债权人支付的本金来估价，该估价应包括其他应收/应付款的利息在内，但通常而言，债券产生的利息则应作为该项资产的价值增长来记录。存贷款利息应遵循各国的实际规定，如果根据本国的实际情况不能纳入相应的贷款或存款项下，则应当计入其他应收/应付款项目进行统计。

三、数据整理

数据整理包括汇总、合并和轧差。

（一）汇总

汇总是指将某一机构部门或机构单位的所有数据进行加总。汇总能够保留这一机构部门之间的债权债务数据，也就是说汇总不会抵消各机构单位间有关债权和债务数据。

（二）合并

合并是指冲销属于一个集团之内的机构单位之间发生的存量和流量。在住户部门核算中，一组单位数据通常合并。特别是住户部门及其每一个分部门的统计数据是合并表述的。

合并涉及抵消被合并的单位之间发生的所有交易和债务人/债权人关系。换言之，一个单位的交易与另一个单位记录的匹配交易相互抵消。例如，如果一个住户向另一个住户贷款，并且将两个单位的数据合并，那么该贷款的存量则既不在负债也不在资产中反映，就好像该贷款不存在似的。与此同时，合并后的利息收入和开支不包括由作为债务人的住户向作为债权人的住户支付的利息。类似地，被合并的单位之间进行的商品和服务销售也被冲销。

SNA 建议，不应合并各机构单位的统计数据，并且一个机构单位的一个基层单位向同一机构单位的另一基层单位进行的销售也不应合并。

（三）轧差

轧差或称取净额，是与总额相对应的。许多类别的流量和存量可以按总额表示，也可以按净额表示。按净额表示的一个项目等于一组流量（或存量）之和减去另一组流量（或存量）之和。一组流量（或存量）之和减去另一组流量（或存量）之和就是轧差。

四、资产负债表的表式

住户部门资产负债数据要通过合适的表式展现出来。住户部门资产负债表的宾栏为机构部门，主栏为资产负债项目，为了反映核算期的数据变化，可设置期初与期末两个时点的统计时点。在宾栏中，既要反映整个住户部门的数据情况，又要反映住户部门的子部门的情况。资产负债表提供有关资产净值（总资产减去总负债）和金融资产净值（金融资产减去总负债）的信息。后者经常被引用。

为了全面反映住户部门资产负债的核算情况，一般还可设附表或设置“或有项目”，用来说明未纳入资产负债表的核算情况或详细展示某核算项目的情况。

参考文献

[1] 联合国，欧盟委员会，经济合作与发展组织，国际货币基金组织，世界银行．国民账户体系 2008 [M]．中国国家统计局国民经济核算司，中国人民大学国民经济核算研究所，译．北京：中国统计出版社，2012.

[2] 国际货币基金组织．货币与金融统计手册和编制指南，2016.

第二章　美国住户部门资产负债表

美国是较早开始国民经济核算国家之一，在国民经济核算的估算、应用和方法研究等许多方面仍然保持着国际领先水平。美国住户部门资产负债表作为国家资产负债表核算的重要组成部分，经历了长期的发展和完善，已经形成了宏观、微观双层次的全面系统的统计框架，并提供国内使用和国际比较两套统计标准用于分析使用。本章按美国住户部门资产负债表的核算编制历史、部门分类、核算范围及分类、数据收集整理、数据分析的顺序，阐述其资产与负债核算方法、资料来源、估价技术等关键问题，系统介绍了美国住户部门资产负债表的编制。

第一节　美国住户部门资产负债核算的基本情况

美国国民经济核算起点较早，住户部门作为国民经济的重要组成，其核算最初以住户收支统计体现，随着国民收入和生产账户体系（NIPAs）进一步修订和完善，逐步形成全面的住户部门资产负债统计监测体系。本节以美国国民经济核算重大事件作为阶段节点，以体现美国国民经济核算的发展脉络和其中住户部门资产负债核算的发展变化。

一、美国住户部门资产负债表编制的发展过程

美国住户部门统计的发展伴随着国民账户体系及国家资产负债账户的发展而发展。本节以美国国民经济核算的发展为脉络，将美国住户部门资产负债核算的发展划分为民间统计、官方统计和现代核算体系完善三个阶段。前两个阶段住户部门统计以国民收支统计为主，第三个阶段正式加入住户部门资产负债表的编制。

（一）民间统计阶段：19 世纪初期到 1931 年

这一时期以民间研究为主，主要目的是对当时的社会经济问题进行研究。这一时期对于住户部门的核算，虽然没有过多的涉及和细化，但随着研究的深

入，出现了一些公认原则、方法和初步约定。如玛格丽特·瑞德（Margaret Reid）于19世纪30年代提出“第三方准则”，可以将住户成员的活动划分为生产性活动和非生产性活动，明确如果一项活动可以委托给他人从事并产生相同的预期结果或它产生可用于交换的产出，就视为生产性活动，否则就认为是非生产性活动。

（二）官方统计及国民经济核算体系确立阶段：1932年到1947年

1. 国民经济核算向政府官方转移

1929—1933年经济危机背景下，出于对全面具体的国民经济资料的需求，美国政府于1932年决定，由政府官方承担1929—1932年国民收入核算任务，并于1934年发表了《国民收入1929—1932》。

1932年，西蒙·库兹涅茨（Simon Kuznets）主持制定了美国第一套官方统计体系，系统地阐述了国民收入的相关定义、概念和计算方法，并提出按市场价格计算国民收入而不再是仅按要素价格来测算国民收入的观点。

2. 美国国民经济核算体系正式诞生

1941—1944年间，美国在吸收英国复式记账方法的基础上，通过对比英国和加拿大的统计体系、统计指标，进一步梳理和规范了国民收入体系的概念和范围。1947年7月，美国商务部发表了《美国国民收入和生产统计1929—1946》论文，标志着美国国民收入和生产核算体系（又称国民收入和生产账户体系）的形成和建立，这也是美国最初的国民经济核算体系。

美国国民收入和生产账户体系包括4个子账户和1个总账户，其中4个子账户分别为个人收入支出账户、政府收入支出账户、国外交易账户、总储蓄投资账户，总账户是国民收入和生产账户。国民收入和生产账户体系中对住户部门的核算，并没有以资产负债表的形式单独列出，而是体现在5个账户中个人及家庭收入和支出变化部分。4个子账户之间也存在着密切的联系，比如，“个人储蓄”既是个人收入支出账户中的支出，也是总储蓄投资账户中的收入。总账户和子账户中任一账户中的数字发生变化，都会引起其他账户的连锁反应。

（三）现代核算体系完善阶段：1948年至今

该阶段主要是对国民收入和生产账户体系进一步修订和完善，同时对国民经济核算体系进行了扩展。此外为了与联合国SNA标准一致，美国还编制了综合宏观经济账户（IMA）。住户部门的核算也从之前相对零散的指标发展到编制资产负债表，从而能够从宏观层面描述整个住户部门的资产和负债情况，且同时能够按照国内标准和联合国SNA标准编制两套资产负债表，既能用于国内分析，又能用于国际比较。

1. 国民收入和生产账户体系的修订和完善

国民收入与生产账户体系包括了几乎所有的国民经济基本总量，如国内生产总值（GDP）、国民生产总值（GNP）、国民收入、个人收入、个人可支配收入、个人消费支出以及货物服务的进出口等。

美国在1948年后对国民收入与生产账户体系进行了10余次较大规模完善和修订（一般5年一次综合调整，1年一次年度调整）。其中，由于数据获得等问题，涉及住户部门的调整并非特别频繁，但是随着总体框架的调整和计算方式的变化，对住户部门的核算也在调整和变化。1995年废止了一直采用的固定加权实际产出和价格指数，选定连锁型逐年加权指数，从而消除了固定权数指数往往扭曲实际产出和价格变动的影响，以免造成“替代偏误”，提升了居民消费支出的统计精度。1996年，调整修订了州和地方的国民收入、个人收入以及可支配的个人收入核算方式。2003年，对美国联邦储备委员会[①]（以下简称美联储）投入产出账户、劳工部劳动生产率统计作出调整，重新设计的表格体现了私人部门对于基础设施建设方面的投资状况。在2006—2009年间NIPAs新框架（NA）的修订中对私人资本投资的边界进行了统一，对于耐用品规定使用市场价估价，提出使用虚拟租金价格对住户部门资产进行估价[②]。

2. 国民经济核算体系进一步扩展

国民收入和生产账户体系虽然能够提供国民生产、国民收入及构成的全面计量资料，但内容还不够全面。因此，美国在对国民收入与生产账户体系进行修订和完善的同时，开始对国民经济核算体系进行扩展，包括编制投入产出表、资金流量表、资产负债表和国际收支平衡表。

1948年，美联储正式建立国家资金流量账户体系，并以1939年作为数据基期，开始编制资金流量表（FFA），1955年首次公开发布了资金流量表的年度数据，1958年8月在美联储公报（Federal Reserve Bulletin）上首次公布了资金流量表的季度数据。美国的资金流量账户统计分为部门和工具两类，从部门情况看，包括住户和非营利组织、非金融企业、政府、国内金融部门及国外5个部门。1997年12月，美联储在公布的第二季度资金流量表（包含资金流量表、资金存量表、资产负债表等）中，首次发布了住户和非营利组织资产负债表。

① 美国联邦储备委员会负责履行美国中央银行的职能。

② 基于Jorgenson（1963）提出的用户成本公式，系统化地利用了资本和资产的虚拟租金价格，这是NA整合BEA的NIPAs和BLS生产率账户的关键所在。

2005 年3 月，美联储发布了1945 年以来资金流量表的历史数据（1945 年以来的年度数和1952 年以来的季度数），报表中包含了1945 年以来的住户和非营利组织资产负债表。2008 年，SNA 体系进行了更大范围的修订，补充了资金流量统计和货币金融统计之间的关系，美联储也主要按照SNA2008 的体系对资金流量账户进行了一定程度的修订。

3. 参照联合国SNA 标准编制综合宏观经济账户

为了遵循SNA 标准，并用于国际对比，美联储和美国经济分析局（BEA）于2006 年开始编制基于SNA 体系下的综合宏观经济账户，其基础为国民收入与生产账户体系和美联储金融账户。综合宏观经济账户涵盖了住户和服务于住户的非营利组织、非金融非公司部门、非金融公司部门、金融部门、联邦政府部门、州和地方政府部门、国外部门等各个部门，核算了上述部门从经常账户的生产、收入、消费到积累的全过程，资产负债表是这个核算过程的最终结果，因此资产负债表包含了住户部门和非营利组织的资产负债表。首份报告于2007 年发布，并于2010 年把该报告的历史数据延伸到了1992 年。美联储负责金融账户报表的编制，美国经济分析局负责非金融账户报表的编制。

从2013 年开始，美联储将《美国资金流量账户报告》正式更名为《美国金融账户报告》，其网站上的“资金流量账户”也逐步过渡为“金融账户”，主要包括资金流量表及存量表、资产负债表和综合宏观经济账户。同时，住户部门和非营利组织资产负债核算方面也逐步完善和调整，其修订主要根据国民收入和生产账户体系及金融账户核算规则改变而改变，分为三类：第一类是金融项目区分或者核算标准改变进行的账户修正，第二类是金融工具流量统计变化导致项目计入模式和方法的改变，第三类则是数据源差异及调整改变的说明。

二、美国住户部门资产负债核算的现状

美国现阶段住户部门资产负债表的编制，主要由美联储和美国经济分析局负责，编制流程按照SNA2008 标准，从经常账户到积累账户，再到资产负债表。

（一）编制结构

美联储根据美国经济分析局等提供的相关数据编制B. 101 住户部门和非营利组织资产负债表，在金融账户的第四部分资产负债表及净值变动表下列示。

美联储和美国经济分析局基于SNA 体系，联合编制S. 3. a 住户部门和非营利组织资产负债表，在金融账户的第六部分综合宏观经济账户下列示。

（二）编制流程

美联储编制住户部门资产负债表，主要是从美国经济分析局等获取国民收

入、生产账户及相关数据，然后对数据进行调整处理，编制成金融账户，再依据金融账户数据生成资产负债表。

（三）统计口径

目前金融账户第四部分资产负债表及净值变动表和第六部分综合宏观经济账户中，均把住户部门和非营利组织合并为一个部门，主要原因是非营利组织的资金来源和服务对象均为住户部门，并且非营利组织相对于住户部门而言资产较小，即使加入后也不会有显著影响。不过在金融账户第五部分补充用表中，通过附属表格的形式进一步区分住户部门和非营利组织的资产负债情况。

（四）统计内容

1. B. 101 住户部门和非营利组织资产负债表

该表（见表2－1）中资产分为金融资产与非金融资产。金融资产分类基于资金流量表中金融工具的分类，将金融资产细分为外国存款、活期存款和现金、定期和储蓄存款、货币市场基金、债务证券、贷款、公司股权、共同基金份额、应收补贴和货款、人寿保险责任准备金、养老保险责任准备金、非公司企业股权、其他资产等13类金融工具。非金融资产主要包括房地产、设备和软件、知识产权产品和耐用消费品。

表2－1　　　　B. 101 住户部门和非营利组织资产负债表

项目	年度
资产	
非金融资产	
房地产	
住户	
非营利组织	
设备和软件（非营利组织）	
知识产权产品（非营利组织）	
耐用消费品	
金融资产	
外国存款	
活期存款和现金	
定期和储蓄存款	
货币市场基金	
债务证券	

续表

项目	年度
国库券	
政府支持机构债券	
市政债券	
公司与外国债券	
贷款	
其他贷款和垫款	
抵押贷款	
消费信贷（助学贷款）	
公司股权	
共同基金份额	
应收补贴和货款（非营利组织）	
人寿保险责任准备金	
养老保险责任准备金	
非公司企业股权	
其他资产	
负债	
债务证券（市政债券）	
贷款	
住房按揭贷款	
消费信贷	
存款机构贷款	
其他贷款和垫款	
商业抵押贷款（非营利组织）	
贸易应付款（非营利组织）	
延期或未支付的人寿保险	
净资产	
备忘录	
个人退休账户中的资产	
教育储蓄计划中的资产	
教育储蓄计划	
预付学费计划	
重置成本估算的价值结构	

续表

项目	年度
居民类	
住户	
非营利组织	
非居民类（非营利组织）	
可支配收入（DPI）	
净资产/可支配收入（行40/行49）	
房地产所有者权益（行4—行33，住户）	
住户拥有的房地产所有者权益占房地产资产的比重	

住户部门资产负债表中的负债，依据资金流量账户中对金融工具的分类，可以细分为债务证券、贷款、贸易应付款、延期或未支付的人寿保险四个项目。

2. S. 3. a 住户部门和非营利组织资产负债表

该表（见表2－2）按照SNA2008的标准，对资产和负债进行分类。该表与B. 101住户部门和为住户部门服务的非营利组织资产负债表分类略有不同，区别主要体现在金融资产和负债上，其中金融资产细分为通货和存款、债务证券、贷款、股权和投资基金份额、保险养老金和标准化担保计划、其他应收款六大类；负债细分为债务证券、贷款、保险养老金和标准化担保计划、其他应付款项四大类。

表2－2　　S. 3. a 住户部门和非营利组织资产负债表

项目	年度
总资产	
非金融资产	
房地产	
耐用消费品	
设备	
知识产权产品	
金融资产	
通货和存款	
通货和可转让存款	
外国存款	
定期和储蓄存款	

续表

项目	年度
邮政储蓄系统存款	
债务证券	
国库券	
机构和 GSE 支持证券	
市政证券	
公司和外国债券	
贷款	
短期	
长期（抵押贷款）	
股权和投资基金份额	
公司股票	
共同基金份额	
货币市场基金份额	
非公司企业股份	
PPP 权益投资	
保险、养老金和标准化担保计划	
财产与意外伤害保险公司应收保险金	
人寿保险责任准备金	
养老金权益	
人寿保险公司的非寿险准备金	
退休人员医疗保健基金	
其他应收账款（应收账款）	
负债总额和资产净值	
负债	
债务证券（市政债券）	
贷款	
短期	
消费信贷	
存款机构贷款	
其他贷款和垫款	
长期（抵押贷款）	
保险、养老金和标准化担保计划	
其他应付账款（贸易债务）	
资产净值	

（五）统计发布

1. 美联储

美联储通过官方网站和出版物按季度发布金融账户报告，每次发布时间在季度末 10 周后。

2. 美国经济分析局

美国经济分析局官方网站上按季度公布综合宏观经济账户数据，每次发布时间在季度末 10 周后。

以上介绍的是美国从宏观层面编制住户部门的总资产和总负债，为进行进一步分析，美国还开展了消费者财务状况调查（SCF）等微观调查，提供住户部门财务分析所需的微观层面的细节，将会在本章第四节做重点介绍，本节不做过多阐述。

第二节　美国住户部门的核算范围及分类

美国对住户的定义与分类与 SNA2008 大体一致，在具体核算中结合国情进行了特别处理，如对家庭农场的定义与归属划分。同时，在具体指标设计和处理上美国与 SNA2008 的设计略有不同。本节主要介绍住户部门的定义、核算范围以及从不同角度对住户部门进行分类。

一、住户部门的核算范围

（一）住户的定义

住户被定义为这样的一群人：共用生活设施，把成员的部分或全部收入或财产汇聚起来使用，集体性地消费某些货物或服务——主要是住房和食物的一群个人。美国将住户部门主要区分为四个种类：个体住户（包括家庭）、机构住户、住户的非法人企业、为住户服务的非营利组织。其中：

个体住户（包括家庭）是指同住在一所房子里的人，包括婚姻型家庭和独居型家庭两类。婚姻型家庭又分为夫妇型家庭和单亲型家庭两种形式，独居型家庭分为男性业主和女性业主两种形式。

机构住户是指永久居住在一个机构中，或者可能被预计在很长或无限期的时间内居住在一个机构中的人（例如教堂的修女等），他们几乎没有或根本没有行动自治权或相关经济活动的决定权。

住户的非法人企业，特别是在自由职业者的情形下，与生产活动相关的其他收入流、转移支付、金融交易很难从整体住户中分离出来。在这种情况以及生产活动相关信息不完整的情况下，非法人企业仍被视为住户的一部分。

为住户服务的非营利组织是指不由政府资助和控制，免费向家庭提供商品和服务的组织，比如教堂、宗教团体、体育活动和其他俱乐部、工会和政党。这类住户既是私人非市场生产者，也是独立的法人实体，除了偶尔出售的资源外，其主要的资金来源是住户以消费者身份自愿以现金形式提供的捐款。

在美国，计入住户部门的非营利机构需要和政府控制或者资助的非营利机构（GSE）区分，后者计入政府部门。上述所有住户归集在一起，就形成了住户部门。

（二）住户部门的核算范围

美国住户部门的核算范围和其他国家的主要差异表现在以下三个方面：

一是农场家庭。由于美国是世界上最大农场经营者集中地，美国的农业以家庭农场为主，由于许多合伙农场和公司农场也以家庭农场为依托，因此美国的农场几乎都是家庭农场。美国的农业是在农户家庭经营基础上进行的。因此，美国的住户部门核算特别强调了农场家庭这一类主体。美国农业部经济研究局（ERS）将农场家庭定义为农场主要经营者和与之有血亲或婚姻的人，该类群体拥有大部分农场权益并从事农场业务。ERS 定义侧重于经营农场的家庭对农场业务的所有权和控制权，而不是农场规模或提供的劳动力。该类人员以群体的形式出现，虽然并非传统意义上的住户，但是纳入住户部门进行统计，而不归类为企业。

二是住户部门大多数类别的金融资产和负债的价值按剩余值计算。也就是说，从已知总额中减去其他部门持有或欠下的金额，剩余的金额假设为住户部门持有或欠下的金额。由于住户部门的剩余性质，没有数据来源的实体（如国内对冲基金、私募股权基金和个人信托）的资产也包括在该部门中。

三是住户及为住户服务的非营利组织机构资产负债表上的一些项目的处理存在差异。首先，耐用消费品的购买不包括在固定投资中，但是耐用消费品的净投资包含在“其他批量调整交易变化”账户中，这使得此类商品能够记录在住户部门的资产负债表上，同时仍保持与国民账户体系将耐用消费品排除在固定投资之外的一致性。其次，用于计算净资产的净借贷来自资本账户而非金融账户。资本项目与财务（金融）项目之间的统计差异，通过净资产变化进行计算，使两者报告一致。最后，土地在资产负债表和重估账户中没有单独列示；与《国民账户体系》的建议相比，只列示了房地产总额。

（三）为住户服务的非营利组织的核算

在统计中，西方主要发达国家（意大利除外）均把住户部门和为住户服务的非营利组织合并为一个部门，主要原因是非营利组织的资金来源和服务对象均为住户部门，并且非营利组织相对于住户部门而言资产较小，即便加入后也不会产生显著影响，美国也不例外。虽然在美国经济分析局的 IMA 公布账户数据中住户和为服务住户的非营利组织并不区分，但在主要负责核算住户部门资产负债的美联储住户统计中通过 F101 附属表格进行了两者的区分。非营利组织最显著的影响是通过其持有的房地产、厂房和设备对住户部门净利润的调整，其价值与其他机构代表住户持有的资产有关，特别是为养老基金和人寿保险提供福利。例如私营部门的合并持股固定福利养老金、联邦雇员养老金资产储蓄计划，以及州和当地员工养老金［资产约占美联储住户部门资产负债表 B. 100（第 28 行）中养老金资产的三分之二］，但这些资产并未计量。在住户层面上，如果不考虑这些因素，净资产将降低近 15%。同样，对人寿保险公司的持股也被排除在外，因为这些资产主要是保单资产，不包括人寿保险会减少净值大约 2%。最后，一些资产和负债类别要么与非营利组织有关联，要么在住户中没有很好的衡量水平，这些基本上是净值，减少报告净值不到 1%。综合来看，对现金流量一致性的调整使固定资产净值减少了 21% 多一点，所以将非营利组织纳入住户部门也是有数据支撑的。

二、住户部门的分类

美国对住户部门的分类与 SNA 一致。SNA2008 提供了五种划分住户子部门的参考角度，即消费角度、生产角度、收入角度、使用参考人角度和人口变化的影响角度。

第一，按照消费模式来分解住户部门。按照消费模式来分解住户部门在本质上所依据的是收入水平，以及收入水平体现消费模式差异的假设。常见方法是利用分位数回归的研究方法，分析不同住户的消费模式特征，目的是根据收入水平来预测分析住户消费现状从而体现消费模式差异。美联储在分析美国住户财富时，采用分布式财务账户（DFA），提供 1989 年以来美国住户财富分配的季度衡量标准，其基础是将分类的住户层面财富数据与官方总财富衡量指标全面整合。该数据集包含财务账户住户财富表中每个资产负债表项目的级别和份额（表 B. 101. h），由四个百分位分割为四个财富组：最高 1%、2% ~10%、11% ~50%、51% ~100%。

第二，住户部门除了在整个国民经济活动中扮演消费者的角色外，也生产各种货物和服务，充当着生产者的角色。非法人企业是住户进行生产的重要手段，联合国将机构住户、拥有非法人企业的住户与那些没有此类企业的住户区别开来。这样可以较清晰地分辨出非法人企业的活动形式，从而将农业活动从其他活动中单独区分出来。

第三，区别于以收入水平划分住户子部门，可以以收入来源进行资产分类。按照住户总体上最大收入来源，可以将住户部门划分为雇主住户、雇员住户、自雇工作者住户、财产收入及转移收入接收者住户等。其中，最后一个类型还可以进一步划分为财产收入接收者、养老金领取者和其他转移收入接收者。

第四，按照使用参考人角度划分住户部门，在为每一住户确定一个参考人后，按照参考人的特征，如职业、工作的行业、受教育程度、所拥有的资格或技能等，来确定不同子部门。而参考人并不一定是“户主”，通常是挑选最大收入获得者或者就住户消费作出重大决策的人担任，如农场家庭就以主要经营者负责业务日常决策为分类基础。

第五，按区域性划分人口变化对住户福利的影响及政府需要作出的响应。美国提供按照地区分类的表格和交互式地图可以获得自 1999 年以来各州、大都市统计区和县的债务与收入的比率。住户债务是根据纽约联邦储备银行（FRB-NY）消费者信贷小组计算的，住户收入由劳工统计局统计。

另外，还可以基于不同背景，如住户中包括的成员人数、住户所在地区、户主的资质或受教育水平、户主工作的行业、住户是否拥有财产或其他资产等进行划分子部门；还可以根据住户具体的需求服务、主要收入来源者的工作状态等，来划分住户子部门。

第三节　美国住户部门资产负债核算范围及分类

美国住户部门资产负债表是国家资产负债表核算的重要组成部分。美国参照 SNA2008 对住户部门资产负债表进行了核算项目的总体设计，提供包括流量和存量相关的细项数据。本节主要介绍住户部门资产负债表主要资产负债项目核算的具体范围与分类，以及住户部门资产负债核算与国家资产负债核算的关系。

一、美国住户部门资产负债表核算项目

与 SNA2008 体系基本保持一致，美国住户部门资产负债表核算项目涵盖了

经常项目、资本项目、金融账户，其中共包括流量和存量相关141项子项目数据。具体如图2－1所示：

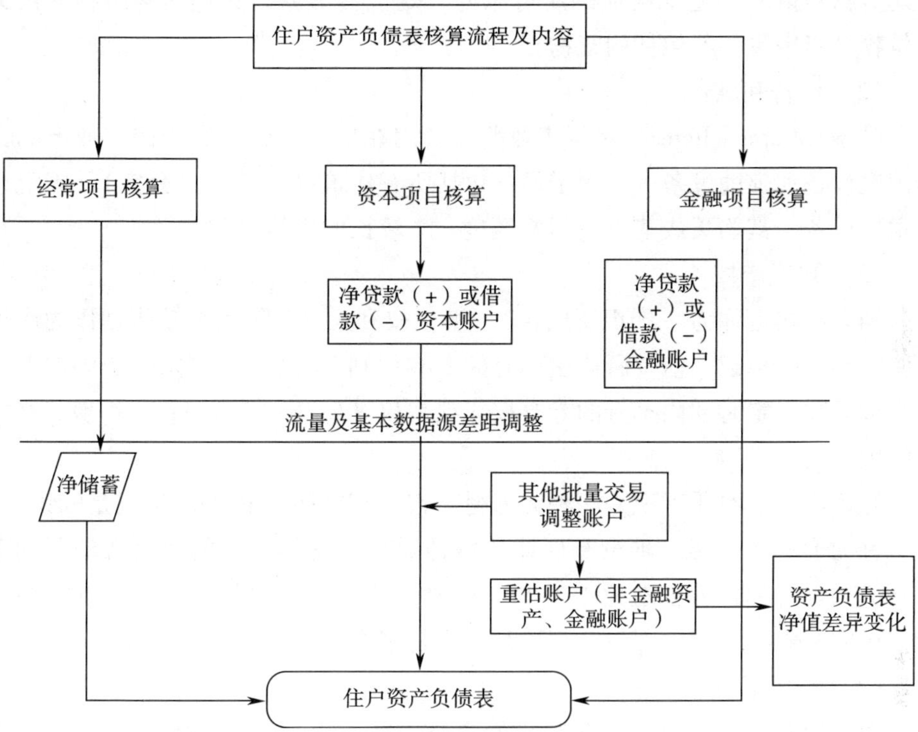

图2－1　美国住户部门资产负债表核算项目

二、美国住户部门资产负债表核算要素

（一）资产核算的范围及分类

从编制客体的核算范围看，住户部门资产负债表中的资产分为非金融资产和金融资产。

1. 非金融资产

非金融资产主要包括房地产、设备和软件、知识产权产品和耐用消费品。其中房地产是住户部门资产负债表上最大的资产类别。

（1）房地产

房地产主要是指建筑，建筑是建筑物与构筑物的总称，是人们为了满足社会生活需要，利用所掌握的物质技术手段，并运用一定的科学规律和美学法则创造的人工环境。有些分类为了明确表达使用性，会将建筑物与人们不长期占用的非建筑结构物区别，需注意的是，有时建筑物也可能会被扩展到包含“非建筑构筑物”，诸如桥梁、电塔、隧道等。建筑物有广义和狭义两种含义。广义的建筑物是指人工建筑而成的所有东西，既包括房屋，又包括构筑物。狭义的建筑物是指房屋，不包括构筑物。

（2）设备和软件

设备（Capital Items）是指工业购买者用在生产经营过程中的工业产品，包括固定设备和辅助设备等。固定设备包括所有建筑（工厂、办公室），固定设备是主要设备，其购买或建设过程要经过一个较长的决策过程。

（3）知识产权

知识产权也称为“知识所属权”，指“权利人对其智力劳动所创作的成果和经营活动中的标记、信誉所依法享有的专有权利”，通常是国家赋予创造者对其智力成果在一定时期内享有的专有权或独占权（Exclusive Right），一般只在有限时间内有效。

知识产权从本质上说是一种无形财产权，其客体是智力成果或是知识产品，是一种无形财产或者一种没有形体的精神财富，是创造性的智力劳动所创造的劳动成果。各种智力创造比如发明、外观设计、文学和艺术作品，以及在商业中使用的标志、名称、图像，都可被认为是某一个人或组织所拥有的知识产权。

（4）耐用消费品

耐用消费品是指使用寿命较长的商品，其主要特征是可以多次使用、重复使用，如家用电器、家具等。

2. 金融资产

美国住户部门金融资产主要包括存款（主要包括外国存款、活期存款和现金、定期和储蓄存款、货币市场基金）、债务证券、贷款、公司股权、共同基金份额、应收补贴和货款、人寿保险责任准备金、养老保险责任准备金、非公司企业股权、其他资产等 13 类金融工具。

（1）存款

存款主要包括外国存款、活期存款和现金、定期和储蓄存款、货币市场基金 4 个子项目，活期存款包括所有可按标准要求兑换纸币和硬币的存款。现金、存款的估价一般按面值计算。

（2）债务证券

债务证券是作为债务证明的可转让工具，通常可在金融市场交易，包括政府债券、商业债券、抵押支持证券（MBS）、资产支持证券（ABS）、公司债券和其他债券。

（3）贷款

根据 SNA2008 建议，住户部门的贷款价值是指未偿付资金的数额，这个数额包括已产生但未付的利息、间接测算的由该项债务所承担的已产生但未付的服务费用的数额。

（4）公司股权、非公司企业股权和共同基金份额

SNA2008 认为资产负债表上的金融资产应该采用当期价值，不应该采用历史价值，因此公司股权及开放式基金的计价按市场价格估值。

（5）应收补贴和货款

应收补贴和货款主要针对非营利组织而言，核算非营利组织出售商品或提供劳务应收取暂未收到的款项。

（6）人寿保险责任准备金

人寿保险责任准备金也称人身保险责任准备金，是指保险公司为履行今后保险给付的资金准备，保险人从应收的净保险费中逐年提存的一种准备金。人寿保险责任准备金适用于长期性人寿保险业务，它来源于当年收入纯保险费及利息与当年给付保险金的差数。

人寿保险责任准备金可分为理论责任准备金与实际责任准备金。理论责任准备金是指根据纯保险费计算积累的用于给付保险金的资金，其计算并不考虑保险业务经营的实际条件，实际责任准备金是指人寿保险业务中实际提存的责任准备金，它是考虑了各年间附加费用的不同开支情况，并以理论责任准备金为基础加以修正而计算的。

（7）养老保险责任准备金

养老保险责任准备金分为三个部分，第一个部分是由政府主导、强制实施的社会养老保险制度，即联邦退休金制度；第二个部分是由企业主导、雇主和雇员共同出资的企业补充养老保险制度，即企业年金计划；第三个部分是由个人负责、自愿参加的个人储蓄养老保险制度，即个人退休金计划。以下主要介绍前两部分：

联邦退休金制度是由政府主导的基本养老保险制度，是美国政府为退休人员提供的一种保障型社会福利。社会保障税是联邦退休金制度最核心的内容。社会保障税是美国仅次于个人所得税的第二大税种，由联邦政府按照一定工资比率在全国范围内统一征收，强制要求企业在每月发工资时按照雇员的社会保障号码（SSN）代扣代缴。社会保障税由美国财政部国内工资局集中收缴后，专

项进入养老保险管理机构——美国社会保障署（Social Security Administration）设立的社会保障基金。

企业补充养老保险退休金是根据每个雇员的薪资情况，公司为每个正式员工提供一个退休金账户。每个员工可根据自己的情况在为下一年的退休计划制订一个储蓄计划，一般是工资的百分之几或政府规定的上限。这部分钱可暂不付当年的个人所得税，直到个人使用这部分钱的时候（一般是在退休后）才用补交个人所得税。公司会根据1∶1比例为员工存入相应的资金。一般各家公司都有一个自己的原则，比如不超过员工工资的5%。账户里的资金可由个人支配进行投资但需经由合格的退休金管理公司来管理。另外，非营利组织持有的未充分衡量的住户养老金也属于上述资产。

（二）负债的核算范围及分类

负债主要包括债务证券、贷款和人寿保险。

1. 债务证券

债务证券是指除股票外的有价证券，包括在金融市场上交易的各种金融工具。

按财产担保划分为抵押债券和信用债券，抵押债券是以企业财产作为担保的债券，按抵押品的不同又可以分为一般抵押债券、不动产抵押债券、动产抵押债券和证券信托抵押债券，以不动产如房屋等作为担保品，称为不动产抵押债券，以动产如适销商品等作为提供品的，称为动产抵押债券，以有价证券如股票及其他债券作为担保品的，称为证券信托债券，一旦债券发行人违约，信托人就可将担保品变卖处置，以保证债权人的优先求偿权。信用债券是不以任何公司财产作为担保，完全凭信用发行的债券，政府债券属于此类债券，这种债券由于其发行人的绝对信用而具有坚实的可靠性。除此之外，一些公司也可发行这种债券，即信用公司债，与抵押债券相比，信用债券的持有人承担的风险较大，因而往往要求较高的利率。

从期限分，债务证券分为短期和长期债务证券。短期债务证券以其当期市场价值进行估价，在高通货膨胀或高名义利率情况下，特别需要以此种方法估价。长期债务证券应当始终按市场价格估价，价格应将随时间发生的利息包括在内。

2. 贷款

贷款包括住房按揭贷款、消费贷款、存款机构贷款、商业抵押贷款和其他贷款。

（1）住房按揭贷款是购房者以所购住房做抵押并由其所购买住房的房地产企业提供阶段性担保的个人住房贷款，它占负债的大部分。

（2）消费贷款是指银行或其他金融机构采取信用、抵押、质押担保或保证方式，以商品型货币形式向个人消费者提供的信用贷款。按接受贷款对象的不同，消费信贷又分为买方信贷和卖方信贷。买方信贷是对购买消费品的消费者发放的贷款，如个人旅游贷款、个人短期信用贷款等。卖方信贷是以分期付款单证做抵押，对销售消费品的企业发放的贷款，如个人小额贷款、个人住房贷款等；按担保的不同，又可分为抵押贷款、质押贷款、保证贷款和信用贷款等。

（3）存款机构贷款是指个人或企业向银行根据该银行所在国家政策以一定的利率将资金贷放给有资金需求的个人或企业，并约定期限归还的贷款类型。

（4）商业抵押贷款。美国消费者金融调查（Survey of Consumer Finances，SCF）为获得贷款、贷款条款和债务偿还的详细信息，收集 13 类贷款的数据。原则上，这些贷款可用于衡量家庭债务偿还。这些类别包括个人使用的汽车和卡车贷款，以及其他自有车辆贷款、教育贷款、其他消费贷款、住房改善贷款、初级抵押贷款、其他住宅房地产贷款、被申请人提供的土地合同贷款家庭、保证金贷款、人寿保险单贷款、养老金贷款、信用卡，以及信用额度。SCF 中的每一笔贷款都有两种确定方式：按类型和按用途。

3. 人寿保险

人寿保险是人身保险的一种，以被保险人的寿命为保险标的，且以被保险人的生存或死亡为给付条件的人身保险。与所有保险业务一样，被保险人将风险转嫁给保险人，接受保险人的条款并支付保险费。与其他保险不同的是，人寿保险转嫁的是被保险人的生存或者死亡的风险。

三、住户部门资产负债核算与国家资产负债核算的关系

（一）住户部门生产与国民经济核算

1. 差异与原因分析

美国国民收入和生产账户体系（NIPAs）是美国的国民经济核算体系，它是一个统计系统，该统计系统显示了国家产出的价值、产出的构成以及生产中发生的收入分配，其目的是为会计期间发生的经济交易提供连贯和全面的信息。尽管这些信息很有用，但该统计体系也存在一定局限性，它仅关注到市场和市场交易的信息，忽略了一些重要的非市场生产形式。长期以来，学者专家们质疑和批判该统计体系忽略了住户部门的生产活动，特别是家庭内部无偿的家务

工作。住户部门的生产活动之所以未能在国民经济核算中反映，部分原因是会计师们在衡量该部分非市场产出的市场价值时，会遇到诸多问题。虽然他们能够清楚地认识到基于市场账户的设置会导致不一致，但他们仍然会质疑现有的工具是否能够为经济活动制定更完整的会计制度，统计人员担心扩大账户的范围会舍弃现有包含范围较少但有准确度较高的工具，追求一个更广泛但功能更少的工具，从而导致统计结果不精确。

2. 后果及影响分析

（1）忽视住户部门生产的估算方式会导致 GDP 衡量有效性降低。早在国民收入和生产账户体系建立实施之前，会计师就关注到将非市场或无付酬生产排除在国民经济账户之外，可能会导致概念上的不一致。如厨师或管家与雇主结婚，婚前厨师的产出和收入都计入国内生产总值（GDP）和国内总收入（GDI），但婚后同样的产出却被排除在外，这导致了 GDP 和 GDI 下降。这个例子说明两个问题：一是 GDP 作为衡量经济活动的指标具有不一致性，经济活动的衡量标准会受到制度安排变化的影响，即使该活动的实际水平可能没有改变。二是 GDP 用于分析目的时的有效性，由于 GDP 通常仅限于市场交易核算，因此会导致 GDP 作为衡量经济活动和增长的指标时有效性降低。

例如，在欠发达经济体中，从家庭生产向市场生产的转变可能会导致用传统 GDP 方法计算得出的增长记录被夸大，而从市场生产向黑市和非市场生产的转变又可能夸大这些国家 GDP 的下滑。发达经济体也出现过类似问题，如第二次世界大战后美国实际国内生产总值的增长被夸大了，因为女性劳动力参与率从 1946 年的 31% 到 1997 年的 60% 几乎翻了一番，商品和服务也从家庭生产转向了市场生产。同时，不将非市场住户部门生产纳入核算，可能也会扭曲各国产出的比较结果：在欠发达国家，家庭生产占总产出的比例更高。如果发达国家和欠发达国家都不计算这项无付酬工作，那么其产出的差距将被高估。

（2）20 世纪 70 年代，随着社会和福利会计相关研究的深入，经济学家和公众对这一问题产生了兴趣。从这个专业角度看，纳入无付酬工作只是使 GDP 能够更好地进行福利衡量的必要步骤之一，而且在这个时期已经尝试通过各种各样的方法来相应调整 GDP。然而将账目应用于福利分析，只会增加上述测量的困难性。虽然这些研究引发了很多争论，并为学者提供了有关 GDP 增长的正负外部性研究的参考经验，但模糊的衡量边界、不确定性和主观性限制了它的直接用途。

（3）忽视住户部门生产的估算方式会低估女性对经济发展的重要性。20 世纪80年代，一些团体提出，将非市场性的住户部门生产排除在外，模糊甚至是忽视了女性对经济发展的重要性，因此会导致政策上对女性的忽视，甚至会损害女性的社会地位。虽然这一观点近年来受到越来越多的国际关注，但国民账户体系（SNA）和NIPAs对住户部门生产的关注度仍然有限，主要是因为账户中生产的概念与产出密不可分。换句话说，生产的概念与可在市场上交易的产出概念有关，虽然住户部门确实可以生产商品和服务，但这种生产通常不会在市场上交易，因此被排除在账户之外。

3. 解决措施

1993年国民账户体系提出，现阶段较有效的解决措施是使用补充账户或卫星账户，以此来兼顾国民收入和生产账户体系的严谨性和灵活性。构建一个卫星账户，既可以突出或提供特定部门交易时的更多细节，例如显示运输行业详细信息的账户，又可以通过调整生产边界（如将研发支出或自然资源视为资本资产）或使用替代估价法（如BEA经济和环境结合卫星账户中所示）来改变账户基础概念设置。非市场性住户部门生产卫星账户可以同时实现这两个方面，它能显示比现有住户部门市场性生产账户更详细的信息，也扩展了生产的定义，纳入非市场性住户部门生产。这些账户可用于探索在传统账户中引入复杂或不确定的统计方法时的估计结果。除此之外，卫星账户建立在现有账户的基础上并与其保持一致，因此可以与NIPAs中的许多相关账户和子账户一起使用。

（二）住户部门资产核算与国家资产负债核算

美国国民经济核算体系中除了住户部门资产负债体系外，还加入了一系列补充账户，如政府部门和住户部门资本服务、非市场性工作以及休闲活动的价值，由此可见，美国住户部门资产负债表是国家资产负债表核算的重要组成部分。但是在某些项目上两者仍存在差异，举例如下：

1. 项目范围变动。根据NIPAs的核算方法，耐用消费品和非市场生产服务的数值为零，因为它们不包括在GDP核算中。但对这些类别的评估是卫星账户核算的一部分，数值显示在“住户部门生产账户核算方法”指标下，这些调整导致了个人消费支出的增加。

2. 不同项目的定义。国家资产负债表将消费者对耐用品的购买视为消费。住户部门生产卫星账户则将此类购买视为投资，并将耐用消费品服务加入个人消费支出中。计算个人耐用消费品的支出时，用个人利息收入和个人股息收入的回报减去耐用消费品的折旧。

3. 数值是否根据通货膨胀调整。由于难以明确反映住户部门生产物价指数的客观限制，这些计算总国家资产负债表的数值并没有根据通货膨胀进行调整，包括住户部门在内的总体产出增速放缓，1965—2014 年名义 GDP 年均增长率为 6.6%，而纳入住户部门生产后，该增长率下降到了 6.4%。

4. 卫星账户补充范围不同。美国国家资产负债表的卫星账户对美国经济分析局的核心统计数据进行了补充，提供了特定经济领域的详细信息，如旅游支出等。通常，这些卫星账户的账目对一些包含 GDP 等宏观统计数据的经济活动进行说明。相比之下，住户部门生产卫星账户（Household Production Satellite Account）衡量的是不包括在 BEA 其他统计数据中的活动。

第四节 美国住户部门资产负债表的编制

美国住户部门资产负债表包含监管报告、纳税申报信息、美联储调查如消费者金融调查、其他机构数据等，其数据来源广泛，能提供宏观、微观两个层面的住户部门资产负债信息。本节主要介绍美国住户部门资产负债表编制的数据收集、报表项目估值以及数据编制整理情况。

一、数据来源

美国住户部门资产负债统计报表可以分为宏观统计和微观统计两个层面。宏观层面主要是住户部门与非营利组织资产负债系列报表，以分析住户资产、负债和净资产状况，具体包括五张表，其中有两张主表——住户与非营利组织部门资产负债表（B. 101 Balance Sheet of Households and Nonprofit Organizations）、住户部门与非营利组织净资产变化表（R. 101 Change in Net Worth of Households and Nonprofit Organizations），以及三张附表——住户部门资产负债表（B. 101. h Balance Sheet of Households）、非营利组织资产负债表（B. 101. n Balance Sheet of Nonprofit Organizations）、附股权明细的住户部门与非营利组织资产负债表（B. 101. e Balance Sheet of Households and Nonprofit Organizations with Debt and Equity Holdings Detail）。微观层面主要是住户资产分类系列报表，将住户按资产类型、住户特征（年龄、收入、性别、净资产持有程度等）划分，分析不同类型住户持有不同类型资产的状况，具体包括六张表：根据资产类型分类的住户持有非金融资产情况表（Non-financial Assets Held by Families by Type of Asset），根据住户特征分类的住户净资产——以不变美元计价的平均净资产和净资产中位数（Family Net Worth Mean and Median Net Worth in Constant Dollars by Selected Family Characteristics），以资产类型、性别和净资产规模为分类标准，总资产规模不低于150万美元的超级富豪持有资产情况（Top Wealth Holders with Gross Assets of ＄1.5 Million or More by Type of Property，Sex，and Size of Net Worth），净资产规模不低于150万美元的超级富豪地区分布表（Top Wealth Holders With Net Worth of ＄1.5 Million or More—Number and Net Worth by State），根据资产类型和住户特征分类的住户部门资产拥有率情况（Asset Ownership Rates for Households by Type of Asset and Household Characteristics）及根据资产类型分类的住户部门资产拥有率和中位数情况（Asset Ownership Rates for Households and Median Value by Type of Asset）。

（一）宏观层面

1. 美国金融账户概览

宏观层面的住户部门与非营利组织资产负债系列报表由美联储负责统计，数据来源于其编制的美国金融账户（Z.1 Financial Accounts of the United States，原为美国资金流量表），数据频度为季度。美国金融账户是用于核算美国整个经济社会中各部门资金来源和运用状况的一系列统计报表，住户部门与非营利组织资产负债系列报表是其中的子报表。

从美国金融账户的逻辑结构（见图2－2）可以了解到住户部门与非营利组织资产负债系列报表的编制原理。从结构上看，美国金融账户系列统计报表分为六个部分：第一部分为综合表（Summaries），其中矩阵部分包括跨部门的流量、存量数据概要，表格部分包括信贷市场借款、GDP、国民收入和储蓄等数据概要；第二部分为部门表（Sectors），包括按部门分类的资金流量表（Transactions）和存量表（Levels）；第三部分为金融工具表（Instruments），包括按金融工具分类的资金流量表和存量表；第四部分为资产负债表和净资产变化表（Balance Sheet and Change in Net Worth），包括家庭以及非营利组织、非金融公司类企业和非农非公司类企业（Nonfarm Noncorporate Business，类似国内个体户）的资产负债情况及净值变化；第五部分为附表（Supplementary Tables），提供家庭与非营利组织的细节数据；第六部分为宏观经济账户（Integrated Macroeconomic Accounts for the United States，IMA），这部分来自国民收入和生产账户（NIPAs）的生产、收入、储蓄、资本形成等与金融账户中部门净值变化联系起来，由美联储和美国经济分析局联合发布，这部分数据频度为年度。从逻辑上看，美国金融账户建立了系统的总借贷额、部门资金流量和金融工具流量的内在联系，可以直接推导出各部门的资产负债表。

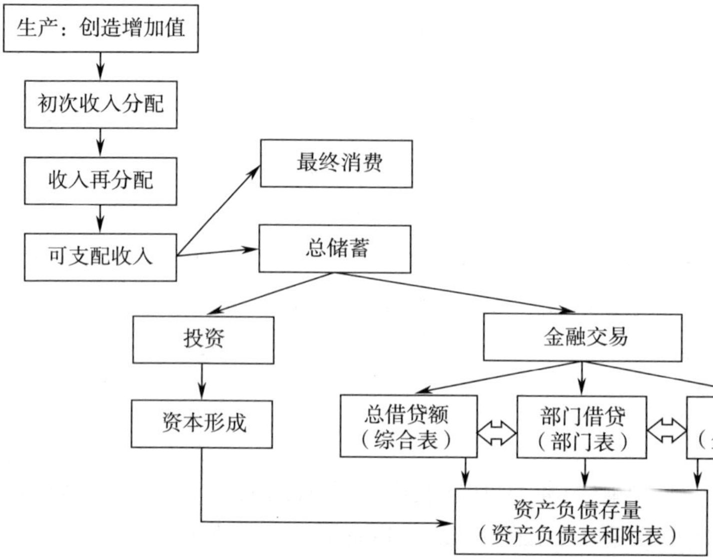

图 2－2　美国金融账户的整体逻辑结构

2. 美国金融账户的数据来源

美国金融账户的数据来源众多，这些来源包括四个部分：一是监管报告，如各银行上报给货币监理署、联邦存款保险公司、国家信用社管理局和储蓄机构监管署等机构的信息，证券公司上报给美国联邦证券交易委员会的信息；二是从纳税申报渠道获得的汇总数据，如商业保险和养老基金信息；三是美联储的调查，如住户和金融公司的资产负债信息；四是其他机构的数据，如财政部的财政和国际资本流动信息，商务部的外商直接投资统计、国民收入和生产账户数据及其他商业和政府数据，农业部及非政府实体（如行业协会、评级机构和新闻服务机构）的数据。由于部分数据依靠外部提供者，所以某些数据的形式或细节不能完全满足金融账户的要求。另外，某些部门或交易的数据频度较低或有较长迟滞，在这些情况下，缺失数据通过估算得出，在数据可得后再进行修正。

（二）微观层面

在微观层面，美国住户部门资产负债调查主要通过住户部门抽样调查、个人税收推算、重点人群调查等方法，分析不同教育程度、不同户主年龄等类型住户的资产和负债状况。

1. 美国消费者金融调查

为获取不同类型住户金融资产负债及其他方面如收入、非金融资产等相关信息，以分析住户部门的金融行为，美联储通过住户部门抽样调查方法，建立了消费者金融调查（Survey of Consumer Finances，SCF）。

（1）调查对象

与宏观层面住户部门金融资产负债核算方法不同，其调查对象仅包括美国住户，不包括非营利组织。

按照美国 SCF 口径，住户不单指住在同一所房子里的人。在确定户主后，住户成员的组成主要看在经济上是否独立于户主。如果独立，就不算住户成员，如果不独立，就属于该住户成员。SCF 的住户包括婚姻型住户和独居型住户两大类。婚姻型住户含夫妇型住户和单亲型住户两种形式，独居型住户含男性业主和女性业主两种形式。

根据 SCF 制度安排，美国主要从以下三个方面对住户进行分类：按种族或肤色分为白人和非白人，按户主年龄分为六类，按住房状况分为自有住房住户和承租住户两类。此外，还可以根据户主受教育程度、住户结构、住户拥有的净资产程度、户主的就业状况等进行分类。早前 SCF 有效完成调查的住户数量在 4500 户左右，但近年来调查住户数量有所增加，2010 年有效完成调查的住户数量达到了 6492 户。

（2）样本选取

由于美国贫富差距较大，百分之一的富人手中掌握了全社会三分之一的财富，为了保证样本中富人的比例，SCF 设计了一个双重抽样框架。

一是地域概率抽样（Area Probability，AP），为保证消费者分布的广泛性，美国普通住户调查主要采用地域概率抽样方法，按住户所处地域，分三阶段对普通住户进行分层抽样。在 SCF 总样本量中，以 2010 年为例，来自于 AP 样本的约 5000 户，占样本总量的比重约为 78%。AP 样本在调查员中的分配主要依据地域相近的原则，很少考虑其他因素。AP 样本的有效回答率相对较高，约为 70%。

二是列表抽样（List Sample，LS），调查对象都是相对富裕的住户（但不包括福布斯排行榜前 400 位住户，以避免极端值带来的影响），抽样依据主要来自于美国国税局统计收入科（SOI）的税收统计记录。2010 年采用此抽样方法的样本大约 1500 户，占样本总量的比重约为 22%。LS 样本回答率相对较低，约为 33%，并且被调查对象越富有，越不愿意参与调查。SCF 总体样本有效回答率约为62%，低于政府部门开展的其他调查。

为保证调查数据的真实性，SCF基于自愿的原则，不强制任何住户参加调查。同时为保证数据的有效性，如果一个住户拒绝参与调查，也不允许用其他住户来代替调查。

（3）调查内容

SCF调查内容较广，除金融资产与负债内容外，还对实物资产、收支状况、经济预期等住户情况进行调查。SCF问卷分为15个部分，总计近1000个问题，有英语和西班牙语两个语种版本。尽管SCF包括内容较广，但总体看来，SCF主要围绕收入、资产、负债以及净财富积累调查展开。SCF将住户金融资产分为十类：交易性金融资产、定期存款、储蓄国债、债券、股票、共同基金（不包括货币市场基金）、退休金账户、现金价值的人寿保险、其他托管资产、其他金融资产；将住户负债分为五大类：住房担保贷款、无担保的信用额度贷款、分期偿还贷款、信用卡平衡额度贷款、其他负债。根据情况各类还可进一步细分，如分期偿还贷款分为教育类贷款、汽车消费贷款和其他分期偿还贷款。为保证每次调查数据的可比性，自1989年以来，调查问卷的内容基本不变，仅根据金融行为的变化对问卷的部分问题做了小的结构调整。

（4）调查方式

根据制度安排，SCF每三年进行一次，调查时间一般在每个调查年度的5月至12月进行。调查的主要方式是计算机辅助面访（CAPI），平均受访时间大约是90分钟，最长的超过3个小时。在调查时，SCF并没有纸质的问卷，而是每个调查员配备一台安装调查程序的手提电脑，调查时，由调查员宣读问题，受访者作出回答后，调查员再将受访者的答案登记到调查程序上。对于一些选项较多的问题或私密性较强的问题，调查员会出示卡片给予提示。如果受访者同意，整个调查过程将被录音。电话调查在SCF的调查中也很重要，在2004年的调查中，在所有有效完成的面访调查中，至少有55%最先是依靠电话联系，在2010年的调查中，29.6%的受访者是采用电话调查完成。

（5）负责部门

SCF的数据收集工作由芝加哥大学的国家民意研究中心来完成，它的主要经费来源是美联储理事会和美国国税局的赞助，美联储同时对调查数据质量进行严格监控。

2. 个人所得税推算

美国是典型的具有完善税收制度的国家，1913年，美国国会正式通过第16

条宪法修正案，明确了联邦政府征收个人所得税的权力。通过个人所得税申报数据推算住户部门资产，具有覆盖范围广、收集成本低、数据质量好等特点。2010 年 7 月美国国税局公布的 2008 纳税年度的个人所得税申报报告显示，2008 年度的个人所得税申报表共有 1.4 亿份。

（1）个人所得税申报数据

美国现行纳税制度要求在每年 4 月 15 日[①]以前，所有符合报税规定的个人和家庭根据社会保险号码，在网上或通过邮政向美国国家税务局（IRS）自主申报前一年的收入并缴纳税款。纳税人在自主申报收入时，需要填写纳税申报表，表中列明了详细的收入项目、扣除项目和调整后的总收入（Adjusted Gross Income，AGI）等，收入项目包括工资薪金、小费、普通股息、合格股息、个人退休账户分配、退休金、养老金、社会保障福利等。

（2）家庭收入估值方法

基于纳税申报表中的相关数据，主要通过调整后的总收入（AGI）和“1979 收入概念”两种方式来衡量个人和家庭收入状况。

①调整后的总收入（AGI）

AGI 直接取自个人所得税申报表中的一项收入指标，由总收入减去调整项目得到，调整项目包括教育支出、搬家费用、自雇税的一半、医疗储蓄账户扣除款项、养老金支出等。

AGI 是个人所得税申报表中的指标，主要是为税务管理服务的，随着 20 世纪 80 年代美国税收法规的几次修订，AGI 的计算规则也随之发生了变化，这导致不同年度的 AGI 数据不具有可比性。如 1986 年的税收改革法案对计算 AGI 的一些扣除项做了限制（如被动损失的扣除），对一些调整项做了修改（如搬家费用），同时将一些以前不包括在收入中的项目（如资本利得）纳入收入范围。

②1979 收入概念

1979 收入概念的特点是在所有纳税年度测量收入方法均不变，在分析不同年份收入时具有较好的可比性，有效克服了 AGI 构成随税收法规修订不断变化的缺点。1979 收入概念以 1979—1986 年为基期，根据个人所得税纳税申报表中的可用数据计算得到。从基期开始，每年用相同的收入项目进行计算，因此它的定义和构成始终不变。用 1979 收入概念可以对不同年份的收入分配状况进行比较，具体计算如表 2－3 所示。

---

① 遇重要节假日会作出调整，如 2011 年 4 月 15 日为哥伦比亚特区的解放日假期，因此纳税申报的截止日期调整为 4 月 18 日。

表 2-3　　2008 年“1979 收入概念”的计算

(Calculation of the 1979 Income Concept for 2008)

1979 Total income concept	1979 收入概念
income or loss	收入或损失
salaries and wages	工资薪金
interest	利息收入
dividends	股息收入
taxable refunds	应税返还
alimony received	赡养费收入
sales of capital assets, net gain or loss	出售固定资产净收益
other gains and losses (form 4797)	其他得利或损失（表 4797）
business net income or loss	经营净收入
farm net income or loss	农场净收入
rent net income or loss	租赁净收入
royalty net income or loss	版税净收入
partnership net income or loss	合伙企业净收入
S corporation net income or loss	S 企业净收入
farm rental net income or loss	农场租赁净收入
estate or trust net income or loss	房产或信托净收入
unemployment compensation	失业补偿金
depreciation in excess of straight - line depreciation	超额折旧
total pension income	总退休金收入
other net income or loss	其他净收入
net operation loss	营业净损失
DEDUCIONS:	扣除项：
disallowed passive losses (form 8582)	不允许的被动损失（表 8582）
moving expenses	搬家费用
alimony paid	赡养费支付
unreimbursed business expenses	未偿付的业务支出
[1] included in adjusted gross income (less deficit) (AGI) for tax year 2008	[1] 包含在 2008 纳税年度的调整后的总收入
[2] adjustment to add back excess depreciation (accelerated over straight - line depreciation) deducted in the course of a trade or business and included in net income (loss) amounts shown above	[2] 调整加回经营中的超额折旧（超过直线折旧法折旧）
[3] includes taxable and tax - exempt pension and retirement distributions, including IRA distributions	[3] 包括个人退休金账户中应税和免税的退休金

续表

1979 Total income concept	1979 收入概念
[4] includes an adjustment to add back amounts reported for the foreign earned income exclusion	[4] 包括加回海外劳力所得免税额的调整
[5] not fully included in AGI for tax year 2008	[5] 不完全包含在 2008 纳税年度的 AGI 中
[6] not included in AGI for tax year 2008	[6] 不包含在 2008 纳税年度的 AGI 中

资料来源：Internal Revenue Service：Individual Income Tax Returns Publication1304 (Complete Report) [EB/OL]. http://www.irs.gov/pub/irs-soi/08inalcr.pdf.

（3）以家庭为单位对数据进行合并

纳税人在填写纳税申报表时，申报身份包括未婚单身申报、已婚联合申报、已婚分别申报、户主申报及符合条件抚养子女的丧偶者申报 5 种情况。1986 年的税改法案要求纳税人在纳税申报表中填写他们被抚养家属的社会安全号码（SSN），通过纳税申报中与“被抚养者宽免”项相关的姓名和社会安全号码等信息，将纳税申报中那些“已婚分别申报”的夫妻重新组合为“纳税家庭”，最后将数据合并得到以家庭为单位的相关数据。

3. 重点人群调查

1982 年，M. S. 福布斯推出了第一份福布斯富豪榜，以全美富豪为目标人群，以其净资产作为划分依据，编制出全美 400 富豪榜。之后《福布斯》杂志又相继推出了全球亿万富豪榜、全球最具影响力人物排行榜、福布斯中国富豪榜等。其中最出名的仍然是福布斯全球富豪榜，该榜单每年推出一期，通常是在当年的 4 月发布。

（1）调查方法

福布斯富豪榜的编制过程极其严谨和缜密，以福布斯全球富豪排行榜为例，每年有来自 13 个国家超过 50 名专员负责编制。在编制过程中，福布斯研究员通过与上榜人及其员工、竞争对手、律师、证券分析师等接触，查阅上榜人在证券交易委员会的文件、法庭记录、遗嘱、纳税记录、政府财政公开信息和网站公布的事件等方式，全面掌握这些人的财富变化。

（2）指标数据

福布斯发布的富豪榜显示的排名通常是截止到某个固定的时候，例如 2018 年发布的全球富豪排行榜，榜单上对于富豪净资产的估计截止到 2018 年 1 月 8 日。福布斯将所有能够反映该富豪身价的资产均纳入计算。上榜富豪净资产的估计主要通过其拥有的上市公司股权、私有公司、不动产、游艇、艺术品以及现金等个人资产之和，减去其所承担的负债计算获得。上市公司股权价值通过持有的股份数乘以截止日（如 2018 年为 2018 年 1 月 8 日）该股的收盘价计算；私有公司的价值，通过之前一年的市盈率或市净率，并结合利润及相关的收益来进行评估；不动产、游艇、艺术品则由福布斯相关领域研究员结合市场行情给出具体的市场价格。

（3）优势与局限

福布斯富豪榜对富豪的调查手段和方式多样，调查更加深入，能够挖掘到很多政府或媒体挖掘不到的讯息。但同时福布斯富豪榜还存在一些局限性，主要是数据的真实性和准确性难以保证，其结果缺乏权威机构或政府部门的认证。

二、项目估值

（一）估值方法

每一类资产项目均应按“编表时点”的“现期市场价格”来估计。对于可在市场上进行经常、活跃、自由交易的资产来讲，“现期市场价格”在存量核算中并非指单个资产的现期市场价格，而是指该类资产能够使用的所有市场交易价格的平均价格。对于自行建造或不在市场上进行交易的资产来讲，可按其“投入成本”或“预期收益现值”来估计；如果是非金融资产，与所有权转移有关的附加费用和进行土地重大改善的费用也包括在内。不同的资产在估值上面临的问题不同，具体估算方法也不同，主要有以下四种：

1. 市场现价法

市场现价法是以同一市场上相同或相似资产在评估基准日附近的交易价格作为基础，对这些价格进行差异化分析从而得出被评估资产价值的一种估价方法。市场现价法的假设前提条件有两个：一是存在充分活跃与完善的市场，二是市场上能够找到与被评估资产相同或相似的参照物。被评估资产的评估值 = 调整差异后参照物资产现行市场的平均值 = 参照物成交价 × 各项调整系数。一般情况下，为确保评估值的准确性和合理性，需要选取多个参照物来求平均值。

2. 重置成本法

重置成本法是将过去构建形成的资产按照现在的重置价值进行估价的一种评估方法。这种方法对被评估资产已存在的各项贬值因素进行估测，将各项贬值因素在重置成本中扣除，最终得到被评估资产的价值。重置成本法的假设前提条件有四个：一是被评估资产正处于或假定处于继续使用状态，并且在持续使用中能为其所有者或控制者带来经济利益；二是被评估资产的预期收益可以支持其重置及其投入价值，即重置成本能够被潜在投资者和市场承认和接受；三是评估对象必须是可以再生或者可以复制的，不能再生或者复制的资产不能运用重置成本法进行评估；四是评估对象必须是随着时间的推移，会产生实体性贬值、功能性贬值或经济性贬值的资产。重置成本法的基本公式为：资产的评估价值＝资产的重置成本－资产实体性贬值－资产功能性贬值－资产经济性贬值。在三大贬值难以估算的情况下，也可以采用重置成本乘以成新率的方法进行评估，即采用公式：评估值＝重置成本×综合成新率。

3. 资产净值法

资产净值是指在某一估值时点上，按照公允价格计算的资产的总市值扣除负债后的余额。资产净值是衡量一个资产经营好坏的主要指标，也是资产单位交易价格的计算依据。公式表示为：资产净值＝总资产－总负债。其中，总资产是指基金拥有的所有资产（包括股票、债券、银行存款和其他有价证券等）。总负债指基金运作及融资时所形成的负债，包括应付给他人的各项费用、应付资金利息等。在资产运作过程中，单位资产价格随着证券市场市价的波动而发生增减变化，单位资产价格与单位资产净值趋于一致，即资产净值增长，资产价格也随之提高。

4. 账面价值法

资产按照购置时支付的现金或者现金等价物的金额，或者按照购置资产时所付出的对价的公允价值计量；负债按照因承担现实义务而实际收到的款项或者资产金额，或者承担现时义务的合同金额，或者按照日常活动中为偿还负债预期需要支付的现金或者现金等价物的金额计量。

（二）具体项目估值

以美联储编制的住户部门资产负债表 B101 为例，阐述各项核算要素的估值原则。

1. 美国金融账户中非金融资产的估值

房地产按市场现价法估值；设备和软件按重置成本法估值；知识产权产品，如果在市场上有交易，按现期市场价格估值，若市场上无交易，按重置成本法估值；耐用消费品按重置成本法估值。

2. 美国金融账户中金融资产的估值

（1）存款

存款的价值按债务人清偿债务时依照存款条件及合同义务向债权人偿还的

本金额估计。存款利息不能计入本金增加额，本金增加额需计入应收应付款项目中。存款按账面价值计算。

（2）基金

基金价值按照市场现价和基金持有资产账簿价值综合折算。

（3）债务证券

债务证券按照市场现价法估值，持有证券的价值变化（重估值）用市场价格指数估计。对于短期债券，若存在市场交易，应按现期市场价格估计；无交易的短期债券应根据发行价格和已产生利息加以调整。对于长期债券，无论是发行者（负债）还是持有者（资产）都应该始终按现期市价估计。

（4）贷款

债务人在贷款债务到期时按贷款合同规定的义务偿还给债权人的本金额估计。对于贷款利息的处理与存款利息相同，将贷款利息计入其他应收应付款账户。贷款按账面价值计算。

（5）股权

公司普通股的价值按照市场现价法估值，非公司企业股权的价值按照资产净值计算。当股权在有组织的金融市场上交易时，应按其现期市场交易价格估计；若没有上市交易，可参照可比上市公司的收益等指标进行估值，但考虑到未上市股票的实用性和流动性均较低，可以适当下调其估算价值。

（6）保险责任准备金

应按照编表时点这些准备金被投资于其他各种资产（如土地、建筑物、金融资产、贵重物品等）等实际和估算的现期市场价值估价。

（7）应收补贴和货款

商业信用、预付款和其他应收应付项目对债权人和债务人来讲，都应当按债务清偿时债务人有合同义务向债权人支付的本金额估价。本项目的应计利息只包括存贷款的应计利息。

美国住户与非营利组织资产负债表中各项目的估值方法见表2-4。

表2-4　住户部门与非营利组织资产负债表B.101项目估值方法

项目	一般估值方法
资产	
非金融资产	
房地产	市场现价法
住户	市场现价法

续表

项目	一般估值方法
非营利组织	市场现价法
设备和软件（非营利组织）	重置成本法
知识产权产品（非营利组织）	市场现价法、重置成本法
耐用消费品	重置成本法
金融资产	
外国存款	账面价值
活期存款和现金	账面价值
定期和储蓄存款	账面价值
货币市场基金	账面价值
债务证券	市场现价法
国债	市场现价法
政府支持机构债券	市场现价法
市政债券	市场现价法
公司与外国债券	市场现价法
贷款	账面价值
其他贷款和垫款	账面价值
抵押贷款	账面价值
消费信贷（助学贷款）	账面价值
公司股权	市场现价法
共同基金份额	市场现价法、账面价值
应收补贴和贷款（非营利组织）	账面价值
人寿保险责任准备金	市场现价法
养老保险责任准备金	市场现价法
非公司企业股权	资产净值法
其他资产	
负债	
债务证券（市政债券）	市场现价法
贷款	账面价值
住房按揭贷款	账面价值
消费信贷	账面价值
存款机构贷款	账面价值
其他贷款和贷款	账面价值
商业抵押贷款（非营利组织）	账面价值
贸易应付款（非营利组织）	账面价值
延期或未支付的人寿保险	账面价值
净资产	

三、数据整理

（一）遵循准则

整体而言，美国金融账户基本遵循 SNA2008 准则，但仍存在一些差异：第一，将耐用消费品的购买视作投资，而非消费；第二，将非金融非公司类企业（通常为小型商业）单独列出，而不是包括在住户部门中。

（二）核算原理

美国住户与非营利组织资产负债表的编制完全依据宏观经济账户核算顺序：（1）经常账户（生产账户、收入分配账户）；（2）积累账户（资本账户、金融账户、其他变化账户）；（3）加上期初资产负债表；（4）期末资产负债表。

此外，在 SNA2008 准则中，流量分为交易、重估值和其他变化三个部分计价，以分别反映资产交易、持有资产的价值变化以及灾害、数据来源或定义变化造成的其他变化（见图 2－3），而在美国金融账户实际核算中，其他变化很少发生，仅有以市值计价的项目（如公司证券、房地产、部分债券）会发生重估值，因此很多项目的流量就对应于资产交易。

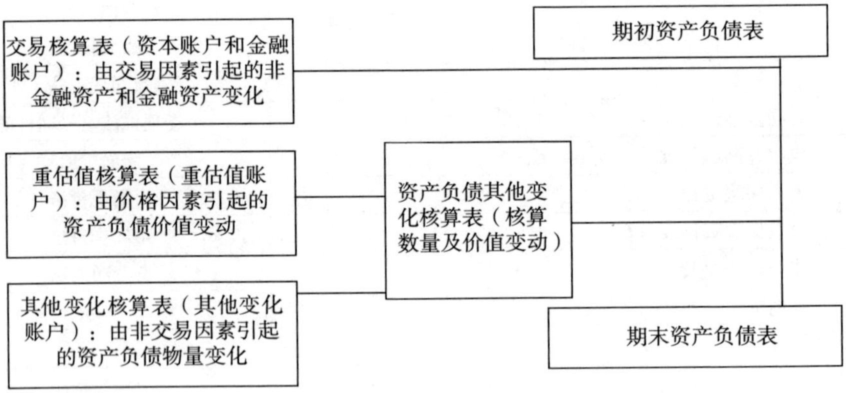

图 2－3　资产负债核算的基本原理

（三）新的进展

近年来，美联储不断根据新的市场变化和技术进步对美国金融账户进行修订和拓展。2015 年，美联储“增强版金融账户计划”正式落地，这是一项改善数据丰富程度、频度等细节的长期计划，旨在更清晰描绘金融中介的“活动地图”；细节上，对具体项目的估值方法作出新的探索，如 2018 年在房地产的估值方面，对原先采用的 Zillow 公司自动估值模型（Automated Valuation Mode）加以改进，以弥补样本量不足的缺陷①。

第五节　美国住户部门资产负债表（2012—2017 年）简要分析

一、美国住户部门资产负债表（2012—2017 年）

美国住户部门资产负债表主要按照住户资产、住户负债、住户净值安排科目核算，我们以美国住户部门资产负债表 B101. h 为例，具体的报表列式如表 2－5 所示，此表归集了 2012—2017 年共六年的美国住户部门资产负债情况。

表 2－5　　2012—2017 年住户部门资产负债表　　单位：十亿美元

项目	2012 年	2013 年	2014 年	2015 年	2016 年	2017 年
一、住户：资产	81514. 3	90232. 9	95525. 6	98180. 4	103737. 2	112112
（一）住户：非金融资产	22179	24069. 9	25216	26624. 7	28164. 5	29871. 7
1. 住户；房地产，包括按市值计算的空置土地和活动房屋	17451. 5	19290. 3	20355. 5	21618. 9	23015. 2	24577. 6
2. 住户和非营利组织：耐用消费品，重置成本	4727. 5	4779. 6	4860. 5	5005. 8	5149. 3	5294. 1
（二）住户：金融资产	59335. 3	66163	70309. 6	71555. 7	75572. 7	82240. 3
1. 住户：活期存款和现金	769. 7	948. 1	1008. 6	1073. 3	984. 2	1173. 6
2. 住户：其他存款，包括定期存款和储蓄存款	6990. 6	7196. 8	7682. 3	8213. 4	8889. 8	9078. 5
3. 住户：货币市场基金	1534. 8	1533. 4	1498. 5	1476. 3	1470. 9	1528. 4
4. 住户：债券；资产	5346. 2	4350. 4	4430. 1	4422. 6	4315. 8	4316. 9
住户：美国国债和地方政府债券	3265. 3	2849. 6	2825	3313. 1	3344. 4	3440. 3
住户：公司与国外债券	2080. 8	1500. 8	1605. 2	1109. 5	971. 4	876. 6
5. 住户：贷款	882. 2	939. 1	982. 7	917. 1	905. 8	838. 1
住户和非营利组织：经纪人和交易商的现金账户	758. 1	818. 2	870. 3	819. 2	815. 3	756. 4
住户：抵押贷款	124. 1	120. 9	112. 3	97. 9	90. 5	81. 7
6. 住户：公司股权和开放式基金	13582. 1	17208. 5	19049. 5	18558. 5	20525. 5	24435. 3
7. 住户和非营利组织：人寿保险责任准备金	1352. 6	1407. 8	1472. 1	1510. 9	1568. 1	1626. 6
8. 住户和非营利组织：养老保险责任准备金	19772. 7	22319. 3	23151. 5	23482. 8	24360. 5	25800. 5
9. 住户和非营利组织：非企业股权	8132. 9	9234. 8	9991. 5	10818. 6	11413. 3	12250. 6
10. 住户和非营利组织：其他	971. 5	1024. 9	1042. 8	1082. 1	1138. 8	1191. 9

① 见美联储工作论文：A New Measure of Housing Wealth in the Financial Accounts of the United States（Hannah Hall, Eric Nielsen, and Kamila Sommer）以及 Measuring Aggregate Housing Wealth: New Insights from an Automated Valuation Model（Joshua H. Gallin, Raven Molloy, Eric Nielsen, Paul Smith, and Kamila Sommer）。

续表

项目	2012 年	2013 年	2014 年	2015 年	2016 年	2017 年
二、住户：负债	13095.7	13243.3	13484.3	13663.8	14087.7	14633.1
(一) 住户：贷款	13070.1	13214.6	13454.4	13632.1	14056.4	14600
1. 住户和非营利组织：住房按揭	9564	9481	9455.5	9566.5	9759.8	10053.7
2. 住户和非营利组织：消费信贷	2913.6	3091.4	3312.5	3411	3644.1	3827.9
3. 住户：银行贷款	149.2	161.4	172.4	217.2	225.2	230.2
4. 住户：其他贷款	443.3	480.8	514	437.4	427.2	488.2
(二) 延期或未支付的人寿保险	25.7	28.7	29.9	31.6	31.3	33.1
三、住户：净值	68418.5	76989.6	82041.3	84516.6	89649.5	97479
四、住户和非营利组织：净值	72363.9	81554.9	86919	89616.7	95086.3	103349.6
五、住户和非营利组织：资产	86279	95604.4	101244.8	104143.5	110063	118904.9
住户：资产	81514.3	90232.9	95525.6	98180.4	103737.2	112112
非营利组织：资产	6144.5	6889.2	7314.4	7614.6	8050.7	8588.3
非营利组织：未确认其他资产	1276.7	1410.5	1488.3	1536.1	1608.1	1676.2
非营利组织：其他应收票据和贷款，不包括银团贷款；资产	103.1	107.3	106.9	115.4	116.7	119.3
六、住户和非营利组织：负债	13915.2	14049.5	14325.9	14526.8	14976.7	15555.3
住户负债	13095.7	13243.3	13484.3	13663.8	14087.7	14633.1
非营利组织：负债	1589.3	1609.6	1723.3	1808.6	1892.5	1981.8
非营利组织：未确认其他负债	769.9	803.4	881.8	945.5	1003.4	1059.5

二、美国住户部门资产负债表（2012—2017 年）的简要分析

从表2-5可以看出，资产增长波动较大，负债增长速度低于资产增长速度，净资产数额较大。

从资产看，资产总额呈逐年上升趋势，金融资产占比远高于非金融资产；金融资产中，以股票、养老保险责任准备金、非公司制企业股权为主；非金融资产中，以土地、住宅为主。

从负债看，负债总额增速相比资产较慢；负债以贷款为主，占比连续十年超九成；非营利组织负债以保险、养老金和标准化担保计划为主。

从总净值看，总净值稳步增长，但增速变化较大，呈倒V字走势。

（一）住户部门资产分析

1. 总览

2012—2017 年，美国住户部门资产规模呈逐渐上升趋势，总额从 2012 年的 81.5 万亿美元，增加到 2017 年的 112.1 万亿美元，增加 30.6 万亿美元，增长了 37.5%，年均增加 6.1 万亿美元。资产年均增长 6.58%，增长波动较大，最

高为 2013 年的 10.7%，最低为 2015 年的 2.78%（见图 2-4）。

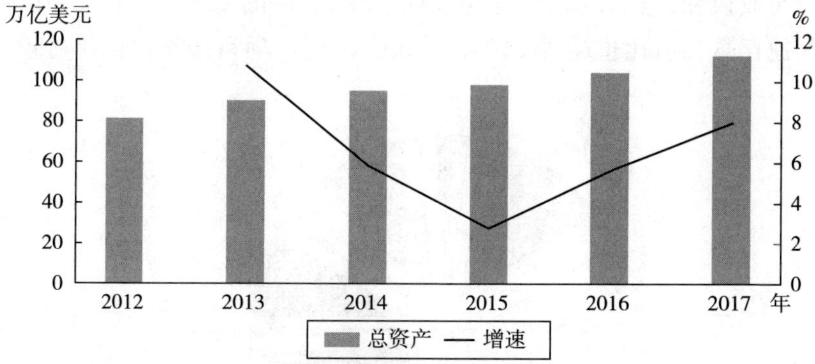

图 2-4　2012—2017 年美国住户资产趋势图

2. 资产结构

从内部资产结构来看，金融资产总额远远高于非金融资产。近几年两者的占比相对来说比较稳定，金融资产平均占比为 73.1%，非金融资产平均占比为 26.9%。在金融资产中，股票和共同基金份额平均占比为 26.5%，养老保险责任准备金平均占比为 32.7%，非公司制企业股权平均占比为 14.5%。上述 3 项占金融资产的 73.7%。

（1）金融资产

2012—2017 年美国住户部门金融资产整体呈上升趋势，但上升速度呈先下降后上升的趋势，增速由 2013 年的 11.5% 下降到 2015 年的 1.78%，随后又上升到 2017 年的 8.9%，年均增长率为 6.8%（见图 2-5）。

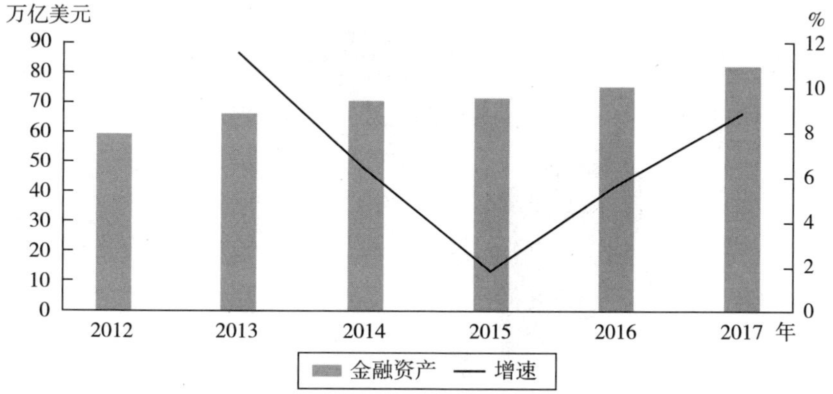

图 2-5　2012—2017 年金融资产趋势图

在金融资产中，养老保险责任准备金占比最大，占总份额的 31% ~33%；其次是公司股权和开放式基金，占金融资产总份额的 23% ~29%，其余像货币基金、其他存款，占比也超过 10%，其余金融资产项目金额占比相对较低。

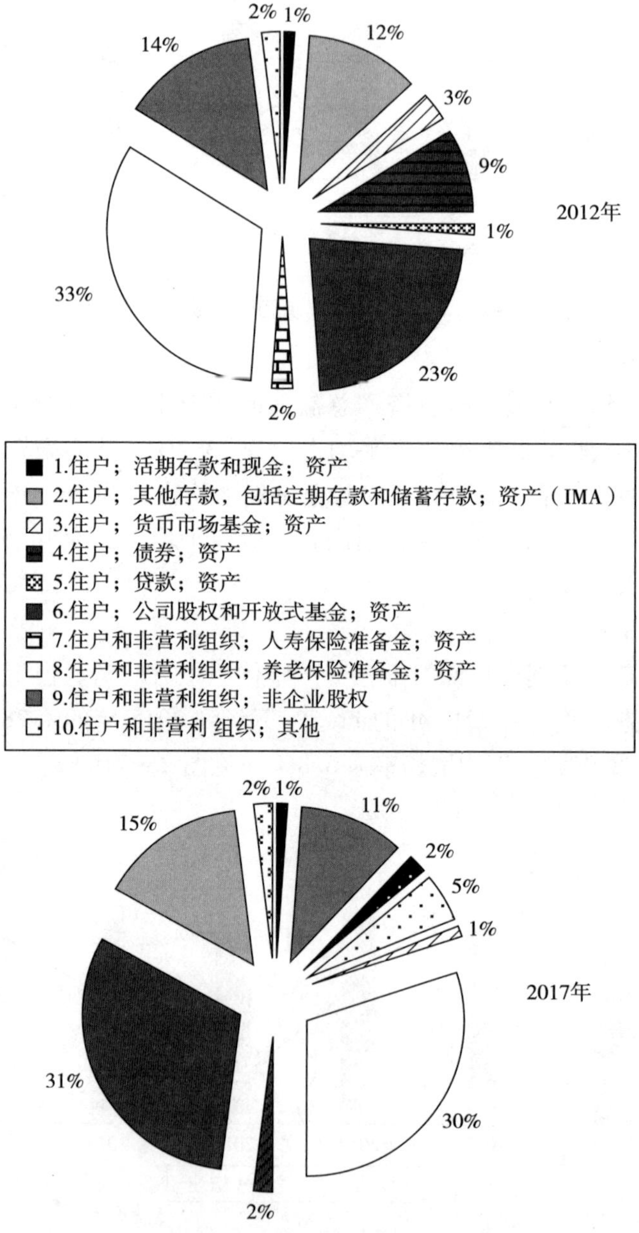

图 2－6　2012 年和 2017 年的金融资产构成

从2012年和2017年的金融资产构成（见图2－6）饼状图可以看到，其他存款、债券、公司股权和开放式基金、养老准备金这四项占比差异较大，通过对这四类金融资产近6年的整体趋势分析（见图2－7），可以看出2012—2017年中股权和开放式基金占比上升速度较快，并在2017年数值增长至与养老金占比基本持平状态，债券占比、其他存款占比、养老金占比都处于波动下降的状态，其中债券占比下降趋势最为明显，并在2017年降为5%左右，为金融资产占比最低的项目之一。

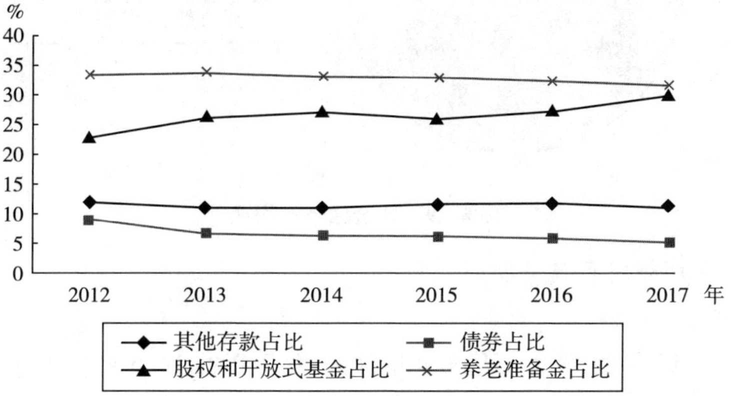

图2－7　占比变化较大的四项金融资产

（2）非金融资产

2012—2017年非金融资产整体呈波动上升趋势，2014—2017年增速整体平稳，保持在0.45%～0.6%区间内，2014年，呈现快速下降，降至4.7%（见图2－8）。

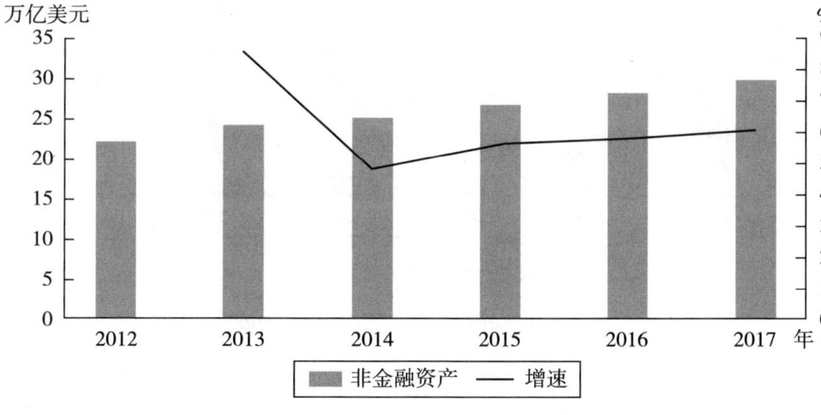

图2－8　2012—2017年非金融资产趋势图

非金融资产以土地资产为主，占比为80%左右，并且其占比相对耐用消费品越来越高，其他例如耐用消费品占20%左右（见图2－9）。

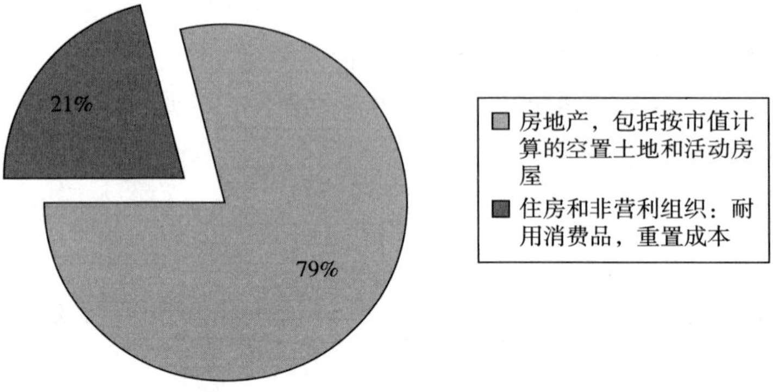

图2－9　非金融资产构成

（二）住户部门负债分析

1. 总览

总额从2012年的13.1万亿美元增加到2017年的14.6万亿美元，增加1.5万亿美元，增长了11.7%，年均增加0.3万亿美元。负债年均增长2.2%，增长波动较小，最高为2017年的3.9%，最低为2013年的1.1%（见图2－10）。

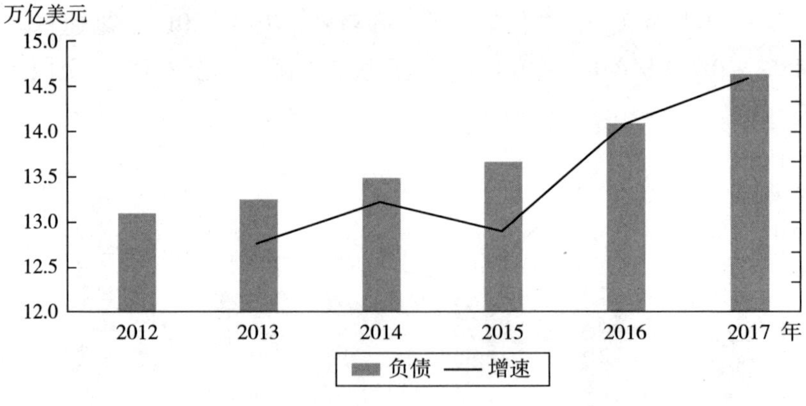

图2－10　2012—2017年负债趋势图

2. 负债结构

从负债构成来看，各项贷款占比为99.8%，延期或未支付的人寿保险的平均占比为0.22%（见图2－11）。

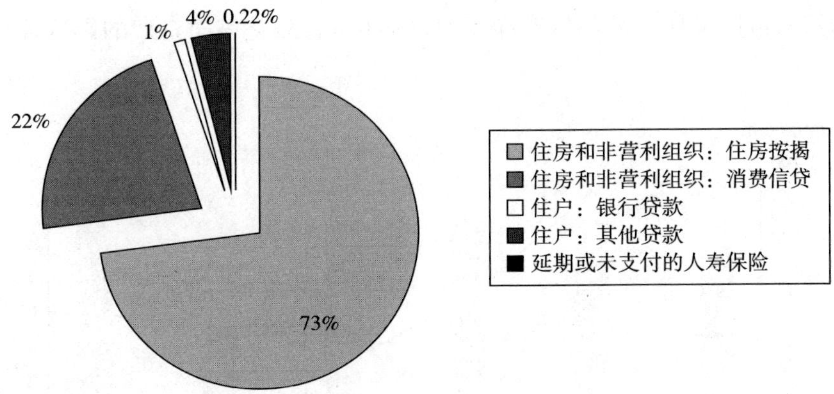

图 2-11　负债结构图

3. 住户资产与负债比较分析

总体来看，2012—2017 年，资产的平均增长速度超过负债的平均增长速度 4.34 个百分点。总资产增速和负债增速之差呈现波动变化，2013 年到 2015 年差额逐渐减少，2015 年到 2017 年差额逐渐扩大，其中 2013 年资产和负债增速之差最大约 9.6%，2015 年资产和负债增速之差降为最小约 1.45%（见图 2-12）。

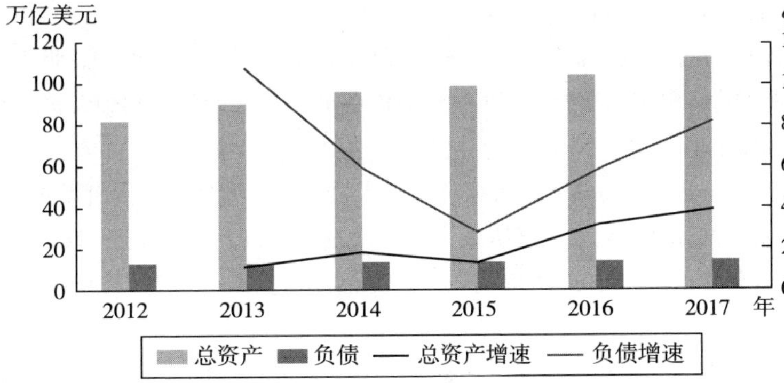

图 2-12　住户资产与负债比较

（三）住户部门资产净值分析

住户部门资产净值由 2012 年的 68.4 万亿美元增加到 2017 年的 97.5 万亿美元，增加 29.1 万亿美元，增长了 42.5%，年均增加 4.84 万亿美元，资产净值平均增速为 6.6%。从趋势上看，2012 年以来，美国住户部门资产净值呈上升趋势，但增速呈现“V”形走势。其中，2013 年的增速最高，为 12.5%；2015 年最低，为 3.0%，需要说明的是，广义住户部门资产净值绝大多数来自狭义住户，而不是非营利组织部门，尽管非营利组织部门在过去30年中有所增长，但它们仍然只占广义住户部门资产净值财富的6%，对整体净资产的影响较小（见图2－13）。

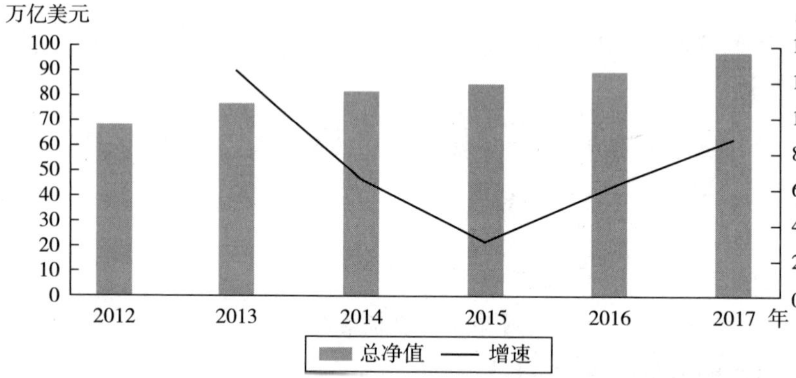

图2－13 住户部门资产净值分析

参考文献

［1］美联储网站 https：//www. federalreserve. gov/.

［2］美国经济分析局网站 https：//www. bea. gov/.

［3］联合国，欧盟委员会，经济合作与发展组织，国际货币基金组织，世界银行．国民账户体系2008［M］．中国国家统计局国民经济核算司，中国人民大学国民经济核算研究所，译．北京：中国统计出版社，2012.

［4］孙元欣，杨楠．家庭资产统计研究［M］．上海：上海财经大学出版社，2013.

［5］张文红．国际景气调查制度研究［M］．北京：中国金融出版社，2015.

［6］王毅，郭永强．政府资产负债表：国际标准与实践［M］．北京：中国金融出版社，2015.

［7］孙中震．美国国民经济核算的发展历程［J］．上海统计，1999（11）．

［8］宫占奎．美国国民经济核算体系改革［C］．美国经济学会会长扩大会议暨“当代世界经济格局下的中美经贸关系”学术研讨会论文集，2005.

［9］韩中，凌亢，时云．住户部门生产核算：范畴的界定与方法的设计［J］．数量经济技术经济研究，2013（10）．

［10］Kuznets Simon. National Income 1929－1932. Senate Document［R］. U. S. Government Printing Office, No. 124, 73rd Congress, 2nd Session, 1934.

［11］Nordhaus W. D. , J. Tobin. Is Growth Obsolete? in The Measurement of Economic and Social Performance; M. Moss, ed. , 509－532［M］. Studies in Income and Wealth, Columbia

University Press, New York, Vol. 38, 509 – 532, 1973.

[12] Jorgenson D. W. , B. M. Fraumeni. The Accumulation of Human and Non-Human Capital, 1948 – 1984, The Measurement of Saving, Investment, and Wealth; R. E. Lipsey, H. Tice, eds. , 227 – 282, University of Chicago Press, NBER, Chicago, 19.

[13] Kendrick J. The Formation and Stocks of Total Capital [R]. National Bureau of Economic Research, New York, 1976.

[14] Eisner R. The Total Incomes System of Accounts [M]. The University of Chicago Press, Chicago, 1989.

[15] J. Steven Landefeld, Stephanie H. Mcculla. Accounting for Nonmarket Household within a National Accounts Framework [J]. Review of Income and Wealth 46, No. 3 (9): 289 – 307. Washington, DC: Bureau of Economic Analysis, 2000.

[16] J. Steven Landefeld, Barbara M. Fraumeni, and Cindy M. Vojtech. Accounting for Household Production: A Prototype Satellite Account Using the America Time Use Survey [J]. Review of Income and Wealth 55, No. 2 (6): 205 – 225. Washington, DC: Bureau of Economic Analysis, 2009.

[17] Benjamin Bridgman, Andrew Dugan, Mikhael Lal, Matthew Osborne, and Shaunda Villones. Accounting for Household Production in the National Accounts, 1965 – 2010 [Z]. Survey of Current Business, 92 (5), 23 – 36, 2012.

[18] Benjamin Bridgman, Georg Duernecker, Berthold Herrendorf. Structural Transformation, Marketization, and Household Production around the World [R]. BEA Working Paper 2015 – 2011. Washington, DC: Bureau of Economic Analysis, 2015.

[19] Benjamin Bridgman. Accounting for Household Production in the National Accounts: An Update, 1965 – 2014 [R]. Washington, DC: Bureau of Economic Analysis, 2016.

[20] M William Sermons. The State of Lending in America & Its Impact on U. S. Households [Z]. December, 2012.

[21] Jacob Krimmel, Kevin B. Moore, John Sabelhaus, and Paul Smith. The Current State of U. S. Household Balance Sheets [C]. 2013.

第三章　英国住户部门资产负债表

英国是现代国民账户核算体系的发源地，也是最早系统编制住户部门资产负债表的国家。英国住户部门资产负债表系统地将经常账户、积累账户与资产负债表结合起来，实现了对国民经济从生产、收入、分配到积累全方位的核算与监测。本章按英国住户部门资产负债表的编制历史、部门分类、核算范围及分类、数据收集整理、数据分析的顺序，深入研究其资产与负债的核算方法、基础资料来源、估价技术等关键问题，系统地介绍了英国住户部门资产负债表的编制。

第一节　英国住户部门资产负债表编制的基本情况

作为最早进入现代化的国家之一，英国是研究国民经济核算（包括各部门资产负债核算）的先驱。目前，英国住户部门资产负债表主要由英国国家统计局编制和发布，其核算原则基本遵从联合国的国民账户体系（SNA）和欧盟国家国民账户核算体系（ESA）。本节主要介绍英国住户部门资产负债核算的简要发展过程及报表编制现状。

一、英国住户部门资产负债核算的发展过程

随着英国国民经济核算体系和统计机构的完善，住户部门资产负债核算已成为国民经济核算中的重要组成部分，由国家统计局定期编制发布。

（一）英国住户部门资产负债表核算随着国民经济核算体系的演变逐渐完善

英国国家资产负债表是国民经济核算体系的重要组成部分，一般包括政府、住户、非金融公司、金融公司和其他部门的资产负债核算。随着英国现代国民经济核算体系的完善，其住户部门资产负债核算也逐渐规范。英国的国民经济核算起源于国民收入估算，以国民账户体系产生为界，英国的国民经济核算大致分为两个阶段。

第一阶段从1665年至第二次世界大战前夕，以民间自发研究为主，官方参与较少，主要从实际的经济问题出发，没有形成系统的方法论，没有完整的核算体系。这一阶段发生的重大事件：一是1665年经济学家威廉·配第（William Petty）根据其“政治算术”学说对英国国民收入进行估算。二是1806年英国国王威廉一世组织编写《土地调查清册》，该清册采用全面调查方法，几乎涵盖了全英国的农田、林地、牲畜等所有资产，也涵盖了住户部门的财富情况。

第二阶段从第二次世界大战至今，英国国家资产负债表的研究发展与国民经济核算体系的发展基本保持一致，不只是局限于某几个指标的计算，而是形成了系统的核算指标体系，采用复式记账法揭示各指标间的平衡关系，核算标准逐步标准化、统一化、国际化。这一阶段发生的重大事件：一是1941年英国经济学家理查德·斯通（Richard Stone）在英国预算白皮书上发表《战时财政资源分析与国民收入和支出的估计数字（1938—1940）》，引入了会计账户形式，将收入和支出结合起来核算，实现了核算方法论的重大突破，推动了1953年联合国《国民经济核算体系及其辅助表》（SNA1953）的正式发布。在该版本核算体系中，核算部门包括住户和私营非营利机构、企业、一般政府三大类。二是1966年英国经济学家杰克·雷维尔（Jack Revell）估计了1957年至1961年的英国国家资产负债表，以此为案例讨论了部门划分、资产分类、估值方法、数据来源等编制理论和技术问题，并与美国的国家资产负债表进行了比较研究，拓展了国民账户范围，增加了国家资产负债表核算内容，基本形成了一套相对完善的核算框架，推动了联合国国民账户体系1968的形成。在该版本核算体系中，核算部门包括住户和为住户服务的非营利机构、非金融企业和准公司、金融机构、一般政府四大类。自1975年起，英国国家统计部门每年以蓝皮书形式发布国家资产负债表，到1987年，英国国家统计部门首次在其内部刊物《经济趋势》中公布完整的国家资产负债表和详细的数据来源及编制方法，其中包括个人部门资产负债表。英国的个人部门相当于国民账户体系1968中的“住户和为住户服务的非营利机构”部门。三是1993年联合国推出国民账户体系1993，1995年11月欧盟统计局推出了新的欧盟国家国民账户核算体系1995。英国国家统计部门按照新体系重新编制了1987年至1997年的国家资产负债表，包括将个人部门更名为住户部门，将为住户服务的非营利机构从原个人部门中独立出来，形成狭义住户部门、为住户服务的非营利机构、广义住户部门3张资产负债表，并于2000年正式确认运用联合国国民账户体系1993和欧盟国家国民账户核算体系1995开展国民经济核算。四是2008年联合国推出国民账户体系2008，欧盟统计局相应推出欧盟国家国民账户核算体系 2010，英国的国家资产负债表和其中的住户部门资产负债表也根据这两个标准同步作出调整。目前，英国国家统计局编制的国家资产负债表是英国国民经济核算体系（UKEA）的重要组成部分，反映了国民经济各部门的财务状况和资金流动情况，而住户部门则是与非金融公司部门、金融公司部门、一般政府部门、为住户服务的非营利机构部门并列的重要组成部门。

（二）英国住户部门资产负债表编制机构随着英国统计体系改进而变化

英国官方统计历史悠久，17 世纪已开展进出口贸易统计，1886 年第一次开展收入统计，1941 年第一次开展国民收入官方核算。英国实行分散型的政府统计体制，在第二次世界大战之前官方统计工作分散于政府各个部门，没有集中的统计机构。1941 年，在英国首相温斯顿·丘吉尔（Winston Churchill）的提议下，建立中央统计办公室，附属于政府内政部，其功能是协调官方统计工作，保持官方统计信息的连贯性和一致性。20 世纪 60 年代以来，为了加强官方统计工作的完整性，提高统计工作效率，英国政府统计体制发生了很大变化，从高度分散逐渐向相对集中的方向发展，英国住户部门资产负债表编制最终由英国国家统计局负责。各个时期的主要变化情况如下：

20 世纪 60 年代后期，在中央统计办公室的提议下，英国政府统计机构进行了两个方面的改革：一是成立两个新的统计办公室——全国工商统计办公室和人口普查和调查办公室，前者负责收集工商企业的统计信息，后者负责收集居民个人的统计信息；二是扩大中央统计办公室在政府统计中的作用，建立政府统计事务部门，加强政府统计工作的协调和管理，培养政府统计专业人才。

20 世纪 70 年代，政府统计事务部门在政府决策中的作用迅速增大，如通过出版《社会趋势》等全国综合性经济和社会统计资料，提高政府统计的一致性和连贯性。最早的住户部门资产负债表就是由政府统计事务部门编制的。

20 世纪 80 年代，在撒切尔夫人主导的政府行政改革中，政府任命的效率顾问、久负盛名的零售公司玛莎百货的总裁德里克·雷内（Derek Rayner）向政府递交了关于官方统计的评价报告，报告提出官方统计服务的对象主要是政府部门，收集统计信息主要是为了满足政府决策的需要，而不是为了公布和出版这些信息，这就是著名的“雷内学说”。其结果是英国政府将官方统计经费和人员均削减了四分之一，1981 年至 1989 年间，政府统计人员锐减。与此同时，英国政府十分关注统计数据质量，为了保证统计数据的客观性和独立性，扩大了中央统计办公室的工作职能范围，将政府其他一些部门的统计职能划归中央统计办公室，包括就业部的零售物价指数和家庭支出调查，贸易和工业部的贸易和金融统计工作等。

20 世纪 90 年代，英国政府采取了一系列政策措施，以加强对政府统计数据质量的监控，保证英国官方统计的完整性和合法性。这些措施主要有：

（1）1991 年，中央统计办公室从内政部的一个附属办公室转变为独立的行政机关，在政府中的地位得到提高。

（2）1995 年发布了《官方统计实践章程》，提出官方统计工作应该符合客观、公正的要求。

（3）1996 年 4 月，中央统计办公室与人口普查和调查办公室合并，组成新的国家统计办公室，即国家统计局。国家统计局致力于收集和分析主要统计数据，综合政府各部门的统计资料，以满足政府和社会各界对统计资料的需求。同时，该机构还负责国民经济核算，并主要由下设的宏观经济统计与分析司具体编制国民经济核算各类报表，包括住户部门资产负债表。

二、英国住户部门资产负债表编制的现状

英国国家统计局宏观经济统计与分析司编制的英国住户部门资产负债表不仅是国家资产负债表的组成部分，也是国民经济核算的重要一环。英国国家统计局基于联合国国民账户体系和欧盟国家国民账户核算体系的核算原则，编写并更新《英国国民经济核算理念、来源与方法》和《英国国民经济核算部门分类》，介绍整个国民经济核算的基本框架、部门范围、核算方法、数据发布等方面的内容，为英国编制住户部门资产负债表提供理论和方法指导。在联合国国民账户体系 2008 和欧盟国家国民账户核算体系 2010 推出后，英国从 2014 年开始采用这两个最新的标准构建国民账户核算体系。

英国国民经济核算按账户类别可分为经常账户、积累账户、资产负债表三大类，通常的编制流程是从经常账户开始，然后到积累账户，最后编制资产负债表。因此，国家资产负债表是国民经济核算的重要组成部分。具体核算流程见表 3－1。

从报表体系上看，英国按月度、季度、年度分别公布国民经济核算结果，国家资产负债表属于年度报表，一般于每年 7 月发布在《英国国民经济核算蓝皮书》中。蓝皮书中有专门章节刊登国家资产负债核算相关内容，内含 10 多张报表，包括按部门和资产负债类型分类、以现价计量的各部门资产负债表。国家资产负债表中有 3 张报表，记录了从 1995 年至今住户部门资产负债时序表，

分别为狭义住户部门、为住户服务的非营利机构和广义住户部门的资产负债表，其中广义住户部门的资产负债是狭义住户部门和为住户服务的非营利机构资产负债两个部门的合计数。

表 3－1　　英国国民经济核算流程概览表

账户类别	国民账户各部门核算流程		平衡项	主要合计数
经常账户	Ⅰ. 生产账户 Ⅱ. 收入使用和分配账户	Ⅰ. 生产账户 Ⅱ.1. 收入初次分配账户 Ⅱ.2. 收入再分配账户 Ⅱ.3. 实物收入再分配账户 Ⅱ.4. 收入使用账户 Ⅱ.4.1. 可支配收入使用账户 Ⅱ.4.2. 调整后可支配收入使用账户	B.1 增加值 B.2 营业盈余 B.3 混合收入 B.5 初始收入 B.6 可支配收入 B.7 调整后可支配收入 B.8 储蓄	国内生产总值（GDP/NDP） 国民总收入（GNI, NNI） 国民可支配收入 国民储蓄
积累账户	Ⅲ. 积累账户	Ⅲ.1. 资本账户 Ⅲ.2. 资金账户 Ⅲ.3.1 资产物量其他变化账户 Ⅲ.3.2 重估值账户	B.9 净贷出/借入 B.10.1（由于储蓄和资本转移导致的净值变化）	
资产负债表	Ⅳ. 金融资产负债表	Ⅳ.3. 形成资产负债表	B.90 资产净值	

英国国家资产负债表是核算机构单位、部门或整个经济体在特定时点（年末）资产和负债价值的报表，住户是其中一个重要部门。国家资产负债表中最终的平衡项目科目是“资产净值”，即净资产等于非金融资产加金融资产减金融负债得到的差额。对住户部门而言，“总净值”是住户部门的净财富总和；对整个经济体而言，“资产净值”是“国家财富”。

英国住户部门资产负债表不是按典型传统的会计核算平衡表列示，而是“资产－负债＝资产净值”的竖式报表。表 3－2 为英国住户部门资产负债表的表样。

表 3－2　　英国住户部门资产负债表样

SNA 报表编码	项目	住户部门	为住户服务的非营利机构	住户部门与为住户服务的非营利机构合计
	非金融资产			
AN. 11	固定资产			
AN. 111	住宅			
AN. 112	其他建筑物和设施			
AN. 1121	非住宅建筑			

续表

SNA 报表编码	项目	住户部门	为住户服务的非营利机构	住户部门与为住户服务的非营利机构合计
AN. 1122	其他设施			
AN. 113	机器和设备			
AN. 1131	运输设备			
AN. 1132	信息与通讯技术设备			
AN. 1139	其他机器设备			
AN. 115	培育性生物资源			
AN. 117	知识产权资产			
AN. 12	存货			
AN. 1	生产性非金融资产合计			
	非生产性非金融性资产			
AN. 21	自然资源			
AN. 211	土地			
AN. 22	合同、租约和许可			
AN. 223	特许经营权			
AN. 2	非生产性非金融性资产合计			
AN	非金融性资产合计			
	金融资产			
AF. 2	通货和存款			
AF. 3	债务性证券			
AF. 4	贷款			
AF. 5	股权和投资基金份额			
AF. 6	保险、养老金和标准化担保计划			
AF. 7	金融衍生品及雇员股票期权			
AF. 8	其他应收款			
AF. A	金融资产合计			
	金融负债			
AF. 3	债务性证券			
AF. 4	贷款			
AF. 6	保险、养老金和标准化担保计划			
AF. 7	金融衍生品和雇员股票期权			
AF. 8	其他应付款			
AF. L	金融负债合计			
BF. 90	净金融资产/负债			
B. 90	资产净值			

数据来源：UK National Balance Sheet，Table 10 - 12。

第二节　英国住户部门核算范围及分类

英国国民经济各部门的核算范围和分类遵循国民经济核算联合国国民账户体系2008和欧盟国家国民账户核算体系2010的标准。本节主要介绍住户部门的定义以及从不同角度对住户部门进行分类。

一、住户部门的核算范围

（一）住户的定义

英国国家统计局对于住户的定义与联合国国民账户体系2008类似。一般来说，所有的住户都应是一个经济体里的常住单位，但是长期驻外工作的本国居民是否只属于本国住户部门，以及他们给母国经济体内的家庭汇入一笔可观的收入是否属于本国住户部门的收入等现象，还需要更多的讨论和关注。

住户的规模可能各不相同，并且受传统、宗教、教育、气候、地理、历史及其他社会经济因素的影响，住户在不同的社会及文化背景下呈现出各种形式。一是准公司的归属。虽然所有住户都进行最终消费，并或多或少进行积累，但住户并不需要从事生产活动。可能的话，住户内的生产活动应被视为准公司，并纳入公司部门与住户其他活动区分开来。但是，只有在能够获得包含资产负债表项目及从生产活动获取的收入等一套完整账户信息时，才能称之为准公司。通常情况下，特别是对于自由职业者来说，尽管可以获得生产活动的完整信息，却不太可能将与该生产活动相关的其他收入流、转移支付、金融交易从整体住户中分离出来。由于上述原因以及生产活动相关信息不完整，非法人企业仍被视为住户的一部分。二是机构常驻人员的归属。对于那些永久居住，或者预计在很长或无限期的时间内居住在一个机构中的人，如果几乎没有或根本没有行动自治权或相关经济活动的决定权，应视为共同属于一个机构住户。属于机构住户的人包括：居住在寺院、修道院或者类似宗教机构中的成员；在包括精神病院在内的医院中长期住院的病人；长期服刑的犯人；永久居住在养老院的老人。与此不同，短期进入医院、诊所、康复中心、宗教收容所或者类似机构的人，以及进入寄宿学校、学院或者大学，短期在监狱内服刑的人，均应被视为他们通常所属住户的成员。三是家政服务人员的归属。家政服务人员所属的住户应区别于雇主所属的住户。

（二）住户部门的核算范围

住户部门包括传统家庭成员和有关机构中的成员。具体而言，英国国家统计局认为住户部门包括消费者和生产者。住户作为消费者是由一群人组成的，他们共享部分或全部的收入，共同消费某种商品和服务，如食品、电力或住房，这一部门也包括被视为生产者的自雇者。住户部门中较小的一组单位是由长期生活在几乎没有经济自主权的机构内的人组成的，这类人口仅占英国人口的1.5%，包括居住在养老院、旅馆、寄宿公寓、旅舍、监狱的人以及住在修道院的宗教团体成员。住户部门还包括个人商户以及为住户服务的非营利机构，这些非营利机构的定义和特征将在下文进一步解释。

（三）为住户服务的非营利机构

有些非营利机构像企业一样，生产用于出售的货物服务以弥补成本，即从事市场生产，它们和其他市场生产者一样，不发生最终消费。而有些非营利机构则像政府单位一样是非市场生产者，免费或以没有显著经济意义的价格向单个住户或整个社会提供其产出，此类非市场生产者中有些被政府所控制，并包含在一般政府部门中；另外一些不受政府控制的则单独构成一个部门，即为住户服务的非营利机构。

按机构业务性质不同，非营利机构可分类如下：一是学术机构，主要是大学、开放大学、高等教育和继续教育学院；二是主要为其成员提供福利的协会，主要将会费作为运营资金，包括专业学术团体、工会、教会和宗教团体、住房协会、非收藏友好协会、社团或娱乐组织和体育俱乐部；三是为其成员以外的其他人利益提供服务的机构，包括由公众、政府和企业捐赠资助的慈善机构和类似的救济援助组织。根据服务对象和服务收费方式不同，非营利机构可分为以下三种：一是向企业提供产品或服务的非营利机构，其产品出售给企业并被用作中间消耗；二是政府控制的、提供非市场性的个人服务或公共服务的非营利机构；三是向住户提供货物服务的非营利机构，进一步区分为：（1）以有显著经济意义的价格向单个住户提供货物与服务的，这类非营利机构归属于非金融企业部门，住户对其产出的购买作为住户的最终消费支出处理；（2）免费或以没有显著经济意义的价格向单个住户提供服务的，这类非营利机构属于为住户服务的非营利机构，其产出作为社会实物转移计入住户实际最终消费；（3）免费或以没有显著经济意义的价格提供公共服务的，这类非营利机构虽然属于为住户服务的非营利机构，但其产出仍然作为本部门的实际最终消费。因此，国民账户体系中含有非营利机构的部门不止一个，例如金融机构部门、非金融企业部门、一般政府部门和为住户服务的非营利机构。为住户服务的非营利机构又可进一步划分为国外控制和国民私人控制两类。

在英国，为住户服务的非营利机构具有以下三个主要特点：一是提供免费或低于市场价格的商品和服务，二是收入主要来自不受政府控制的助学金和捐赠，三是业务活动不受政府控制。为住户服务的非营利机构包括大多数慈善机构、工会、宗教组织、政党以及多数大学。

二、住户部门的分类

（一）确定子部门

影响住户部门子部门分类的因素有很多，一是个人收入与住户归属不统一的问题。尽管收入由个人获得，但消费却以住户为单位计算。虽然说所有的住户总体上会包括所有的个人，但在统计上很难将特定的收入获得者与特定的住户群组联系起来。虽然可以尝试用一张表来展示所有收入类别与这些收入获得者的类别，同样也可以通过一张表来显示住户的类别与住户消费的每一类别，但只有在高度标准化的情况下，即每个住户只有一个收入获得者（并且收入来源唯一），收入类别才可能与住户类别相匹配，即使这样，也仅当住户是根据收入类别分类的情况下才成立。因此，如何将国民账户体系中的收入流与一组理想的住户特征衔接在一起，是构建社会账户矩阵最难以解决的问题之一。通常情况下，需要借助于建模来协调与个体相关的收入和与住户相关的消费。二是住户样本代表性的问题。分解住户部门可能会采用不同的标准，但是无论采用哪一种标准，都很难确定样本的行为在总体中是否具有代表性。这与产业分类和调查不同，这类调查通常不太会遇到这一困难，如果一项调查覆盖了给定行业50%的公司，就可以合理地认为支出模式在总体中较为典型，但同样假设在住户群体中却很难成立。这是在不进一步借助于建模而仅使用社会账户矩阵进行分析时所要面对的又一个困难，即需要确定住户群体面对不同选择会做何反应。然而住户群体的消费模式更为多变，且住户消费支出记录的可靠性较差，导致住户调查无法像行业调查那样给出较为准确全面的信息，因此住户调查一般起到辅助住户部门分解出子部门的作用。

（二）子部门分类

目前在联合国国民账户体系2008中存在三种关于住户部门子部门的分类方法，虽然英国国家统计局认为住户部门包括消费者和生产者，但在《英国国民经济核算理念、来源与方法》中尚未有明确分类。

实际操作中，住户部门分为狭义住户和广义住户，广义住户包括狭义住户和为住户服务的非营利机构。

第三节　英国住户部门资产负债核算范围及分类

英国住户部门资产负债范围及分类主要参照欧盟国家国民账户核算体系，2014 年以后开始采用新的欧盟国家国民账户核算体系 2010 标准，其他由欧盟统计局发布的解释性手册等也对其核算方案提供指导。英国住户部门在核算时，将资产项目分为金融资产和非金融资产，而负债项目就是金融负债（见图 3 – 1）。本节主要介绍住户部门资产负债表主要资产负债项目核算的具体范围及分类。

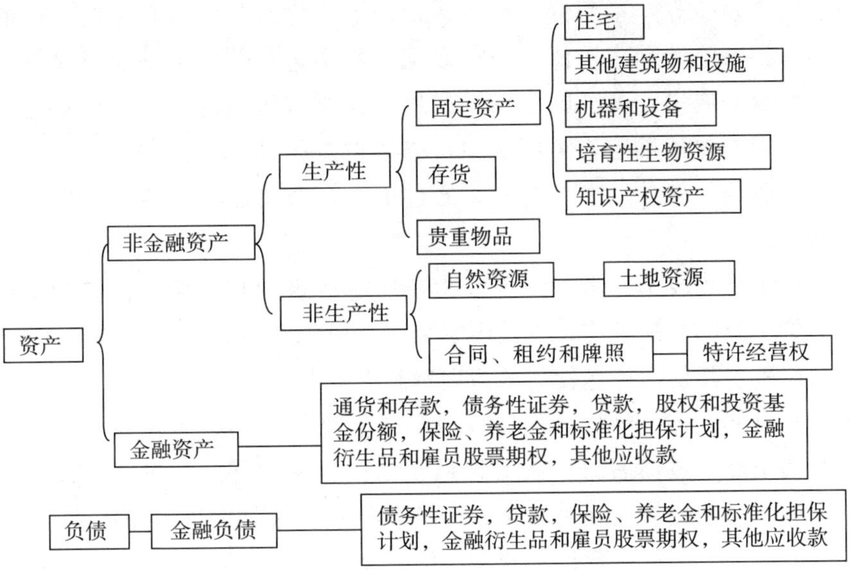

图 3 – 1　资产和负债分类示意图

一、资产的核算范围及分类

住户部门资产负债表核算的对象都是经济资产，也就是住户部门对它拥有所有权或处置权，资产可以给所有者带来经济利益的流入。这就把一些很重要的无形要素，比如空气、环境、人力资本、气候、受教育程度等排除在资产之外。

（一）非金融资产

非金融资产是指除金融资产以外的经济资产，按其在生产中的作用，可划分为生产性资产和非生产性资产。

1. 生产性资产

生产性资产包含固定资产、存货和贵重物品。

（1）固定资产。固定资产是已经产生并在生产过程中重复或连续使用一年以上的有形或无形资产，包括住宅、其他建筑物和设施、机器和设备、培育性生物资源、知识产权资产五个部分，前四者通常称为有形资产，而知识产权资产则称为无形资产。值得注意的是，在核算住宅、其他建筑物和设施、培育性生物资源三类资产价值时，并不包括该资产下方土地的价值。

住宅：指完全或基本作为居住使用的房屋或房屋的指定部分，包括各种附属结构，如车库和在住所中习惯性安装的所有永久性固定装置。为征收市政税，1991 年英国对住宅进行分级和定价，建立了反映地区房屋种类、交易价格、重估价值、房产归属等一系列信息的行政记录数据库，其中也有相应土地的数据资料。英国国家统计局直接依据该行政记录数据进行住宅的估价核算。若某些房屋或土地数据缺失，英国国家统计局将根据对应区域同质性房屋和土地的价值来给予合理的评估确定。英国房屋价格数据是以某个固定的年份为基准，剔除价格变动后的不变价。在核算时，通过价格指数将住宅价值由基准年份价格转换为当期价格。

其他建筑物和设施：进一步划分为非住宅建筑和其他设施，包括未被指定为住宅的整个或部分建筑物，以及固定装置、设施和设备等建筑物的组成部分。对于新建房屋，其价值还包括场地清理费和准备费。

机器和设备：进一步划分为运输设备、信息与通信技术设备、其他机器设备等。在编制资产负债表时，需要将私家车作为住户部门的机器和设备资产予以核算。英国国家统计局利用汽车注册备案行政记录，获取汽车的类型、价格、购买年份等信息，据此进行价格调整、估算交通设备当期价值。出于逃税目的，一些个人往往没有对拥有的汽车进行备案登记，这在一定程度上给数据准确性带来影响。

培育性生物资源：包括能重复提供产品的动物资源和植物资源，这些资源应处于个人的直接控制、负责和管理之下，如种畜、奶牛、果树、耕地等。需要注意的是，为住户服务的非营利机构未统计该项资产。

知识产权资产：主要指矿物勘探权、计算机软件等。无形资产核算难度大，直接影响资产负债表的质量，无形资产估价主要根据市场交易价格来衡量。如对于自主研发软件，首先参考市场交易价格，其次是利用投入成本进行估算，包括人力投入、中间投入和可能产生的利润等。

（2）存货。存货指用于生产和中间消费，或者处置（通常通过出售）的资产，按原材料及用品、在制品、制成品、转售货物分类核算。英国采用调查的方式获取相关数据，包括年初存货、年末存货，并进行价格调整。为确保按现行价格计算的价值一致，所有转入的存货均按已售出的价格计算价值（对于在制品，按其在制成品基本价格中的比例计算价值），而所有转出的存货均按买方价格计算价值。需要注意的是，海外持有的存货不包括在内。

（3）贵重物品。贵重物品包括宝石和贵金属（用于生产的除外）、艺术品、珠宝和收藏品等，并不用于生产，主要是作为价值储存品而持有，以期待其升值。需要注意的是，虽然《英国国民经济核算理念、来源与方法》中提到生产资产包括贵重物品，但是在其披露的资产负债表中却没有列示这一项内容。

2. 非生产性资产

非生产性资产包含自然资源以及合同、租约和许可。

（1）自然资源。自然资源又称有形非生产性资产，包括土地资产、水资源、地下资产（煤炭、石油、天然气、矿产等）和非培育性生物资源，但不包括海洋和空气等。

一是土地资源。在经济核算中，土地被定义为土地本身，包括土壤和地表水，但不包括土地上的建筑物、树木和作物、地下资产、非耕地生物资源和地下水资源。土地总量不是固定的，它可以通过开垦增加、侵蚀减少、清理或灌溉得到改善、污染或自然灾害而破坏等。土地的取得和处置均按相同价值入账，即使是在以物易物或资本转让的情况下，仍按当前市场价值入账。如果土地连同其上方的建筑物或种植地一起出售，并未进行分开估值，那么该资产应归类于价值更高的那部分。通常来讲，这类资产不归类于土地资源。二是地下资源。地下资源为煤、石油、天然气、金属矿石和矿物等。不论这些矿藏是否与它们所处的土地相分离或相结合，只要这些矿藏的所有权已经确立，就必须进行核算。

由于在编制资产负债表的过程中考虑到非生产性资产估值的困难，英国并没有对所有符合条件的非生产性资产进行统计核算，在披露的住户部门资产负债表中仅列示了土地资源一项内容。这样的做法符合英国矿产资源匮乏的国情，但也会导致非金融资产统计数据小于实际规模。

（2）合同、租约和许可。合同、租约和许可又称无形非生产性资产，指通过法律或会计行为证明的资产，如特许经营权、专利权、商誉等，甚至包括珍贵或个性化的车辆登记牌。在国家资产负债表中，由于该资产统计核算存在困难，因此只有住户部门的资产负债表统计该项资产，且仅包含特许经营权一项资产，非金融企业部门、金融企业部门和政府部门均未统计。

（二）金融资产

在住户部门资产负债表中，金融资产是指能用于索取实物资产的无形的权利，并能够为持有者带来货币收入流量的资产。住户部门金融资产包含7类：通货和存款，债务性证券，贷款，股权和投资基金份额，保险、养老金和标准化担保计划，金融衍生品和雇员股票期权，其他应收款。英国金融资产和金融负债核算是由英格兰银行[①]提供基础资料，国家统计局负责实际核算工作，以更好地保证资产负债核算的整体性和衔接性。

二、负债的核算范围及分类

在住户部门资产负债表中，负债是指住户部门对其他机构单位或机构部门的债务。与金融资产对应，金融负债包括5类：债务性证券，贷款，保险、养老金和标准化担保计划，金融衍生品和雇员股票期权，其他应付款。金融资产与负债的具体分类如下：

1. 通货和存款

通货包括流通中通常用于支付的纸币和硬币，存款包括可转让存款和其他存款。对通货来说，其名义价值或面值即是其估价。对于存款而言，资产负债表中记录的价值是存款结清时，债务人根据契约规定应偿还给债权人的数额。在英国，通货和存款一般是金融机构的负债，因此住户部门的金融负债并不包含通货和存款。它是住户部门的金融资产。通货和存款相关数据资料来源于英格兰银行、皇家铸币局和商业银行等。

2. 债务性证券

债务性证券是指除股票外的有价证券，包括在金融市场上交易的各种金融工具。从种类看，债务性证券包括优先股、资产支持证券、可转让贷款和可转换债券，也包括零息债券、折扣债券、结构性债券等。

从期限看，债务性证券分为短期债务性证券和长期债务性证券。短期债务性证券以其当期市场价值进行估价，在高通货膨胀或高名义利率情况下，特别需要以此种方法估价。长期债务性证券应当始终按市场价格估价，价格应将利息包括在内（即所谓含息价）。相关数据资料来源于英国政府债务管理局和英格兰银行等。

3. 贷款

贷款包括按揭贷款、贸易信用贷款、对国际货币基金组织的债权证明、回购协议（纳入存款统计的回购协议除外）和融资租赁等。贷款是金融机构的资

① 英格兰银行是英国的中央银行。

产、借款人的负债。在英国，一旦贷款被认定为不良，需要建立不良贷款相关的备忘项目。不良贷款仍按贷款名义价值记录，包括产生的利息和服务费用。相关数据资料来源于英格兰银行等。

4. 股权和投资基金份额

股权指所有者对公司或准公司拥有剩余价值索赔的凭证，分为上市股票、未上市股票和其他股权，其中其他股权覆盖了其他各种不发行股票的公司或准公司的股权。上市股票会在证券交易所或有组织的金融市场中有规则地交易，在资产负债表中应以当期价格估价。对于未上市股票和其他股权，在无法获得实际市场价值时，需要采取各种接近直接投资企业中股东权益市场价值的方法进行估算。

投资基金份额包括对共同基金的投资和对准公司权益的变动，可以用股权中所建议的类似方法估价。英国国家统计局每 3 年开展一次股票所有者调查，以获得股权的机构部门分类信息。需要注意的是，住户部门的金融负债并不包含股权和投资基金。

5. 保险、养老金和标准化担保计划

保险、养老金和标准化担保计划是住户部门金融资产的主要组成部分。英国保险市场发达，核算内容包括非寿险专门准备金、寿险和年金权益、养老金权益、养老金发起人的养老基金债权、标准化担保代偿准备金等。相关数据来源于对金融企业的调查。

6. 金融衍生品和雇员股票期权

金融衍生品是与某种特定金融工具、特定指标或特定商品挂钩的金融工具。通过金融衍生品，特定的金融风险本身就可以在金融市场上交易。金融衍生品的价值来自标的项目的参考价格，可能涉及商品、金融资产、利率、汇率等。

雇员股票期权是雇主与雇员在某日（授权日）签订的一种协议，在未来约定时间（含权日）或紧接着的一段时间（行权期）内，雇员能以约定价格（执行价格）购买约定数量的雇主股票。行权日是行使期权的日期，由于英国的期权为欧式期权，因此行权日不能早于含权日，也不能晚于行权期的结束日。

7. 其他应收/应付款

其他应收/应付款包括商业信用、预付款以及各种形式的应收/应付款项，如工资薪酬、租金等。对债权人和债务人来说，都应按债务清偿时债务人有合同义务向债权人支付的本金估价。需要注意的是，产生于其他应收/应付款上的利息应包括在内。

综上所述，住户部门的资产净值是在特定时点上所有非金融资产、金融资产与金融负债的差额（即净金融资产/负债）的加总，依据住户部门资产负债表进行核算，计算公式为：资产净值＝非金融资产＋（金融资产－金融负债）。

第四节　英国住户部门资产负债表的编制

英国住户部门资产负债表的编制以英国国家统计局的资产负债表调查等抽样调查和政府相关部门的行政管理数据为基础，采用市场价值法等手段估算资产负债表编制当日各资产负债项目的价值，经过与各部门经常账户、积累账户核算数据的比对、校验，得到最终的资产负债表。住户部门资产负债表的编制框架与国家资产负债表的编制框架基本一致。本节主要介绍英国住户部门资产负债表编制的数据收集、资产负债估值以及报表数据编制整理情况。

一、数据收集

英国国民经济核算的数据来源比较广泛，包括政府的各种管理信息系统、统计调查、按照国民经济核算原则调整过的企业财务报表等。

（一）住户部门资产负债流量数据来源

住户部门部分核算数据通过抽样方法取得，英国国家统计局使用跨部门商业登记系统作为抽样调查的抽样框架以及一般性资料的来源。跨部门商业登记系统中包含在英国境内经营的所有金融公司和非金融公司的名称、地址等基本信息，除了规模非常小的企业（没有员工且营业额低于税收门槛的企业）和一些非营利组织，跨部门商业登记系统几乎覆盖了英国经济所有部门中处在正常经营状态的企业①。下面以住户消费支出数据的收集为例进行说明。

英国国家统计局收集住户消费支出数据的主要渠道有住户消费支出抽样调查、零售及其他贸易商营业额统计数据、特定商品和服务的供应或销售的统计数据、行政部门统计数据、商品流通分析数据等。

1. 住户消费支出抽样调查

自1957年以来，英国每年都进行家庭支出调查。从1957年到2001年3月，主要的调查包括英国国家统计局开展的家庭支出调查（FES）以及环境、食品和农村事务部开展的国家食品调查（NFS），二者互相补充提供了家庭支出模式和

① 英国国家统计局网站：https：//www. ons. gov. uk/aboutus/whatwedo/paidservices/Interdepartmentalbusinessregisteridbr。

食品消费的有关信息。这两项调查描绘了自20世纪50年代以来英国住户支出和食品消费的特点和变化情况。2001年4月，这两项调查结合起来形成了支出和食品调查（EFS），支出和食品调查于2008年1月更名为生活成本和食品调查（LCF），同时它也成为综合住户调查体系的一部分。2014年生活成本和食品调查脱离综合住户调查，成为一个独立的调查模块。英国国家统计局负责生活成本和食品调查的整体项目管理和财务支出，而环境、食品和农村事务部则负责提供专业的食品消费数据。从家庭支出调查、国家食品调查到生活成本和食品调查，住户消费调查体系日益完善，收集了反映住户支出模式、住户成员收入、食品消费和有关消费品在整个消费和服务范围内的价值等信息。此外，英国国家统计局还开展国际旅客调查（IPS），在机场和港口调查游客有关假期和旅行消费的支出信息。表3－3罗列了英国三大住户消费支出抽样调查的简要内容。

表3－3　三大住户消费支出抽样调查概况

家庭支出调查（1957—2001年）					
统计对象	统计频度	样本特征	采集指标	反馈率	数据处理（按国民账户口径）
英国家庭	年度	连续性； 自愿性； 每年约11000个家庭； 样本量占总人口的0.05%。	针对16周岁以上的个人： 年龄、性别、社会地位、经济状况、职业、商品和服务支出细节（记录在两周的日记中），收入。	大不列颠地区回复率为66%； 北爱尔兰地区回复率为60%。	以样本住户的季度平均支出数测算全国情况。 为避免抽样误差导致平均支出的逐期变化被夸大，对统计结果进行平滑处理。
国家食品调查（1957—2001年）					
统计对象	统计频度	样本特征	采集指标	反馈率	数据处理（按国民账户口径）
英国家庭	年度	连续性； 自愿性； 每年约12000户； 样本量占总人口的0.05%。	收集样本住户一周内购买食品的信息，包括数量和金额；每餐的用餐人数和所供应的膳食类型；住户及其成员的特征；对子样本还收集关于在家庭以外消费的食品和饮料的支出信息。	主样本调查回复率为66%； 子样本调查回复率为65%。	以样本数据估算全国季度食品消费和支出情况。

续表

生活成本和食品调查（2001 年至今）					
统计对象	统计频度	样本特征	采集指标	反馈率	数据处理（按国民账户口径）
英国家庭	年度	连续性； 自愿性； 调查时间均匀分布在一整年中； 采用多阶段分层随机方式选择样本； 通过邮局地址随机邮寄调查表。	住房支出、交通费用、外卖支出、用餐习惯、酒精饮料支出等。	大不列颠地区回复率为 43%（2018 年）； 北爱尔兰地区回复率为 47%（2018 年）。	采用加权法来减少不回答问卷引起的偏差的影响，并产生相应的估计数，设置置信区间为 95%。

2. 零售及其他贸易商营业额统计数据

住户消费支出数据的第二个来源是零售和服务业企业调查，这些企业直接为消费者提供商品和服务。虽然批发商和生产商也直接向公众销售，但他们的主要业务是批发贸易，所以不属于零售商调查对象；服务业企业包括美容业和电影院等；调查还包括外国游客和居住于特殊机构中的人口的消费情况。国家统计局对零售业和服务行业的年度调查以及每月的零售销售调查，除收集营业额信息外，零售销售调查还定期收集商品资料，不定期收集批发及汽车行业等分销及服务行业的资料，以用于估计住户的消费支出情况。政府亦不定期收集制造业不通过批发商而直接向消费者提供销售商品的价格信息。

商业调查方法的主要好处是其覆盖的住户面更大，从而在相同成本下产生更可靠的结果，但它也有一些缺点：一是商业调查的范围无法涵盖消费者购买的所有商品和服务。二是尽管技术手段有所改进，但从企业实际收集到的商品资料数据远没有从住户调查得到的详细。三是调查中易出现本属于中间消费的企业购买支出被当成住户支出，同时在使用统计登记册进行调查时，涉及小型企业的调查特别困难，因为小型企业同时也是消费市场的一个重要部分，它们既是销售者，又是消费者，难以完全归属于一个角色。

3. 特定商品和服务的供应或销售的统计数据

此类数据来源涉及由一个或几个供应商提供的货物和服务，或来自其他行业代表机构的数据，例如贸易商协会。这些机构主要统计煤气、电力、通讯、铁路旅行和公共交通旅行等消费支出按不变价格计算的估计数，这些数据或是按适当的价格指数平减后的价值指标，或是按基准年价格计算的数量指标（如行驶的公里数）。此类数据来源的优点是覆盖面广，且易于发现数据中所有异常数据，便于及时讨论并发现异常变化的原因。但此类数据来源提供的数据可能并不总是国民账户核算所需要的。例如，业务支出可能包括在销售的估计数中，但国民账户核算并不需要这类支出数据；或者估值的方式可能与国民账户核算不一致。

4. 行政部门统计数据

为行政目的而收集与住户消费支出有关的资料，例如许可证和税收的相关数据，可用于估计住户部门在酒精饮料、烟草和彩票上的开支。按不变价格计算的估计值包括直接成交量数据和通缩值。

5. 商品流通分析数据

商品流通分析法是使用统计模型进行估计的一种方法。该方法的目的是从供应数据中估计经济账户内各种需求组成部分［即中间消费、住户消费、政府消费、固定资本形成总额（GFCF）、存货和出口］，这些估计是针对详细的产品组作出的。此方法的关键是确定供应与需求的对应关系，即供应按什么样的比例分配到需求的各个组成部分上。这通常可根据前一期间的供应/需求结构来计算，这些供应/需求结构一般是作为投入产出表的一部分来编制。在住户消费估计中，商品流通分析方法更多地用于验证上述各种来源数据作出的估计是否准确，而非直接提供数据。

综上所述，测算住户消费支出有多种方法，在实践中，需要综合校验各种来源的数据，并对其进行调整，最终得出每种商品或服务支出的最佳估计值。

6. 住户消费支出抽样调查典型案例

生活成本和食品调查是面向家庭的自愿性抽样调查，该调查持续均匀分布在整个会计年度中，以确保抵消季节影响。英国国家统计局定期对问卷内容进行审查和调整，将新的支出形式或新的收入来源纳入问卷，尤其是福利部分以及被调查用户的新要求，保证问卷能有效收集所需信息。

（1）调查目的与结果应用。首先，生活成本和食品调查的主要目的之一是为消费者价格指数和零售价格指数定义“一篮子货物”。英国财政部和税务海关总署也使用生活成本和食品调查有关支出和收入的信息来研究税收和福利如何影响家庭收入，并分析政策对这些领域的影响。

其次，生活成本和食品调查是住户商品和服务支出以及收入数据的主要来源。调查问卷会根据从关键用户处获得的反馈进行设计和输出，在最大程度上反映用户需求。但是，此方法也存在一些限制：一是日期上无法匹配，收集的大部分支出信息发生在访谈后的两周时间内，而收入部分则持续更长时期。二是英国和其他国家的住户调查经验表明，与其他信息来源相比，受访者反馈的少数项目（特别是烟草和酒精）支出水平低于预期；国家彩票消费，例如刮刮乐，在生活成本和食品调查中也未被记录。

最后，调查得到的数据经过处理，将用于多个部门和组织中。一是将这些数据按季度提供给住户和为住户服务的非营利机构部门，用于出版《消费者趋势报告》和《住户最终消费报告》。二是环境、食品和农村事务部每月接收生活成本和食品调查的原始数据，并对食品数据进行处理，以提升数据质量。三是欧盟统计局每五年接收一次生活成本和食品调查数据用于估算欧洲住户部门预算调查。

（2）调查简要流程。生活成本和食品调查的基本单位是住户，住户包括独居的个人或共享烹饪设施并共用起居室或用餐区的一群人（不一定有亲缘关系但居住在同一地址）。在受访的住户中，要求 16 岁及以上的个人记录为期 2 周的每日支出日记，要求 7 岁至 15 岁的儿童记录简化版日记。有关经常性支出的信息，例如租金和抵押贷款支付，以及关于某些较少发生的大额支出（例如购置车辆）信息从住户访谈中直接获得。此外，还记录每位住户成员的年龄、性别和婚姻状况等个人信息，以及每位成年住户成员的收入情况等详细信息。生活成本和食品调查问卷的副本可从英国数据服务处获得。

一是抽样。生活成本和食品调查样本是一个按集群分类的多阶段分层随机样本。样本单位主要从邮政部门的地址列表中随机抽取，由于面谈差旅费用过高，所以苏格兰近海岛屿和锡利群岛都被排除在样本之外。抽样的第一步是将所有邮局根据地区性质（分为大城市和非大城市区）和辖区家庭特点进行分组，再从分组中随机选出 638 个邮局。抽样的第二步是随机抽取被调查住户。大不列颠地区的样本是从邮局提供的地址列表中随机抽取的；北爱尔兰地区的样本是从土地和房地产服务局提供的地址名单中随机抽取的。英国每年约有 6000 个家庭对调查问卷进行回复。

二是实地调查。实地调查由英国国家统计局和北爱尔兰财政和人事部使用大致相同的问卷进行。两份调查问卷之所以存在差异，主要是地域、地方税收制度以及民族不同，导致支出模式不尽相同。访谈形式是计算机辅助个人访谈模式，用电脑与受访者面对面谈话并记录，随后要求受访住户中每位 16 岁（含）以上的个人记录两周的日常开支日记。

三是问卷调查结果分类。问卷调查结果分为三类，首先是百分之百完成，定义为：同一个住户中所有 16 岁及以上的成年人都参与了问卷调查；问卷中涉及收入的问题都有回答；所有成年人都保留了两周的支出记录；受访家庭所提供的信息是完整和可用的。其次是部分完成，包括：住户中除主要支出日记记录者外有一个或多个成年人拒绝记录为期两周的支出日记，但所有成年人都完成了关于收入的访谈；一个或多个成年人拒绝回答全部关于收入的问题，但家庭中所有成年人都有记录支出日记且家庭主要支出日记记录者主动收集该家庭所有成年人的关键收入信息；家庭中除主要支出日记记录者外有一个或多个成年人拒绝记录为期两周的日记，且拒绝回答有关收入的问题，但主要支出日记记录者可以收集到家庭中所有成年人的关键收入信息。最后是未完成，包括：拒绝接受调查和口头访谈；家庭中主要支出日记记录者拒绝记录为期两周的支出日记；家庭中有一名成年人拒绝在问卷中提供关键的收入信息。

四是权重调整。权重调整过程包括两个阶段。第一阶段，对被抽中参与生活成本和食品调查却拒绝回答住户的权重等级进行调整，主要依据是受访住户对生活成本和食品调查的响应程度（百分之百完成、部分完成以及未完成）；第二阶段，将一定数量来自不同区域不同年龄段的男性和女性构成的小组作为一组总校准组，对调整后的权重进行校准，使调查得到的加权总数与其对应的人口总数相匹配。

五是代理访谈。理想情况下，所有成年住户成员都应在访谈期间在场，以便亲自询问收入情况。但是，如果访谈期间某些家庭成员不在场，而其他家庭成员（如配偶）能够提供有关缺席者信息的，则会将其确定为代理访谈者。从 2001 年至 2002 年，在生活成本和食品调查中大约有五分之一的家庭至少包含一次代理访谈。

（3）数据验证和质量保证。英国国家统计局制定了衡量统计输出质量的手册，考量的维度包括相关性、及时性、准时性、可比性、连贯性、准确性、输出质量权衡、评估用户需求和观念，以及可访问性和清晰度等。

一是问卷低回复率处理。样本的设计旨在确保其调查结果能够代表英国人口，调查不具代表性的风险可能随着拒绝或调查不答复人数的增长而增加。因此，衡量调查结果质量的一个标准是回复率。与其他社会调查一样，生活成本和食品调查的回复率在持续下降，因此，生活成本和食品调查使用未回复加权调整以减轻可能存在的偏差。

二是数据质量把控。在数据发布之前，生活成本和食品调查的数据会经过严格的质量检验。首先，将从受访者处直接收集的原始收入数据以计算机辅助个人访谈模式输入，对其进行一系列自动检查。其次，英国国家统计局的编辑团队对数据进行进一步检查调整，并对缺失值进行估算。对于在英国国家统计局系统中手动输入的支出日记数据，也将进行以上检查步骤。

在向环境、食品和农村事务部提供初始数据之前，需要对原始数据进行进一步检查，以确保家庭、家庭成员和日记文件之间信息的一致性，并检查易错商品的编码是否正确。同时，环境、食品和农村事务部也会对数据进行检查，并将他们的观察结果反馈给国家统计局再次进行数据调整。一旦将数据汇总到季度和年度数据集中，还将进行进一步的质量检查，识别总数据中的异常变动，对收入和福利数据进行详细检查。生活成本和食品调查团队还对可疑数据以及时间序列数据进行一系列检查，以识别家庭和个人层面数据集中的错误值、极值或异常值。一般而言，除了极端的收入值外，生活成本和食品调查不会处理异常值以还原调查结果。但生活成本和食品调查团队每年会使用“惊奇分层”（Surprise Stratum）技术[①]对少数案例进行修正，该方法将每个异常值视为层次群体中唯一的极端单位，并赋予权重，使得可以在不完全删除有效值的情况下减少外围值的影响。

（4）未来的改进方向。为提高调查质量，生活成本和食品调查指导小组在英国国家统计局网上提出生活成本和食品调查的改进方向，主要包括提升问卷回复率、改进支出调查表、改进支出日记、采用自动扫描系统等，将在2019年起逐步实施，并随时公布进展情况。

（二）住户部门资产负债存量数据来源

英国国民账户资产负债表的数据主要来自国家统计局的全国资产负债表调查、英国特许公共财政与会计学会关于地方政府资产的报告、上市公司及主要经济主体的年报、行业出版物、其他政府部门和机构的管理数据等。住户部门资产负债表具体项目的数据除了直接来源于上述渠道，还有部分数据需要以模型等手段进行估算。

1. 非金融资产数据来源

由于非金融资产的市场估值不容易获得，英国基于期初净资本存量和固定资本形成总额数据，使用永续盘存法模型，估算各部门非金融资产的存量价值。资本存量和固定资本形成总额数据主要来自国家统计局的季度和年度全国资产负债表调查、家庭开支调查等相关调查，以及能源部、税务局、环境食品和农

① *Quality and Methodology Information for LCF*，第七页。

村事务部、海关等部门的数据。使用永续盘存法模型估值，它的准确性取决于资产使用寿命、经济周期和技术变化的影响以及折旧率等指标的设定是否符合实际，而指标设置主要依靠经验，数据的准确性难以保证。有证据表明，资本存量的估值很有可能被夸大。因此，英国国家统计局一直在考虑，资本存量是否可以通过直接测量得到，而不是通过建模来估算。直接测量方法的一个明显优势是，资产的使用寿命等指标来源于实际，而不是依靠模型估算，结果更为准确。对直接测量的小规模试点的调查显示，随着资产登记电子化程度的提高，对存量资产进行直接测量在技术上具有可行性。然而，这样做显然会增加公众和国家统计局的成本，截至 2018 年末，英国仍以永续盘存法对资本存量进行估计。

2. 金融资产与负债数据来源

英国国家统计局编制各部门金融资产负债表时，主要数据来源于国家统计局的调查、英格兰银行、建筑协会委员会及财政部等政府部门。货币金融机构是金融资产的重要持有者和对应信息的重要提供者，国家统计局在收集这些数据时得到了英格兰银行的协助，主要的调查项目包括：

（1）英国国家统计局向金融机构（保险公司、退休基金、单位和投资信托基金等）发出的季度调查收集某些短期资产（例如现金、英镑商业票据）的余额数据。对于较长期的金融工具，收集的是直接流入金融账户的流量数据。同时，英国国家统计局还向金融机构开展年度资产负债表调查，将调查结果与季度金融交易和市场变化信息相结合，得到其季度资产负债数据。

（2）英国国家统计局的金融资产负债调查（FALS）针对非金融企业，收集它们的季度资产负债表数据。这个调查每个季度开展一次，且每年扩展一次样本。

（3）住户及其他部门和世界其他地区的数据来源于多个渠道。英格兰银行对所有银行开展季度资产负债表调查（对较大银行进行月度调查）。建筑协会委员会对所有建筑协会成员按月开展资产负债表调查。财政部也提供了部分行政数据用于编制住户部门资产负债表。

这些数据不仅提供了货币金融机构本身的季度资产负债表数据，还提供了涉及这些业务的交易对手方数据，比如，可以从这些数据中得到各部门的银行存款情况。

（4）英国国家统计局于 1996 年对慈善机构进行调查，首次得出该领域的官方数据，并用于编制为住户服务的非营利机构的资产负债表。

（5）由于住户部门金融资产负债数据收集难度大，或持有的相关金融工具数量很少，因此英国国家统计局并未直接向住户收集金融资产负债数据，住户部门的数据主要来自交易对手部门和剩余数值（即无具体归属部门的数据）。住户部门资产负债主要项目的数据来源具体见表3－4。

表3－4　　住户部门金融资产负债主要项目数据来源

项目	数据来源
AF.2 通货和存款	
AF.21 通货	英格兰银行收集的银行统计数据、建筑协会委员会，其他金融中介机构的数据来自国家统计局的调查。
AF.22 可转让存款	英格兰银行收集的银行统计数据、建筑协会委员会、国际清算银行报送的国际银行统计数据，其他金融中介机构的数据来自国家统计局的调查。
AF.29 其他存款	英格兰银行收集的银行统计数据。
AF.3 债务性证券	
AF.331 短期证券：货币市场工具	住户部门持有货币市场工具的比例非常小，具体数值按比例计算。如它们分别占英镑存单和商业票据持有量余额的2%和8%。
AF.332 长期证券：债券	一般将长期债券总额与其他部门已确定的持有量之间的剩余差额归于家庭部门和非本地货币部门。家庭及非本地营业部门持有海外债券的依据是来自税务局的有限数据，有很大的误差。
AF.4 贷款	
AF.41 短期贷款	住户部门数据主要是英国小额信贷机构的英镑贷款，来自英格兰银行和建筑协会委员会。
AF.42 长期贷款	
AF.422 住房抵押贷款	假定这些贷款都贷给住户部门，数据来自英格兰银行和建筑协会委员会、国家统计局对这些机构样本的季度调查。
AF.424 英国居民的其他长期贷款	零售商提供的消费信贷，数据来源于英国国家统计局的零售销售调查，并假设零售商提供的所有信贷都是面向家庭部门。用于教育和其他服务的杂项贷款来自中央政府的详细账目。
AF.5 股权和投资基金份额	
AF.514 在英国上市的股票	英国国家统计局的股票登记调查是一项重要的金融资产数据来源，它提供了按行业分类的上市普通股持有量的年终估计，它被作为保险公司和养老基金、工业和商业公司、家庭、为住户服务的非营利机构以及世界其他地区的估计基准。家庭和非本地居民部门的持有量是根据《股份登记册调查估计数》计算出来的。

续表

项目	数据来源
AF. 515 未上市的英国股票	住户部门的持股微不足道，以余数计算持有股数，误差幅度很大。
AF. 516 其他英国股票	家庭和非本地营业部门的持有量估计数根据有关交易的国内收入数据计算，误差幅度很大。
AF. 52 共同基金股票	
AF. 521 英国共同基金股票	数据由单位信托、投资基金协会、保险公司和养恤基金提供。
AF. 529 全球其他共同基金股票	数据由保险公司、养恤基金、单位和投资信托基金提供。
AF. 6 保险、养老金和标准化担保计划	
AF. 61 家庭在人寿保险准备金和养老基金准备金中的净资产	保险公司等机构的年度申报表。国民保健制度和教师退休金计划数据来自中央政府的财政账户。
AF. 62 预付保险费及未决索偿准备金	英国国家统计局对保险公司和养老基金的调查以及保险公司向监管机构提交的法定申报表。英国国家统计局的家庭开支调查也用来确定家庭在不同类型保险上的开支。
AF. 8 其他应收/应付账款	英国国家统计局的金融资产和负债调查。

二、估值

为使资产负债表与积累账户上的数据保持一致，资产负债表上每一项目的估值，应当将其视为是在资产负债表编表日获得的，这就意味着，针对各类具体资产，要用一系列在资产负债表编表日的现期价格来估算其资产和负债（以及净资产）的不变价值。对于除土地以外的非金融资产，估值包括与所有权转移有关的一切费用。未在金融市场交易的债权的估值，等于债务人应付给债权人以抵消债务的金额。估值大多采用如表 3－5 所示的四种方法，最理想的估值方法是市场交易价格法。

表 3－5　　资产负债表项目主要估值方法

估值方法	典型应用
市场交易价格法	金融债权，如在证券交易所挂牌的证券；土地和建筑物；车辆；农作物和牲畜；新增固定资产和存货。
估计价格法（如果最近没有发生实际的交易）	未在证券交易所上市的证券，与已上市的同类证券比较。 有形资产，与观察到的价格不完全相同但具有密切替代关系的项目相比（保险估价经常采用这种方法）。
应计价值法（在资产的生命周期内，综合收购、减持、重新估值情况计算）	固定资产，按当前价格计算，根据固定资本的累计消费进行调整（称为“减记重置成本”）。 非生产性无形资产（如购买的商誉和专利实体），通常通过摊销（逐步核销）初始购置成本来估价，并在资产的预期寿命内适当重新估价。
资产预期未来净收益现值法（折现）	延迟回报的资产（如森林）或长期摊销的资产（如地基资产），按当前价格估价的最终资产和反映所考虑的特定资产而非一般利率交易的贴现因素。

英国在编制住户部门资产负债表的计算过程中，一般采用市场交易价格法，对于难以得到市场价值的项目，则综合采用应计价值法、资产预期未来净收益现值法等方法计算，具体报表项目的估算方法见表 3－6。

表 3－6　　住户部门资产负债表主要资产负债项目的具体估值方法

项目	估值方法
有形固定资产	这类型资产通常采用永续盘存法估值，使用的是资本形成减去资本消耗的估计值，按资产类型和收购年份进行分类，这些资产积累和重新估值的时间已经足够涵盖所有固定资产的期限。
住宅和汽车	这些商品存在活跃的二手市场，观察到的价格可能被用来补充（但通常不是替代）减记估值。
工业厂房和设备	所观察到的价格可能不合适，因为这些价格可能适用于具有特殊特性、已过时或正在被迫处理的物品。
历史纪念物	只有当它们的重要性被业主以外的其他人认可时，例如通过出售或正式评估，才会将其包括在内。
可持续生产的牲畜	这些动物的价值是根据特定年龄动物的当前价格计算的。
可持续收获的果树	当前价格不太可能得到，使用减记后的价值。
无形固定资产	根据类型采用不同估价方法。
矿产勘察	目前勘探的价值是根据付给承包商的款项或自己承担的费用计算的。过去未注销的勘探费用将重新估价（在这种情况下很可能会降低价值）。

续表

项目	估值方法
娱乐、文艺原创	以其最近交易时的价格（或以自有账户的生产成本）计算，或者使用预期未来收益的现值。
存货	按资产负债表所涉数据的现行价格计算。
材料和物资	购买价。
成品	成本价。
非生产性资产	根据类型采用不同估价方法。
土地	土地的价值按其当前价格计算，因为土地的用途可能会对土地的价值产生巨大的影响，新业主将根据土地的确切位置和可能的用途支付土地的价值。该估值明确包括所有权转让的减记成本，包括过去固定资本形成总额带来的改善价值。
地下资产	尽管它们存在不确定性和需要修正，储量的价值通常被认为是商业开采预期净收益的现值。
非农业生物资源和水资源	不太可能得到可观察价格，因此通常使用预期未来收益的现值。
无形非生产性资产	在交易时，这些资产应按当前价格计价。不存在交易时，可以使用预期未来收益的现值。商誉的价值按取得成本减去应计摊销，适当重新估价。
金融资产与负债	当定期在有组织的市场上交易时，这些资产的价值按不包括交易成本的当前价格计算。否则，价值就是债务人为消除资产负债表数据上的债务，而必须向债权人支付的金额。
货币	名义价值或面值。
存款	债务人根据合同有义务偿还债权人的本金数额。
非股份证券	所有证券，包括衍生品，都应按当前市场价值入账，如果没有，短期票据和债券可以按面值（或贴现后的发行价）加上应计利息计价。
贷款	类似存款计价方式。
股份及其他权益	如果定期在有组织的金融市场进行交易，这些债券将按当前价格估值。否则，使用在盈利和股息历史及前景方面具有可比性的上市股票的价格，如有必要向下调整，应考虑到市场性或流动性方面的差异。对于准公司，权益等于资产减去负债。
保险储备资产	这些资产包中的产品按其实际或估计的当前价格估价。未决索偿准备金是预期将在结算中支付款额的现值。
其他应收账款	债务人根据合同有义务向债权人支付的本金。

三、数据的整理

英国国家资产负债表是一个时间序列数据库，国家统计局将收集来的数据按部门存入资产负债表时间序列数据矩阵。对于每个时间序列，数据库记录它来自何处，它属于部门账户矩阵中的哪个单元，以及它如何与其他序列汇总以生成单元总数。对少数难以收集的部门数据，则遵循每个资产必须有一个对应的负债这一原则，通过采用一定的技术手段，从交易对手和剩余数值获得相应数据。对于矩阵中的每个部门，都有一名指定的统计学家负责以合理的方法平衡该部门账户，并监测剩余数值的合理性。

1. 部门内数据平衡

英国国家统计局和英格兰银行按季度在指定的时间内将原始数据报送中央数据协调员汇总输入数据矩阵，时间序列数据库首先按照预先设定的方法平衡矩阵的每一类，然后汇总为每一部门编制一个账户。每一部门都有一名指定的统计学家负责该部门账目的一致性。各部门统计人员开会讨论确定交易对手数值和剩余数值的分配，决定是否要调整抽样调查结果，或建议对某些单元的数据进行进一步调查，以平衡部门内账户。

2. 部门间数据平衡

各部门初步数据出台后，还需要各部门的统计学家召开会议协调部门间的数据，整合各部门数据使其保持一致，最后形成各部门资产负债表及国家资产负债表。这个过程可能需要持续多次，才会产生一组完全一致和连贯的账目，最终实现发表。

以资本账户、金融账户和资产负债表的协调为例，理论上，以各部门期初的资产负债存量加上资本形成、金融工具净借出和借入、价值重估以及其他变化部分，即可获得期末部门的资产负债表。其中，在核算期内所发生交易中获得的非金融资产总价值减去处置总价值，记录在资本账户中；与金融资产和负债有关的交易记录在金融账户中；资产物量的其他变化（正的或负的）价值记录在资产物量其他变化账户中；由于资产价格变动引起的正的或负的名义持有收益价值变化记录在重估价账户中。这就意味着，期末资产负债表中每一个项目的数值，原则上都可以通过期初资产负债表中的数值加上与该资产有关的登记在4个积累账户中的数值得到。

因此，需要通过部门间的协调，使资产负债表中的每一项目满足以下等式：

期初资产负债表中（以核算日价格估价）某特定类型资产的存量价值 + 在

核算期内发生的交易中获得的资产总价值－处置的资产总价值＋所持有资产物量的其他正的或负的变化价值（例如发现了地下资产或者由于战争或自然灾害造成了资产的破坏）＋由于资产价格变动引起的正的或负的名义持有收益价值＝期末资产负债表中（以核算日价格估价）某特定类型资产的存量价值。

此外，耐用消费品不属于住户部门资产负债表项目，它作为有分析意义的项目显示在备忘录中。耐用消费品显示的金额是住户最终消费（包括汽车）使用的耐用品存量，按当前价格计算，扣除固定资本消费。

第五节　英国住户部门资产负债表简要分析

英国住户部门资产负债表中，对狭义住户部门和为住户服务的非营利机构分别进行了统计，住户部门的数据则为两者的加总。本节简要介绍英国广义和狭义住户部门 2012—2017 年资产负债表的主要指标及结构、增长等情况。

一、英国住户部门资产负债表

表 3－7　　2017 年末英国住户部门资产负债表　　单位：百万英镑

项目	狭义住户部门	为住户服务的非营利机构	合计
非金融资产	5781012	113276	5894288
固定资产	1645204	57506	1702710
住宅[1]	1571686	18259	1589945
其他建筑物和设施[1]	26444	25076	51520
非住宅建筑[1]	13094	12417	25511
其他设施[1]	13350	12659	26009
机器和设备	46145	1457	47602
运输设备	8734	18	8752
信息与通讯技术设备	5089	309	5398
其他机器和设备	32322	1130	33452
培育性生物资源[1]	463	—[3]	463
知识产权资产	466	12714	13180
存货	25069	1318	26387
生产性非金融资产合计	1670273	58824	1729097
自然资源	4107678	54452	4162130
土地	4107678	54452	4162130

续表

项目	狭义住户部门	为住户服务的非营利机构	合计
合同、租约和许可[2]	3061	—	3061
特许经营权	3061	—	3061
非生产性非金融资产合计	4110739	54452	4165191
金融资产和负债			
金融资产	6553460	195992	6749452
通货和存款	1571850	38940	1610790
债务性证券	14060	12392	26452
贷款	18894	—	18894
股权和投资基金份额	946759	127563	1074322
保险、养老金和标准化担保计划	3780575	576	3781151
金融衍生品及雇员股票期权	6352	278	6630
其他应收款	214970	16243	231213
金融负债	1803632	107684	1911316
债务性证券	—	2964	2964
贷款	1731879	27258	1759137
保险、养老金和标准化担保计划	—	62881	62881
金融衍生品及雇员股票期权	558	377	935
其他应付款	71195	14204	85399
净金融资产/负债	4749828	88308	4838136
资产净值	10530840	201584	10732424

数据来源：UK National Balance Sheet，Table 10 - 12.

注：1. 不包括资产下方土地价值；

2. 包括珍贵或个性化的车辆登记牌；

3. “—”表示未统计。

表 3 - 8　　2012—2017 年英国住户部门资产负债表　　单位：百万英镑

项目	2012 年	2013 年	2014 年	2015 年	2016 年	2017 年
非金融资产	4147521	4416079	4793455	5201850	5527924	5894288
固定资产	1466598	1526102	1555450	1586017	1645811	1702710
住宅[1]	1375978	1434533	1462229	1486373	1539047	1589945
其他建筑物和设施[1]	45443	44531	43700	46954	48828	51520
非住宅建筑[1]	21315	21178	21489	22066	22691	25511
其他设施[1]	24128	23353	22211	24888	26137	26009
机器和设备	33627	35049	37157	39912	44748	47602

续表

项目	2012 年	2013 年	2014 年	2015 年	2016 年	2017 年
运输设备	5100	5324	5727	6660	7543	8752
信息与通讯技术设备	4113	4203	5243	5275	5567	5398
其他机器和设备	24414	25522	26187	27977	31638	33452
培育性生物资源[1]	348	348	368	377	399	463
知识产权资产	11202	11641	11996	12401	12789	13180
存货	23697	24192	25005	25345	26084	26387
生产性非金融资产合计	1490295	1550294	1580455	1611362	1671895	1729097
自然资源	2654969	2863413	3210493	3587823	3853173	4162130
土地	2654969	2863413	3210493	3587823	3853173	4162130
合同、租约和许可[2]	2257	2372	2507	2665	2856	3061
特许经营权	2257	2372	2507	2665	2856	3061
非生产性非金融资产合计	2657226	2865785	3213000	3590488	3856029	4165191
金融资产和负债						
金融资产	5209957	5284485	5887512	5990326	6550253	6749452
通货和存款	1301516	1352489	1408071	1464552	1558234	1610790
债务性证券	22269	20422	21128	23587	24083	26452
贷款	18492	18688	18745	18848	18716	18894
股权和投资基金份额	723463	796426	887699	923557	987266	1074322
保险、养老金和标准化担保计划	2949400	2899285	3344900	3357561	3729783	3781151
金融衍生品及雇员股票期权	5288	8613	6847	5827	5887	6630
其他应收款	189529	188562	200122	196394	226284	231213
金融负债	1632472	1643420	1700185	1759586	1841824	1911316
债务性证券	1382	1667	2483	3017	3348	2964
贷款	1504607	1522199	1561604	1615709	1695543	1759137
保险、养老金和标准化担保计划	37243	28731	51812	47431	52847	62881
金融衍生品及雇员股票期权	1794	4221	2844	1754	1093	935
其他应付款	87446	86602	81442	91675	88993	85399
净金融资产/负债	3577485	3641065	4187327	4230740	4708429	4838136
资产净值	7725006	8057144	8980782	9432590	10236353	10732424

数据来源：UK National Balance Sheet，Table 10.

注：1. 不包括资产下方土地价值；

2. 包括珍贵或个性化的车辆登记牌。

二、英国住户部门资产负债表简析

对 2012—2017 年英国住户部门资产负债表的分析显示：

从资产看，资产总额稳步上升，金融资产占比略高于非金融资产；金融资产中，以保险、养老和标准担保性计划为主；非金融资产中，以土地、住宅为主；为住户服务的非营利机构的资产以股权和投资基金份额等金融资产为主。

从负债看，负债总额增速相比资产较慢；负债以贷款为主，占比连续十年超九成；为住户服务的非营利机构负债以保险、养老金和标准化担保计划为主。

从资产净值看，资产净值稳步增长，资产负债水平较低；资产、负债和资产净值占 GDP 的比重均上升。

（一）资产

1. 资产总额稳步上升，金融资产占比略高于非金融资产

住户部门的资产总额从 2012 年 9. 36 万亿英镑增加到 2017 年的 12. 64 万亿英镑，增加 3. 28 万亿英镑，增长 35. 12%，年均增加 6573 亿英镑。其中，金融资产增加 1. 54 万亿英镑，年均增加 3079 亿英镑；非金融资产增加 1. 75 万亿英镑，年均增加 3494 亿英镑。

2012—2017 年，资产年均增长 6. 20%，其中金融资产增长 5. 31%，非金融资产增长 7. 28%。资产增速最高为 2014 年的 10. 11%，最低为 2013 年的 3. 67%。其中，金融资产增速最高为 2014 年的 11. 41%，最低为 2013 年的 1. 43%；非金融资产增速最高为 2014 年的 8. 55%。最低为 2016 年的 6. 27%。从资产构成来看，金融资产平均占比为 54. 33%，非金融资产平均占比为 45. 67%。

2. 金融资产中，以保险、养老金和标准化担保计划为主

截至 2017 年末，英国住户部门的资产中，金融资产占比为 53. 38%。其中，保险、养老金和标准化担保计划占金融资产的比重最高，达 56. 02%，通货和存款、股权和投资基金份额紧随其后，分别为 23. 87% 和 15. 92%。其他金融资产占比较小，债务性证券的占比为 0. 39%，贷款的占比为 0. 28%，金融衍生品及雇员股票期权的占比为 0. 10%，其他应收款的占比为 3. 43%（见图 3 -2）。

3. 非金融资产中，以土地、住宅为主

截至 2017 年末，英国住户部门的资产中，非金融资产占比为 46. 62%，其中主要为土地和住宅，两者资产合计占非金融资产的比重超过 97%。首先，土地占非金融资产的比重高达 70. 61%，是住户部门资产最重要的组成部分；其

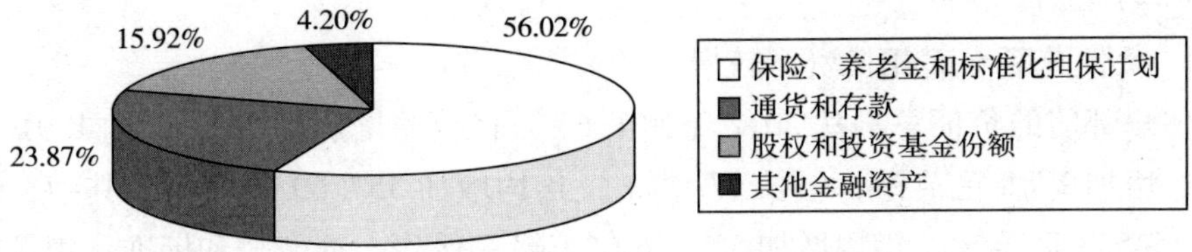

图 3－2　2017 年末英国住户部门金融资产结构

次，住宅占非金融资产的比重为 26.97%；最后，其他建筑物和设施占比为 0.87%，机器和设备占比为 0.81%，知识产权资产占比为 0.22%，存货占比为 0.45%，合同、租约和许可占比为 0.05%，培育性生物资源占比极低，几乎可以忽略不计（见图 3－3）。

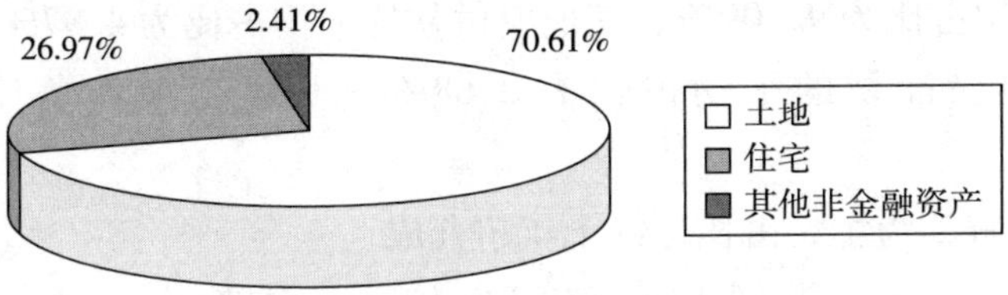

图 3－3　2017 年末英国住户部门非金融资产占比结构

4. 为住户服务的非营利机构的资产以股权和投资基金份额等金融资产为主

截至 2017 年末，在英国为住户服务的非营利机构的资产中，金融资产占全部资产的比重为 63.37%，其中股权和投资基金份额占全部资产的比重最高，为 41.25%，通货和存款占比为 12.59%，其他应收款和债务性证券占比分别为 5.25% 和 4.01%，其他金融资产占比仅为 0.28%。非金融资产占全部资产的比重为 36.63%，主要由固定资产和自然资源（土地）构成，两者合计占全部资产的比重分别为 18.59% 和 17.61%，存货占比仅为 0.43%（见图 3－4）。

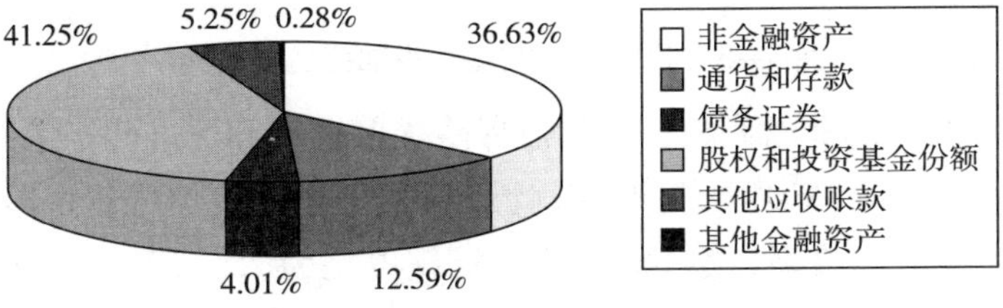

图 3－4　英国为住户服务的非营利机构资产结构

（二）负债

1. 负债总额增速相比资产较慢

住户部门的负债总额从2012年的1.63万亿英镑增加到2017年的1.91万亿英镑，增加2788亿英镑，增长17.08%，年均增加557.69亿英镑。其中，贷款增加2545.3亿英镑，年均增加509.06亿英镑；保险、养老金和标准化担保计划增加256.38亿英镑，年均增加51.28亿英镑；债务性证券增加15.82亿英镑，年均增加3.16亿英镑。

2012—2017年，从增速看，负债年均增长3.2%，其中债务性证券增长16.49%，保险、养老金和标准化担保计划增长11.04%，贷款增长3.18%。负债增速最高为2016年的4.67%，最低为2013年的0.67%，其中金融衍生品增速波动最大，最高为2013年的135.28%，最低为2015年的-38.33%。从结构看，贷款的平均占比为92.09%，其他应付款的平均占比为4.97%，保险、养老金和标准化担保计划的平均占比为2.68%，上述三项在负债中平均占比为99.8%。

2. 负债以贷款为主，占比连续十年超九成

截至2017年末，英国住户部门负债中，贷款占绝大部分，占比达92.04%，近十年来贷款占住户部门负债的比重均超过90%，表明英国住户部门主要通过贷款进行融资。保险、养老金和标准化担保计划占3.29%，金融衍生品及雇员股票期权占0.05%，债务性证券占0.16%，其他应付款占4.47%（见图3-5）。

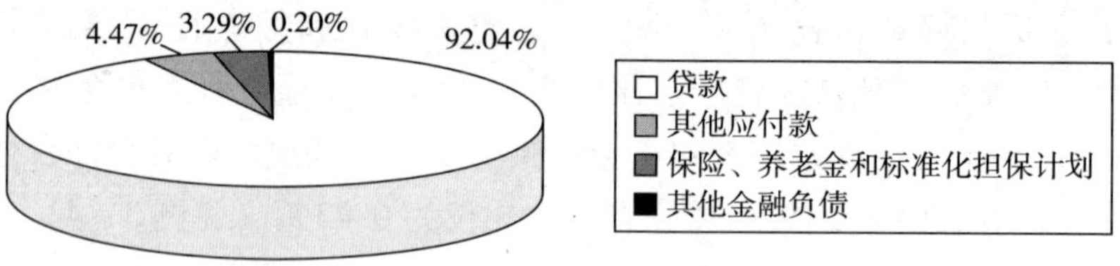

图3-5　2017年末英国住户部门负债结构

3. 为住户服务的非营利机构负债以保险、养老金和标准化担保计划为主

截至2017年末，英国为住户服务的非营利机构的负债中，保险、养老金和标准化担保计划占比最高，达58.39%，贷款占比为25.31%，其他应付款占比为13.19%，债务性证券占比为2.75%，金融衍生品及雇员股票期权占比为0.35%（见图3-6）。

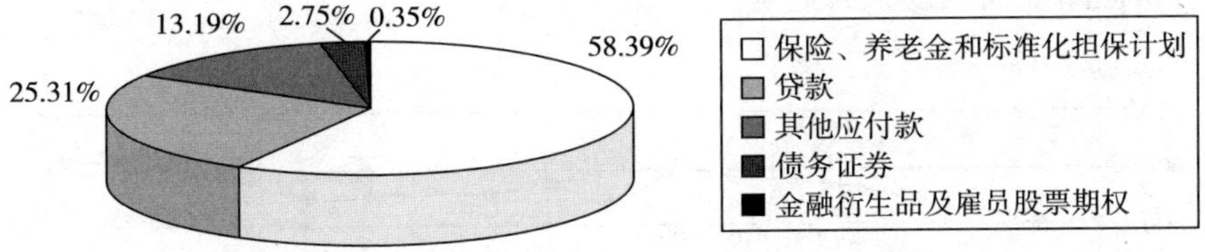

图 3－6　英国为住户服务的非营利机构负债结构

（三）资产净值

1. 资产净值稳步增长，资产负债水平较低

住户部门的资产净值从 2012 年的 7.73 万亿英镑增加到 2017 年的 10.73 万亿英镑，增加了 3.01 万亿英镑，增长 38.93%，年均增加 6014.84 亿英镑，资产净值年均余额为 9.19 万亿英镑。2012—2017 年，资产净值平均增速为 6.8%。总体来看，2000 年以来，英国住户部门资产净值呈上升趋势，仅在 2008 年由于次贷危机出现下滑，但随后又迅速恢复上升趋势。从资产负债率看，2012—2017 年，英国住户部门机构平均资产负债率为 15.98%，资产负债水平较低。自 2000 年以来，住户部门资产负债率呈现“倒 V”形走势，由 2000 年的 14.78% 上升至 2008 年的 19.90%，随后开始回落，到 2017 年降至 15.12%（见图 3－7）。

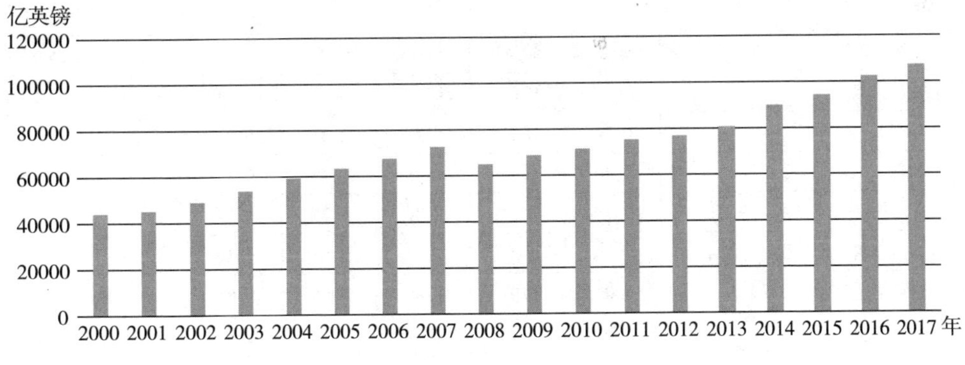

图 3－7　英国住户部门资产净值变化情况

2. 资产、负债和资产净值占 GDP 的比重均上升

2000—2017 年，住户部门资产占 GDP 的比重由 504.39% 上升至 616.88%，负债占 GDP 的比重由 74.56% 上升至 93.25%，资产净值占 GDP 的比重由 429.83% 上升至 523.63%，说明这期间住户部门财富积累的速度较快。由于次贷危机的影响，2008—2013 年住户部门资产、负债和资产净值占 GDP 的比重有

所下滑，但随后又恢复上升趋势（见图3－8）。

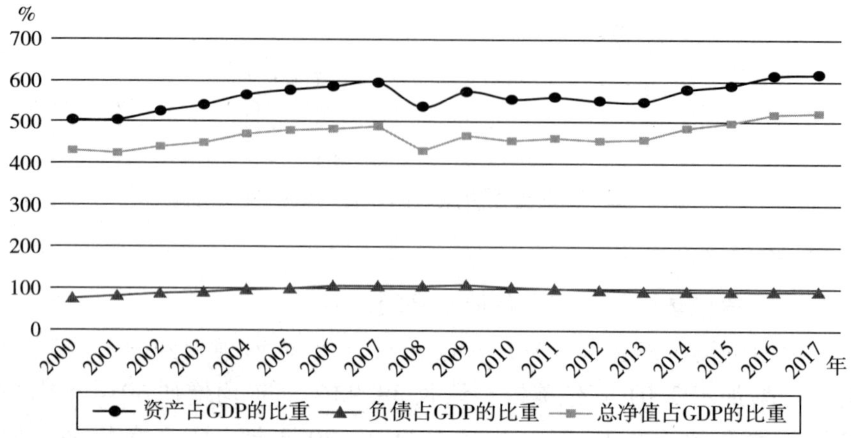

图3－8　英国住户部门资产、负债、资产净值占GDP的比重

附表：

附表1　　2012—2017年英国住户部门资产负债项目结构分析表　　单位：%

项目	2012年	2013年	2014年	2015年	2016年	2017年	平均占比
一、资产							
（一）金融资产	55.68	54.48	55.12	53.52	54.23	53.38	54.33
通货和存款	13.91	13.94	13.18	13.09	12.90	12.74	13.24
债务性证券	0.24	0.21	0.20	0.21	0.20	0.21	0.21
贷款	0.20	0.19	0.18	0.17	0.15	0.15	0.17
股权和投资基金份额	7.73	8.21	8.31	8.25	8.17	8.50	8.21
保险、养老金和标准化担保计划	31.52	29.89	31.32	30.00	30.88	29.91	30.56
金融衍生品及雇员股票期权	0.06	0.09	0.06	0.05	0.05	0.05	0.06
其他应收款	2.03	1.94	1.87	1.75	1.87	1.83	1.88
（二）非金融资产	44.32	45.52	44.88	46.48	45.77	46.62	45.67
1.生产性非金融资产	15.93	15.98	14.80	14.40	13.84	13.68	14.67
固定资产	15.67	15.73	14.56	14.17	13.63	13.47	14.44
住宅[1]	14.70	14.79	13.69	13.28	12.74	12.57	13.54
其他建筑物和设施[1]	0.49	0.46	0.41	0.42	0.40	0.41	0.43
非住宅建筑[1]	0.23	0.22	0.20	0.20	0.19	0.20	0.20
其他设施[1]	0.26	0.24	0.21	0.22	0.22	0.21	0.22

续表

项目	2012年	2013年	2014年	2015年	2016年	2017年	平均占比
机器和设备	0.36	0.36	0.35	0.36	0.37	0.38	0.36
运输设备	0.05	0.05	0.05	0.06	0.06	0.07	0.06
信息与通讯技术设备	0.04	0.04	0.05	0.05	0.05	0.04	0.05
其他机器和设备	0.26	0.26	0.25	0.25	0.26	0.26	0.26
培育性生物资源[1]	0	0	0	0	0	0	0
知识产权资产	0.12	0.12	0.11	0.11	0.11	0.10	0.11
存货	0.25	0.25	0.23	0.23	0.22	0.21	0.23
2. 非生产性非金融资产	28.40	29.54	30.08	32.08	31.93	32.94	30.99
自然资源	28.37	29.52	30.06	32.06	31.90	32.92	30.97
土地	28.37	29.52	30.06	32.06	31.90	32.92	30.97
合同、租约和许可[2]	0.02	0.02	0.02	0.02	0.02	0.02	0.02
特许经营权	0.02	0.02	0.02	0.02	0.02	0.02	0.02
二、负债							
债务性证券	0.08	0.10	0.15	0.17	0.18	0.16	0.14
贷款	92.17	92.62	91.85	91.82	92.06	92.04	92.09
保险、养老金和标准化担保计划	2.28	1.75	3.05	2.70	2.87	3.29	2.68
金融衍生品及雇员股票期权	0.11	0.26	0.17	0.10	0.06	0.05	0.12
其他应付款	5.36	5.27	4.79	5.21	4.83	4.47	4.97

注：1. 不包括资产下方土地价值；

2. 包括珍贵或个性化的车辆登记牌。

附表2　2012—2017年英国住户部门资产负债项目增长分析表　单位:%

项目	2013年	2014年	2015年	2016年	2017年	平均增速
一、资产	3.67	10.11	4.79	7.92	4.68	6.20
（一）金融资产	1.43	11.41	1.75	9.35	3.04	5.31
通货和存款	3.92	4.11	4.01	6.40	3.37	4.36
债务性证券	-8.29	3.46	11.64	2.10	9.84	3.50
贷款	1.06	0.31	0.55	-0.70	0.95	0.43
股权和投资基金份额	10.09	11.46	4.04	6.90	8.82	8.23
保险、养老金和标准化担保计划	-1.70	15.37	0.38	11.09	1.38	5.09
金融衍生品及雇员股票期权	62.88	-20.50	-14.90	1.03	12.62	4.63
其他应收款	-0.51	6.13	-1.86	15.22	2.18	4.06

续表

项目	2013 年	2014 年	2015 年	2016 年	2017 年	平均增速
（二）非金融资产	6.48	8.55	8.52	6.27	6.63	7.28
1. 生产性非金融资产	4.03	1.95	1.96	3.76	3.42	3.02
固定资产	4.06	1.92	1.97	3.77	3.46	3.03
住宅[1]	4.26	1.93	1.65	3.54	3.31	2.93
其他建筑物和设施[1]	-2.01	-1.87	7.45	3.99	5.51	2.54
非住宅建筑[1]	-0.64	1.47	2.69	2.83	12.43	3.66
其他设施[1]	-3.21	-4.89	12.05	5.02	-0.49	1.51
机器和设备	4.23	6.01	7.41	12.12	6.38	7.20
运输设备	4.39	7.57	16.29	13.26	16.03	11.41
信息与通讯技术设备	2.19	24.74	0.61	5.54	-3.04	5.59
其他机器和设备	4.54	2.61	6.84	13.09	5.73	6.50
培育性生物资源[1]	0.00	5.75	2.45	5.84	16.04	5.88
知识产权资产	3.92	3.05	3.38	3.13	3.06	3.31
存货	2.09	3.36	1.36	2.92	1.16	2.17
2. 非生产性非金融资产	7.85	12.12	11.75	7.40	8.02	9.41
自然资源	7.85	12.12	11.75	7.40	8.02	9.41
土地	7.85	12.12	11.75	7.40	8.02	9.41
合同、租约和许可[2]	5.10	5.69	6.30	7.17	7.18	6.28
特许经营权	5.10	5.69	6.30	7.17	7.18	6.28
二、负债	0.67	3.45	3.49	4.67	3.77	3.20
债务性证券	20.62	48.95	21.51	10.97	-11.47	16.49
贷款	1.17	2.59	3.46	4.94	3.75	3.18
保险、养老金和标准化担保计划	-22.86	80.33	-8.46	11.42	18.99	11.04
金融衍生品及雇员股票期权	135.28	-32.62	-38.33	-37.69	-14.46	-12.22
其他应付款	-0.97	-5.96	12.56	-2.93	-4.04	-0.47
三、资产净值	4.30	11.46	5.03	8.52	4.85	6.80

注：1. 不包括资产下方土地价值；

2. 包括珍贵或个性化的车辆登记牌。

参考文献

[1] 王毅，郭永强．政府资产负债表：国际标准与实践［M］．北京：中国金融出版社，2015.

[2] 徐雄飞．英国国家资产负债表编制情况及对我国的启示 [J]. 调研世界，2017 (2)．

[3] 耿建新，丁含，吕晓敏．国家资产负债表编制的国际比较——基于《中国国民经济核算体系（2016)》的思考 [J]. 财会月刊，2018 (11)．

[4] 联合国，欧盟委员会，经济合作与发展组织，国际货币基金组织，世界银行．国民账户体系 2008 [M]. 中国国家统计局国民经济核算司，中国人民大学国民经济核算研究所，译．北京：中国统计出版社，2012.

[5] 中外统计体系比较研究课题组．英国国家统计体系简介 [J]. 中国统计，2001 (7)．

[6] Office of National Statistics. United Kingdom National Accounts, the Blue Book: 2018 [M]. UK: TSO, 2018.

[7] Office of National Statistics. United Kingdom National Accounts Concepts, Sources and Methods [M]. UK: TSO, 1998.

[8] Office of National Statistics. Quality and Methodology Information of Living Costs and Food Survey [R]. Information Paper, 2012.

[9] Office of National Statistics. Living Costs and Food Survey technical Report: Financial Years Ending March 2017 and March 2018 [R]. Working Report, 2019.

[10] Sbano T, New Historical Data for Assets and Liabilities in the UK [J]. Economic & Labour Market Review, 2008.

第四章　日本住户部门资产负债表

第一节　日本住户部门资产负债表编制的基本情况

日本是世界上较早编制国民账户体系的国家之一，住户部门资产负债核算是日本国民账户体系的重要组成部分，其核算原则主要遵从国际通用标准 SNA（System of National Accounts）。本节主要介绍包含住户部门资产负债核算在内的日本国民账户体系的简要发展过程和住户部门资产负债表的编制。

一、日本国民账户体系的发展过程

日本住户部门资产负债核算伴随着国民账户体系的演变而逐渐完善。日本国民账户体系经历了多次调整，大致可分为 19 世纪中叶至 20 世纪 50 年代、20 世纪 60 年代至 70 年代、20 世纪 70 年代至 90 年代、21 世纪初至 21 世纪 10 年代及 21 世纪 10 年代以后五个阶段。

（一）19 世纪中叶至 20 世纪 50 年代

19 世纪中叶，日本非官方组织开启国民财富调查，主要用以研究财富资本对国民收入的贡献度。政府曾于 1902 年开展过国民收入的估算，1925 年开始尝试编制国民账户，1942 年日本首相办公室下属的统计局正式开展此项工作。战后的政府高度重视国民收入统计工作，著名的《国民收入倍增计划》就是在对国民生产、消费和收入等方面考察后制定的经济增长计划。20 世纪 50 年代初，政府开始编制投入产出表并规范编制时间，50 年代中期后，开启国民资产负债和资金流量试算和现金供求、货币增减等分析。

（二）20 世纪 60 年代至 70 年代

为整合国民账户体系、便于做好经济分析与政策制定、实现与国际接轨，1966 年，日本国民账户体系借鉴联合国 SNA1953，修改完善后形成 JNA（Japan's National Accounts，JNA）。20 世纪 60 年代，国际收支核算正式纳入日本国民账户体系范围，政府按照月度与季度编制国际收支平衡表。国民账户体系范围主要包括国民收入和国际收支，从商品、货币、流通、积累等方面反映国民经济活动。

（三）20 世纪 70 年代至 90 年代

1978 年，专职负责日本统计工作的日本总务省统计局统计研修所借鉴联合国 SNA1968，从整个国家角度对日本国民账户体系进行修改完善，研究并实施“新国民账户体系”。该体系在原国民账户体系基础上，对国际收支核算进行了修改，新增了投入产出核算、资金流量核算和资产负债核算，并纳入国民账户体系范围，同时对商品类型、产业活动类型、部门类型等做了细分。

（四）21 世纪初至 21 世纪 10 年代

2000 年，日本国民账户体系向 SNA1993 体系过渡，自 2001 年 1 月起，日本政府新创立的内阁府经济社会综合研究所开始专门负责编制与发布国民账户及其包含的住户部门资产负债表部分。主要修改内容：一是修改账户结构和创建新的账户，完善收入分配账户，细化资产及其变动的账户，为非法人企业引入“混合收入”概念，第一次引入收入平衡和国民总收入概念。二是定义机构部门及事业所，对非金融和金融机构引入公共与私营明细，修改金融机构部门划分，并新增非中介型金融机构，明确社会保障基金及养老基金的划分。三是明确交易范围，改变产品税处理方法，区分市场生产和其他生产，引入消费和可支配收入的替代概念，扩大并明确资本形成和固定资本损耗的概念等，改进金融工具和金融资产的处理与定义，引入价格、数量和实际收入测度信息。

（五）21 世纪 10 年代以后

2016 年，为配合 SNA2008 的推广，内阁府经济社会综合研究所对 JNA 进行了修改。主要修改内容为：研发资本化，专利使用费记录的变更，国防设备资本化，所有权转移成本处理的说明，明确中央银行的产出，员工股票期权的记录，改进公司养老金权益的记录，细化标准化担保计划的处理，详细说明一般政府和公共公司之间的特殊支付，以及与国际收支的协调。此外，还对部分估计方法、分类和概念等进行修改。

二、日本住户部门资产负债表编制现状

日本国民经济账户编制工作由内阁府经济社会综合研究所专门负责，其编制的国民账户范围与层级分类与 SNA 的差异较小，即将机构部门按照主要职能活动和目标分组，分为非金融公司、金融公司、一般政府、住户、为住户服务的非营利性机构和国外六大类机构部门。此外，日本银行的资金流量账户

（Japan's Flow of Funds Accounts，J－FFA）统计是编制住户部门资产负债表的主要信息来源，日本统计局的家计调查、消费实态调查等对住户部门资产负债信息起到较好的支撑与印证作用。本节除介绍日本住户部门资产负债统计外，还对J－FFA统计、家计调查、消费实态调查等现状进行介绍。

（一）日本住户部门资产负债表

1. 主管机构。内阁府经济社会研究所负责编制。

2. 统计原则。该报告按数据类型分为流量与存量两大类，在核定归属期时，采用权责发生制的记录原则对数据进行收集。

3. 统计频率。按年编制。

4. 统计对象。住户部门。

5. 数据应用。主要用于反映住户部门资产负债经济状况、走势与风险预测。

6. 数据发布。通常在报数期后第二年1月公布存量数据。

7. 采集指标。资产负债表按交易项目可分为非金融资产、金融资产、负债和净资产四个大类指标，其中非金融资产分为生产性资产与非生产性资产，生产性资产分为固定资产与库存，非生产性资产分为土地、矿物与能源、非育成生物资源；金融资产包括现金和存款，贷款，债务证券，股权和投资信托受益证券，保险、养老金和标准化的担保计划，金融衍生品及员工股票期权及其他金融资产。负债包括贷款、金融衍生品及员工股票期权及其他负债。在存量核算中，除了基本的期末资产负债表外，还发布了以下四个调整核算表：调节账户—资产物量其他变动账户、调节账户—重估价账户、调节账户—重估价账户—中性持有损益、调节账户—重估价账户—实际持有损益。

8. 编制表样（见表4－1）。

表4－1　　日本住户部门存量核算表

期末资产负债表	调节账户—资产物量其他变动账户	调节账户—重估价账户	调节账户—重估价账户—中性持有损益	调节账户—重估价账户—实际持有损益
1. 非金融资产	1. 非金融资产	1. 非金融资产	1. 非金融资产	1. 非金融资产
（1）生产性资产	（1）生产性资产	（1）生产性资产	（1）生产性资产	（1）生产性资产
a. 固定资产	a. 固定资产	a. 固定资产	a. 固定资产	a. 固定资产
b. 存货	b. 存货	b. 存货	b. 存货	b. 存货
（2）非生产性资产（自然资源）	（2）非生产性资产（自然资源）	（2）非生产性资产（自然资源）	（2）非生产性资产（自然资源）	（2）非生产性资产（自然资源）
a. 土地	a. 土地	a. 土地	a. 土地	a. 土地

续表

期末资产负债表	调节账户—资产物量其他变动账户	调节账户—重估价账户	调节账户—重估价账户—中性持有损益	调节账户—重估价账户—实际持有损益
b. 非育成生物资源	b. 非育成生物资源	b. 非育成生物资源	b. 非育成生物资源	b. 非育成生物资源
2. 金融资产	2. 金融资产	2. 金融资产	2. 金融资产	2. 金融资产
(1) 现金和存款	资产变动	资产变动	资产变动	资产变动
(2) 贷款	(重组) 经济出现/消失	3. 负债	3. 负债	3. 负债
(3) 债务证券	其中：债权人注销不良资产	其中：份额	其中：份额	其中：份额
(4) 股权和投资信托受益证券	自然灾害造成的损失等	4. 名义持有损益引起的净值变化	4. 名义持有损益引起的净值变化	4. 名义持有损益引起的净值变化
其中：股份	其他未列出的物量变化	负债和净值的变化	负债和净值的变化	负债和净值的变化
(5) 保险、养老金和标准化的担保计划	分类方法变化造成的物量变化			
(6) 金融衍生品/股票期权	3. 负债			
(7) 其他金融资产	其中：份额			
期末资产	4. 其他物量变化造成的净值变化			
3. 负债	负债及净值的变化			
(1) 贷款	(重组) 经济出现/消失			
(2) 金融衍生品/股票期权	其中：债权人注销不良资产			
(3) 其他负债	自然灾害造成的损失等			
4. 净资产	其他未列出的物量变化			
期末负债加净资产	分类方法变化造成的物量变化			

资料来源：https：//www. esri. cao. go. jp/jp/sna/data/data _ list/kakuhou/files/h29/h29 _ kaku _ top. html.

（二）其他支撑或印证类统计与调查

1. J－FFA 统计

日本住户部门金融资产负债统计以 J－FFA 为基础，在 J－FFA 公布后，发布的其他资料若具备更高精度，原则上使用其他资料进行推算。

（1）主管机构。日本银行研究与统计部负责编制。

（2）统计原则。遵循 SNA 指导性原则，按照金融活动的新发展、新的会计标准及源数据情况，定期修订 J－FFA 制度。2016 年，遵循 SNA2008 的指导性原则，日本银行发布了新版 J－FFA。J－FFA 采用复式账户或矩阵账户方法，记录核算期内国民经济各机构部门间、国内与国外间发生的各种金融交易，包括资产负债余额表、金融交易表和调整表三部分。其中资产负债表主要核算特定时点各经济主体因金融交易形成的资产负债余额，是日本资金流量核算的支柱和出发点。

（3）统计频率。1954—1963 年按年统计，此后按年和季度频率统计。

（4）统计对象。住户、非金融公司、金融公司、一般政府、为住户服务的非营利性机构和国外部门。

（5）统计内容。主要记录了住户、非金融公司、金融公司、一般政府等部门间金融交易以及相应金融债权债务存量的矩阵，它显示了住户等机构部门存款、贷款、债务证券等金融资产和负债余额，是目前日本金融统计的主要内容。

（6）数据应用。为宏观调控政策分析提供数据支撑，为部门、行业等具体领域分析提供便利，为经济主体提供信息支撑。

（7）数据发布。日本银行自 1958 年开始编制 J－FFA 统计数据，最早涵盖 1953 年的资产负债表和 1954 年的交易表；1999 年，J－FFA 的编制依据更新为 SNA1993；2016 年，J－FFA 依据 SNA2008 进行了最新修订。按季度发布的 J－FFA 数据，初步数据滞后 3 个月发布，正式数据大约滞后 6 个月发布。原则上每年 3 月对 J－FFA 历史数据进行修正校订，J－FFA 数据修订分为金融机构误报修订、例行修订和特殊因素调整，当发现金融机构误报时，要迅速进行数据修正；例行修正是根据统计内容不同，追溯最近公布日之前 1～3 年数据做季节调整，尤其是估算方式的采用使得 J－FFA 数据不可避免地存在误差，因此，一旦获得更准确的统计数据，J－FFA 就会定期追溯修订（见表 4－2）。

表4-2　　　　　　　　**J-FFA 时序（金融交易表）**

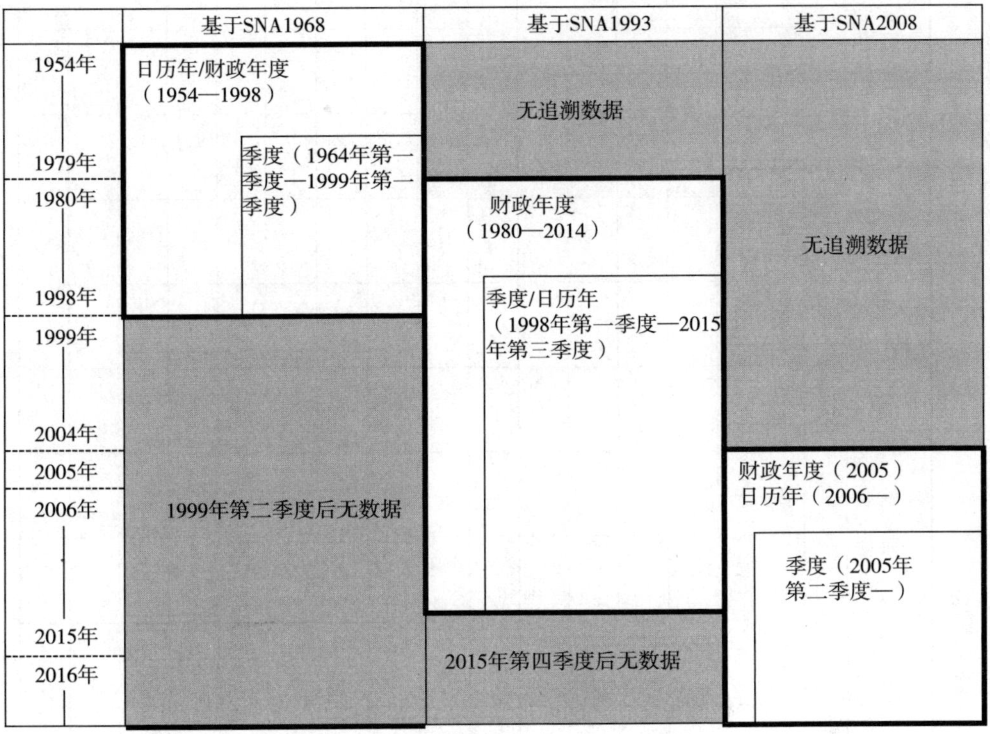

资料来源：日本央行资金流量账户统计的编制方法。

（8）指标采集。J-FFA 表是一个反映各经济实体的金融交易和相应的金融债权与负债存量数据矩阵，由“资产负债表”“交易表”和“调节表”三张表组成，各经济实体构成垂直列，金融资产和负债构成水平行。其中“资产负债表”是记录经济实体在某一期末时点持有的资产和负债的矩阵，经济实体分类项目称为“部门”，包括“非金融公司”“金融公司”“一般政府”“住户”“为住户服务的非营利性机构”和“国外”六个部门，各部门又进一步细分为子部门；金融工具（交易或资产和负债）分类项目称为“交易项目”，包括“现金和存款”“财政贷款基金存款”“贷款”“债务证券”“股权”及“保险、养老金和标准化的担保计划”“金融衍生品等”“贸易信贷和外贸信贷”“对外项目”等总计项目及其子项目。包括子部门、子项目在内，J-FFA 共有 50 个部门和 57 个交易项目，从国际范围来看，是较为详细的。

（9）编制表样（见表4-3）。

表 4-3

J-FFA 表样

		金融公司 1		非金融公司 2		一般政府 3		住户 4		为住户服务的非营利性机构 5		国外 6	
		资产（A）	负债（L）	资产（A）	负债（L）	资产（A）	负责（L）	资产（A）	负债（L）	资产（A）	负债（L）	资产（A）	负债（L）
A	现金和存款												
Aa	现金												
Ab	存入日本银行												
Ac	政府存款												
Ad	可转让存款												
Ae	定期和储蓄存款												
Af	存款凭证												
Ag	外币存款												
B	财政贷款基金存款												
C	贷款												
Ca	日本银行贷款												
Cb	赎回贷款和票据												
Cc	私人金融机构的贷款												
Cca	住房贷款												

续表

		金融公司		非金融公司		一般政府		住户		为住户服务的非营利性机构		国外	
		1		2		3		4		5		6	
		资产（A）	负债（L）	资产（A）	负债（L）	资产（A）	负债（L）	资产（A）	负债（L）	资产（A）	负债（L）	资产（A）	负债（L）
Ccb	消费信贷												
Ccc	公司和政府贷款												
Cd	公共金融机构贷款												
Cda	其中：住房贷款												
Ce	非金融部门的贷款												
Cf	分期付款信贷（不包括在消费者信贷中）												
Cg	回购协议和证券借贷交易												
D	债务证券												
Da	国库券票据贴现												
Db	中央政府债券和 FILP 债券												
Dc	地方政府债券												
Dd	公共公司债券												
De	银行债券												

续表

		金融公司		非金融公司		一般政府		住户		为住户服务的非营利性机构		国外	
		1		2		3		4		5		6	
		资产（A）	负债（L）	资产（A）	负债（L）	资产（A）	负债（L）	资产（A）	负债（L）	资产（A）	负债（L）	资产（A）	负债（L）
Df	工业债券												
Dg	居民发行的对外债券												
Dh	商业票据												
Di	信托受益权												
Dj	结构融资工具												
E	股权和投资信托受益证券												
Ea	股权												
Eaa	上市股权												
Eab	非上市股权												
Eac	其他股权												
Eb	投资信托受益凭证												
F	保险、养老金和标准化的担保计划												
Fa	非人寿保险技术储备												
Fb	人寿保险储备												
Fc	年金权益												
Fd	养老金权益												

续表

		金融公司		非金融公司		一般政府		住户		为住户服务的非营利性机构		国外	
		1		2		3		4		5		6	
		资产（A）	负债（L）	资产（A）	负债（L）	资产（A）	负债（L）	资产（A）	负债（L）	资产（A）	负债（L）	资产（A）	负债（L）
Fe	养老基金对养老金管理人的索赔												
Ff	标准化担保计划下的准备金												
G	金融衍生品和员工股票期权												
Ga	激进型工具												
Gb	可选型工具												
Gc	员工股票期权												
H	存放款等												
I	贸易信贷和外贸信贷												
J	应收/应付账款												
K	对外直接投资												
L	对外证券投资												
M	其他外部债权和债务												
Ma	其中：黄金和特别提款权等												
N	其他												
Y	财政盈余和赤字												
Z	金融资产和负债之间的差异对账金额的差异												

资料来源：http：//www. boj. or. jp/statistics/sj/sjpre. xlsx.

2. 家计调查

家计调查虽然不是编制住户部门资产负债表的数据来源，但它起到了印证住户部门资产负债信息的作用，有助于决策部门更加准确地判断住户部门的经济状况。

（1）主管机构。日本总务省统计局。

（2）调查原则。一是法制化原则。日本总务省根据《统计法》规定，出台了《家计调查规则》等部门规章。二是分工协调原则。由总务大臣决定调查地域，都道府县知事选定调查住户，政府委托第三方机构负责市、町、村问卷的发放和回收工作，由总务省统计局汇总问卷，交总务大臣审查后公布结果。都道府县知事和政府调查人员指导第三方机构的调查工作，第三方机构调查人员在调查时必须出示身份证明。三是保密性原则。总务省统计局负责调查资料的保密工作，在两年以内，将调查表中有关问卷填写人员的信息删除，通过电子化或电磁化方式永久保存。调查结果原表、原表转印的胶片或电磁记录永久保存。

（3）调查频率。按月开展。

（4）调查对象。全国所有住户（学生等单身住户除外）。

（5）调查内容。住户收入、支出、储蓄和负债情况，住宅等土地或其他建筑物的购买与预订情况，住户结构，住户成员年龄，住所和职业等信息。

（6）数据应用。除政府部门外，运用单位还包括地方公共团体、民间企业、研究所或工会等。数据主要用途有：经济和社会政策分析；观察经济动向或景气动向；国家和地方公共团体、企业等决定工资水平的参考；消费者购买商品和服务的需求预测；推算国民账户体系中民间最终消费支出；选定消费者物价指数的指数品种和计算相应权重。

（7）数据发布。结果分为两部分，一部分是关于住户部门收支状况的“住户收支篇”，另一部分是关于住户部门储蓄和负债状况的“储蓄负债篇”。按月统计和发布两人以上住户的收支情况；按季统计和发布“住户收支篇”中总住户情况、单身住户情况及“储蓄负债篇”；按年分“住户收支篇”和“储蓄负债篇”发布年度报告。按月发布两人以上住户的消费指数，按季和按年发布总住户和单身住户的消费指数。

（8）发展历程。该调查由 1946 年开始的消费者价格调查发展而来，发展历程可分为四个时期。一是消费者价格调查时期（1946 年 7 月至 1950 年 8 月）。此调查从消费者角度调查购买商品和服务的价格。以市内住户为对象，从 28 个市选出约5600户，根据每天购物情况，调查价格、购买数量和支出金额，同时根据实际购买价格，计算消费者价格指数。但此调查不能得到住户收入数据。二是消费者实态调查时期（1950年9月至1952年12月）。此调查在消费者价格调查基础上，增加了劳动者住户收入调查，1951年更名为消费者实态调查。在28个样本市中替换了8个，涉及调查住户数约4200户。从1950年6月开始，价格调查方法调整为从零售店获取物价信息，用以编制消费者价格指数。三是家计调查（样本扩大和修正前）时期（1953年1月至1962年6月）。此调查从1953年1月开始，将住户收支的分类方法从项目分类变为用途分类。为保持连续性，样本中1/3仍为原调查住户，直至1962年样本被全面修改，并更名为住户收支调查。四是家计调查（样本扩大和修正后）的时期（1962年7月以后）。此阶段把样本地区扩大到郡部，调查市町村数和住户数也由此前的28个市约4200户扩大至170个市町村约8000户，同时对调查方法做了修改。1972年，冲绳县加入样本地区，1981年，将消费支出的5大费用项目细分为10大费用项目。1999年，将农林渔家等农村住户纳入调查对象。2002年，在每月调查的购买食品数量的两人以上住户中，仅调查原样本的1/6。2002年，将单身住户收支调查及反映住户储蓄和负债水平的储蓄动向调查整合进家计调查，作为家计调查子项目。2001年，实施“住户收支消费状况调查”，专门调查住户部门对高额商品、服务和信息通信技术的消费水平。

（9）指标采集。一是通过“住户收支表”采集劳动者住户及无业人员住户每天的收入及支出情况，对于个体工商户住户等劳动者仅采集支出情况。二是通过“住户表”采集住户及住户成员的基本信息、居住状态等事项。三是通过“年度收入调查表”采集含填写月在内的过去一年的住户收入。四是对于两人以上的住户，根据“储蓄等调查表”对储蓄、负债持有状况及住宅等土地建筑物的购买计划进行调查。“住户收支表”“年度收入调查表”和“储蓄等调查表”由被调查住户自行记录并按时申报，“住户表”则由调查人员以提问的方式采集信息。

（10）编制表样（见表4－4和表4－5）。

表4－4　　　　住户储蓄调查表样

Ⅰ　关于储蓄现值
你的住户本月1日有多少存款？ ●请为以下每种储蓄类型输入当前余额： ●这里所说的储蓄，不仅包括住户用的部分，还包括个体营业的部分。 ●由劳动者资产形成的储蓄，请分别填写相应的储蓄种类。

续表

（1）邮政储蓄银行、邮政储蓄和简易人寿保险管理机构（旧日本邮政公社）	定期存款、定期储蓄、定期定额储蓄	有（）	无（）	（ ）万元
	普通存款和其他的储蓄	有（）	无（）	（ ）万元
（2）银行、信用合作社、农业合作社及其他金融机构（不包含邮政储蓄银行）	定期存款、定期储蓄	有（）	无（）	（ ）万元
	普通存款和其他储蓄	有（）	无（）	（ ）万元
（3）人寿保险、损害保险、简易保险（保险或年金购买后的付款总额）（不包括一次性保险）		有（）	无（）	（ ）万元
（4）股票和投资信托（市价）		有（）	无（）	（ ）万元
（5）贷款信托和资金信托（面额）		有（）	无（）	（ ）万元
（6）债券（面额）、公债投资信托（市价）		有（）	无（）	（ ）万元
（7）公司内部存款及其他存款		有（）	无（）	（ ）万元
（8）合计	（ ）万元			
上述（8）中养老金提供的储蓄		有（）	无（）	（ ）万元
上述（8）中外币存款、外债		有（）	无（）	（ ）万元
Ⅱ关于借款				
你的住户本月1日有贷款或其他按月、按年付息的借款吗？ ●请按借款种类填写余额。 ●这种借款不仅仅是住户支出，也包括个人营业的费用。				
		公共机关	民间机构	其他
购房、改建、购买土地的借款余额		（）万元	（）万元	（）万元
非住宅、土地贷款余额		（）万元	（）万元	（）万元
以分期付款的方式购买物品（如购买衣服等）产生的应付余额请勿区分公共机关、民间机构和其他部门，直接填写下一项				
按月或按年付息的分期借款余额		（ ）万元		
Ⅲ 关于住宅等建筑物、土地				
●有购买住宅等建筑物和土地或新建建筑物吗？如果有，请填写以下选项。				
计划在今后三年内购买	仅购买或新建房屋（）			
	仅购买土地（）			
	既购买土地又购买或新建住房（）			
三年以后有购买的计划：				
房东	预计今后三年内增建、改建、购房或新建的（）	预定今后三年内进行设备工程、修理等工程的（）	其他情况（）	
非房东	将来打算继承赠送的住宅或土地、购房或新建的（）		其他情况（）	

资料来源：http：//www. stat. go. jp/data/kakei/pdf/form9. pdf.

表 4－5　　家计簿表样——自动转账付款

付款明细（种类、名称等）			本月的支付部分		信用贷款赊购、分月付款
			数量	金额	
1	电费　　　（　　　　月份）		kWh		
2		深夜电力（　　　　月份）	kWh	（　）	
3	城市燃气费　（　　　　月份）		m^3		
4	丙烷气费　（　　　　月份）		m^3		
5	水费　　　（　　　　月至　　　月）				
6	广播收视费　（　　　　月至　　　月）				
7	互联网连接费用（　　　　月份）				
8	固定电话费　（　　　　月份）				
9	手机费用　　（　　　　月份）［　　　　　　］				
10		其中，手机运营商代收部分：收费内容使用费		（　）	
11		其中，手机运营商代收部分：非收费内容使用费等		（　）	
12		设备分期付款（电话设备费用等）		（　）	
13	有线电视等收视费（如果收视费包含以下内容请圈选）（　月份）				
		网络连接费 固定电话费 手机费 其他（　　　　）			
14	报纸费［一般商业报纸（包含英文、当地和体育报）］、其他（　　　　月份）				
15	偿还住房贷款　　　（　　　　月份）				
16	房租　　　　　　　（　　　　月份）				
17	管理费　　　　　　（　　　　月份）				
18	月停车费　　　　　（　　　　月份）				
19	学校伙食费　（　　　　）（　　　　月份）				
20	学校学费　（　　　　）（　　　　月份）				
21	PTA 会费　（　　　　）（　　　　月份）				
22	学校教材费　（　　　　）（　　　　月份）				
23	幼儿园保育费（　　　　）（　　　　月份）				
24	国民年金保险费（　　　　）（　　　　月份）				

续表

付款明细（种类、名称等）		本月的支付部分		信用贷款赊购、分月付款
		数量	金额	
25	【　　　　　　　】保险费（储蓄型·消费型）（　、　月份）			
26	【　　　　　　　】保险费（储蓄型·消费型）（　、　月份）			
27	【　　　　　　　】保险费（储蓄型·消费型）（　、　月份）			
合计				

资料来源：http：//www.stat.go.jp/data/kakei/pdf/form1.pdf.

3. 全国消费实态调查

全国消费实态调查虽然不是编制住户部门资产负债表的数据来源，但它起到了印证住户部门资产负债信息的作用，有助于决策部门更加准确地判断住户部门的经济状况。

（1）主管机构。日本总务省统计局。

（2）调查原则。一是法制化原则。有关部门未针对该调查专门出台规章制度，但要求该调查遵循《统计法》规定的报告和保密义务、惩罚条款等。二是分工协调原则。该调查由总务省统计局制定基本计划，由都道府县和市町村实施。其中，都道府县负责指导员和调查员的任命及调查表审查等工作；市町村负责推荐指导员和调查员，指导调查事务、选定调查住户和审核调查表；指导员负责指导调查员工作，初审调查表；调查员负责编制调查住户名称表，发放、讲解、回收及录入调查表。三是保密性原则。按照《统计法》规定，调查人员要履行好对调查中已知秘密事项的保密义务，严格遵守调查表信息的使用范围，对调查表实施隔离保管，在统计工作完成后进行溶解处理。

（3）调查频率。该调查始于昭和 34 年（1959 年），每 5 年开展一次，调查频率低于家计调查。调查表分为住户收支表、耐久消费品调查表、年收入和储蓄等调查表、住户表。在调查年度中，住户收支表填写时间为 9 月至 12 月（单身住户为 10 月至 12 月），耐久消费品调查表填写时间为 10 月末，年收入和储蓄等调查表填写时间为 11 月末，住户表填写时间为 9 月末（单身住户为 10 月末）。

（4）调查对象。全国所有住户，包括两人以上住户和单身住户。

（5）调查内容。该调查不仅调查住户收入、支出、储蓄和债务等情况，还调查住户耐用消费品、住房、住宅用地等情况，在调查指标的范围、详细程度和样本的数量上都超过家计调查。主要内容：一是住户收入和支出事项；二是有关住户物品购买的事项；三是有关货物购买地区的事项；四是主要耐用消费品等事项（见表4－5）；五是住户年收入、储蓄和住户借款余额有关事项；六是住户成员基本信息；七是住户住宅和土地事项。

（6）数据运用。调查结果作为基础数据被广泛运用到经济白皮书、社会保障和脱贫等政策制定中，同时也被社会团体、大学、研究机构和企业广泛使用。

（7）调查方法。为了获得更为详细的信息，该调查将标本数设定为约56400户（其中单身住户约4700户），并从各个角度分析年度收入阶层、户主的年龄结构等各种住户属性以及都道府县等分地区的住户实态。

（8）数据发布。调查时间集中在调查年度的9月、10月、11月。调查结果为不同地区和不同类型住户的详细统计数据，按不同类别分批次发布①，主要包括不同收入阶层住户持有的主要耐用品、月度支出和金融资产负债明细数据，不同地区住户对各类消费品品种的支出明细情况，不同职业住户地域分布的明细数据，与特定住户有关的收入、支出、住房、子女、从业情况等明细数据，分年龄、分收入阶层的住户金融总资产、非金融总资产、总负债、净资产和非金融净资产明细数据，与单身住户有关的收入、支出、性别、就业等明细数据。

（9）指标采集（见表4－6）。住户收支表主要采集住户每天收入、支出、存款取现等；耐用消费品调查表主要采集耐用消费品数量和取得时间；年收入和储蓄等调查表主要采集年收入、储蓄、负债状况；住户表主要采集家族构成、住户年龄、就业状况、职业、现居住所及土地、非现居住所的住宅及土地情况等。

表4－6　　　　全国消费实态调查表样

耐用品调查表 平成××年××月	此项调查，依据国家统计法，作为政府实施的一项基础统计调查，我们将严格保守秘密，请如实填写。

- 该调查不包含工作用物品，且住户和工作上共同使用的物品不在调查范围内。
- 所购买的二手物品或从其他地方取得的物品，按购买或取得日期开始计算。
- 关于租房的情况，该调查不包含所租房屋内原已有的物品。

① 以平成21年（2009年）全国消费实态调查结果发布为例，2010年7月发布住户部门主要耐用消费品调查结果，2010年9月发布单身住户部门收支、储蓄和负债调查结果，2010年12月发布两人及以上住户部门收支、储蓄和负债调查结果，2011年3月发布住户部门住户资产调查结果，2011年10月发布各种系数下收入分布的结果，2012年3月发布与能源消费相关的调查结果。

Ⅰ 家具、电器制品等									
物品名称	所有总数	取得时期			物品名称	所有总数	取得时期		
		过去1年内	过去1～5年内	超过5年以上			过去1年内	过去1～5年内	超过5年以上
(1) 室内空调					(13) 洗碗机				
(2) 空气净化器					(14) 平板电脑终端				
(3) LED照明设备					(15) 智能手机				
(4) 电视					(16) 摄像机				
(5) 视频录像机(DVD)					(17) 书桌				
(6) 住户影音设备					(18) 衣柜				
(7) 钢琴、电子钢琴					(19) 梳妆台				
(8) 真空吸尘器					(20) 电动辅助自行车				
(9) 餐具橱柜					(21) 移动电话				
(10) 冰箱					(22) 床·沙发床				
(11) 微波炉					……				
(12) 自动电饭煲									

<table>
<tr><td colspan="6">Ⅱ 汽车、电动车、自动二轮车等</td></tr>
<tr><td colspan="2" rowspan="2">国产或进口</td><td rowspan="2">取得时间</td><td rowspan="2">首次注册登记时间</td><td colspan="2">种类</td></tr>
<tr><td>混合动力及纯电动汽车</td><td>汽油柴油车</td></tr>
<tr><td rowspan="2">汽车A</td><td>国产</td><td rowspan="2"></td><td rowspan="2"></td><td rowspan="2">混合动力（）、纯电动（）</td><td rowspan="2">轻型乘用车（）、小型乘用汽车（）、普通乘用汽车（）、其他（）</td></tr>
<tr><td>进口</td></tr>
<tr><td rowspan="2">汽车B</td><td>国产</td><td rowspan="2"></td><td rowspan="2"></td><td rowspan="2">混合动力（）、纯电动（）</td><td rowspan="2">轻型乘用车（）、小型乘用汽车（）、普通乘用汽车（）、其他（）</td></tr>
<tr><td>进口</td></tr>
<tr><td rowspan="2">汽车C</td><td>国产</td><td rowspan="2"></td><td rowspan="2"></td><td rowspan="2">混合动力（）、纯电动（）</td><td rowspan="2">轻型乘用车（）、小型乘用汽车（）、普通乘用汽车（）、其他（）</td></tr>
<tr><td>进口</td></tr>
<tr><td rowspan="2">电动车或电动自行车A</td><td>国产</td><td rowspan="2"></td><td rowspan="2"></td><td rowspan="2" colspan="2">带马达的自行车、普通自动二轮车、大型号自动二轮车</td></tr>
<tr><td>进口</td></tr>
<tr><td rowspan="2">电动车或电动自行车B</td><td>国产</td><td rowspan="2"></td><td rowspan="2"></td><td rowspan="2" colspan="2">带马达的自行车、普通自动二轮车、大型号自动二轮车</td></tr>
<tr><td>进口</td></tr>
</table>

续表

<table>
<tr><td colspan="6">Ⅲ 其他耐用消费品</td></tr>
<tr><td rowspan="2">物品名称</td><td rowspan="2">所有总数</td><td colspan="3">取得时间</td><td rowspan="2">购入价格（如果拥有多个相同种类的话，请填写总购买价格）</td></tr>
<tr><td>过去1年以内</td><td>过去1~5年以内</td><td>过去5年及5年以上</td></tr>
<tr><td></td><td></td><td></td><td></td><td></td><td></td></tr>
<tr><td></td><td></td><td></td><td></td><td></td><td></td></tr>
<tr><td></td><td></td><td></td><td></td><td></td><td></td></tr>
<tr><td colspan="6">Ⅳ 会员权</td></tr>
<tr><td colspan="4" rowspan="2">如果你拥有高尔夫、滑雪俱乐部、铁路俱乐部等会员卡，且购卡价格在5万日元以上的话，请填写拥有的数量及购买价格。</td><td>所有数量</td><td></td></tr>
<tr><td>购买价格</td><td></td></tr>
</table>

资料来源：http：//www. stat. go. jp/data/zensho/2014/pdf/taikyu. pdf.

第二节　日本住户部门的核算范围及分类

第一节详细介绍了日本住户部门资产负债核算发展历程和编制现状，本节围绕明确住户部门主体核算范围及分类，梳理日本相关统计调查中对住户部门的定义，划清住户部门核算边界范围。

一、住户部门的核算范围

日本关于住户部门的定义及核算范围的界定，以国民账户体系为主，日本银行J－FFA统计、统计局家计调查和消费实态调查等均是基于国民账户体系进行的专项统计和调查，较为清晰地界定了住户部门核算范围。

（一）国民账户体系对住户部门核算范围的界定

在日本国民账户体系中，对住户部门的定义为：住户是日本国内共同生活的居民小集体，包括私营的个人独资企业（非法人企业）。在个人独资企业中，除了自营农户等外，还包括拥有房屋的房东［将其记录为从事房地产业务（房屋租赁业务）的房屋所有者］。

（二）J－FFA统计对住户部门核算范围的界定

该调查对住户的界定类同于国民账户体系，“住户”由从事消费和生产活动的小集体组成，包括雇主、雇员和个人独资企业，以及财产收入和转移收入的接受者。由于住户包括独资企业，受源数据限制，很难将独资企业的资产负债分开，如包括在“私人金融机构贷款”中的“公司和政府贷款”及“贸易信贷和外贸信贷”。

（三）家计调查对住户部门核算范围的界定

该调查对住户的界定也类同于国民账户体系，但由于难以准确计量以下住户收入和支出，而未对其开展调查。一是单身学生住户；二是医院、疗养院的住院者，矫正机构的入住者；三是经营餐厅或旅馆的合用住宅的住户；四是有同住室友的住户；五是有 4 个以上包住雇员的住户；六是户主长期（3 个月以上）不在的住户；七是外国人住户。

（四）消费实态调查对住户部门核算范围的界定

该调查对调查对象的定义也类同于国民账户体系，该调查的主要对象为两人以上的住户和单身住户。但由于难以准确计算以下住户的收入和支出，故将其排除在调查对象之外。一是在两人以上的住户中，经营餐厅或旅馆的合用住宅的住户、寄宿在他人家中或与其他同居人搭伙的住户、有 4 个以上包住雇员的住户、外国人住户。二是在单身的住户中，未满 15 岁的单身人士、和雇主同居的单身人士、社会机构和矫正机构的入住者、医院和疗养院的住院人员、自卫队营房内居民。

二、住户部门的分类

在国民账户体系和资金流量统计中，不涉及住户部门项下的详细分类，因此，在国民账户体系和资金流量账户统计中，仅核算“住户部门”大类。而日本总务省统计局等单位专项调查对住户部门进行了分类，如家计调查将住户分为劳动者住户、个体户住户和其他住户三类，同时还根据户主职业对住户部门细分为 12 个种类（见表 4－7）。

表 4－7　　日本统计局家计调查对住户部门的分类统计表

住户分类	职业分类	种类	分类标准	详细列示
劳动者住户	1	长期劳务工作者	长期在政府机关或民间机构从事体力劳动的工作者。	工艺工、检查员、制图工、分析工、见习人员、施工人员、印刷工、油漆工、电车司机、汽车司机、航海员、列车员、邮递员、收银员、警卫人员、保安、勤杂工、清洁工、报纸销售员、舞蹈人员、服务员、木匠、飞行员、泥瓦匠、理发美容师、护士、住户助理、保育助手、销售店员、放映员等。
	2	临时工和日工	在政府机关或者民间机构以不满 30 天合同被雇用的或者以日薪计酬的主要从事体力劳动的人。	

续表

住户分类		职业分类	种类	分类标准	详细列示
劳动者住户		3	民间职员	在民间的矿山、工厂、公司、商店、医院、学校等工作，包括在日有关外国政府机构中主要从事事务性、技术性或管理性工作的人。另外，分类为“7”的除外。	执行董事、会计事务员、一般事务员、采购主任、人事系长、课长、推销员、所长、检察官、法官、船长、高级船员、站长、校长、教师、警察、消防员、（铁路）养路区长、现场监督员、新闻记者、药剂师、厂长、研究人员、机械技术人员、大学助手、电脑等操作员、电话助手、铁路专务列车员、通讯员、摄影师、护士、照相师、外交官、设计师、保健师、专业护理人员、护士助手、牙科助手、动物护士、讲师、广播电视播音员、翻译、图书馆管理员、速记员等。
		4	政府机关工作人员	在政府机关或者公立医院、学校等，或在日归民间管理的外国政府机构工作，主要从事事务性、技术性或管理性工作的人。另外，分类为“7”的除外。	
劳动者以外的住户	个体户住户	5	商人和手艺人	独立的、小规模（外聘人员4人及以下）提供商品制造、加工、销售或服务的业主。另外，分类为“6”的除外。	香烟店主、鱼店主、点心店主、洋货店主、照相馆店主、印染店店主、当铺老板、理发店店主、钟表店店主、小商贩、经纪人、木匠、园丁、公寓经营者、个人出租车司机等。
		6	个体工商户	独立的、大规模（外聘人员5人及以上）经营商业、工业、服务业等并从事策划管理的人。	大商店老板、大工厂老板、私立医院经营者、私立学校经营者、珠宝店经营者、餐厅经营者、房地产业经营者等。
		7	农林渔业从业者	独立从事农作物栽培、收获，蚕、家畜或其他动物的饲养，林木的培育、砍伐、运输，水产动植物采集、养殖等工作的人。	农耕作业者、养蚕作业者、养畜作业者、伐木作业者、育林作业者、捕鱼作业者、潜海采集工作者、海草和贝类采集作业者、水产养殖作业者等。
		8	法人经营者	在外聘5名以上人员的公司、团体等法人组织（合伙、合资企业，有限责任制，股份制公司等）中的董事。另外，即使是应该分类为“3”，“4”的人，该项下也应包括其中主要从事计划管理、行政事务或监督事务的人。	社长、董事、监察员、理事、银行行长、顾问、大臣、长官、事务次官、局长、总裁、知事、副知事、市长、区长、町长、村长、地方公共团体的会计管理者、教育委员等。

续表

住户分类		职业分类	种类	分类标准	详细列示
劳动者以外的住户	其他住户	9	自由职业者	从事以自己的专业技能和知识为内容的个人工作者，但被雇用者除外。	律师、注册会计师、私人开业的医生、助产士、建筑师、按摩指压师、僧侣、神职人员、画家、设计师、作家、作曲家、（代人草拟提向行政机关文件的）代书士、评论家、插花教授、（对企业经营管理进行分析与指导的）专家和顾问等。
		10	其他	不属于“1”到“8”分类的人。	议员、艺人（歌手，演员等）、模特、职业运动员（棒球选手、自行车选手、相扑选手等）、兼职人员等。
		11	无业者	没有职业的人。	依靠养老金生活的人、失业人员、住宿在住户家中的佣人（帮手）、住在营业场所里的职员、住户主妇等。
		12	家族产业的从业者	从事家族产业的人。	

资料来源：http：//www.stat.go.jp/data/kakei/2018np/pdf/gy7.pdf.

注：住户分类根据户主的职业分类。

第三节　日本住户部门资产负债核算范围及分类

日本住户部门资产负债核算范围及分类主要参照 JNA。与 SNA 一样，JNA 将资产项目分为非金融资产与金融资产两类，负债主要为金融负债。本节重点介绍日本住户部门资产负债核算的项目范围及分类（见图 4－1）。

一、住户部门资产的核算范围及分类

住户部门资产核算的项目对象，是住户部门拥有所有权或处置权的，使用后，可以获得经济利益的实体。此类资产项目更偏重于实物资产，而空气、环境、人力资本、气候、受教育程度等无形要素被排除在外。从资产项目定义和日本金融现状来看，住户部门的部分资产项目恒为零，因此，此处仅对持有余额的资产项目进行剖析。

（一）非金融资产

非金融资产指生产性资产和非生产性资产（含自然资源）等金融资产外的

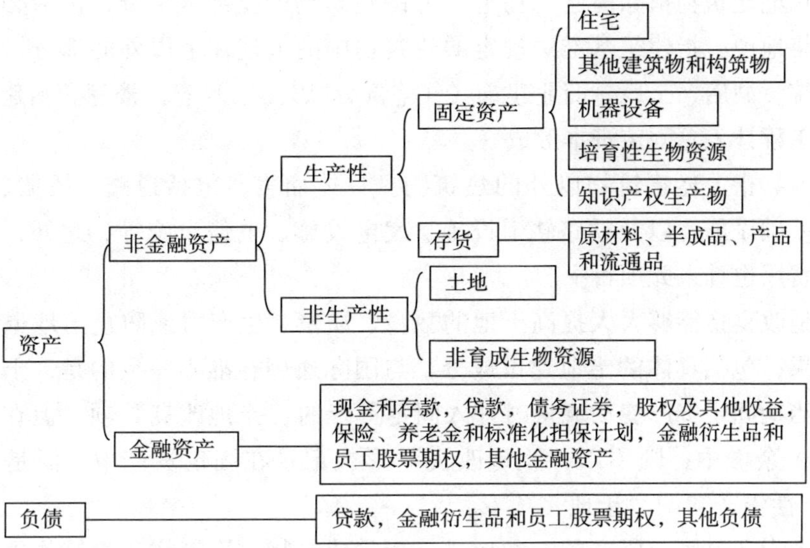

图 4－1　资产和负债项目分类示意图

资产。

1. 生产性资产

生产性资产指直接由生产活动的生产结果形成的资产，分为固定资产和存货两大类。与国际通用核算体系不同的是，在日本国民账户体系中，生产性资产不含有“贵重物品”分类。

（1）固定资产。固定资产指生产结果中用于商品和服务的生产过程，且可重复使用或连续使用一年以上的有形或无形资产，在日本国民账户体系中固定资产的定义与国际通用标准基本一致。固定资产按类型大概可分为住宅、其他建筑物和构筑物、机器设备、培育性生物资源、知识产权生产物。以土地买卖实际价格、房屋改建价格和清偿资产所得价格等为基准价格，计算出各自的现期价格。

住宅指固定资产中完全或主要用作住房的部分，指建筑物或建筑物的特定部分，包括住宅的基本设备，与国际通用标准不一致。严格地说，根据建筑基准法的规定，指住宅专用建筑物和住宅产业并用建筑物中属于住宅用途的部分。总固定资本形成包括新建、增建和改建工程。此外，住房和住宅区用于购置和处置资产的房地产经纪佣金等所有权转移成本也包括在内。

其他建筑物和构筑物指除“住宅”外的其他建筑物和构筑物，进一步分为“非住宅建筑物”“构筑物”和“土地改良”。

非住宅建筑物指除前述“住宅”外的建筑物的全部或部分，包括必要的设备。严格地说，指建筑基准法规定的建筑物中的上述住宅以外的部分，包括学校、医院、酒店、工厂、商业建筑（住宅部分除外）、政府大楼等。新建、增建和改建工程计入总固定资本形成。

构筑物指上述建筑物以外的建筑物。具体而言，包括道路、桥梁、堤坝、水坝等基础设施，以及铁路轨道设施、发电设施、电信设施等，此外，与工程相关的费用也计入此项目中。

土地改良指能够大大提高土地的数量、质量、生产力或防止土地退化的行动的结果，包括具体的土地建设成分，与国际通用标准不一致的是，土地改良在计算当期固定资产变动流量时计入固定资产的“土地改良”项，但在资产负债表期末余额中，则不以“土地改良”形式记录在固定资产中，而是记录在“非生产性资产”的“土地”项下。

机器设备是固定资产的一种形式，指除建筑物、构筑物和建筑物中必需部分的机械设备等外的固定资产。它分为“运输设备”“信息通信设备”“其他机器和设备”。与国际通用标准一致的是，用于提供政府防务服务的坦克和船只不包括在此项中，但包括在“防卫装备品”中。“运输设备”是用于移动人或物的机器设备，包括轿车、公共汽车、卡车、拖车、摩托车、船舶、铁路车辆、飞机等。“信息通信设备”包括计算机、移动电话、电视机等通信用机械设备、办公设备。“其他机器和设备”包括其他未归类的机器和设备，具体示例包括测量仪器和医疗器械等商用机械，建筑机械、机床、农业机械等生产用机械，以及锅炉、涡轮机等机械配件、器具和备品。

培育性生物资源指由机构单位直接控制、负责和管理的可自然生长并反复生产产品的动植物资源。其中将奶牛和果树等生物资源作为固定资产进行繁殖时，在总固定资本形成核算的时候要记录会计期间的自然增长。

知识产权生产物指研究、开发、调查或创新的成果，这些知识的使用受到法律或其他保护措施的限制，知识的创造者可以在市场上将其出售或将其用于生产获利，定义与国际标准一致。该项目进一步分为“研究开发”“计算机软件”和“矿产勘查与评估”。“研究开发”是指系统地实施创造性活动，以增加人类、文化和社会的知识储备，提高效率和生产力，或获得未来的利益。“计算机软件”包括计算机程序、程序手册、系统和应用软件的支持材料、定制软件、通用软件和在专有软件下开发的软件。“矿产勘探和评估”包括勘探石油和天然气矿床，以及随后对勘探发现进行评估的支出（如评估成本和勘探钻探成本）。

与国际通用标准不同的是，日本国民账户体系的知识产权定义中并未单独列出“娱乐、文学或艺术品原件”及“其他知识产权产品”项。

（2）存货。是与固定资产并列的生产资产的一种形式，指本会计期间或以前出现，并将在后续会计期间用于销售或生产的生产性资产的一种形态。在计算存货的变化时，一般用会计期间存货的入库额减去出库额及会计期间发生的自然损耗。在日本国民账户体系中，将存货按形态分为“原材料”“半成品”“产成品”和“流通品”四种类型。其中，“半成品”由培育生物资源的半成品（肉牛和民营林的树木等）和其他半成品构成。

2. 非生产性资产

指非金融资产中非生产活动产生的资产，与国际标准不同的是，“非生产性资产”在日本国民账户体系中作为“自然资源”的同义词，不包含“合同、租约和许可”“商誉和营销资产”两项。按形态大致可分为土地、矿物、能源资源和非育成生物资源。非育成生物资源由渔场和非育成森林资源（包括国有林等）构成。

（1）土地指来自包括土壤和地表水域的地面，所有者可以行使所有权，通过持有或使用它来获得经济利益的部分。土地分为住宅用地、耕地和其他土地。土地的价值不包括位于其上的建筑物或构筑物、栽培作物、树木和动物、非育成的生物资源等。在固定资本形成总额中，土地创造等积累的结果与非生产性资产（土地）不可分割，归类为土地改良，并包含在资本项目的固定资本形成总额中。在年终资产负债表中，记录为土地价值。

（2）非育成生物资源指不由机构单位直接控制、负责的，自然生长或再生的能一次或多次生产产品的动植物。该项目进一步分为“渔场”和“非育成森林资源”。其中，“渔场”包括除粗养外的与内陆水域和公海分开的沿海地区的养鱼池、养鱼场、牡蛎和珍珠等水产养殖渔业的养殖场。养殖的鱼类和贝类作为繁殖资产列入“半成品”存货，需从渔场中扣除。“非育成森林资源”包括非育成国有森林。

（二）金融资产

在住户部门资产负债表中，金融资产是住户部门保有的索取其他资产的无形权利。住户部门资产负债表中住户部门金融资产主要分为7类：现金和存款，贷款，债务证券，股权和投资信托受益证券，保险、养老金和标准化担保，金融衍生品及员工股票期权，其他金融资产。

1. 现金和存款

现金和存款大致由“现金”和“存款”组成。在金融账户中，现金的追加或处置和存款的开设、增加或取款记录为交易，在期末资产负债表账户中记录余额。“现金和存款”在资产方被计入各机构部门，而作为负债方只被计入金融机构。其中，现金指由中央银行或政府发行或认定的纸币和硬币，由日本银行券（纸币）及硬币构成；除流动性存款、定期存款、可转让存款、外币存款外，存款还包括日本银行存款和政府存款。住户的现金持有量为已发行货币总额中扣除包括私人非金融公司在内的所有其他部门计算的剩余部分。外币存款根据存款统计数据（储户存款余额、存货现金以及贷款和票据贴现），再加上个人直接持有的海外存款（基于外国资产报表）。

2. 贷款

贷款指货币贷款协议和分期付款销售合同等产生的货币债权。除国内金融机构持有的货币贷款的货币债权外，应收款项分期可以视为回购和债券借贷交易中债券支持的信贷准备金等金融应收款项，以及非金融企业等其他部门持有的贷款也包括在本项目中。根据2008 年 SNA，按名义价值记录。包括日本银行贷款、赎回贷款和票据、私人金融机构的贷款、公共金融机构贷款、非金融公司的贷款、分期付款信贷（不包括在消费者信贷中）、回购协议和债券借贷交易。

3. 债务证券

债务证券指住户部门有偿还义务的证券形式的金融债权。包括金融工具交易法约束下的有价证券和不受该法约束的有价证券。包括国库短期证券、国债、财政投资债券、地方政府债券、政府机构债券、金融债券、企业债券、居民发行的对外债券、商业票据、信托受益权、债务证券化等。个人持有债务证券基于每个企业的政府债券注册和清算汇总表，以及对清算政府债券持有人的研究，按市场价值评估，但由于产品特性不同，中央政府向个人发行的债务证券按面值入账。个人持有的地方政府债券根据日本地方政府债券协会公布的地方政府债券的未偿还金额计算；个人持有的公共公司债券和工业债券从发行总额（未偿还金额）中扣除这些已登记债券而估计的相关债券，均按市场价值评估。所有通过债券发行机构柜台和证券公司出售的贴现银行债券以及出售给住户的有息银行债券均假定为住户持有，按市场价值评估。

4. 股权和投资信托受益证券

股权指住户部门对发行主体的剩余请求权的权益，大致分为“股权”和“投资信托受益证券”。其中，“股权”是指设立的各种法人的股权，在国民经济核算体系中，作为发行机构部门的负债来处理。除了根据金融商品交易法发行的股权外，还包含根据专利法设置的特殊法人的股权。股权分为上市股权、非上市股权和其他股权，上市股权以当期市场价格估价，未上市股票和其他股权在无法测得实际市场价值时则应采取各种接近市场价值的方法进行估算。“投资信托受益证券”指投资信托公司将自己持有的投资信托受益权分割，对投资信托的购买主体发行的受益证券，以及在金融商品交易法中，由投资法人发行的投资证券中，属于投资信托及投资法人相关法律规定的投资依托受益证券及投资证券。

5. 保险、养老金及标准化担保

保险、养老金及标准化担保是金融机构中介收入、财富再分配的一种形态，指保险、养老金及标准化担保制度的参加者持有的资产。表现为住户部门向为提供此类服务的金融中介机构进行支付所形成的债权以及未来现金流的索取权。包括“非人寿保险责任准备金”“人寿保险、年金保险领取权”“年金领取权”“年金基金对年金责任人债权”“定型保证支付准备金”。

6. 金融衍生品及员工股票期权

金融衍生品及员工股票期权大致分为金融衍生品和员工股票期权。其中，金融衍生品是从特定金融产品（原始债券）中衍生出的、不对原债权的本金部分进行资金授受的金融资产类商品，包括远期和可行权两种，每种金融衍生工具以市值记录。员工股票期权指实体向员工（包括官员）授予股票的权利，允许员工在一定时期（行使期）或之后以预定价格（行使价）购买公司特定数量股份的权利。在核算过程中该项包括已归属但尚未行使的期权价值。

7. 其他金融资产

其他金融资产指未归类于以上六大类的其他金融资产。包括对外直接投资、对外证券投资、应收账款、其他外部债权等。其中，对外证券投资指对非居民在海外市场或国内市场发行的股票或债券的投资。非居民取得的居民发行的股票、债券，记录在“股权和投资信托受益证券”或“债务证券”的负债方。

（三）日本统计局对耐用品的核算与分类

住户部门耐用品分为消费和生产两类，部分国家（如美国）将住户部门消费类耐用品纳入资产核算，而日本未纳入统计。生产用的耐用品符合固定资产定义的一般纳入资产核算，日本将生产用耐用品纳入固定资产核算。耐用品能较好地印证与支撑住户部门资产负债信息，本部分对耐用品及耐用消费品的核算与分类进行了详细说明。

耐用消费品主要指住宅设备、家具、电器、汽车、自动双轮车等物品，此外，还包括高尔夫、体育休闲俱乐部等消费价格在 5 万日元以上的会员资格。

市价评估困难的服装、宝石、贵金属以及书画及骨头制品等物品不包括在耐用消费品调查对象中。

表 4－8　　　　主要耐用品范围及内容

<table>
<tr><td colspan="2">1. 耐用消费品范围</td></tr>
<tr><td>耐用消费品</td><td>不包含在耐用消费品中的物品</td></tr>
<tr><td>● 住户消费用的物品和在住户园林中使用的物品
● 二手的和别人给的物品
● 没有现货，但已经签订了购买合同的物品
● 立体音响、家具等手工制作的物品
● 借给或者寄存给别人的物品</td><td>● 生产用的物品
● 住户消费和生产共用，主要是生产用的
● 向他人借的或者他人寄存的物品
● 由于故障、损坏或其他原因而不可用的物品
● 用旧了，将来不会使用的物品
● 游学中的孩子、独身去外地工作的家属等长期随身携带的物品</td></tr>
<tr><td colspan="2">2. 耐用消费品的具体内容</td></tr>
<tr><td>物品名称</td><td>内　容</td></tr>
<tr><td>组合式厨房设备</td><td>· 根据房间的大小和使用便利性，可以自由组合的厨房组合设备，包括洗涤台、煤气台（或电磁烹饪器）和烹饪台这三种功能以上的东西</td></tr>
<tr><td>电磁加热烹煮器</td><td>· 在电热源的炉子中，通过磁力线的作用使锅底产生电流，使锅发热的炉子
· 不论是内置型还是固定型</td></tr>
<tr><td>洗头洗脸化妆台</td><td>· 洗脸台、镜子、照明、镜箱等组合在一起，可以洗发的洗脸台</td></tr>
<tr><td>温水清洗坐便器</td><td>· 温水清洗，坐着的部分可以保温的坐便器
· 包括具有干燥、除臭功能的产品
· 不包括不能保温的马桶座</td></tr>
<tr><td>地暖</td><td>· 指在住宅的地板下设置热源，从脚下温暖房间的暖气设备
· 不分热源（电加热器、温水、热风等）</td></tr>
<tr><td>太阳能热水器</td><td>· 指利用太阳能制造温水的设备
· 不包括电热水器、石油热水器和燃气热水器</td></tr>
<tr><td>太阳能发电系统</td><td>· 指在住宅的屋顶上设置太阳能电池，利用太阳光发电的自家发电系统</td></tr>
<tr><td>高功率的小型热水器</td><td>· 指提高热效率的热水器
· 不包括太阳能热水器</td></tr>
<tr><td>住户热电联产系统</td><td>· 指从一个能源中取出电和热两个能源的系统</td></tr>
<tr><td>住户能源管理系统</td><td>· 指通过室内网络自动控制家电设备和热水供应设备等，促进节能的系统</td></tr>
</table>

续表

2. 耐用消费品的具体内容	
物品名称	内　容
空气净化器	・去除空气中的花粉、屋尘等 ・包括具有除臭、加湿等功能的产品 ・不包括具有空气净化功能的室内空调、加湿器和除湿器
LED 照明设备（灯泡和荧光灯除外）	・LED（发光二极管）的照明设备 ・天花板灯等 ・不包括在以往的白炽灯、荧光灯用照明器具上安装 LED 灯泡、LED 荧光灯的灯具
录像机（DVD • 包括蓝光）	・主要是将电视广播录制和播放到 DVD、蓝光 DVD、HDD、VHS 等介质 ・不包括仅有播放功能的电脑、具有录像功能的电脑、智能手机和普通手机
家庭影院（投影仪，屏幕和扬声器）	・投影仪、屏幕及扬声器齐全，是在家中观看电影等的影像、音响设备 ・不包括将墙壁等作为屏幕、与立体声音响一体化的扬声器，以及具有投影仪功能的手机
钢琴和电子钢琴	・三角钢琴、电气钢琴、蓝光钢琴、混合钢琴、音响钢琴等 ・不包括风琴、电子琴、手风琴、键盘或声音合成器
餐具架、组合柜	・为了收纳电视和立体声装置等，放在起居室（客厅）、客厅等处的架子 ・不包括铝机架
餐具柜子（不包括安装上去的）	・茶壶、和式茶架、餐饮板等 ・不包括铝机架
餐饮套件（餐桌和椅子的组合）	・桌子和椅子成套的东西 ・不包括折叠式桌子、露台或户外桌子
冰箱	・冷藏室和冷冻室 ・不包括只有冷藏或冷冻功能的冰箱和酒窖
自动电饭煲（红外型、电磁型）	・仅限于红外型和电磁型 ・红外型是指用远红外线煮米的电饭煲 ・电磁型是指通过磁力线使锅本身发热的电饭煲 ・不包括红外和电磁型以外的电饭煲及煤气电饭煲
住户面包机	・以面粉、大米等为材料烤面包的机器 ・不包括微波炉、电烤箱、燃气烤箱和电饭煲
真空吸尘器	・包括充电式无绳吸尘器、自行清洁机器人 ・便携式清洁器，不包括干电池式吸尘器

续表

2. 耐用消费品的具体内容	
物品名称	内　容
电脑（台式机类型）	·包括触摸屏台式机 ·不包括家用游戏机
电脑（笔记本电脑，包括移动上网本）	·可以折叠携带的电脑 ·包括触摸屏笔记本电脑 ·包括笔记本电脑和平板电脑，包括键盘无法拆卸的终端 ·手掌大小的掌上型，PDA（手机信息终端），不包括家用游戏机
平板电脑终端	·触摸屏式移动信息终端 ·具有和笔记本电脑、平板电脑相同的功能，包括键盘可拆卸的终端 ·具备基本通话功能的，包含智能手机 ·不包括不能使用应用程序等的电子书专用终端
智能手机	·具备基本通话功能，与电脑一样可以利用互联网的手机 ·包括带键盘的手机 ·不包括 Skype 和 LINE 等应用程序的呼叫功能
移动电话（个人手持式电话，不含智能手机）	·指除了触摸屏式手机以外，还包括按键式手机
摄像机	·主要是为了在 DVD、蓝光、HDD、VHS 等上拍摄动画的机器 ·不包括具有视频功能的数码相机、智能手机或手机
照相机	·主要是为了拍摄静止图像的机器，指胶片式照相机或数码相机 ·单反、袖珍相机、数码相机等 ·不包括一次性相机、拍立得相机、具有相机功能的智能手机、手机或家用游戏机
床沙发（不包括安装上去的）	·双层床计为一张 ·不包括婴儿床和床垫
梳妆台	·具有固定镜子的平板和具有抽屉等收纳功能的物件 ·不包括化妆台等小型的物件和没有收纳功能的镜台
汽车导航系统	·利用事先输入的路径信息和 GPS 卫星等，在地图上显示汽车的当前位置和前进方向的装置 ·包括带便携式电视的汽车导航系统 ·不包括具有 GPS 功能的个人电脑、智能手机或手机
电动自行车	·通过电动机辅助人力的自行车 ·不包括带发动机的自行车及摩托车、用人力驱动的普通自行车、不需要人力的纯电动自行车

资料来源：http：//www. stat. go. jp/data/zensho/2014/pdf/shuyou. pdf.

二、负债的核算范围及分类

从住户部门负债项目定义和日本金融现状来看，部分负债项目恒为零，因此，此处仅对持有余额的资产项目进行剖析。持有余额的住户部门负债大致可分为三大类：贷款、金融衍生品及员工股票期权以及其他负债。

1. 贷款

贷款指住户部门对其他人形成的债务。

2. 金融衍生品及员工股票期权

金融衍生品及员工股票期权大致分为金融衍生品和员工股票期权。其中，金融衍生品是从特定金融产品（原始债券）中衍生出的、不对原债权的本金部分进行资金授受的金融负债类商品，包括远期和可行权两种，每种金融衍生工具以市值记录。员工股票期权指实体向其员工（包括官员）授予股票的权利，允许员工在一定时期（行使期）或之后以预定价格（行使价）购买公司特定数量股份的权利。在核算过程中该项包括已归属但尚未行使的期权价值。

3. 其他负债

其他负债指未归类于以上的负债，包括财政贷款基金存款、预付款、应付账款、其他外债和债务等。

第四节 日本住户部门资产负债表的编制

为掌握日本住户部门资产负债表编制过程，本节从资产负债数据来源、估值方法及数据整理等方面进行全面剖析。

一、数据的收集

在日本住户部门资产负债表编制过程中，内阁府经济社会综合研究所对相关部门的统计指标进行归并，其中，金融资产负债信息主要来源于日本银行编制的 J－FFA，非金融资产来自包括经济普查表及财政金融统计月报表等在内的多机构编制的报表。

（一）J－FFA 统计

日本住户部门金融资产负债余额以 J－FFA 统计为基础资料，但如果有更高精度的其他资料，原则上使用其他资料进行推算。J－FFA 的主管机构、统计原则、统计频率、统计对象、统计内容、数据应用、数据发布、指标采集、样表等信息参见本章第一节“J－FFA 统计”相关内容。

（二）经济普查——活动调查

1. 主管机构

总务省及经济产业省。

2. 统计原则

在依据《统计法》《统计法执行令》《经济普查活动调查规则》等基础统计调查法令的前提下，确保数据准确、及时，使用便利，透明度高，减轻报送主体负担，提高统计数据生产效率，增强部门间的交流与合作等。

3. 统计频率

2009 年 7 月，总务省开展了一项针对事务所和企业行业、员工规模等基本情况的经济普查——基础调查。以此结果为基础，总务省及经济产业省以掌握 2012 年 2 月销售额及支出等会计项目为重点进行了经济普查——活动调查，第二次经济普查于 2016 年 6 月实施。

4. 统计对象

除以下项目外的所有事务所和企业：（1）国家、地方公共团体的事务所；（2）日本标准行业分类中属于 A 大类“农业和林业”的私营企业；（3）日本标准行业分类中属于 B 大类“渔业”的私营企业；（4）日本标准行业分类 N 大类“生活相关服务业和娱乐业”中 792 小类“家政服务业相关”的小企业；（5）日本标准行业分类属于 R 大类“服务业（未归类于别处）”96 中类“外国公共事务”的小企业。

5. 数据应用

掌握日本各行业的事务所和企业的经济活动实际情况，获取有助于提高针对事务所和企业的各种统计调查的准确性信息，是住户部门非金融资产项目中矿能资源等信息的基础资料。

6. 数据采用

国民账户体系使用经济普查——活动调查推算矿物、能源资源的年度使用量。

7. 采集指标（见表 4－9）

经济普查——活动调查针对日本国内所有工业产业分两部分进行数据统计，一是事务所（小型经营主体），二是一般企业。对事务所统计内容：一是对全行业企业数量、从业者数量、销售收入等方面进行统计，二是分具体行业对各个行业具体的企业数量、从业人数、销售收入、增加值等进行统计。对一般企业统计内容：一是对全行业企业数量、从业者数量、销售收入等方面进行统计，二是分行业进行统计。

8. 编制表样

表 4-9　　经济普查——活动调查表样

1. 事务所计数	（1）全行业合计	①事务所数量，从业者数量	
		②销售（收入）金额等	
	（2）分行业计数	①矿业，采石业，砾石取样业	
		②制造业	• 概述
			• 项目
			• 行业
			• 用地、用水
			• 市政当局
			• 工业区
		③批发和零售业	• 行业（合计）
			• 行业（各省）
			• 行业（各市、镇、村）
		④服务相关产业 B	
		⑤医疗，福利	
2. 企业计数	（1）全行业合计	①企业数，从业者数	
		②会计事项等	
	（2）分行业计数	①建筑业和服务业相关产业 A	
		②批发和零售业	
		③学校教育	

资料来源：https：//www.meti.go.jp/statistics/tyo/census/hyo.html.

（三）财政金融统计月报

1. 主管机构。财务省政策研究所。

2. 统计原则。在遵守《统计法》《统计法执行令》《经济普查活动调查规则》等基础统计调查法令的前提下，确保数据准确、及时，使用便利，透明度高，减轻数据报送主体负担，提高统计数据生产效率，增强部门间的交流与合作等。

3. 统计频率。财政金融统计月报按月出刊。每个月针对一个特定主题组织内容，编制国内经济特刊和国际经济特刊，内容包括国内外经济金融问题以及财政部发布的经济和金融数据。为掌握长期趋势，原则上每年都会采用相同的方法进行统计，其中“国有财产特集”每年1月发布。

4. 统计对象。国有财产余额及变动情况，行政财产、普通财产分析统计，政府出资法人名单，普通财产管理处置情况等。

5. 数据应用。根据财政金融统计月报（国有财产特集），以立木、竹的资产金额，以及《国有林野事业统计书》（林野厅）等为基础，乘以与面积对应的单价进行推算，可得到日本国民账户体系中的国有未育成森林资源。

6. 数据采用。关于每个机构管辖下的国家财产，每个办事处的负责人以财政年度与年末当前金额之间的变化，作为国家财产和当前价值变动的报告；根据国有资产法的规定，为获得贷款的房产编制国有资产补助贷款状况报告。每个部门的负责人将这些报告发送给财务大臣，财务大臣在此基础上准备国家财产变动表、总额报表以及国家财产补助贷款条件总表。

7. 采集指标（见表4－10）。采集指标主要有土地、竹木资源、建筑物、工件、机器设备、船舶、航空器、土地权等、特许权等、政府股权等、不动产信托受益权。土地以各地区土地面积乘以该地区平均地价合计而得。竹木资源行政财产来源于农、林水产省管辖下的森林管理财产。工件、机器设备、船舶、航空器等主要由防卫省、经济产业省、国土交通省记录。土地权等主要由环境省、财务省统计。特许权主要由国土交通省、农林水产省统计。政府股权中具有市场价格的股票和有价证券按市场价格进行评估，没有市场价格的股票在财政年度结束时作为净资产进行评估，净资产是每个公司资产负债表的总资产减去总负债。不动产信托受益权由财务省统计。

8. 编制表样

表4－10　　　　财政金融统计月报表样

年份	土地		竹木资源						…	合计
			树木		立木		竹			
	平方千米	价格	千本	价格	千立方米	价格	千束	价格	…	价格
1998年末										
1999年末										
2000年末										
2001年末										
⋮										
2015年末										
2016年末										
2017年末										

资料来源：https：//www. stat. go. jp/data/e－census/2016/ichiran. htm.

二、项目估值

住户部门资产负债表的金融项目信息以 J - FFA 为基础资料，但若该统计公布后，其他发布的资料精度更高，原则上使用其他资料进行推算。住户部门非金融资产项目来源于多个机构的报表。住户部门资产负债表的项目估值方法主要有公允价值法、账面价值法等。

（一）金融项目

资金流量核算具有广泛性，它往往利用已有的各种统计体系以及统计调查中的数据，按照资金流量核算的要求进行加工。J - FFA 的基础源数据包括货币与银行统计、国际收支统计、证券统计、政府财政统计、保险和养老基金统计、证券基金以及其他金融辅助机构统计等。但有些情况下，数据无法直接或及时从财务报表和金融统计中得到，只能使用估算的方式，比如只有当年财务年度结束时才能得到季报，此前必须进行估算；部分数据无法细分，比如无法从商业贷款中区分出股份制企业贷款和私人企业贷款，这种情况下需要通过特定的估算比例进行分配。

1. 数据估算原则。某个数据的估计方法通常不限于一个，一般存在多种方法，但估计数据的方法需要坚持三项原则：一是用于估计数字的数据是逻辑理性的，可以用概念来解释（关注概念）；二是估算方法应尽可能排除任意性（注重客观性）；三是应尽可能避免复杂的估算方法，除非它们能够显著提高估算的精确度（注重简洁性）。

2. 主要估算方法。日本资金流量账户统计的编制方法对各种金融项目的估算方法及估算准确性进行了说明（见表 4 - 11 和表 4 - 12），编制方法主要有两种：一是使用部门的财务报表来确定 J - FFA 中项目数据的“垂直法”；二是将汇总数据分配到持有资产/负债的各部门来确定 J - FFA 项目数值的“水平法”。前者估计部门数据，后者估计交易项目数据。在实际确定 J - FFA 数据的过程中，首先通过“垂直法”确定部分部门的数据，其次使用“水平法”通过确定交易项目数据来确定其他部门的数据，使用“水平法”的部门包括住户部门等。

由于源数据限制和获得延迟，即使通过“垂直法”和“水平法”构建数据，仍有一些单元格数据无法获取，当发生此情况时，需要采取以下方法进一步估算，直到完成矩阵单元格的填报。一是使用其他数据。如果需填报的数据与某些数据具有一定相关性，则通过将某些比率乘以该数据来计算估计数据。或者，某些数据与需填报的数据在特征上相似时，将其用作替代。二是使用历史数据。

在源数据或数据遵循某种趋势的情况时，基于历史数据进行估计。或者，当数据看起来不会出现显著波动时，使用上期数据。三是通过流量数据估算库存数据。在前一期库存数据基础上，加上本期的流量数据来估算当前期限结束时的库存数据。

表 4-11　　　　J-FFA 的主要估算方式

统计方法	估算方式	具体说明
垂直法	财务报表项目与 J-FFA 交易项目的协调	当财务报表项目与 J-FFA 交易项目不一致时，要求对财务报表数据进行汇总或分配，或者将某一财务报表项目视同于 J-FFA 中的交易项目，例如，存款、对外证券投资、对外直接投资以及视同国内持牌银行资产的居民对外发行的证券都被作为财务报表中存款和外国证券的明细。
	企业账户到社会账户的转换	与社会会计的国际标准相一致，销售回购业务在 J-FFA 中被认为是以债券为抵押的借贷而不是证券买卖。因此，当销售回购业务中转移的中央政府债券、国债贴现票据以及 CP 都被视为原始数据中的交易时，有必要通过估算相应交易量以及重组可得数据来恢复转移前的真实状况。
	通过有限的财务报表数据估算总体数据	金融机构数据通常是根据收集的全部机构的财务报表数据编制的，而对于财务公司，是根据一些主要财务公司的数据来估算整个部门的数据。
水平法	使用交易对手的金融机构统计数据来估算实体数据	存款和贷款是使用金融机构统计数的典型案例。因为准确、详细的存贷款数据能够从银行和信用社获得，这些数据涵盖了“存款和贷款”中的大部分数据，所以整体的准确度较高。然而，应该指出的是在某些情况下数据可能无法区分，例如，无法从“商业贷款”中区分出“股份制企业贷款”以及“私人企业贷款（J-FFA 中的住户贷款）”，这种情况下要通过特定的估算比例进行分配。
	使用销售的流量数据估算实体数据	估算实体持有金融工具数量的方法是利用销售的实体流量数据来估算（部分）存款类及投资信托收益凭证的数据。由于实体新发行的流量数据是可以得到的，近似的持股量也是可以得到的。部门倒卖或者赎回导致的持股量变化不会反映在 J-FFA 中。
	使用登记的未偿贷款来估算实体数据	实体持有的中央政府债券价值基本上都来自日本银行关于未偿中央政府债券数据（未偿的登记结算政府债券），而工业证券价值则来自于证券登记机构的未偿数据。对于后者，源数据并没有覆盖整个债券登记机构，并且债券登记机构中部门的分类与 J-FFA 中的分类也并不相同。因此，估计中的误差和疏忽被认为是相对较大的。
	使用市场统计数来估算实体数据	股票、债券销售回购、现金担保的债券借贷以及金融衍生产品的数据都是以市场统计为基础的。因为各市场统计数据的详细程度不同，估算要发挥更大的作用。尤其是对金融衍生产品，其行业分类与 J-FFA 中的不同，季度数据并不存在，估算时需要使用大量假设。

资料来源：日本银行资金流量账户统计的编制方法。

表 4－12

资产负债的精确估计表

高　中　低

	金融公司		其中：存款公司（银行、集体管理的信托）		保险和养老基金		其他财务中介（非银行金融机构、公共金融机构，证券公司）		非金融公司		一般政府（中央政府、地方政府、社会保障基金）		住户		为住户服务的非营利性机构（合法的教育机构、社会福利公司和宗教组织）		国外	
	资产	负债	资产	负债	资产	负债	资产	负债	资产	负债	资产	负债	资产	负债	资产	负债	资产	负债
现金和存款																		
财政贷款基金存款																		
贷款																		
其中：私人金融机构贷款																		
公共金融机构贷款																		
债券																		
其中：国库贴现票据																		
中央政府债券和 FILP																		
债券																		
地方政府债券																		
工业债券等																		
结构融资工具																		

续表

	金融公司								非金融公司		一般政府		住户		为住户服务的非营利性机构		国外	
			其中：															
			存款公司		保险和养老基金		其他财务中介											
			银行、集体管理的信托				非银行金融机构、公共金融机构，证券公司				中央政府、地方政府、社会保障基金				合法的教育机构、社会福利公司和宗教组织			
	资产	负债	资产	负债	资产	负债	资产	负债	资产	负债	资产	负债	资产	负债	资产	负债	资产	负债
股权																		
投资信托受益凭证																		
保险、养老金和标准化的担保计划																		
金融衍生品等																		
存放款等																		
贸易信贷和外贸信贷																		
对外项目等																		

资料来源：日本银行资金流量账户统计的编制方法。

注：1. “高”表示使用原始源数据直接编制数据。“中”表示通过使用原始源数据来估计数字，其中通常可获得关于估计的信息。“低”表示估算数据不可行，或者通过从总数中扣除其他交易项目来估算剩余数据。空单元格表示没有编制数字。假设在获取源数据（编制最终数据）时没有时间问题。

2. “工业债券等”表示“工业债券”“银行债券”“公共公司债券”“居民发行的外部债券”和“商业票据”的总和。“金融衍生品等”表示“金融衍生品和员工股票期权”。“存放款等”表示“存款资金”“应收/应付账款”和“其他”的总和。“对外项目等”表示“对外直接投资”“对外证券投资”和“其他对外债权和债务”的总和。

3. 由于四舍五入，行业和交易项目的总额不相等。

3. 主要项目估值。一是现金（资产方）。持有部门无法识别的现金金额，视为住户和私人非金融公司持有的金额，用两个部门的比例估算每个部门的持有量，该比例是根据内政和通信部的非法人企业结构调查报告中按行业统计的公司现金持有量与销售额的比例。住户的现金持有量，是从发行总额中扣除包括私人非金融公司在内的所有其他部门现金持有量的剩余部分。由于源数据的限制，假设私人非金融公司与本财年末住户之间的现金持有比例在全年四个季度相同。二是存款凭证（资产方）。持有部门无法识别的存款凭证，住户持有的部分是通过将这一数量乘以住户、地方政府和私人非金融公司三个部门中的住户持有比率（基于存款凭证买家数据）获得的。三是股权。上市股权是使用股东分配数据（股权调查等）计算的，非上市股权和其他股权是通过从总金额中扣除其他部门的持有金额计算得出的，这些数字是通过使用股东分配数据计算的比率与私人非金融公司部门按比例分配的（股权调查），个人的股票均假定为住户持有。四是金融衍生品和员工股票期权。远期工具的未偿还金额是通过从总金额中扣除私人非金融公司的金额来计算的，该金额主要是使用外汇保证金交易公司的财务报表等估算的。期权类型工具的未偿还金额估算方法是，利用外汇市场数据，然后用估计比率乘以金额。五是贸易信贷和外贸信贷（资产/负债方）。资产方面的数据记录了独资企业的应收账款，这是根据“中小企业基本调查”估算的。负债方面的数据记录了独资企业应付账款，这些账户是根据“中小企业基本调查”估算的。资产方面包括从公共保险覆盖的医疗支出中提取的私人医疗从业者向社会保障基金发放的未偿信用额的数据，这些数据是根据医疗支出趋势的调查计算得出的。

（二）非金融项目

1. 主要估值方法。在评估资产负债表中各资产价值时，通常的做法是尽可能采用评估时的市场价格，但能得到市场价格的资产较为有限，为了得到与市场价格接近的评估价值，采用了重置成本法、收益还原法和土地鉴定价格法等各种适合资产特性的价值评估方法。推算方法如下：（1）重置成本法。再采购价格是指在评价时重新采购该资产获得的推定价格，将取得价格（针对新产品的价格）乘以与再采购时相比较的物价倍率以及与经过年数相应的残值率来计算。（2）收益还原法。收益还原法指从现在的资产在未来能获得多少收益的观点出发，利用利率将纯收益除以现值，该方法适用于地下资源、渔场等的资产评价。（3）土地鉴定价格。由于房地产市场的价格不统一，因此土地的价格需通过土地鉴定价格方法进行估值，如采用土地公示价格等通过交易事例比较法和收益还原法等进行评价。

2. 主要项目估值。一是固定资产。固定资产根据永续盘存法以固定资产形成的时间顺序从基年推算得到。每年的资产变动额则以年末折旧后的再采购价格进行估值。二是存货。存货估值以1970年全国财富调查结果为准，累计推算每年增长量。根据1970年全国财富调查中的资产额按部门及形态重新分类，再将存货基年资产额设置为1970年资产额，并根据每年存货余额变动情况推算每年年终存货余额。每一年的调整额则通过将期初存货余额及期中存货变动额乘以期初及期中到期末的平均价格变化率来推算。三是土地。土地存量核算方法基本上是根据地理位置和面积乘以相应的单位面积价格所得。四是矿产和能源资源。根据收益还原法推算。即净收益从产值中扣除原料、材料、燃料、电力、其他支出及现金工资总额获得，可运行年数使用可采粗矿总量计算。以上数据使用经济普查——活动调查作为基础资料。折现率使用无风险利率和报酬利率两种。无风险利率是通过开采、销售矿石来无风险地回收矿业权价值的利率，参考国债、公债、存款等利率后进行设定。报酬利率是资本投资的平均回报的利率，是对无风险利率进行风险加权后所得的风险利率，根据各种资料设定。五是非育成生物资源。关于国有森林资源，以财政金融统计月报（国有财产专刊）以及《国有林野事业统计书》的“森林的资产量”的面积为基础，乘以与面积相对应的单价进行推算。

三、数据的整理

（一）资金流量账户（J－FFA）统计

1. 数据归并处理（见表4－13和表4－14）。根据收集与估算的相关统计数据，按照以下主要交易项目和金融工具的归并关系，填报住户部门资产负债信息。为了使矩阵保持一致性，数据填报完成后，需要对每个交易项目和部门之间的资产和负债进行平衡处理。对于FFA确实无法识别的数据，应由该交易项目所有部门的数据扣除其他部门数据后剩余的部分，作为不能识别部门的交易项目数据。

表4－13　　交易项目和主要金融工具清单及归并关系

交易项目的名称	主要金融工具
现金和存款	
现金	日本银行纸币和硬币
存入日本银行	
政府存款	已发行政府部分票据的活期存款、特别存款、指定存款和储备存款
可转让存款	活期存款、普通存款、储蓄存款、通知存款、特殊存款、纳税储备和普通邮政储蓄
定期和储蓄存款	定期存款、分期付款、固定储蓄和邮政储蓄（不包括普通邮政储蓄）

续表

交易项目的名称	主要金融工具
现金和存款	
存款凭证	
外币存款	以外币计价的活期存款、以外币计价的普通存款、以外币计价的通知存款、以外币计价的特别存款、以外币计价的定期存款及以外币计价的包括在外汇储备中的存款
财政贷款基金存款	
贷款	
日本银行贷款	
赎回贷款和票据	无担保赎回贷款、有担保赎回贷款、指定赎回贷款和以外币计价的赎回贷款
私人金融机构的贷款	
住房贷款	
消费信贷	消费金融、对消费者的销售信贷和教育贷款
公司和政府贷款	
公共金融机构贷款	
其中：住房贷款	
非金融部门的贷款	
分期付款信贷（不包括在消费者信贷中）	递延信贷和融资租赁
回购协议和证券借贷交易	债券销售与回购交易和债券借贷交易与现金抵押
债务证券	
国库券票据贴现	
中央政府债券和 FILP 债券	超长期政府债券、长期计息政府债券、中期贴现政府债券、计息中期政府债券、短期贴现政府债券、财政贷款基金、债券和继承的政府债券
地方政府债券	公开发行的市政债券和未认购的市政债券
公共公司债券	公共公司债券、公共财政公司债券和代理债券
银行债券	计息银行债券和贴现银行债券
工业债券	国内直接债券和国内债券与权证
居民发行的对外债券	
商业票据	
信托受益权	集体管理指定货币信托和贷款信托
结构融资工具	资产支持（AB）国内公司债券、资产支持商业票据（ABCP）和货币债权信托受益权

续表

交易项目的名称	主要金融工具
股权和投资信托受益证券	
股权	
上市股权	股票在证券交易所上市
非上市股权	未在市场上交易的公司股票
其他股权	投资特殊地位公司和日本银行认购证书
投资信托受益凭证	债券投资信托、股票投资信托（公开发行、私募）和房地产投资信托
保险、养老金和标准化的担保计划	
非人寿保险技术储备	储蓄型非人寿保险和互助保险
人寿保险储备	储蓄型人寿保险
年金权益	人寿保险和互助保险的年金保险
养老金权益	公司养老金和个人养老金
养老基金对养老金管理人的索赔	
标准化担保计划下的准备金	
金融衍生品和员工股票期权	
激进型工具	FRA、利率互换、货币掉期、外汇合约和外汇保证金交易（未结算头寸）
可选型工具	场外债券期权、场外交易利息期权、场外交易货币期权、政府债券期权、短期日元期货期权、TSE 股票价格指数期权和日经平均股票期权
员工股票期权	
存放款等	存放款等，租户担保、高尔夫球场押金和员工在公司的押金等
贸易信贷和外贸信贷	
应收/应付账款	应计收入和支出、预付费用和未实现收入、应付账款及预付款
对外直接投资	在海外公司分享资金（用于控制目的）
对外证券投资	非居民发行的股票和非居民发行的债券
其他外部债权和债务	
其中：黄金和特别提款权等	货币黄金、特别提款权（SDR）和国际货币基金组织（IMF）储备头寸
其他	

续表

交易项目的名称	主要金融工具
财政盈余和赤字 金融资产和负债之间的差异	金融交易表、金融资产和负债表
总计	
（参考）外汇储备	

资料来源：日本银行资金流量账户统计的指南和日本银行资金流量账户统计的编制方法。

表 4－14　　住户部门资产负债表与资金流量账户

住户部门资产负债表金融工具	包括（+）或不包括（-）	日本资金流量账户金融工具
货币黄金和特别提款权	（+）	其中：黄金和特别提款权等
现金和存款	（+）	现金
	（+）	存入日本银行
	（+）	政府存款
	（+）	可转让存款
	（+）	定期和储蓄存款
	（+）	存款凭证
	（+）	外币存款
	（+）	财政贷款基金存款
债务证券	（+）	国库券票据贴现
	（+）	中央政府债券和 FILP 债券
	（+）	地方政府债券
	（+）	公共公司债券
	（+）	银行债券
	（+）	工业债券
	（+）	居民发行的对外债券
	（+）	商业票据
	（+）	信托受益权
	（+）	结构融资工具
贷款	（+）	日本银行贷款
	（+）	赎回贷款和票据
	（+）	私人金融机构的贷款
	（+）	公共金融机构贷款
	（+）	非金融部门的贷款
	（+）	分期付款信贷（不包括在消费者信贷中）
	（+）	回购协议和证券借贷交易

续表

住户部门资产负债表金融工具	包括（+）或不包括（-）	日本资金流量账户金融工具
股权和投资信托受益证券	（+）	股权
	（+）	投资信托受益凭证
	（+）	对外直接投资
保险、养老金和标准化的担保计划	（+）	保险、养老金和标准化的担保计划
金融衍生品和员工股票期权	（+）	金融衍生品和员工股票期权
其他应收/应付款	（+）	存放款等
	（+）	贸易信贷和外贸信贷
	（+）	应收/应付账款
	（+）	对外证券投资
	（+）	对外直接投资
	（+）	其他外部债权和债务
	（-）	其中：黄金和特别提款权等
	（+）	其他外部债权和债务

资料来源：https：//www. esri. cao. go. jp/en/sna/sddsplus/pdf/notes_ sbs. pdf.

2. 数据调节处理。若期间发生价格变化，交易项目期末未结清金额与期末金额之间的差额与相应期间的交易不匹配。为了记录库存和流量之间的这种差异，制定了“调节表”，旨在调和流量表和库存表之间的差异，并且该表还可以确定金融资产市场价值变化引起的持有收益和损失。

（二）日本国民账户体系

1. 数据归并处理。一是货币黄金及特别提款权等，包括货币黄金、特别提款权、IMF 保留金。对住户部门来说，此部分恒为零。二是金融衍生品和员工股票期权。衍生金融产品对远期和期权金融根据“资金流量统计”确定。三是养老金中关于领取权的交易额，是从“净社会负担”中除去社会保障制度部分和无基金制度部分的养老金基金（包括通过收付实现制记录领取权的退职临时金部分），扣除“其他社会保险养老金支付”，该部分通过收付实现制进行估算。四是资产物量其他变动是指由于机构单位无法控制的外生因素或事件而导致的资产或负债的变化，主要有非金融资产的经济出现、非育成生物资源的自然生长、非生产性资产的经济消失、巨灾损失和无偿没收、其他非金融资产物量变化等。

2. 数据调节处理。按照“持有损益 = 中性持有损益 + 实际持有损益”进行调整。重估价核算记录的是由于资产价格水平变化引起的资产、负债和净值的价值变化，称为持有损益。持有损益分为中性持有损益与实际持有损益，其中，中性持有损益指假定该资产的价格变化幅度与一般物价水平的变化幅度相同，实质是为保持资产购买力不变而必须发生的持有损益；实际持有损益指资产价格的总变化中不同于全社会一般物价水平的变化的部分所导致的持有损益，实质是资产价格变动引致的实际购买力变动。在调整账户的推算中，有根据调整项目进行计算的方法，以及从期初、期末的余额差进行计算的方法。前者适用于固定资产、库存以及一部分的金融资产负债的推算，根据价格变化的再评价、分类变更的调整等调整项目，计算整体的调整额。后者适用于土地、部分的金融资产、负债，首先计算期初和期末的余额差，然后减去期间的资本交易，求出调整金额。调整金额细分为基于价格变化的再评价、自然成长等调整项目。调整账户被分解为由数量上的变化引起的“其他的资产量变动账户”和由价格变化引起的“再估价账户”。

第五节 日本住户部门资产负债表简要分析

住户部门资产负债表的编制意义在于运用数据掌握住户经济状况、走势及风险特征。2007—2017 年日本住户部门的资产负债表（见表 4－15）显示，住户部门金融资产增长较快，波动幅度较大，而非金融资产和负债均保持微幅下降趋势，住户部门资产负债率稳步下降。

一、资产

（一）从资产构成看，金融资产占据主导

2017 年末，金融资产平均占比为 60. 84%，非金融资产占比为 39. 16%。在金融资产中，股份和投资信托受益证券平均占比为 13. 27%，现金和存款平均占比为 52. 29%，保险、养老金和标准化的担保计划平均占比为 29. 39%。上述三项占金融资产的 94. 95%。

（二）从资产增势看，金融资产增势最为突出

资产总额从 2007 年的 2795. 06 万亿日元增加到 2017 年的 2976. 61 万亿日元，年均增加 18. 16 万亿日元，年均增长 0. 63%。其中，非金融资产减少 100. 48 万亿日元，年均减少 10. 05 万亿日元，年均下降 0. 89%；金融资产增加 282. 04 万亿日元，年均增加 28. 20 万亿日元，年均增长 1. 62%。

（三）从金融资产结构看，股权和投资信托受益证券增量最为明显

保险、养老金和标准化的担保计划增加 42.31 万亿日元，年均增加 4.23 亿日元，年均增长 0.85%；债务证券减少 20.56 万亿日元，年均减少 2.06 万亿日元，年均下降 6%；股权和投资信托受益证券增加 91.14 万亿日元，年均增加 9.11 万亿日元，年均增长 3.28%。

（四）从资产增速波动情况看，股权和投资信托受益证券波动最大

资产最高增幅为 2013 年的 3.8%，最低为 2008 年的 -4.8%。其中，非金融资产最高为 2007 年的 1.8%，最低为 2009 年的 -4.3%；金融资产最高为 2013 年的 6.0%，最低为 2008 年的 -6.8%。保险、养老金和标准化的担保计划最高为 2012 年 3%，最低为 -2%，债务证券最高为 2017 年的 0.3%，最低为 2011 年的 -12.4%，股权和投资信托受益证券最高为 2013 年的 39.2%，最低为 2008 年的 -39.2%。

二、负债

（一）从住户部门负债走势看，总体缓慢下降

负债总额从 2007 年的 314.34 万亿日元减少到 2017 年的 314.08 万亿日元，年均减少 0.03 万亿日元，年均下降 0.008%。住户部门贷款下降是负债下降的主因，2007—2017 年，住户部门贷款减少 3.52 万亿日元，年均减少 0.35 万亿日元，年均下降 0.12%。

（二）从负债结构来看，住户部门负债渠道较窄，贷款是住户部门的主要负债

2017 年末，住户贷款平均占比为 95.54%。住户部门负债增幅波动总体较小，负债最高增幅为 2017 年的 1.9%，最低为 2011 年的 -4.2%，其中，住户贷款最高为 2017 年的 1.8%，最低为 2011 年的 -3.9%。

三、净资产

住户部门净资产从 2007 年的 2480.72 万亿日元增加到 2017 年的 2662.54 万亿日元，增加了 181.82 万亿日元（因四舍五入原因，与上文资产增加值 - 负债增加值不完全符合），增长 7.33%。净资产年均增加 18.2 万亿日元，年均增长 0.71%。住户部门资产负债率由 2007 年的 11.25% 降至 2017 年的 10.55%，年均下降 0.64%。

表 4－15

日本 2007—2017 年住户部门资产负债表

单位：十亿日元

项目	2007	2008	2009	2010	2011	2012	2013	2014	2015	2016	2017
1. 非金融资产	1175564.9	1152065.1	1102644.2	1079427.7	1052505.5	1035457.3	1039369.0	1048164.8	1047480.0	1059690.2	1075081.4
（1）生产性资产	384674.7	386601.3	368274.4	364053.8	357289.0	351777.1	361253.3	367305.2	363786.1	361045.8	364989.2
a. 固定资产	375497.6	377072.0	359146.3	355290.6	348114.3	341966.8	351121.7	357780.9	354770.4	352209.9	355420.4
b. 库存	9177.1	9529.3	9128.1	8763.2	9174.7	9810.3	10131.5	9524.3	9015.7	8835.9	9568.8
（2）非生产性资产（自然资源）	790890.2	765463.8	734369.8	715373.9	695216.5	683680.2	678115.8	680859.6	683693.9	698644.4	710092.2
a. 土地	790421.5	765099.3	734062.9	715099.4	694985.7	683393.9	677817.2	680525.0	683234.3	698072.7	709514.7
b. 非育成生物资源	468.8	364.4	306.8	274.4	230.8	286.2	298.6	334.7	459.7	571.7	577.5
2. 金融资产	1619492.7	1509390.4	1549403.5	1565964.2	1565893.8	1619863.5	1717428.6	1773749.9	1804897.8	1809592.8	1901531.1
（1）现金和存款	802370.8	810166.3	822847.2	835664.9	854856.0	872782.6	893488.0	910211.9	926485.3	943928.3	968769.7
（2）贷款	128.6	94.6	80.0	70.2	84.6	77.2	104.8	182.9	182.2	170.8	331.3
（3）债务证券	44548.2	43367.4	42208.9	39530.4	34638.6	31371.5	28864.6	27167.8	24214.7	23918.2	23990.3
（4）股权和投资信托受益证券	239076.0	145422.8	163161.2	173243.0	155293.8	178126.7	247961.1	268482.0	280229.5	266314.7	330211.3
其中：股份	157190.2	90711.8	98867.0	106357.0	95407.1	112894.8	170064.5	181925.0	196252.8	187766.9	248162.0
（5）保险、养老金和标准化的担保计划	480045.6	470293.4	470492.5	470168.7	473495.2	487463.4	497649.5	510490.4	516941.9	518407.0	522357.2
（6）金融衍生品及员工股票期权	268.4	537.2	703.4	637.7	605.0	917.3	554.7	1126.8	1215.9	912.2	651.1
（7）其他金融资产	53055.1	39508.7	49910.3	46649.3	46920.6	49124.8	48805.9	56088.1	55628.3	55941.6	55220.2
期末资产	2795057.6	2661455.5	2652047.7	2645391.9	2618399.3	2655320.8	2756797.6	2821914.7	2852377.8	2869283.0	2976612.5
3. 负债	314336.3	313834.5	308759.6	307008.9	294118.9	290674.8	294609.4	298589.8	303447.0	308278.3	314076.2
（1）贷款	301168.5	300492.9	295291.6	294504.7	283103.8	278900.6	282253.7	284554.2	288162.9	292483.7	297653.2
（2）金融衍生品及员工股票期权	280.5	609.2	620.5	641.9	519.9	820.6	286.2	692.8	866.3	741.8	734.0
（3）其他负债	12887.3	12732.4	12847.5	11862.3	10495.2	10953.6	12069.5	13342.8	14417.8	15052.8	15689.0
4. 净资产	2480721.3	2347621.0	2343288.1	2338383.0	2324280.4	2364646.0	2462188.2	2523324.9	2548930.8	2561004.7	2662536.3
年终债务加净资产	2795057.6	2661455.5	2652047.7	2645391.9	2618399.3	2655320.8	2756797.6	2821914.7	2852377.8	2869283.0	2976612.5

资料来源：https：//www. esri. cao. go. jp/jp/sna/data/data_ list/kakuhou/files/h29/tables/29si4_ jp. xls.

参考文献

［1］耿建新，丁含，吕晓敏，等．国家资产负债表编制的国际比较——基于《中国国民账户体系体系（2016）》的思考［J］．财会月刊，2018（22）．

［2］裴桂芬．从资金流量表看日本间接金融体制的变化［J］．国际金融研究，2008（6）．

［3］杨仲山．SNA 的历史：历次版本和修订过程［J］．统计研究，2008（12）．

［4］王守贞．日本资金流量账户的修订要点及其启示［J］．西部金融，2016（9）．

［5］王毅，郭永强．政府资产负债表：国际标准与实践［M］．北京：中国金融出版社，2015.

［6］廖萃芳，陈小杰．日本的家计调查——访日见闻之一［J］．中国统计，1993（7）．

［7］日本银行．日本央行资金流量账户统计的编制方法［EB/OL］．［2018－03］．http：//www.boj.or.jp/en/statistics/outline/exp/data/exsj02.pdf.

［8］日本银行．日本央行资金流量账户统计的编制指南［EB/OL］．［2018－03］．http：//www.boj.or.jp/en/statistics/outline/exp/data/exsj01.pdf.

［9］日本总务省统计局．日本国民经济核算编制方法［EB/OL］．［2018－11］．https：//www.esri.cao.go.jp/jp/sna/data/reference1/sakusei_top.html.

［10］日本内阁府．1966 年国民收入统计年报［EB/OL］．［1966－04］．https：//www.esri.cao.go.jp/jp/sna/data/data_list/kakuhou/files/rekishi/pdf/4104_1.pdf.

［11］日本内阁府．关于新 SNA——新的国民账户体系［EB/OL］．［1975－03］．https：//www.esri.cao.go.jp/jp/sna/data/data_list/kakuhou/files/rekishi/pdf/5003_5.pdf.

［12］日本总理府．家计调查规则（昭和五十年总理府令第七十一号）［EB/OL］．［1975］．http：//www.soumu.go.jp/menu_hourei/toukei.html.

［13］日本总务省统计局．家计调查概要［EB/OL］．［2018－06］．http：//www.stat.go.jp/data/kakei/1.html.

［14］日本内阁府．2019 年国民账户年度报告［R/OL］．https：//www.esri.cao.go.jp/en/sna/data/kakuhou/files/2017/2017annual_report_e.html.

［15］日本总务省统计局．全国消费实态调查概要［EB/OL］．［2014］．http：//www.stat.go.jp/data/zensho/2014/cgaiyo.html#a.

［16］日本内阁府．国民账户历史资料［EB/OL］．https：//www.esri.cao.go.jp/jp/sna/data/data_list/kakuhou/files/rekishi/sna_top.html.

［17］日本内阁府．日本国民账户统计沿革［EB/OL］．https：//www.esri.cao.go.jp/jp/sna/data/data_list/kakuhou/files/rekishi/sna_top.html.

［18］日本经济产业省．经济普查——活动调查统计［EB/OL］．https：//www.meti.go.jp/statistics/tyo/census/index.html.

［19］日本财务省政策研究所．财政金融月报［EB/OL］. https：//www. mof. go. jp/pri/publication/zaikin_ geppo/hyou/g801/801. htm.

［20］日本内阁府．国民账户体系术语解释［EB/OL］. https：//www. esri. cao. go. jp/jp/sna/data/data_ list/kakuhou/files/h29/sankou/pdf/term. pdf.

第五章 加拿大住户部门资产负债表

加拿大国家资产负债核算有着较长的历史，其住户部门资产负债表是加拿大国家资产负债核算体系中的重要组成部分。经过多年发展和修订，加拿大已经形成了对住户部门收入、支出、资产、负债以及财富积累的较全面核算与监测，并编制了较为系统、完善的住户部门资产负债表。本章按加拿大住户部门资产负债表的编制历史、部门分类、核算范围及分类、数据收集整理、数据分析的顺序，阐述其资产与负债核算方法、资料来源、估价技术等关键问题，系统介绍加拿大住户部门资产负债表的编制。

第一节 加拿大住户部门资产负债表编制的基本情况

加拿大住户部门是其国家资产负债账户基础部门分类中六大部门之一，住户部门资产负债表也成为其国家资产负债账户的重要组成部分。随着加拿大国家资产负债账户的不断发展，其住户部门资产负债表在基本结构、科目、编制方法等方面也不断完善，其核算原则遵从 SNA2008。本节主要介绍加拿大住户部门资产负债核算的发展过程及报表编制现状。

一、加拿大住户部门资产负债核算的发展过程

经过多年的发展和不断完善，当前加拿大住户部门资产负债表编制已较为成熟，能充分反映住户部门的资产和负债种类及规模等情况，对了解整个国家的经济金融运行情况具有重要的参考价值。

（一）加拿大国家资产负债账户概述

目前，加拿大统计局（Statistics Canada，SC）建立了较为完善的加拿大宏观经济账户体系（Canadian System of Macroeconomic Accounts，CSMA），以前称为加拿大国民账户体系（Canadian System of National Accounts），包括金融流量账户和国家资产负债账户（National Balance Sheet Accounts，NBSA）。其中，加拿大国家资产负债账户由国家资产负债表与六大基础部门的资产负债表组成（见

图 5－1)。国家资产负债账户的主要统计内容为：在特定会计期间（季度或年度）结束时点的金融资产、生产性非金融资产、非生产性非金融资产的价值以及金融负债的价值；不仅包括金融流量账户中所有部门及其子部门数据，还涵盖国家资产负债账户主要部门的非金融资产存量和净值数据。

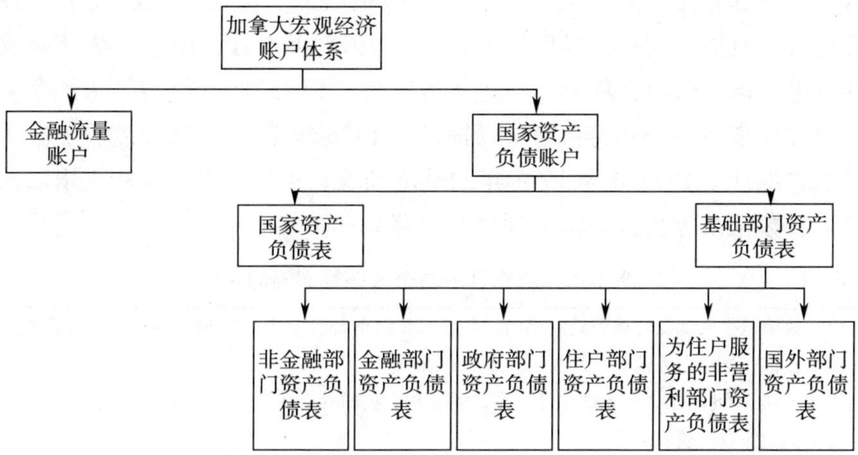

图 5－1　加拿大宏观经济账户体系结构

（二）加拿大住户部门资产负债表编制的发展历程

加拿大住户部门资产负债表的编制主要随国民账户体系及国家资产负债账户的发展而不断完善，主要经历了摸索、正式编制和完善三个阶段。

1. 摸索阶段：20 世纪 40 年代到 60 年代后期

加拿大国家资产负债账户统计起源于 20 世纪 40 年代，加拿大统计局开始进行国民账户体系的研究和试编工作。1946 年，加拿大统计局首次公布了国家收入和支出账户年度估算。1954 年，加拿大统计局首次公布了季度国民账户数据。1962 年，加拿大统计局首次将国民经济核算部门划分为个人、政府、企业和非居民四大类，并编制了历年来的四个部门收入和支出数据。这是加拿大首次将个人作为一个独立的国民经济核算部门，为以后不断完善并最终形成住户部门资产负债表奠定了重要基础。

2. 正式编制阶段：20 世纪 60 年代末到 21 世纪初期

加拿大统计局分别在 1969 年、1986 年和 1997 年对国民账户体系进行了三次重大修订，对个人部门的范围、分类及核算方式不断进行调整和完善。此外，在 1979 年之后，部分估计数据的发布时间由滞后 95～100 天缩短到滞后 60 天左右；1983—1984 年，加拿大统计局第一次公布了国家资产负债表，首次测算了非金融资产的存量数据，并涵盖所有部门。

（1）1969 年第一次修订

1969 年，加拿大依据联合国 1968 年发布的国民账户体系（International System of National Accounts，SNA 1968）对国民账户核算范围进行了第一次重大修订，对个人核算方法上如医院支出、个人投资收入、劳动收入以及个人收入估计标准进行了改进和调整，具体见表 5 – 1。1975 年 3 月，加拿大统计局发布了一套共三卷的国民账户文件集，非正式地称为“橙书”（“橙书”为加拿大国民账户指引文件集，共分三卷：第一卷提供了 1926 年至 1974 年年度收支决算估计数，第二卷统计了 1947 年至 1974 年的季度预算，第三卷对收入和支出账户的定义、概念、数据来源和方法做了详尽的解释）。

表 5 – 1　　1969 年第一次修订中对个人核算实施的变更

1	公立医院从个人部门转移到政府部门。公立医院以前都归类为个人部门的私人非专业机构，医院支出都包括在个人消费品的支出和服务中。
2	按照 SNA 1968 对个人收入的估计标准，雇主和雇员的社会保险和公共服务养老金的缴款从个人支出归类为政府税收支出。
3	政府雇员的托管养老金计划的投资收入归类为个人投资收入。
4	原来的投资收入拨款账户改为企业和政府企业的收支账户，分为个人（包括私营非营利机构）和非法人企业、政府、企业和政府企业以及非居民四大类。
5	除了 1961 年人口普查基准之外，新增雇员工资、薪金和补充劳动收入统计。

资料来源：加拿大统计局 1926—1968 年国民收入和支出账户统计。

（2）1986 年第二次修订

1986 年，加拿大对国家账户体系进行了第二次重大修订。修订的内容包括：新增对住户无偿服务（如家务劳动）的统计；解决个人收入的增长以及住户在商品和服务方面的支出被低估的问题，收入和支出估算大幅度上调；同时，再次对个人核算内容进行调整和完善，具体见表 5 – 2。

表 5 – 2　　1986 年历史修订中对个人核算实施的变化

1	从这一修订开始，消费品和服务的个人支出以及工资、薪金和补充劳动收入总额在加拿大宏观经济账户体系的所有部分都必须相同。
2	上调改建和改善的住宅建筑支出，影响住宅建筑、净租金、个人消费品支出和个人储蓄的统计。
3	在宏观经济账户体系中新增有关个人消费品和服务支出的统计，还按行业增加了劳动收入相应细节。
4	对个人耐用消费品支出的分类进行了修改，以符合联合国的标准。

资料来源：加拿大统计局：《加拿大收入和支出账户：修订说明》，1986 年 7 月 18 日。

（3）1997 年第三次修订

1997 年，为了与 1993 年版 SNA 以及国际货币基金组织出版的第五版《国际收支手册》（*Fifth Edition of the Balance of Payments Manual*，BPM5）保持一致，加拿大统计局进行了第三次修订，发布了 1997 年版的加拿大国家资产负债账户（Canada's National Balance Sheet Account，NBSA97），并沿用至2012 年第二季度。

在 1997 年版的加拿大国家资产负债账户中，常住机构部门被划分为个人和非法人企业部门、公司和国营企业部门以及政府部门三个部门。其中，个人和非法人企业部门包括为住户服务的非营利机构（Non-Profit Institutions Serving Households，NPISH）、信用社、人寿保险公司等。此次修订涉及个人核算内容的重要变化见表 5 -3。

表 5 -3　　1997 年修订中对个人核算实施的变化

1	退休津贴（遣散费）统计在劳务收入中，从 1990 年开始加拿大税务局提供数据。
2	雇主工资税、劳动收入税被重新分类为生产税。
3	大学从住户部门变为省和地区政府部门的一个分部门。
4	将住户对某些特定许可证和许可证的付款，例如机动车许可证，从直接税重新划分为间接税。

资料来源：加拿大统计局《1997 年加拿大国民账户体系的历史修订》，1998 年 10 月。

3. 完善阶段：2012 年至今

2012 年至今，加拿大国家资产负债账户进入完善阶段。2008 年联合国发布 SNA2008，为保持与 SNA2008 的一致性，2012 年，加拿大统计局对国家资产负债账户进行了第四次修订，完善了非金融资产的界定和各类资产的定值，更新了部门分类标准。

此次修订将个人和非法人企业部门划分为住户部门和为住户服务的非营利机构，将公司和国营企业部门划分为非金融部门和金融部门，至此常驻机构单位主要包括非金融企业、金融企业、广义政府、住户和为住户服务的非营利机构五大部门。住户部门正式从原来的个人和非法人企业部门中分离出来单列。

二、加拿大住户部门资产负债表编制的现状

2012 年，加拿大统计局根据联合国发布的 SNA2008 制定了《加拿大机构单位与部门分类指引（2012 年版）》。该指引为住户部门资产负债表的编制提供了依据，包含住户部门统计项目和调查项目的统计框架、数据来源、统计科目的定义等内容，为住户部门资产负债表的编制指导手册。

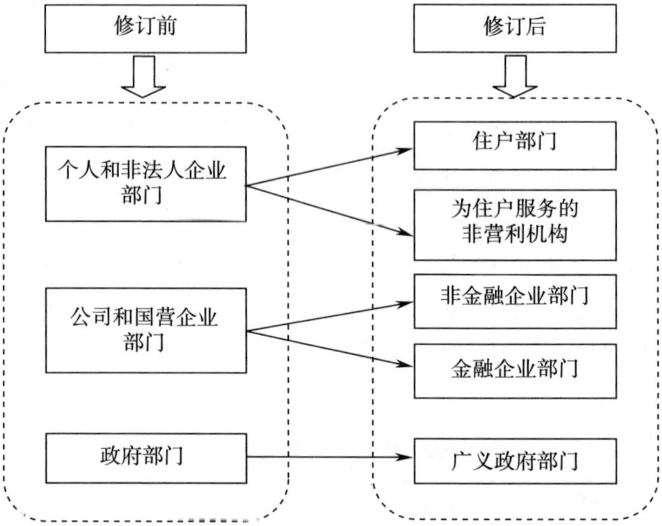

图 5－2　2012 年全面修订前后常驻机构部门划分对比

（一）统计机构

加拿大住户部门资产负债表的编制工作由加拿大统计局负责。加拿大统计局由五大部门组成，包括企业服务部，分析研究与统计基础设施部，经济统计部，人口普查、运营与信息部和社会、健康与劳动统计部，其中，住户部门资产负债表的编制主要由经济统计部负责。根据《加拿大机构单位与部门分类指引（2012 年版）》，经济统计部负责住户部门的数据调查、变量定义、统计、样表编制等工作，向加拿大联邦政府及各省政府提供统计数据，为其更好地了解加拿大住户部门发展情况提供数据信息参考和支撑。

（二）统计内容

加拿大住户部门资产负债表主要对住户部门的非金融资产、金融资产、负债与净资产进行统计（见表 5－4）。非金融资产分为生产性非金融资产和非生产性非金融资产。金融资产分为通货和存款、债务证券、贷款、股权和投资基金份额、人寿保险和养老金以及其他应收账款 6 个部分，其中，人寿保险和养老金包含个人的终身人寿保险与雇主缴纳的养老金，不包含政府缴纳的养老金。负债主要包括信用卡、购物卡、加油卡、汽车贷款、助学贷款及其他贷款等各类消费贷款、抵押贷款、非抵押贷款和应付账款。

表 5-4 加拿大住户部门资产负债表

科目	年份
总资产	
非金融资产	
生产性非金融资产	
住宅	
非住宅建筑物	
机器和设备	
知识产权产品	
耐用品	
存货	
非生产性非金融资产	
土地	
净金融资产	
金融资产总额	
通货和存款	
加拿大通货和存款	
外币通货和存款	
债务证券	
加拿大短期票据	
加拿大政府短期票据	
其他短期票据	
国外投资短期票据	
加拿大债券	
联邦政府债券	
省政府债券	
地方政府债券	
其他加拿大债券	
国外投资债券	

续表

科目	年份
贷款	
抵押贷款	
股权和投资基金份额	
上市股权	
非上市股权	
共同基金份额	
国外投资股权	
人寿保险和养老金	
其他应收账款	
其他应收款	
总负债	
金融负债总额	
贷款	
消费信贷	
非抵押贷款	
抵押贷款	
其他应付账款	
应付贸易账款	
净资产	

（三）统计对象

加拿大住户部门资产负债表编制的统计对象为加拿大十个省市、10 万多户家庭，共计 30 多万居民，主要通过住户支出调查、金融安全调查等抽样调查确定统计样本（第四节将进一步阐述）。特别地，统计对象除了通常意义上的常住居民以外，还包括住户经营的非法人企业、特定类型的非法人企业两类特殊的对象（第二节将进一步阐述）。

（四）统计频度

加拿大住户部门资产负债表统计周期，根据统计对象的特殊性，分为短的会计周期、一年会计周期、终身统计。例如，收入不定期或耐用品等不经常支出的项目，通常采用一个月的统计周期；而终身收入等项目，通常采用终身统计。股息、利息、红利等有时一年支付一次的项目，通常按其支付频率每年采集一次。

（五）数据公布时间与共享方式

加拿大统计局按季度、年度编制住户部门资产负债表，当前统计口径的住户部门资产负债表是从2012年第三季度起开始编制的。每期报表编制完成后，在加拿大统计局官网上进行公布。其中，季度资产负债表一般于下一季度的最后一个月的中旬前公布，年度资产负债表一般于次年3月中旬前公布。

第二节 加拿大住户部门的核算范围及分类

加拿大经济系统中的部门以其功能划分，部门之间存在联系，但划分明晰。住户部门具有消费者和劳动力供给者的双重身份；为住户服务的非营利机构提供非市场的产品和服务；非金融企业负责生产；金融企业提供金融服务；政府部门负责公共产品和服务的提供以及收入与财富的再分配。本节主要介绍住户部门的定义、核算范围以及从不同角度对住户部门进行分类。

一、住户部门的核算范围

（一）住户的定义

住户被定义为这样的一群人：他们共享相同生活住所，把成员的部分或全部收入和财富汇集起来使用，并集体消费一些商品和服务（如住房和食品）。无论其就业地点如何，同一住户的所有成员都被视为拥有相同的居住地。一般而言，每一个住户成员对住户中的集体资源都拥有一定的权利，至少某些影响消费或其他经济活动的决定必须由住户成员全体作出。

除了根据上述定义能够界定出的普通住户外，加拿大统计局还把下列三类人员或组织同样定义为住户部门。

一是作为机构单位的住户。永久居住在某机构中的人员，或者可预期将在相当长或无限期居住在该机构中的人员，即使只有很少或者没有行动的自主权或经济事务的决策权，仍要作为该单独机构住户的成员处理。例如，居住在寺院、修道院或者类似宗教机构中的成员；医院（包括精神病院）的长期住院病人；长期服刑的犯人；长年在养老院中居住的人。但需要注意的是，短期进入医院、诊所、疗养院、宗教静修场所或类似机构的人员，应处理为他们正常所属住户的成员，如常住在学校、学院或大学学习的人员，以及短期服刑的人员。

二是住户中的非法人企业。按照加拿大统计局的规定，当合伙人对于企业债务承担无限责任时，合伙企业必须处理为住户部门内的非法人企业。其理由是，住户的所有资产，包括住所本身，在企业破产时都是有清偿风险的。住户成立市场性非法人企业的目的，在于生产能在市场上销售或易货的货物或服务，类似于个体经营的情况。住户的市场性非法人企业也包括那些生产能在市场上销售或易货之货物或服务的非法人合伙企业，合伙人可以来自不同的住户。

三是存在雇用关系的住户。与雇主生活在同一住所的家政人员，即使他们被提供住宿和膳食作为实物报酬，仍不能成为雇主所在住户的成员。因为被雇用（支付薪酬）的家庭雇员对雇主住户的集体资源没有主张的权利，而其消费的住宿和膳食也并不包括在其雇主的消费中。所以，加拿大统计局将他们归属为独立于雇主住户的其他住户的成员。

（二）住户部门的核算范围

住户与家庭通常是一致的，但由于传统、宗教、教育、气候、地理、历史和其他社会经济因素的影响，在不同的社会或文化中，住户可以有不同的规模，可以有种类广泛的不同形式。在加拿大统计局资产负债核算中，住户部门的核算范围涵盖以下几个方面：通常意义上的家庭，共同生活，收入和财富共享；居住在一起机构单位成员，长期住院病人、养老院居民、修道院和修道院成员以及在监狱长期服刑的囚犯；家庭经营的非法人企业，可能从事各种商品和服务的生产和销售，例如家庭装修、农业、公寓租赁、采掘业、制造业、建筑业、零售业或其他种类的服务业，其规模可以差异很大：小到几乎不需要资本或不动产的单人工作，如街头小贩或擦鞋匠，大到拥有许多员工的大型制造、建筑或服务企业。除此之外，加拿大住户部门还包括部分 SNA2008 中认定的准公司，其特征是有足够的信息来编制一套完整的财务账目，像一个单独的公司一样运作，与其所有者的关系类似于公司与股东之间的关系。例如，加拿大统计局将法律、会计和建筑等合伙关系企业认定为准公司，归属到住户部门核算中，而不是按照 SNA2008 的标准将其归属为非金融或金融企业部门。

（三）对非营利机构（NPI）归属的处理

在加拿大资产负债核算中，将非营利机构（NPI）划分为三类，分别为服务于住户部门的非营利机构、服务于企业的非营利机构以及受到政府控制和资助的其他非营利机构。在加拿大国民经济核算实践当中，一是包括专业协会、工会、政党、教堂、慈善机构以及文化、娱乐和体育俱乐部等服务于住户部门的非营利机构（NPISH），被划分为一个独立的部门，独立核算资产负债信息，不归属于住户部门资产负债表中。二是服务于企业的非营利机构，包括商会、贸易协会、商业游说团体等，归属为金融企业部门或非金融企业部门。三是受到政府控制和资助的其他非营利机构，如一些学校、学院、大学和医院，归属为政府部门。需要注意的是，医院、养老院、监狱本身被归类为政府部门，但医院、养老院、监狱里面的长期居住成员是作为机构单位归属住户部门。

二、住户部门的分类

加拿大统计局从地区、年龄、住户类型（一人和多人）和住户人均可支配收入四个维度对住户部门进行分类。

（一）按地区分类

加拿大统计局以省为单位对住户进行地区分类，并按照地域区划划分为五大区域：大西洋区域（纽芬兰、新斯科舍、爱德华王子岛和新不伦瑞克省）、魁北克省区域、安大略省区域、大草原区域（曼尼托巴省、萨斯喀彻温省和艾伯塔省）和不列颠哥伦比亚省区域。住户按其主要居住地划入相应区域，暂时远离（超过一年）其主要居住地（如工作或学习）的住户成员按其当前主要居住地进行归属划分。

（二）按年龄分类

加拿大统计局按照不同年龄区间，根据每组住户人员的平均年龄，将住户划分为 5 个年龄组别：35 岁以下、35 岁至 44 岁、45 岁至 54 岁、55 岁至 64 岁、65 岁以上。

（三）按住户类型分类

一是按照住户人数分为由一个人组成的住户和由两个及以上人组成的住户两类。二是按照婚姻状况分为已婚和未婚两类。三是按照抚养子女状况分为有抚养子女和无抚养子女两类。

（四）按照住户人均可支配收入分类

加拿大统计局按照人均可支配收入，将住户进行五等分，即住户按照可支配收入归属于全国最低 20%、20% ~ 40%、40% ~ 60%、60% ~ 80%、最高 20% 五个区间分类。住户收入数据主要来自于加拿大税务局（CRA）一年一度的个人所得税申报表、人口普查等。

第三节　加拿大住户部门资产负债核算范围及分类

住户部门资产负债作为季度国家资产负债账户（NBSA）的一部分，由加拿大统计局定期进行核算和公布。加拿大住户部门资产负债表的核心内容是资产、负债及财富净值的核算（见图5－3）。本节主要介绍住户部门资产负债表主要资产负债项目核算的具体范围及分类。

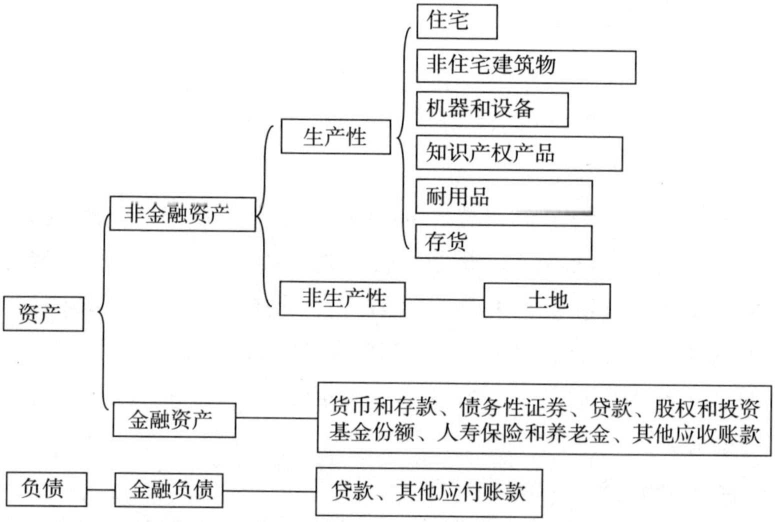

图5－3　加拿大住户部门资产和负债分类示意图

一、住户部门资产核算范围及分类

加拿大住户部门资产项目共有24个子项目，分为非金融资产和金融资产。

（一）非金融资产

在加拿大住户部门资产负债表中，非金融资产按产生的方式或过程可划分为生产性非金融资产和非生产性非金融资产两类。生产性非金融资产主要包括住宅、非住宅建筑物、机器和设备、知识产权产品、耐用品、存货六类；非生产性非金融资产仅包括土地一项。

1. 生产性非金融资产

（1）住宅

住宅是指完全或主要用于居住的建筑物，包括各种附属结构，如车库和相关构建物。作为居民主要居住场所的居住船只、移动设施和大篷车也包括在内。

（2）非住宅建筑物

非住宅建筑是除住宅外的所有建筑物，包括商业建筑、旅馆、饭店和仓库等。

（3）机器和设备

机器和设备包括运输设备及其他机器和设备。运输设备包括机动车辆、船舶、飞机、摩托车及自行车等。其他机器和设备包括一般和特殊用途机器，计算机设备，电子机器，收音机、电视和通讯设备，家具，手表和钟，乐器以及体育用品等。

（4）知识产权产品

知识产权产品又称无形资产，指研究、开发、调查或者创新成果，这些行为会产生知识，开发者或作者通过销售这些知识，或者在生产中使用这些知识而获利，这些知识受到法律保护并在使用中受限，包括从研究、开发、矿物勘探和计算机软件中获取的知识。根据 SNA2008 的建议排除人力资本。

（5）耐用品

耐用品是指正常或平均物理使用率下可在至少一年的时间内反复或连续使用的物品。耐用消费品是以消费为目的、可以反复或连续使用一年以上的货物。加拿大资产负债账户将耐用品纳入核算，而在 SNA2008 中，耐用消费品不构成固定资产，也不体现在资产负债表中。

（6）存货

存货是生产者为今后销售、在生产中使用或其他用途而持有的商品和服务。存货包括原料和供应品、在制品、制成品及用于转售的商品等。

2. 非生产性非金融资产

非生产性非金融资产仅包括土地一项。土地是指地面本身，包括覆盖的土壤、相关的地表水及对土地的重大改良获得的经济利益。

（二）金融资产

1. 通货和存款

通货和存款包括流通中的纸币和硬币，住户部门持有的加拿大存款吸收机构的本币存款和在国外的外币存款。存款吸收机构包括商业银行、信用合作社、信托及抵押贷款公司等。

（1）加拿大通货和存款

加拿大通货和存款指住户部门持有的流通中的加元纸币和硬币（不包括因

特殊目的发行的纪念币）以及在加拿大商业银行以加元计价的存款，包括活期、储蓄和定期存款以及银行间存款。活期存款包括可通过支票、汇票或直接借记/贷记转让的金融资产。持有的其他机构存款特别是信用合作社、信托和抵押贷款公司存款也包括在此类别中。

（2）外币通货和存款

外币通货和存款指住户部门持有的流通中的外币，加拿大商业银行及其外国分支机构和子公司、外国银行和其他外国存款机构以外币计价的存款，也包括持有的信用合作社、信托和抵押贷款公司少量的外币和存款。

2. 债务证券

债务证券是证明投资者向发行人借出资金的可交易证券，并且具有特定的发行条款，如借入的金额、应付的利率以及到期日或续约日期等。债务证券主要包括政府、企业和非住户部门的短期票据，联邦、省、地区和市政府债券，公司债券，外国债券和抵押证券等。

（1）加拿大短期票据

加拿大政府短期票据。加拿大政府短期票据又称加拿大政府国库券，是短期（原始期限不到一年）可转让的不记名票据。这些票据通过电子拍卖系统（CARS）在每周拍卖会上出售。原始期限通常为13周、26周或52周。一般按摊销价值计算，即购买价格与到期价值之间的差额通常以直线法在金融资产持有人账簿上摊销。加拿大政府账簿上的负债按面值减去摊销折扣记录。

其他短期票据。其他短期票据指由各种金融和非金融公司折扣发行的可销售的短期票据（原始期限为一年或更短），也被称为商业票据，主要发行人是销售融资和消费贷款公司，包括银行承兑汇票、省和地方政府的国库券、资产支持证券等。

（2）国外投资短期票据

国外投资短期票据是指加拿大住户部门持有的美国国库券和美国其他短期票据，以及持有世界其他地方的短期票据工具。

（3）加拿大债券

联邦政府债券。联邦政府债券是由联邦政府发行的，以加元或外币计价的中长期（原始期限超过一年）可交易担保债券。包括联邦政府储蓄债券、向加拿大退休金计划发行的特殊不可售债券以及由联邦政府企业发行的有明确担保的债券。同时，联邦政府担保的债券，计入联邦非金融政府企业的债务，属于联邦政府债券。

省政府债券。省政府债券指省级政府发行的，以加元或外币计价的中长期（原始期限超过一年）可交易债券。包括省级政府储蓄债券、向加拿大退休金计划发行的不可售特殊公债以及省政府担保债券。其中，省政府担保债券是由非金融企业发行且由省政府作出担保的债券（如魁北克水电公司债券），计入非金融政府企业的负债。

地方政府债券。地方政府债券是由地方政府和地方政府企业发行的，以加元或外币计价的中长期（原始期限超过一年）担保可售债券。由当地非金融政府企业发行地方政府担保的债券被计入这些企业的负债。

其他加拿大债券。其他加拿大债券主要包括加拿大公司发行的以加元或外币计价的中长期债券。包括抵押债券，但不包括抵押贷款。除私人非金融和金融公司发行的债券外，还包括非营利组织（如教堂、大学、非营利性合作社）、政府商业企业和医院发行的债券。

（4）国外投资债券

国外投资债券是指加拿大住户部门持有的外国政府和公司发行的债券。

3. 贷款

仅包括抵押贷款一项。抵押贷款指住户部门持有的以不动产担保的分期回款销售协议。

4. 股权和投资基金份额

股权和投资基金指在支付公司所有债权人的债务后对公司剩余价值的所有权。股权和投资基金包括持有上市股权和非上市股权、共同基金份额以及国外股权投资。

（1）上市股权

上市股权包括普通股和优先股，代表公司所有权的股份。

（2）非上市股权

非上市股权包括存托凭证、收入信托、权证。

存托凭证是加拿大国内银行发行、在国内证券交易所交易的外国公司证券。

收入信托是为投资者创造现金流和收入的一种投资信托，房地产投资信托和自然资源信托是比较受欢迎的收入信托。

权证是赋予持有人在特定时期内以特定时期内从认股权证发行人（通常是公司）购买一定数量的股票或债券的一种期权形式。

（3）共同基金份额

共同基金是代表一群投资者投资并经过专业管理的多元化证券组合。个人投资者拥有基金价值的百分比以购买的单位数量为标准，从而分享基金的任何收益或损失。根据基金的目标，其资产可包括股权、债务或其他金融工具。共同基金包括交易所交易基金。

（4）国外股权投资

国外股权投资指加拿大住户部门投资的国外股权，包括投资国外的普通股、优先股以及其他类似工具。这些投资可以加元或外币计价。

5. 人寿保险和养老金

加拿大人寿保险和养老金资产涉及人寿保险公司和养老基金对保单持有人和受益人的责任，具体包括人寿保险公司、兄弟福利协会、人寿保险公司的隔离基金，意外和疾病保险公司以及养老金计划成员的养老金计划。相应的金融资产完全由住户部门持有。在加拿大国民账户体系中，人寿保险公司和养老基金被视为个人协会，累计的净金融资产被视为保单持有人的财产，最终将支付保险费。

6. 其他应收账款

其他应收账款主要包括回购协议和其他金融衍生工具，如期权和远期合同。

国家资产负债账户（NBSA）对资产的定义和范围与 SNA2008 基本保持一致，但有四处不同：第一，加拿大非金融资产项目中“耐用品”不在 SNA2008 资产范围内。第二，部分历史古迹和贵重物品，如贵重金属和宝石、古董和其他收藏品，以及文学和艺术原件等物品不在加拿大资产负债账户统计范围内。可能是因为与历史较长、艺术品和文物收藏较多的其他国家相比，加拿大住户部门的该类资产总体相对较小，且可用的源数据不足。第三，部分非生产性无形资产，如专利、商标、版权和商誉等未纳入加拿大住户部门资产负债账户中。第四，根据 SNA2008，除了土地价值之外，非生产性非金融资产还包括无线电频谱、矿物和能源资源、非育得生物资源、水资源和其他自然资源以及从这些自然资产中获得的相关租赁收益。由于测量困难，这些非生产性非金融资产类型尚未在加拿大国家资产负债账户中体现。

二、住户部门负债核算范围及分类

加拿大住户部门国家资产负债表负债项目共有四个子项目。

（一）贷款

贷款主要包括消费信贷、非抵押贷款和抵押贷款。

1. 消费信贷

消费信贷指向购买消费品和服务的住户提供的信贷，包括特许银行的加元和外币个人贷款（不包括商业和抵押贷款、个人财产翻新贷款、移动房屋贷款和购买证券贷款），由人寿保险公司发放的政策性贷款，由消费金融贷款公司发放的贷款，由百货公司和汽车公司的消费金融子公司发放的贷款。

2. 非抵押贷款

非抵押贷款指加拿大特许银行在加拿大发放的贷款、透支、分期贷款和证券回购协议。通过融资租赁融资也可以归类为贷款，具体取决于租赁条款。贷款可以是加元或外币，但价值以加元表示。外国银行（即没有加拿大境内经营的银行）或加拿大特许银行的外国分支机构、代理机构和子公司向住户部门提供的贷款也包括在此类别中。

3. 抵押贷款

抵押贷款是住户部门以住宅财产和其他固定财产作为抵押品向银行取得的贷款。住房贷款不被视为抵押贷款。抵押贷款的特点是每月进行抵押贷款本金和利息的混合还款。债券虽然可以通过不动产担保，但通常需要半年支付利息并在到期时偿还本金。

（二）其他应付账款

其他应付账款主要是应付贸易账款。应付贸易账款是指住户部门在日常业务过程中收到商品或服务但尚未支付的账款。

三、加拿大住户部门和其他部门资产负债核算范围比较

加拿大国家资产负债账户是适用于所有经济部门和整个经济体的综合性的国家资产负债账户，住户部门资产负债表是加拿大国家资产负债账户的一个组成部分。表 5－5 显示住户部门与其他部门资产负债账户的指标差异情况。

从资产方看，一方面，住户部门不向其他部门提供除抵押贷款外的其他贷款，包括消费贷款、非抵押贷款、公司索赔贷款和垫款、政府索赔贷款和垫款等，因此住户部门相应金融资产为零。同时，住户部门也不拥有武器系统、自然资源、官方储备等资产。另一方面，其他部门也不拥有储蓄公债、耐用消费品等项目，除金融企业外其他部门不持有人寿保险或养老金资产，相应部门资产负债表中的条目也为零。

从负债方看，一方面，住户部门不能吸收存款、发行债务性证券、发行股票和投资基金份额、持有人寿保险和养老金，也没有其他应付款负债，所以相应金融负债为零。另一方面，住户部门是唯一承担消费信贷责任的部门，所以其他部门该项目为零。

表 5－5　住户部门与其他部门资产负债账户指标异同情况表

	为住户服务的非营利机构	非金融企业	金融企业	政府部门
住户部门拥有，而其他部门没有的项目	资产方 1. 生产性非金融资产——耐用消费品 2. 通货和存款——外币通货和存款 3. 债务证券及其所有子项 4. 贷款及抵押贷款子项 5. 股权和投资基金份额及其所有子项 6. 人寿保险和养老金 负债方 1. 消费信贷 2. 其他应付账款——应付贸易账款	资产方 1. 生产性非金融资产——耐用消费品 2. 地方政府债券 3. 人寿保险和养老金 负债方 贷款——消费信贷	资产方 生产性非金融资产——耐用消费品 负债方 贷款——消费信贷	资产方 1. 生产性非金融资产——耐用消费品 2. 人寿保险和养老金 负债方 贷款——消费信贷
其他部门拥有，而住户部门没有的项目	负债方 其他应付账款——其他应付款	资产方 1. 非生产性非金融资产——自然资源 2. 贷款——消费信贷、非抵押贷款、公司索赔贷款和垫款、政府索赔贷款和垫款 3. 非上市股权——公司索赔股权 4. 其他应收款——应收贸易账款 负债方 1. 债务证券及其子项 2. 贷款——公司索赔贷款和垫款、政府索赔贷款和垫款 3. 股票和投资基金份额及其子项 4. 人寿保险和养老金及其子项 5. 其他应付账款——其他应付款	资产方 1. 官方国际储备及其子项 2. 贷款——消费信贷、非抵押贷款、公司索赔贷款和垫款、政府索赔贷款和垫款 3. 非上市股权——公司索赔股权 4. 其他应收款——应收贸易账款 负债方 1. 货币总额和存款及其子项 2. 债务证券及其子项 3. 贷款——公司索赔贷款和垫款、政府索赔贷款和垫款 4. 股票和投资基金份额及其子项 5. 人寿保险和养老金及其子项 6. 其他应付账款——其他应付款	资产方 1. 生产性非金融资产——武器系统 2. 非生产性非金融资产——自然资源 3. 贷款——消费信贷、非抵押贷款、公司索赔贷款和垫款、政府索赔贷款和垫款 4. 非上市股权——公司索赔股权 5. 股票和投资基金份额 6. 其他应收款——应收贸易账款 负债方 1. 货币总额和存款及其子项 2. 债务证券及其子项 3. 贷款——政府索赔贷款和垫款 4. 股票和投资基金份额及其子项 5. 人寿保险和养老金及其子项 6. 其他应付账款——其他应付款

从净资产看，住户部门净资产比企业部门（金融公司和非金融公司部门）的净资产大，有两个方面原因：一方面，在国家资产负债表核算中，公司股权作为公司部门的负债（同时是其他部门的资产），而不同于在公司会计报表中作为权益项，因此国家资产负债表中的公司净资产几乎为零。同时，国家资产负债表主要以市场价值记录非金融资产、金融资产和负债，而不像公司财务报表中以账面价值记录并保持严格的会计平衡，这可导致企业部门正或负的净值。另一方面，住户部门并不像企业部门一样将自身权益作为本部门负债，从而不会出现像企业部门一样净资产接近零，总体上住户部门金融资产和非金融资产会高于负债，使得住户部门净资产总是为正。因此，由于非金融资产、金融资产和负债的估值方法，资产的缺失和其他计量问题，企业部门的净值在零附近波动，而住户部门不存在这种情况。

第四节 加拿大住户部门资产负债表的编制

加拿大住户部门资产负债表的编制主要以加拿大央行报表、政府相关部门的行政管理数据以及加拿大统计局开展的抽样调查数据为基础，按照 SNA2008 和 IMF 编制的《政府财政统计手册》等准则，对资产负债各个项目进行估值和整理。住户部门资产负债表的编制框架与国家资产负债表的编制框架基本一致。本节主要介绍加拿大住户部门资产负债表编制的数据收集、报表项目估值以及报表数据整理情况。

一、加拿大住户部门资产负债的数据来源

加拿大住户部门资产负债表的数据主要来自加拿大央行报表、政府相关部门的行政管理数据以及加拿大统计局开展的抽样调查等多个渠道。

（一）数据来源

总体上看，加拿大住户部门资产负债表的数据来自两个方面：一方面，来自央行统计报表、商业管理部门、税收部门、社会保障部门等政府机构的行政管理记录、监管和统计数据；另一方面，来自住户支出调查、金融安全调查等专项抽样调查数据，例如，加拿大住户支出调查以问卷的方式，按月对加拿大十个省的 17792 个家庭和三个省会城市的 929 个家庭的居住特征、人口情况、家用设备、收入支出、个人所得税、养老金等信息进行调查，是加拿大住户部门资产负债表数据的重要来源。具体数据来源见表 5－6。

表 5 - 6　　加拿大住户部门资产负债表数据来源情况

科目	数据来源
非金融资产	
生产性非金融资产	
住宅	加拿大政府行政和管理相关记录、统计局住户支出调查等。
非住宅建筑物	加拿大政府行政和管理相关记录、国民经济账户系列报表等。
机器和设备	加拿大统计局住户支出调查。
知识产权产品	加拿大统计局市场物价调查。
耐用品	加拿大统计局住户支出调查。
存货	加拿大政府行政和管理相关记录、统计局住户支出调查等。
非生产性非金融资产	
土地	加拿大政府行政和管理相关记录、国民经济账户系列报表、统计局住户支出调查等。
金融资产	
通货和存款	加拿大央行货币银行系列报表。
债务证券	加拿大央行货币银行系列报表、统计局住户支出调查等。
贷款	加拿大统计局住户支出调查。
股权和投资基金份额	加拿大国民经济账户系列报表、政府行政和管理相关记录。
人寿保险和养老金	加拿大国民经济账户系列报表、养老基金季度调查及行政和管理相关记录。
其他应收账款	加拿大统计局住户支出调查。
金融负债	
贷款	加拿大央行货币银行系列报表。
其他应付账款	加拿大统计局住户支出调查。

（二）调查方法

加拿大统计局目前除了普查以外基本没有全面调查，而是进行专项抽样调查，并且专项抽样调查是住户部门资产负债数据的重要来源。目前，加拿大统计局针对住户部门主要有住户支出调查和金融安全调查。

1. 住户支出调查

从 1997 年起，加拿大统计局开始定期开展住户支出调查，主要调查加拿大住户的详细支出、居住特征、人口情况、家用设备、个人所得税、养老金等信息，从最开始的年度调查不断增加调查频度，到目前已演变为月度调查。

（1）调查内容

住户支出调查主要收集住户支出的详细信息，另外还收集住户人口、住房类型、年龄和居住期限等信息，以及个人所得税和养老金等信息。调查期限通常为1年，如果超过1年，则用于收集不经常、不定期购买商品和服务或较昂贵的支出信息，如果未超过1年，则用于收集经常或定期购买货物和服务或较低的支出信息。

表5－7　　加拿大统计局住户支出调查主要内容

调查内容	具体项目	是否可用于编制住户部门资产负债表	备注
住宅特点	卫生间数量	否	
	需要修缮	否	被访者在采访时对该住宅需要修缮以使其恢复原状的看法。不包括翻新、扩建、改造或节能改造，这些改造将使住宅在原有条件的基础上得到升级。
家庭设施	房屋所有权	是	是否存在住房抵押，租用。
	住宅类型	否	
	移动电话	是	
	电脑	是	
	是否能上互联网	否	
	是否拥有车辆	是	
家庭支出	在外住宿	是	包括所有旅行期间的住宿费用。不包括作为一揽子旅行一部分的住宿费用。
	含酒精饮料	是	包括从商店和餐馆购买的含酒精饮料。还包括自制啤酒、葡萄酒或白酒的用品和费用。
	折扣和退款	是	在数据表中显示为“负支出”，因为它们代表的是流入家庭的资金，而不是流出家庭的资金。
	从餐馆购买的食物	是	“餐馆”包括提供全套服务的餐馆、快餐店和自助餐厅，以及小食摊、小吃店、自动售货机、流动食堂、餐饮承办商和薯片车。这些支出包括小费，不包括酒精饮料的支出。
	从商店购买的食物	是	“商店”包括所有可以购买食物的场所，如杂货店商店、特色食品店、百货公司、仓储式商店、便利店，以及冷冻食品供应商、户外农贸市场、摊档等一切非服务性场所。这些支出是现金溢价券或现金出纳机退税的净额，包括购买时支付的存款。这些存款在偿还时不包括在支出内，并在“杂项支出”一节中列为负支出（资金流入）。
	博弈游戏	是	所有类型的博弈游戏的支出。这些支出不包括这些比赛的奖金。
	医疗保健	是	包括由家庭支付的直接（自付）费用，以及私人健康保险费。
	家用电器	是	扣除折价及其他折扣后的净购买价。

续表

调查内容	具体项目	是否可用于编制住户部门资产负债表	备注
家庭支出	所得税	是	在调查基准年之前的一个纳税年度应缴纳的联邦和省级所得税总额。包括所得税、资本利得税和存款准备金率提款税，包括免税、扣减、不可退还的税收抵免和可退还的魁北克减税。
	包价旅游	是	包括至少两部分，如交通和住宿，或住宿与食品和饮料。
	物业税、学校税、自有度假屋及其他二次住宅的水费及排污费	是	特别服务费用（例如，垃圾收集和下水道使用），学校税和水费包括在内。
	购买汽车、货车和卡车	是	净购买价格，包括购买车辆时购买的额外设备、配件和保修单，减去任何折价或单独销售后的价格。当车主独立销售一辆汽车时（例如，在购买或租赁另一辆汽车时没有进行交易），就会发生单独销售。
	租金	是	净租金，不包括已付的商业租金或已出租的房间。包括支付给房东的额外款项。
	修理和保养（自有住房）	是	包括各种修理和保养的劳力和材料支出，修理和保养内建设备、器具和固定装置的支出。与改建和改善有关的支出不包括在内，因为它们被认为是资产（投资）的增加，而不是费用。

（2）调查频度与对象

调查频度。住户支出调查在2010年之前按年展开调查，每年的第一季度完成调查；2010年之后则变为按月调查。

调查对象。调查对象为加拿大十个省和三个省会城市的住户，但不包括以下三类住户：一是居住在军营机构的住户、军队成员以及住在印第安保留区的住户；二是居住在空置率很高的地区的住户和征收费用过高地区的住户；三是居住在养老院的住户和长期居住在学校、工作营地的住户，以及宗教和其他社区的住户。

（3）调查方式

住户支出调查基于自愿原则，调查方式为计算机辅助面访方式。调查人员在对受访者进行计算机辅助面访后，要求受访者从访谈后的第一天开始记录所有家庭成员两周内的支出情况，但租金、定期水电费、购买房屋和汽车的支出除外。住户也可以选择提供购物收据，以减少手工记录。

（4）抽样方法

住户支出调查采用分层多阶段抽样方法。第一阶段按照地区分层，根据住户开支的特征与每个省的住户数量进行划分；第二阶段按照住户的特征进行分层，为了提高调查结果的准确性，对具有相似特征的住户进行分类，在选取样本时，高收入住户阶层占总样本比例高于其他阶层所占比例。以 2016 年的调查为例，加拿大统计局抽取了十个省的 17792 个住户和三个省会城市的 929 个住户进行调查。

2. 金融安全调查

为了全面掌握住户部门净资产及其组成部分，充分了解住户部门资产、债务、就业与教育等信息，进一步理解经济压力对住户造成的影响情况，自 1999 年起，加拿大统计局建立了金融安全调查。加拿大金融安全调查基本上每三年开展一次，其数据不直接进入加拿大住户部门资产负债表，而是作为比照和核查住户部门资产负债表数据准确性的一个参考。

表 5-8　　加拿大金融安全调查内容

调查指标	具体内容
总资产	• 雇主养老金计划 • 收藏品的价值，包括硬币、邮票和艺术作品
金融资产	• 非养老金金融资产总额 • 私人养老金资产 • 住户经营的所有业务的累计价值
人寿保险和养老金	所有雇主养老金计划的价值
其他金融资产	• 由住户经营的所有企业的累计价值 • 未登记的银行货币资产价值 • 所有非注册债券的资产总值 • 共同基金和其他投资 • 持有加拿大境内和境外公开交易的股票 • 免税储蓄账户 • 其他投资或金融资产 • 非公开交易股票，非注册股票 • 所有注册退休基金 • 其他退休基金的资产价值
非金融资产	• 收藏品的价值，包括硬币、邮票和艺术品

续表

调查指标	具体内容
房地产	• 主要住所的价值 • 除主要居住地以外的所有房地产的资产价值
其他非金融资产	• 个人使用车辆的价值 • 其他休闲车的价值 • 主要居住屋的价值 • 其他
负债	• 住户总负债
抵押贷款	• 抵押贷款债务总额（主要住房和其他抵押贷款）
其他负债	• 信用卡和分期付款 • 所有车辆贷款 • 所有信用额度 • 学生贷款 • 来自金融机构的其他贷款和其他欠款
净值	• 住户的净值 • 收藏品的价值，包括硬币、邮票和艺术品

（1）调查内容

金融安全调查内容主要包括住户的金融资产价值、非金融资产价值，以及住户的抵押贷款、汽车贷款、信用卡、助学贷款与其他债务等（见表5－8），涵盖住户全面的财务状况信息，帮助政府部门制定政策。

（2）调查频度与对象

在2016年以前，金融安全调查采取不定期方式，分别在1999年、2005年与2012年进行过调查。而从2016年开始，每三年进行一次，调查时间在9月至12月进行。调查对象为加拿大十个省的住户，但不包括居住在保护区或其他土著人居住区的住户与患有慢性病居住在医院或养老院的住户。1999年调查了23000个住户，但2005年由于调查经费减少原因仅调查了9000个住户，2012年调查了20000个住户，2016年调查了21000个住户。

（3）调查方式

金融安全调查的主要方式为问卷面访形式，调查人员配备一台安装了调查程序的手提电脑，对受访者进行计算机辅助面访，平均受访时间大约为45分钟。由于调查涉及住户信息，为保证数据的真实性，调查基于自愿原则，不强制任何住户参加调查，问卷也分为英语与法语两个语种版本。另外，为了调查结果的全面性，数据来源还包括个人税务数据记录、雇主资助退休金计划条款等监管信息。

（4）抽样方法

金融安全调查的抽样方式为横断面式抽样调查，加拿大的每个省被划分为城市地区和农村地区，采用分层抽样方法。一是在城市地区，以加拿大城市住户地址注册信息的单个住户住所地址为采样单元，采用单阶段分层抽样方法，并按照住户的年龄与收入等信息对抽样住户进行分组。由于少部分较富裕的住户掌握了全社会较多的财富，为了保证调查结果能够更加准确地反映住户净资产的情况，在城市地区的样本选取时，富裕住户的占比高于贫困住户的占比。二是在农村地区，从劳动力调查的地域数据中抽取样本，采用多阶段分层抽样方法对农村住户进行调查。第一阶段按照地理区域分层，第二阶段按照住户信息分层。以 2016 年调查为例，金融安全调查的样本有 21112 户住户，其中 13328 户住户来自城市地区，7784 户住户来自农村地区。

二、加拿大住户部门资产负债的估值

加拿大统计局在编制资产负债表过程中遵循多项国际准则，最主要的是 SNA2008 和 IMF 编制的《政府财政统计手册》。主要估值方法有市场价值法、永续盘存法两大类。

（一）估值方法简介

1. 永续盘存法

（1）基本原则

永续盘存法是会计核算的一种盘存方法，又称“账面盘存制”，是对产品、商品、材料等物品的增加和减少的连续记录，以便可以随时了解结存数。

（2）适用条件

采用永续盘存法，要按资产项目设置明细账，对各类资产收发、结存数量予以记录。适用于资产负债核算中，固定资产项下记录的资产价值。

（3）在加拿大住户部门资产负债估计中的应用

加拿大住户部门资产负债估计中，住宅、机械和设备、耐用品等除存货以外的非金融资产通常按账面价值计算。

2. 市场价值法

（1）基本原则

市场价值法采用产品的市场价格来计量由此引起的产值和利润变化，估算环境变化带来的经济损失或经济效益。

（2）适用条件

市场价值法是在能取得市价且市价比较稳定的情况下实施的，主要用在被评估公司的证券公开上市交易的情况下，运用股票、债券的市场价格进行评估。

（3）在加拿大住户部门资产负债估计中的应用

加拿大住户部门资产负债估计中，债券、股权及其他权益、短期票据、负债等金融资产和负债一般采用市场价值计价。

（二）估值

1. 非金融资产的估值

（1）生产性非金融资产

住宅。目前，加拿大统计局采用永续盘存法对住宅价值存量进行测算。操作上主要参照经济合作与发展组织（Organization for Economic Co-operation and Development）发布的《资本测算手册》，并根据加拿大的实际情况进行调整。具体采用如下公式：

$$NS_t = NS_{t-1} + GFCF_t - DM_t - DP_t$$

式中，NS_t，表示第 t 期的住宅存量；$GFCF_t$，表示第 t 期的固定资本形成总额；DM_t，表示第 t 期的住宅拆除价值；DP_t，表示第 t 期的折旧。为计算折旧值，加拿大统计局给出了一个折旧率，并假定当期固定资本形成总额折旧率为上期资本存量折旧率的一半。在具体的测算过程中，各变量的数据通过以下方式获得：一是初始住宅存量。加拿大统计局直接选择 1941 年的普查结果作为初始值。虽然初始存量很难准确估量，但随着时间的推移，初始存量的误差对后期存量的影响将微乎其微。二是住宅固定资本形成总额。主要包括三个方面内容：新建住宅、装修以及其他与住宅交易相关的税费。其中，新建住宅价值相关数据主要来自加拿大统计局按月开展的建筑许可调查，以及加拿大抵押和住房公司（Canada Mortgage and Housing Corporation）开展的住宅项目开工和完工调查；装修及税费数据主要来自国民经济核算部门。三是住宅拆除价值。该部分数据主要来自加拿大统计局开展的建筑许可调查，另外，火灾引起的建筑物损失数据根据加拿大消防理事会的年度报告获得。四是折旧率。加拿大统计局统一设定住宅的折旧率为 2%。五是价格指数。新建住宅采用新建房屋价格指数（New Housing Price Index），装修价值根据劳动力成本和原材料价格加权计算出价格指数。最终根据上述公式计算出各年度的住宅价值存量。

非住宅建筑物。非住宅建筑物包括未被确定为住宅的整个或部分建筑物，固定装置、设施和设备等建筑物的组成部分也包括在内。非住宅建筑物的计价一般采用永续盘存法计算。

机器和设备。包括交通设备，用于信息、计算机和通信的机器，以及其他机器和设备。机器和设备的计价一般采用永续盘存法计算。

知识产权产品。根据 SNA2008 的建议，加拿大对知识产权的估价按照市场价值计算。例如，从市场上购买的软件，按照购买者价格估价。

耐用品。指住户拥有的如汽车和电器等耐用物品，耐用品的价值采用永续盘存法估计，即原值总额减去累计折旧后的差额。

存货。对于存货，加拿大统计局采用两种方法对其存量价值进行估值。农产品存货的价值等于牲畜、农作物数量乘以市场价格。非农产品存货的估值过程相对复杂，一般采用初期账面价值，加上当期发生的投入，并根据核算期内的价格变化进行调整估计。

（2）非生产性非金融资产

土地。土地的价值采用永续盘存法估计。但相对于其他生产资产和非生产资产而言，对土地价值存量的测算是一项复杂的工作，要将土地附属物的价值从总价值中剔除。在加拿大的自然资源核算框架中土地被分为多类用途，包括城市用地（沿用人口普查的定义）、农村用地（沿用人口普查的定义）、农业用地（沿用农业普查的定义）、森林用地、交通用地、公共用地（主要指用于电力、电话、输油管道等用途的土地）以及其他用地（如用于旅游、野生动物栖息地等用途的土地）。而在加拿大国家资产负债表中作为有形非生产资产的土地主要指商业土地，具体包括住宅及非住宅建筑下的土地和农业用地。因此，大量土地未包含在资产负债表中，比如公共所有的森林和公园用地。

2. 金融资产的估值

（1）通货和存款

通货包括本国和外国货币。存款包括所有可按标准要求兑换纸币和硬币的存款。通货和存款的估值按面值计算。

（2）债务证券

加拿大住户部门对债务证券的计价采用当期市场价值计值。根据 SNA2008 的建议，短期证券及对应的负债应以其当期市场价值进行估值。在高通货膨胀或高名义利率的情况下，特别需要以此种方法估值。长期证券应当按其市场价格估值，无论它们是定期支付利息的债券，还是付息很少的高贴现债券或不付息的零息票债券。其价格包括随时间发生的利息在内（即所谓含息价）。

（3）贷款

根据 SNA2008 的建议，加拿大住户部门的贷款价值是指未偿付资金的数额，这个数额包括已产生但未付的利息、间接测算的由该项债务所承担的已产生但未付的服务费用的数额。以市场价值计价。

（4）股权及投资基金份额

股权及投资基金份额分为上市和非上市两类。上市的股票及投资基金份额的计价按市场价格估值。SNA2008 认为资产负债表上的金融资产应该采用当期价值，不应该采用历史价值，因此在 2012 年加拿大国民账户体系中，未上市股权及投资基金份额也开始采用当期市场价值计值。对于未上市股权及投资基金份额难以取得公开市场价格的，采用一定的估值方法来计算其市场价值。通常采用的估值方法有两类：近期交易价格法和市场资本化法。近期交易价格法只适用于未上市的大型公司，因为容易获取可比公司信息；市场资本化法选择恰当的资本化率来计算未上市公司的股权及投资基金份额价值。

（5）人寿保险和养老金

人寿保险和养老金作为累计的净金融资产，在加拿大被视为保单持有人的财产。根据 SNA2008 的建议，人寿保险和养老金的权益估计分为两类：一是人寿保险和养老金数额的决定方式是事先协议的，应采用资金提供者的精算估计值；二是人寿保险和养老金数额是根据所缴款项未来获得的投资绩效（定额缴款计划）来确定的，此时人寿保险和养老金的价值是未来收益人持有金融资产的市场价值。

（6）其他应收账款

债务人根据合同有义务向债权人支付的资金数额。以市场价值计价。

3. 金融负债的估值

（1）贷款

与资产端的贷款估值方式相同，加拿大住户部门的贷款价值是指未偿付资金的数额。以市场价值计价。

（2）其他应付账款

其他应付账款通常按债务清偿时债务人有合同义务向债权人支付的金额估价，其中产生于其他应付款上的利息应包括在内。以市场价值计价。

表 5-9　　加拿大住户部门资产负债表估价方法

科目	估计方法
非金融资产	
生产性非金融资产	
住宅	加拿大统计局采用永续盘存法对住宅价值存量进行测算，操作上主要参照 OECD 发布的《资本测算手册》，并根据加拿大的实际情况进行调整。
非住宅建筑物	非住宅建筑物采用永续盘存法估计，即总额和扣除累计折旧后的净额。
机器和设备	机器和设备采用永续盘存法估计，即总额和扣除累计折旧后的净额。
知识产权产品	加拿大对知识产权的估价按照市场价值计算。
耐用品	耐用品的价值采用永续盘存法估计，即总额和扣除累计折旧后的净额。
存货	加拿大统计局采用两种方法对其存量价值进行估值。农产品存货的价值等于牲畜、农作物数量乘以市场价格。非农产品存货的估值过程相对复杂，一般采用初期账面价值，加上当期发生的投入，并根据核算期内的价格变化进行调整估计。
非生产性非金融资产	
土地	土地的价值采用永续盘存法估计。
金融资产	
通货和存款	通货和存款的估价按面值计算。
债务证券	债务证券的估价按照市场价值计价。
贷款	以当期市场价值计价。
股权和投资基金份额	上市股权的估计按市场价格估值，未上市股权采用一定的估值方法来计算其市场价值。
人寿保险和养老金	精算估计或未来收益人持有金融资产的市场价值。
其他应收账款	债务人根据合同有义务向债权人支付的资金数额，以当期市场价值计价。
金融负债	
贷款	以当期市场价值计价。
其他应付账款	债务人根据合同有义务向债权人支付的资金数额，以当期市场价值计价。

三、加拿大住户部门资产负债数据的整理

（一）数据的收集合并

从数据源取得的基础统计数据，在登录住户部门资产负债表时主要根据交易对手和金融工具类型进行数据录入，但也根据加拿大本国的金融市场发展状态和

数据收集情况，在核算方法上进行一些本地化调整。加拿大各级政府部门以及企业执行的会计准则不统一，目前存在现金收付实现制和权责发生制两种核算基础。因此在编制合并资产负债表时，要先合并部分机构以消除会计准则差异。

（二）存量和流量数据

加拿大住户部门资产负债表中数据涉及资产存量和流量的计算。在流量计算中，金融资产或负债在一个会计期的流量主要分为三类：交易、重新定值和资产数量的其他变化。一是交易。金融资产或负债所有权的形成、清算或变动产生的金融流量。二是重新定值。金融资产或负债的价格变化以及以外币计值的金融资产和负债的汇率变化。三是资产数量的其他变化。除上述因素外，导致资产和负债流量变化的因素还包括特别提款权的分配和取消，债权人冲销坏账、分类和结构的变化等。对于金融资产和负债的存量数据，加拿大统计局主要采用间接法进行核算，借助年度资金流量表，根据资金流量表的累计变化数据推导出存量数据。从 2012 年起，加拿大统计局按季度从数据源直接收集存量数据，用于编制住户部门资产负债表。

（三）数据质量的把控

加拿大统计局非常重视数据质量，他们认为，信息是一种产品，其质量体现在多个方面，例如，准确性、时效性、可获得性、一致性等。在统计项目中，质量还包括兼容性和完整性。加拿大统计局力图通过采用正确的方法、明确的用户需求、适当的预算和评估，将质量管理融入所有的统计项目中。加拿大统计局的统计项目一般可分为三个方面：管理服务方面、统计运作方面、技术方面。内部管理委员会、特定事务委员会和外部专家顾问委员会将分别对这三个方面进行管理和咨询，以保证统计数据的质量。管理委员会为统计项目提供指导方针、政策和管理建议。特定事务委员会负责某些特殊统计项目，如人口劳工统计、环境统计等的协调工作，以促进统计项目质量的提高。顾问委员会可以就政策、数据、用户要求及统计结果提出意见。

第五节　加拿大住户部门资产负债表简要分析

自 2012 年起，加拿大国家资产负债账户正式单独划分出住户部门，并开始定期编制住户部门资产负债表。本节简要介绍加拿大住户部门 2012—2017 年资产负债表的主要指标及结构、增长等情况。

从资产看，2012—2017 年，加拿大住户部门资产规模呈逐渐上升趋势，金融资产总额略微高于非金融资产，金融资产和非金融资产占比相对比较稳定，金融资产规模约是非金融资产规模的1.1倍。

从负债看，2012—2017年，加拿大住户部门债务总量虽逐年上升，但从资产负债率看，加拿大住户部门资产负债率整体呈现逐年下降的趋势，风险基本可控。

从总净值看，2012—2017年，加拿大住户净资产规模呈上升趋势，年均增长率约为8%。

一、住户部门资产分析

（一）住户资产规模持续上升

2012—2017年，加拿大住户部门资产规模呈逐渐上升趋势，从资产总量看，由2012年9.46万亿加元增加到2017年的13.05万亿加元，年均增长率为6.81%。从资产的逐年增速看，波动较大，呈现出先上升后下降的趋势。由2012年的7.63%上升到2014年的7.79%，随后下降到2015年的5.42%，之后虽然在2016年回升到7.57%，但到2017年资产增速又迅速下降到5.03%（见图5－4）。

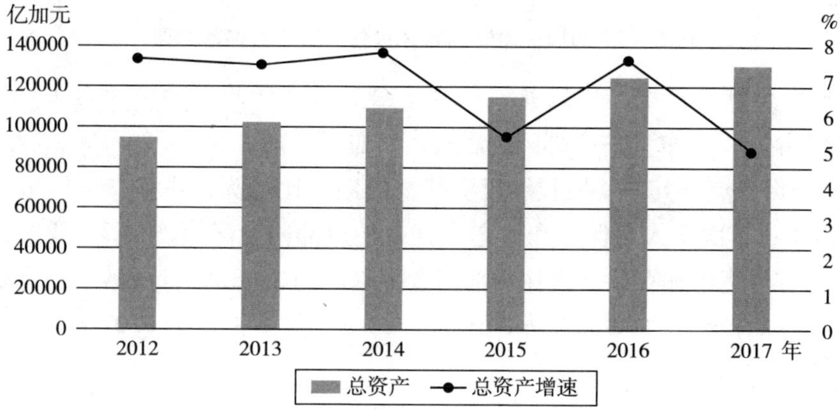

图5－4 2012—2017年加拿大住户资产趋势图

（二）金融资产高于非金融资产

从资产结构看，金融资产总额略微高于非金融资产，金融资产和非金融资产占比相对比较稳定。2012—2017年加拿大住户部门金融资产平均占比为52.17%，非金融资产平均占比为47.83%，金融资产规模约是非金融资产规模的1.1倍。从金融资产看，2012—2017年加拿大住户部门金融资产整体呈上升趋势，年均增速为7.33%，较总资产和非金融资产增速分别高0.52个和1.08个百分点。而逐年增长速度呈先上升后下降的趋势，增速由2012年的8.28%上升到2014年的9.86%，随后又下降到2015年的3.99%，到2016年再次上升至7.67%，但到2017年又下降至6.22%。从非金融资产看，2012—2017年非金融资产整体呈缓慢上升趋势，年均增速为6.25%。2012—2016年住户部门非金融资产增速整体相对平稳，但2017年呈现快速下跌，增速下降至3.74%（见图5-5）。

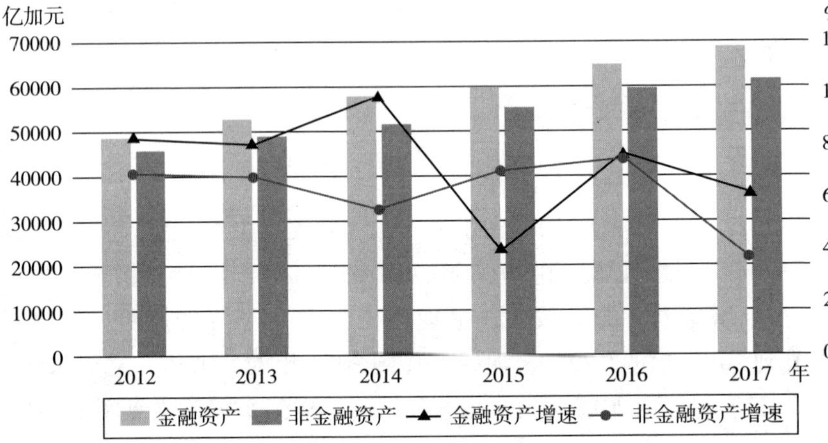

图5-5　2012—2017年加拿大住户资产结构趋势图

（三）金融资产中，以股权、投资基金、人寿保险、养老金为主

2017年末，加拿大住户部门金融资产占总资产的比例为52.71%，较上年提高0.59个百分点。其中，股权和投资基金份额占比最高，占住户部门金融资产的39.34%；其次是人寿保险和养老金，占住户部门金融资产的37.32%；然后是住户持有的货币和存款，占住户部门金融资产的20.32%；而其余的金融资产种类占比则比较低，如债务证券占比为2.00%，贷款占比为0.07%，其他应收款占比为0.96%。

（四）非金融资产中，以土地和住宅为主

2017年末，加拿大住户部门非金融资产占总资产的比例为47.29%，较上年下降0.59个百分点。在加拿大住户部门的非金融资产中，以土地和住宅为主，两者资产合计占非金融资产的比例达到87.43%，占总资产的比例达到41.34%。其中，土地占比最高，加拿大住户部门非生产性非金融资产只有土地一项，土地占住户部门非金融资产的49.85%，占住户部门总资产的23.57%；其次是住宅，占住户部门生产性非金融资产的74.94%，占住户部门非金融资产的37.58%，占住户部门总资产的17.77%；其余的非住宅建筑物、机器设备、知识产权、耐用品、存货等非金融资产占比则比较低，合计仅占住户部门非金融资产的 12.57%，占住户部门总资产的 5.95%。

二、住户部门负债分析

（一）债务总量虽逐年上升，但资产负债率持续下降

2012—2017 年，加拿大住户部门负债规模呈上升趋势，从负债总量看，由 2012 年的 1.69 万亿加元增加到 2017 年的 2.16 万亿加元，年均增长率为 4.84%；从逐年增速看，住户部门负债增速整体呈上升趋势，由 2012 年的 4.23% 上升至 2015 年的 5.46%，随后略微回落至 2017 年的 5.01%（见图 5－6）。

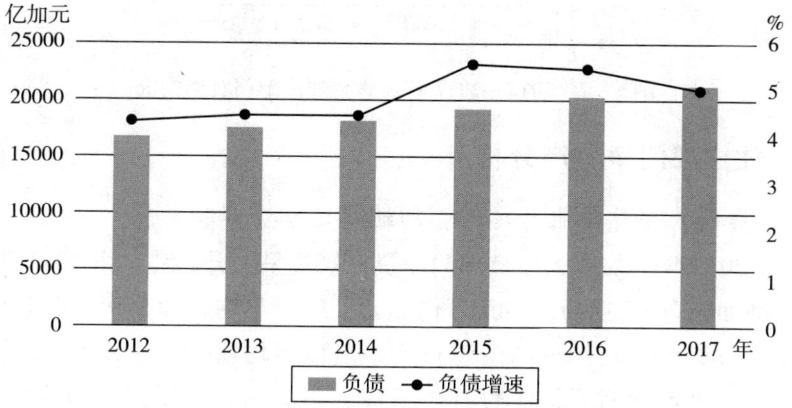

图 5－6 2012—2017 年加拿大住户负债趋势图

加拿大住户部门债务总量虽逐年上升，但从资产负债率看，风险基本可控。2012—2017 年加拿大住户部门总债务占总资产的比例基本保持在 17% 左右（2012—2017 年负债占资产的平均比例为 17.03%），且资产负债率整体呈现逐年下降的趋势。加拿大住户部门资产负债率由 2012 年的 17.92% 下降至 2017 年的 16.55%；负债占净资产的比例也呈现逐年下降的趋势，由 2012 年的 21.83% 下降至 2017 年的 19.83%，6 年间下降 2 个百分点（见图 5－7）。

（二）负债以抵押贷款和消费信贷为主，占比超过九成

2017 年末，加拿大住户部门贷款占负债的比例为 98.70%，其中，抵押贷款占比为 64.69%，消费信贷占比为 29.18%，二者合计占负债的比例为 93.87%，较上年提高 0.01 个百分点，并且 2012—2017 年连续六年抵押贷款和消费信贷合计占负债的比例在 90% 以上。除此之外，加拿大住户部门的非抵押贷款占负债的比例为 4.83%，其他应付款占负债的比例为 1.30%。

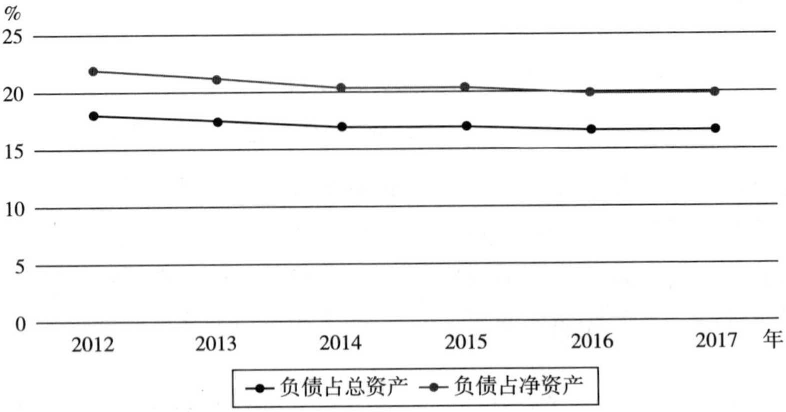

图 5-7　2012—2017 年加拿大住户部门负债情况

三、住户部门净资产分析

（一）净资产整体呈上升趋势，增速超过总资产和负债

2012—2017 年，加拿大住户部门净资产规模呈上升趋势，由 2012 年的 7.76 万亿加元增加到 2017 年的 10.89 万亿加元，净值年均余额为 9.4 万亿加元，年均增长率为 7.23%，较住户部门总资产、负债年均增速分别高 0.42 个和 2.39 个百分点。从逐年增速看，略微有所下降。2012—2014 年家庭财富稳定增长，净资产增速较为稳定，均超过了 8%，2015 年净资产增速下降至 5.41%，随后在 2016 年又上升至 8.01%。2017 年，加拿大住户部门净资产增速为 5.04%，虽然较上年下降 2.97 个百分点，但增速仍较总资产、负债增速分别高 0.01 个和 0.03 个百分点（见图 5-8）。

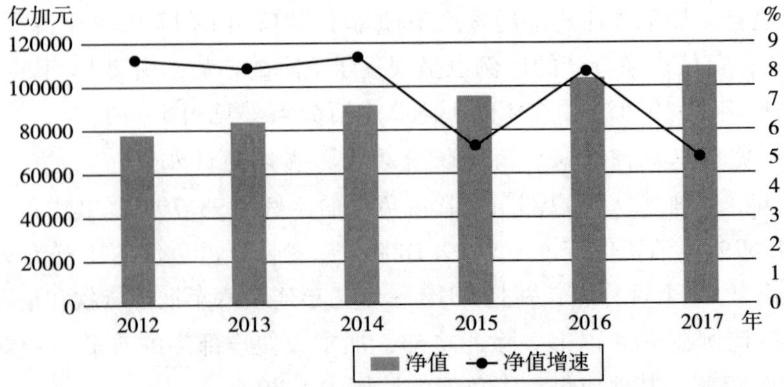

图 5-8　2012—2017 年加拿大住户净资产趋势图

（二）负债中贷款低速增长推动净资产增长快于总资产

2012 年至 2017 年，加拿大住户部门资产负债率持续下降，且加拿大 GDP 增速在 2% 左右，2017 年为 2.99%。因此，这期间加拿大住户部门净资产增速较快，不仅得益于 GDP 增长，也得益于金融负债，特别是贷款的低速增长。2012—2017 年，贷款作为住户部门负债的主要构成，年均增速为 4.86%，远低于总资产和净资产的增速。同时，这也表明 2012—2017 年加拿大住户部门财富积累的速度较快，超过了 GDP 和负债的增速。

表 5-10　　2012—2017 年加拿大住户部门资产负债表　　单位：百万加元

项目	2012 年	2013 年	2014 年	2015 年	2016 年	2017 年
总资产	9459418	10164982	10956504	11550537	12425166	13050741
非金融资产	4587800	4899791	5172134	5535598	5948600	6171287
生产性非金融资产	2413862	2506361	2643641	2760367	2919070	3094920
住宅	1791696	1860504	1967290	2052066	2175255	2319362
非住宅建筑物	46606	47786	47863	47858	48868	50449
机器和设备	24020	24980	25868	27829	28101	28051
知识产权产品	2249	2364	2408	2498	2468	2457
耐用品	529832	548893	575354	606370	644445	673060
存货	19459	21834	24858	23746	19933	21541
非生产性非金融资产	2173938	2393430	2528493	2775231	3029530	3076367
土地	2173938	2393430	2528493	2775231	3029530	3076367
净金融资产	3176817	3494462	3934566	4064141	4420053	4719869
金融资产总额	4871618	5265191	5784370	6014939	6476566	6879454
通货和存款	1121883	1155664	1203848	1269691	1357859	1397728
加拿大通货和存款	1077160	1111151	1150945	1207231	1291145	1325995
外币通货和存款	44723	44513	52903	62460	66714	71733
债务证券	105385	109100	118185	130180	133815	137270
加拿大短期票据	4839	4930	5076	6202	5686	5730
加拿大政府短期票据	952	932	957	1090	941	882
其他短期票据	3887	3998	4119	5112	4745	4848
国外投资短期票据	478	541	511	742	621	863
加拿大债券	91666	93978	100451	106919	110793	113818
联邦政府债券	17853	15678	16653	17346	18864	17654
省政府债券	13796	14764	18343	19983	21150	23800
地方政府债券	16488	18316	17792	19200	18965	19064
其他加拿大债券	43529	45220	47663	50390	51814	53300
国外投资债券	8402	9651	12147	16317	16715	16859

续表

项目	2012 年	2013 年	2014 年	2015 年	2016 年	2017 年
贷款	5032	5218	4622	4501	4491	4867
抵押贷款	5032	5218	4622	4501	4491	4867
股权和投资基金份额	1686614	1917870	2170680	2164786	2474530	2706034
上市股权	355987	395279	425162	378724	447761	480824
非上市股权	520754	566763	629681	563443	658751	691382
共同基金份额	745910	872435	1015442	1104165	1243752	1385984
国外投资股权	63963	83393	100395	118454	124266	147844
人寿保险和养老金	1898643	2041092	2240305	2385606	2441779	2567583
其他应收账款	54061	36247	46730	60175	64092	65972
其他应收款	54061	36247	46730	60175	64092	65972
负债和净值	9459418	10164982	10956504	11550537	12425166	13050741
金融负债总额	1694801	1770729	1849804	1950798	2056513	2159585
贷款	1672620	1747037	1824650	1925634	2030353	2131523
消费信贷	528525	545223	562062	577724	600270	630187
非抵押贷款	78173	81387	85130	92967	100133	104233
抵押贷款	1065922	1120427	1177458	1254943	1329950	1397103
其他应付账款	22181	23692	25154	25164	26160	28062
应付贸易账款	22181	23692	25154	25164	26160	28062
净资产	7764617	8394253	9106700	9599739	10368653	10891156

数据来源：加拿大统计局网站。

表 5-11　2012—2017 年加拿大住户部门资产负债项目增长分析表　　单位:%

项目	2012 年	2013 年	2014 年	2015 年	2016 年	2017 年	平均增速
总资产	7.63	7.46	7.79	5.42	7.57	5.03	6.81
非金融资产	6.96	6.80	5.56	7.03	7.46	3.74	6.25
生产性非金融资产	5.14	3.83	5.48	4.42	5.75	6.02	5.10
住宅	6.16	3.84	5.74	4.31	6.00	6.62	5.44
非住宅建筑物	-3.48	2.53	0.16	-0.01	2.11	3.24	0.73
机器和设备	-2.65	4.00	3.55	7.58	0.98	-0.18	2.16
知识产权产品	-12.22	5.11	1.86	3.74	-1.20	-0.45	-0.70
耐用品	3.80	3.60	4.82	5.39	6.28	4.44	4.72
存货	-12.07	12.21	13.85	-4.47	-16.06	8.07	-0.45
非生产性非金融资产	9.05	10.10	5.64	9.76	9.16	1.55	7.50
土地	9.05	10.10	5.64	9.76	9.16	1.55	7.50
净金融资产	10.57	10.00	12.59	3.29	8.76	6.78	8.62
金融资产总额	8.28	8.08	9.86	3.99	7.67	6.22	7.33

续表

项目	2012 年	2013 年	2014 年	2015 年	2016 年	2017 年	平均增速
通货和存款	5.63	3.01	4.17	5.47	6.94	2.94	4.68
加拿大通货和存款	5.10	3.16	3.58	4.89	6.95	2.70	4.39
外币通货和存款	20.17	-0.47	18.85	18.07	6.81	7.52	11.56
债务证券	6.13	3.53	8.33	10.15	2.79	2.58	5.55
加拿大短期票据	8.40	1.88	2.96	22.18	-8.32	0.77	4.25
加拿大政府短期票据	6.49	-2.10	2.68	13.90	-13.67	-6.27	-0.22
其他短期票据	8.88	2.86	3.03	24.11	-7.18	2.17	5.23
国外投资短期票据	-12.61	13.18	-5.55	45.21	-16.31	38.97	7.90
加拿大债券	4.13	2.52	6.89	6.44	3.62	2.73	4.37
联邦政府债券	-12.25	-12.18	6.22	4.16	8.75	-6.41	-2.34
省政府债券	5.33	7.02	24.24	8.94	5.84	12.53	10.47
地方政府债券	18.35	11.09	-2.86	7.91	-1.22	0.52	5.37
其他加拿大债券	7.06	3.88	5.40	5.72	2.83	2.87	4.62
国外投资债券	34.43	14.87	25.86	34.33	2.44	0.86	17.98
贷款	-4.33	3.70	-11.42	-2.62	-0.22	8.37	-1.29
抵押贷款	-4.33	3.70	-11.42	-2.62	-0.22	8.37	-1.29
股权和投资基金份额	10.93	13.71	13.18	-0.27	14.31	9.36	10.09
上市股权	8.32	11.04	7.56	-10.92	18.23	7.38	6.55
非上市股权	11.90	8.84	11.10	-10.52	16.92	4.95	6.82
共同基金份额	11.82	16.96	16.39	8.74	12.64	11.44	12.96
国外投资股权	7.76	30.38	20.39	17.99	4.91	18.97	16.43
人寿保险和养老金	7.26	7.50	9.76	6.49	2.35	5.15	6.40
其他应收账款	28.51	-32.95	28.92	28.77	6.51	2.93	7.79
其他应收款	28.51	-32.95	28.92	28.77	6.51	2.93	7.79
负债和净值	7.63	7.46	7.79	5.42	7.57	5.03	6.81
金融负债总额	4.23	4.48	4.47	5.46	5.42	5.01	4.84
贷款	4.34	4.45	4.44	5.53	5.44	4.98	4.86
消费信贷	2.42	3.16	3.09	2.79	3.90	4.98	3.39
非抵押贷款	3.03	4.11	4.60	9.21	7.71	4.09	5.44
抵押贷款	5.42	5.11	5.09	6.58	5.98	5.05	5.54
其他应付账款	-3.27	6.81	6.17	0.04	3.96	7.27	3.42
应付贸易账款	-3.27	6.81	6.17	0.04	3.96	7.27	3.42
净资产	8.41	8.11	8.49	5.41	8.01	5.04	7.23

表 5－12　2012—2017 年加拿大住户部门资产负债项目结构分析表　单位：%

项目	2012 年	2013 年	2014 年	2015 年	2016 年	2017 年	平均占比
总资产	—	—	—	—	—	—	—
非金融资产	48.50	48.20	47.21	47.93	47.88	47.29	47.83
生产性非金融资产	25.52	24.66	24.13	23.90	23.49	23.71	24.23
住宅	18.94	18.30	17.96	17.77	17.51	17.77	18.04
非住宅建筑物	0.49	0.47	0.44	0.41	0.39	0.39	0.43
机器和设备	0.25	0.25	0.24	0.24	0.23	0.21	0.24
知识产权产品	0.02	0.02	0.02	0.02	0.02	0.02	0.02
耐用品	5.60	5.40	5.25	5.25	5.19	5.16	5.31
存货	0.21	0.21	0.23	0.21	0.16	0.17	0.20
非生产性非金融资产	22.98	23.55	23.08	24.03	24.38	23.57	23.60
土地	22.98	23.55	23.08	24.03	24.38	23.57	23.60
金融资产总额	51.50	51.80	52.79	52.07	52.12	52.71	52.17
通货和存款	11.86	11.37	10.99	10.99	10.93	10.71	11.14
加拿大通货和存款	11.39	10.93	10.50	10.45	10.39	10.16	10.64
外币通货和存款	0.47	0.44	0.48	0.54	0.54	0.55	0.50
债务证券	1.11	1.07	1.08	1.13	1.08	1.05	1.09
加拿大短期票据	0.05	0.05	0.05	0.05	0.05	0.04	0.05
加拿大政府短期票据	0.01	0.01	0.01	0.01	0.01	0.01	0.01
其他短期票据	0.04	0.04	0.04	0.04	0.04	0.04	0.04
国外投资短期票据	0.01	0.01	0.00	0.01	0.00	0.01	0.01
加拿大债券	0.97	0.92	0.92	0.93	0.89	0.87	0.92
联邦政府债券	0.19	0.15	0.15	0.15	0.15	0.14	0.16
省政府债券	0.15	0.15	0.17	0.17	0.17	0.18	0.16
地方政府债券	0.17	0.18	0.16	0.17	0.15	0.15	0.16
其他加拿大债券	0.46	0.44	0.44	0.44	0.42	0.41	0.43
国外投资债券	0.09	0.09	0.11	0.14	0.13	0.13	0.12
贷款	0.05	0.05	0.04	0.04	0.04	0.04	0.04
抵押贷款	0.05	0.05	0.04	0.04	0.04	0.04	0.04
股权和投资基金份额	17.83	18.87	19.81	18.74	19.92	20.73	19.32
上市股权	3.76	3.89	3.88	3.28	3.60	3.68	3.68
非上市股权	5.51	5.58	5.75	4.88	5.30	5.30	5.38
共同基金份额	7.89	8.58	9.27	9.56	10.01	10.62	9.32
国外投资股权	0.68	0.82	0.92	1.03	1.00	1.13	0.93
人寿保险和养老金	20.07	20.08	20.45	20.65	19.65	19.67	20.10
其他应收账款	0.57	0.36	0.43	0.52	0.52	0.51	0.48
其他应收款	0.57	0.36	0.43	0.52	0.52	0.51	0.48

续表

项目	2012 年	2013 年	2014 年	2015 年	2016 年	2017 年	平均占比
金融负债总额	—	—	—	—	—	—	—
贷款	98.69	98.66	98.64	98.71	98.73	98.70	98.69
消费信贷	31.19	30.79	30.38	29.61	29.19	29.18	30.06
非抵押贷款	4.61	4.60	4.60	4.77	4.87	4.83	4.71
抵押贷款	62.89	63.27	63.65	64.33	64.67	64.69	63.92
其他应付账款	1.31	1.34	1.36	1.29	1.27	1.30	1.31
应付贸易账款	1.31	1.34	1.36	1.29	1.27	1.30	1.31

参考文献

[1] 联合国，欧盟委员会，经济合作与发展组织，国际货币基金组织，世界银行．国民账户体系 2008，中国国家统计局国民经济核算司，中国人民大学国民经济核算研究所，译．北京：中国统计出版社，2012.

[2] 王毅，郭永强．政府资产负债表：国际标准与实践［M］．北京：中国金融出版社，2015.

[3] 汪秀梅．加拿大统计法［J］．浙江统计，2004（6）．

[4] 中外统计体系比较研究课题组．加拿大国家统计体系简介［J］．中国统计，2001（9）．

[5] 曲志深．加拿大的统计体系［J］．统计与咨询，2002（6）．

[6] Statistics Canada. UserGuide：Canadian System of Macroeconomic Accounts［Z］. 2016.

[7] Statistics Canada. Distributions of Household Economic Accounts, Estimates of Asset, Liability and Net Worth Distributions, 2010 to 2018, Technical Methodology and Quality Report［R］. 2017.

[8] Bank of Canada. Annual Report 2018［R］. 2018.

第六章 澳大利亚住户部门资产负债表

澳大利亚1995年首次编制并公布了完整的国家资产负债表[①]。住户部门资产负债核算作为国家资产负债核算的重要组成部分，伴随着国民经济核算体系的演变而逐渐完善。自1997年起，澳大利亚每年定期公布住户部门资产负债表，形成了从生产、收入、分配到积累的完整核算体系，准确反映了住户部门资产、负债、财富积累的变化趋势。本章从澳大利亚住户部门资产负债表的发展历程及编制现状、部门和资产负债核算范围及分类、数据来源和估计方法、数据简要分析等方面，系统介绍了澳大利亚住户部门资产负债表的编制情况。

第一节 澳大利亚住户部门资产负债表编制的基本情况

澳大利亚国家资产负债核算历史悠久，住户部门资产负债核算作为国家资产负债核算的重要组成部分，伴随着国民经济核算体系的演变而逐渐完善。目前澳大利亚已形成完整的住户部门资产负债核算体系，澳大利亚国家统计局（Australian Bureau of Statistics，ABS）和澳大利亚储备银行（Reserve Bank of Australian，RBA）遵从国民账户体系2008（System of National Accounts 2008，SNA2008）以及澳大利亚国民账户体系2015（Australian System of National Accounts 2015，ASNA2015）分别编制、公布澳大利亚季度及年度住户部门资产负债表。

一、澳大利亚国家及部门资产负债核算的发展历程及概况

澳大利亚国家与部门资产负债核算的发展历程大致可分为三个时期，第一个时期为基础研究时期，官方机构以及研究学者做了大量尝试性的基础工作；第二个时期为体系形成时期，开始形成较为系统的国家与部门资产负债核算体系；第三个时期为修订完善时期，根据核算标准以及宏观经济分析最新变化，

① 详见2015年澳大利亚国民经济核算体系（Australian System of National Accounts 2015，ABS cat. 5216.0）第24页“1.27”。

对国家与部门资产负债核算不断进行完善。

（一）第一阶段：基础研究时期

18 世纪、19 世纪，澳大利亚的统计工作由各殖民区独立进行，直接向英国政府提供蓝皮书。1901 年，澳大利亚联邦成立，1905 年通过《普查和统计法案》，并于同年成立澳大利亚国家统计局的前身——联邦普查和统计局（Commonwealth Bureau of Census and Statistics，CBCS）。1908 年，联邦普查和统计局首次发布统计年鉴，公布了 1901—1907 年的官方统计数据，包括国民生产总值、住户收入支出等，并对其 1788—1900 年的历史数据进行修订。

19 世纪末 20 世纪初，时任新南威尔士州政府统计人员的 T. A. Coghlan 开始研究并尝试编制国家资产负债表，其当时对国家资产负债表各项目的分类方法与现行 SNA2008 的分类基本一致。20 世纪初，澳大利亚建立了相对完善的统计制度和统计体系。

这一阶段，根据《普查和统计法案》，联邦普查和统计局行使官方统计职能，负责收集、加工、整理和发布全国统计数据，组织开展各项调查。其中，收入支出、建筑业以及建筑活动调查为后期资产负债表的编制奠定了良好的数据基础。

（二）第二阶段：体系形成时期

联邦普查和统计局于 1938 年在澳大利亚国际收支平衡表中首次公布澳大利亚国民收入官方估计数据。1945 年，在联邦预算文件《国民收入和公共机构收入及支出估计》上发布了第一套正式的澳大利亚国民账户。

20 世纪 60 年代至 80 年代是澳大利亚国民经济核算的显著发展时期。1960 年，联邦普查和统计局开始公布季度和年度国民收入核算相关数据。1975 年，依据《澳大利亚统计局法》，成立了澳大利亚国家统计局。1981 年，澳大利亚国家统计局编制并公布了第一部完整的《澳大利亚国民账户：理念、来源与方法 1981》（ASNA1981），明确了澳大利亚国民经济核算的主要规则、标准与方法。同时期澳大利亚国家统计局尝试估计资本存量，并于 1987 年正式公布资本存量的官方数据。

（三）第三阶段：修订完善时期

20 世纪 90 年代，澳大利亚国家及部门资产负债核算体系基本形成。1990 年，澳大利亚国家统计局公布了更新版本的 ASNA1990，同年公布了资金流量账户。1993 年澳大利亚国家统计局首次尝试编制国家资产负债表，于 1995 年发布。自 1997 年起，开始定期公布年度国家以及部门资产负债表，其中就包括住户部门资产负债表，数据可以追溯至1989年[①]。

1998年，澳大利亚国家统计局按照SNA1993编制国家资产负债表，同时对历史数据进行修订，修订后的数据公布在新版的澳大利亚国民账户（Upgraded Australian National Accounts）[②] 中。在澳大利亚国家统计局网站上，各项国民经济核算的数据都有唯一的目录号，可以根据目录号进行查询。目录号编号方式为“ABS，cat. no. +数字”，其中“cat.”为目录catalogue的缩写，数字代表对应数据的顺序。清晰的编号为数据查询带来极大方便。2000年，澳大利亚国家统计局根据SNA1993重新修订了《澳大利亚国民账户：理念、来源与方法2000》（ASNA2000），阐明了SNA1993在澳大利亚国民账户核算中的执行情况。

2007年，澳大利亚国民生产总值首次使用生产增加值法估算［GSP（P）］，随后国民生产总值采用增加值法和收入支出法估算的平均值。澳大利亚是最早执行SNA2008的国家，早在2009年，澳大利亚国家统计局就引入了该标准，并于2011年10月按照SNA2008进行了数据修订与调整，修订后的数据公布于澳大利亚国民账户体系2010—2011。

2012年2月，环境和经济核算体系（System of Environmental and Economic Accounting，SEEA）[③] 公布，澳大利亚国家统计局根据该标准对能源、土地等资产数据的核算方法进行完善。2015年，澳大利亚国家统计局遵从SNA2008核算标准，公布最新的《澳大利亚国民账户：理念、来源与方法2015》（ASNA2015）。

目前，国家及部门资产负债表编制的相关规则与标准可参见ASNA2015，相关年度和季度数据可参见澳大利亚国家统计局官方网站。

二、澳大利亚住户部门资产负债表的编制现状

ASNA2015为整个国民经济核算提供了理论框架和核算标准，确保从不同来源获取的数据满足一致性、可比性。澳大利亚国民账户体系包括生产账户、积累账户、资产负债表等，结构如图6－1所示。目前，遵从SNA2008和ASNA2015标准，澳大利亚国家统计局和澳大利亚储备银行定期编制、公布住户部门资产负债表。

---

① 详见2015年澳大利亚国民经济核算体系（Australian System of National Accounts 2015，ABS cat. 5216.0）第24页“1.27”。

② Information Paper：Upgraded Australian National Accounts，cat. no. 5253.0.

③ 详见2015年澳大利亚国民经济核算体系（Australian System of National Accounts 2015，ABS cat. 5216.0）第25页“1.34”.

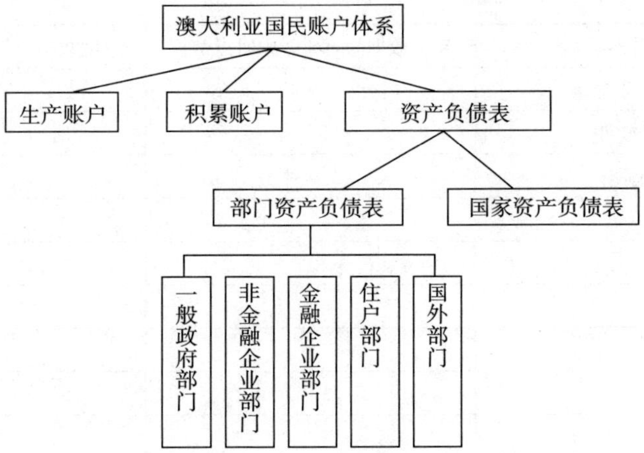

图6－1　澳大利亚国民账户体系结构

（一）澳大利亚国家统计局编制的住户部门资产负债表

澳大利亚国家统计局目前按照SNA2008与ASNA2015的相关标准编制并公布澳大利亚住户部门资产负债表。从公布层面看，澳大利亚国家统计局只公布国家层面部门资产负债表，未公布地区层面部门资产负债表；从公布频率看，既公布资产负债年度数据又公布季度数据；从统计时点看，澳大利亚国家统计局资产负债存量年度数据的统计时点为每年的6月30日24时，即每年的年中；季度数据的统计时点为每季度末即3月31日24时、6月30日24时、9月30日24时以及12月31日24时。

表6－1　澳大利亚国家统计局住户部门资产负债表表样

项目	年度数据为每年年中时点数据	季度数据为每季度末时点数据
总资产		
非金融资产		
生产资产		
固定资产		
住宅		
所有权转移成本		
非住宅建筑		
机器和设备		
育得生物资源		
知识产权产品		

续表

项目	年度数据为每年年中时点数据	季度数据为每季度末时点数据
研究与开发		
计算机软件		
艺术品原作		
存货		
私人非农商品		
农场		
人工林用材		
非生产资产		
自然资源		
土地		
天然林		
金融资产		
通货和存款		
债务性证券		
贷款和拆放		
股票和其他权益		
保险专门准备金——养老金		
保险专门准备金——其他		
其他应收款		
负债		
债务性证券		
贷款和拆放		
其他应付款		
资产净值		
附：住宅用地和住宅		
耐用消费品		

数据来源：澳大利亚国家统计局 ABS. no. 5204. 0 第 41 张表。

从报表披露来看，澳大利亚住户部门资产负债表现价年度存量和流量数据可追溯至1989 年，数据在澳大利亚国民账户（ABS. cat. 5204. 0）第41 张表、住户部门的收入账户、资本账户和金融账户以及重估价和资产其他物量变化账户中公布。此外，澳大利亚国家统计局也会在澳大利亚国民账户：金融与财富（ABS. cat. 5232. 0）中公布住户部门资产负债的现价季度存量和流量数据。

澳大利亚国家统计局公布的住户部门资产负债表为二维表样式，横行项目为时点，纵列项目为资产负债分类，由于资产负债分类较多，为了方便列示，我们把横行和纵列互换。表 6－1 为澳大利亚国家统计局公布的住户部门资产负债表的表样，货币单位为澳元。

（二）澳大利亚储备银行编制的住户部门资产负债表

为准确监测居民负债率，提高债务风险防控能力，澳大利亚储备银行也编制并公布澳大利亚住户部门资产负债表。统计频度及时点与澳大利亚国家统计局一致。相关数据在澳大利亚储备银行的统计板块——经济与金融统计下的表 E1－E7 公布。表 6－2 为澳大利亚储备银行公布的住户部门资产负债表的表样，货币单位为澳元。

表 6－2　　澳大利亚储备银行住户部门资产负债表表样

项目	每季度末时点数据
住户住宅	
住户耐用消费品	
住户非金融资产总额	
住户存款	
住户养老金	
住户股票和其他权益	
住户其他金融资产	
住户总金融资产	
住户总资产	
住户总负债	
住户净资产	
附：住户住宅总存量	
年末住户住宅存量增长率	

数据来源：RBA Household and Business Balance Sheets－E1.

（三）澳大利亚国家统计局与澳大利亚储备银行住户部门资产负债表的比较

澳大利亚储备银行公布的住户部门资产负债表相关数据来源于国家统计局，同一指标的含义、计算方法、数据来源以及数值大小都是相同的。澳大利亚储备银行与国家统计局公布的住户部门资产负债表中相同的项目有住户存款、住户养老金、住户股票和其他权益。

澳大利亚储备银行与国家统计局公布的资产负债表在某些资产的分类上有所区别（详见后续资产及负债分类部分），主要是因为二者的披露目标不同。国家统计局意在按照核算制度标准披露较为全面的数据，而储备银行主要目的是分析资产负债总存量。

总的来说，储备银行编制的住户部门资产负债表不如国家统计局公布的内容全面，因此下文的资产负债表分析以澳大利亚国家统计局公布的住户部门资产负债表为准。

第二节　澳大利亚住户部门的定义、范围与分类

在 SNA2008 中，常住单位被划分为非金融公司部门、金融公司部门、广义政府部门、住户部门以及为住户服务的非营利机构部门（Non-profit Institutions Serving Households，NPISH）五类机构部门。与 SNA2008 不同的是，ASNA2015 将为住户服务的非营利机构纳入住户部门。

一、澳大利亚住户部门的定义与范围

在 ASNA2015 中，住户部门被定义为共用生活设施，成员的部分或全部收入和财产汇聚起来使用，共同消费某些货物和服务的群体。虽然住户主要是商品和服务的消费者，但他们也通过经营非法人企业从事其他形式的经济活动。由于普通合伙企业和个人独资企业的业主经常把他们的业务和私人交易混合起来，因此经常无法进行与此种业务活动有关的独立核算，所以这些非法人企业被列入住户部门。

除了个人住户之外，还有一些单位称为机构住户，由长期住在医院、养老院、修道院、监狱等单位的人组成，这些住户若是常住性的，也属于住户部门。

二、澳大利亚住户部门的分类

在 ASNA2015 中，澳大利亚国家统计局未将住户部门做进一步的分解，只是指明了住户部门的范围和具体的分类组成，即澳大利亚住户部门由所有的常住住户①、非法人企业以及为住户服务的非营利机构组成。

---

① 详见 ASNA2015 第 57 页 4.8，另外，有关澳大利亚统计制度中的部门以及子部门分类内容也可见澳大利亚国家统计局文件：澳大利亚经济部门分类标准［Standard Economic Sector Classifications of Australia (SESCA), 2008, ABS. cat. no. 1218.0］。

（一）常住住户

个人是住户的成员，不被视为独立的机构单位。住户通常和家庭是一致的，可以共享资源与消费——主要是住房和食物，但同一个住户的成员未必属于同一个家庭。

（二）非法人企业

住户非法人企业是指以一人企业、独资企业、合伙企业等形式从事市场生产的单位。它们是法律实体，但不是以公司形式组织的，住户账户和企业账户不能分开。一人企业或独资企业可以有雇员，也可以没有雇员，而雇员则是自雇工人。完全由同一住户的一名或多名成员所拥有的非法人企业，除非被视为“准公司”，否则均被视为该住户的一部分，而非单独的机构单位。

（三）为住户服务的非营利机构

为住户服务的非营利机构向住户免费或以没有显著经济意义的价格提供商品和服务。主要包括以下两类机构：

1. 主要为其成员服务的组织，如工会、专业团体或学术团体、消费者协会、政党、教堂或宗教团体，以及社会、文化、娱乐和体育俱乐部。

2. 慈善组织，如慈善机构、救济和援助组织，这些组织的资金来自其他机构单位的现金捐助、认缴，实物来自自愿转移资助。

第三节　澳大利亚住户部门资产负债核算范围与分类

澳大利亚住户部门资产负债的核算范围与 SNA2008 及大多数国家相同，核算的对象包括资产和负债，资产项目又分为金融资产和非金融资产，而负债项目即金融负债。本节主要介绍住户部门资产负债表主要资产负债项目核算的具体范围及分类（见图 6-2）。

一、住户部门资产的核算范围与分类

（一）资产的核算范围

1. 资产负债核算中的资产

ASNA2015 对资产的定义以及范围规定如下：“资产限于所有权范围内的资产，这些资产的所有人可通过持有这些资产或在国民核算体系所界定的经济活动中使用这些资产而获得经济利益。耐用消费品、人力资本和不能给所有者带来经济利益的自然资源，如空气、环境、人力资本、气候，以及一些有形环境

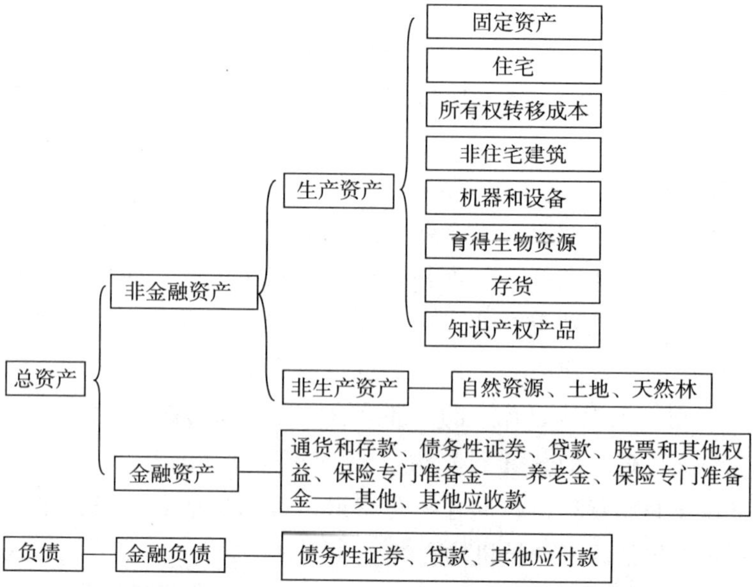

图 6－2　资产和负债分类示意图

资产如公海等均不在国民资产核算的范围内。”

ASNA2015 对资产①的定义以及范围与 SNA2008 基本保持一致。不一致的地方主要有两点，一是澳大利亚资产负债表中矿藏与能源资源，此项资产的估值中将所有权尚未明确的矿藏与能源资源（尚未发现或开采的可能资源）也包括在内，而 SNA2008 中不包括该部分。二是贵重物品、水资源、商誉和营销资产、合同、租约和许可等资产的处理②。SNA2008 将以上各类都归在资产的范围内，但是由于数据的可获得性等原因，它们都没有被统计到 ASNA2015 资产的范围内。

下文资产的分类部分将更详细地界定资产负债核算中的资产范围。

2. 住户部门资产负债表中的资产

在澳大利亚住户部门的资产负债表中，资产的范围在满足国家资产负债表的要求下，ASNA2015 又在资产负债表中定义了附加项目③。在澳大利亚国家统计局公布的住户部门资产负债表中，耐用消费品作为附加项目列示，被视为对住户而言具备“资产”性质的用品。关于耐用消费品的具体说明详见住户部门

① 详见 ASNA2015 第 33 页：资产与负债（Assets and Liabilities）。

② 详见 ASNA2015 第 415 页 17.9、17.10 以及 17.11。

③ 详见 ASNA2015 第 421 页 17.56。

的资产分类。

（二）澳大利亚住户部门的资产分类

澳大利亚住户部门资产负债表中的资产分类以国家资产负债核算中的资产分类为基础。因为澳大利亚国家统计局与储备银行公布的住户部门资产负债表中的资产分类不尽相同，下文分别加以介绍。

1. 澳大利亚国家统计局住户部门资产负债表的资产分类

澳大利亚国家统计局公布的住户部门资产负债表中各大类资产的定义与 ASNA2015 中对资产的定义相同。

（1）非金融资产

非金融资产包括生产资产与非生产资产。生产资产是为生产产出而产生的非金融资产，在 ASNA2015 中生产资产分为固定资产和存货①两类。

①第一类：固定资产

固定资产是指在生产过程中重复连续使用一年以上的生产资产。在澳大利亚住户部门资产负债表中固定资产又分为以下 6 类：

住宅：包括正在建造的住宅，以及与自建住宅相关的改建和加建的价值。

所有权转移成本：ASNA2015 的所有权转移成本涉及住宅、非住宅建筑和未占用的土地。包括：向律师支付的费用，向房地产经纪、拍卖师、建筑师、测量师、工程师和估价师支付的费用和佣金，印花税，相关部门和当地政府的收费。

非住宅建筑：新建筑、新工程建设和二手资产净购买三个部分。住户部门的非住宅建筑主要指非法人企业的相关新建筑以及新工程建设，二手资产的净购买包括购买和出售现有的非住宅建筑物和建筑结构。

机器和设备：包括计算机和外围设备、电气和电子设备、工业机械和设备、机动车、其他运输设备和其他机械和设备。

育得生物资源：包含两大类，一是家畜：包括种畜、乳牛、绵羊或其他用于生产羊毛以及用于运输、比赛或娱乐的动物；二是如葡萄园、果园和其他种植园的树木重复生产的产品，如树液、树脂、树皮和树叶产品。

知识产权产品：包括研究与开发、计算机软件、艺术品原件。其中计算机软件包括购买的软件、自行开发的软件以及购买、发展或扩大数据库的开支。艺术品原件范围较广，例如体现戏剧表演、广播电视节目、音乐表演、体育赛

① 详见 ASNA2015 中的资本账户。

事、文艺作品等内容的电影、录音、手稿、录音带等的原作。

②第二类：存货

存货是指由当期或前期生产的货物和服务构成的生产资产，这些资产在以后的一段时间内用于销售、生产或其他用途。包括不经进一步加工而购买转售的货物以及用于生产在制品、制成品的原料和原材料，其中在制品包括为屠宰或最终销售而饲养的牲畜，以及生产一次性产品的树木或其他植被。澳大利亚住户部门资产负债表中的存货变化包括制成品以及在制品存货的变化。

非生产资产是指通过生产过程以外的方式而产生的非金融资产。在ASNA2015中，非生产资产包括自然资源、合同、租约和许可，其中住户部门资产负债表中，自然资源包括两类：

第一类：土地，包括住宅用地、非住宅建筑用地、耕地、土壤和地表水、私家花园及非商业用途土地。

第二类：可用于商业开发的天然林。

（2）金融资产

金融资产是一个机构单位持有的对另一个机构单位（常住或非常住）的合同性证券，能够为持有者带来货币收入，并赋予持有人在约定日期收到约定金额的权利，但股权除外。尽管股票持有者从企业获得的收益不是固定的或预先确定的价值，但股票也被视为金融资产。

澳大利亚住户部门金融资产的分类[①]如下：

①通货和存款：通货由中央银行/政府发行或授权的具有固定面值的纸币和硬币组成。国内通货是常住单位（如中央银行、中央政府）的债务，外币是非常住单位（如外国中央银行、其他银行、政府）的债务。

与SNA2008中的定义一致，存款是结清债务时，债务人根据契约规定应偿还给债权人的数额。澳大利亚住户存款是根据契约规定，在结清债务时金融机构应偿还存款住户的金额，包括应付但未付的利息和本金。此外，所有广义货币机构之间的账户余额（没有证券证明）均被归类为建房互助协会的存款或可提取股本，所有国内广义货币机构的非担保借款均被归类为存款。

②债务性证券：包括短期证券和长期证券。

短期证券：原期限为一年或一年以下的债券。在澳大利亚，大多数短期债务证券是贴现工具（发行价值低于面值，差额代表应付利息），原始期限为30

---

① 详见ASNA2015中的金融账户。

天至180天。

长期证券：原期限在一年以上的证券。每种都包含一份文件，该文件代表出票人向持票人支付票面所示金额的保证，付款日期一般在出票一年以后。澳大利亚发行的许多债券，在债券发行期间，每六个月按面值的固定比例支付利息（称为“息票利息”），这种债券被称为固定利率债券，另外还有大量的可变利率债券以及零息债券。

③贷款：贷款是指没有发行债务证券证明的借款。它们通常不被交易，即使在利率上升的时期，它们的价值也不会下降。例如银行透支，以物业作抵押而由建房互助会借出的款项，与金融公司签订的融资租赁协议。接受存款机构之间的回购协议，因未提取的信贷额度所形成的债务是或有的，所以其不能被确认为贷款。

贷款可分为短期贷款和长期贷款。短期贷款包括原期限为一年或一年以下的贷款。根据债权人的要求偿还的贷款，即使这些贷款的偿还期限超过一年，也应列为短期贷款。在ASNA2015中，它们包括信用卡和其他形式的循环信贷，以及州政府与其各自中央借款机构之间的一些贷款。长期贷款包括原期限在一年以上的贷款，这类贷款中包括住房抵押贷款。

④股票及其他权益：股票具有股票持有人对发行股权的机构单位的资产拥有剩余索取权的显著特征。与债权相反，股权一般不向所有者提供预先确定的或根据固定公式确定的金额的权利。股票是股份公司发行的所有权凭证。法人单位的股权通常由股份、股票或者投资基金份额来证明。

⑤保险责任准备金：保险责任准备金代表投保人对人寿保险公司和养老基金的债权。

⑥其他应收款：包括向企业、政府、住户、国外提供的货物和服务贸易信贷，以及正在进行的或即将进行的预付款（若将此类贷款列入清单的话）。贸易信贷和预付款不包括为贸易信贷提供的融资，为贸易信贷提供的融资应属于贷款。

（3）附加项目

澳大利亚住户部门资产负债表中的附加项目为住宅与住宅用地、耐用消费品，其中住宅与住宅用地的相关定义前面已述。

耐用消费品：SNA2008将耐用消费品定义为在一年或更长时间内可重复或连续用于消费目的的商品。家庭购买的耐用品，如汽车和电器。因为它们没有用于提供家庭服务的生产过程，所以这些不属于固定资产，也不包括在资产净值的计算中。然而由于它们是长期消费的商品，有关数据会影响到住户收入支出的统计，所以将它们作为附加项目列入住户部门资产负债表。

耐用消费品包括机动车辆、家具及地板覆盖物、家用电器、房屋和花园的工具设备、视听设备、其他文体用耐用品、珠宝、钟表及手表以及医疗器械。

2. 澳大利亚储备银行住户部门资产负债表的资产分类

具体资产分类如图 6－3 所示。澳大利亚储备银行的住户部门资产负债表中的资产分类较少，较澳大利亚国家统计局的资产分类而言，没有新的种类划分。不同的是，澳大利亚储备银行将耐用消费品放在住户非金融资产项下列示。由于各类资产的归类不同，导致澳大利亚储备银行住户部门非金融资产总额与澳大利亚国家统计局不同，也导致资产净值的计算不同。但两者计算的住户部门金融资产的总额是一致的。

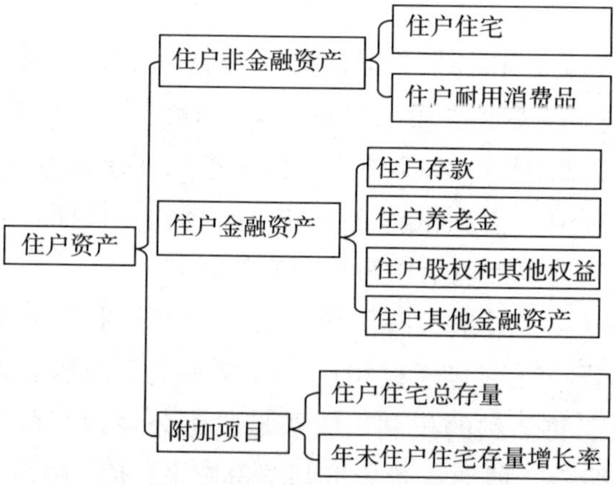

图 6－3　澳大利亚储备银行住户部门资产负债表中的资产分类示意图

二、住户部门负债的核算范围与分类

（一）住户部门负债的核算范围

负债是金融资产的对应方，即资产负债核算中的负债是指金融负债，且与金融资产相对称（货币黄金与特别提款权除外），因此核算范围同金融资产一致。住户部门资产负债表中负债的定义以及核算范围同国家资产负债表中负债的定义及核算范围相同。

（二）住户部门负债的分类

澳大利亚储备银行住户部门资产负债表中负债项目具体类别的含义同相对应的金融资产的含义，并没有新的分类与定义。澳大利亚储备银行住户部门资产负债表中并未将负债项目列出，因此我们只列示澳大利亚国家统计局住户部门资产负债表中的负债分类（如图 6－4 所示）。

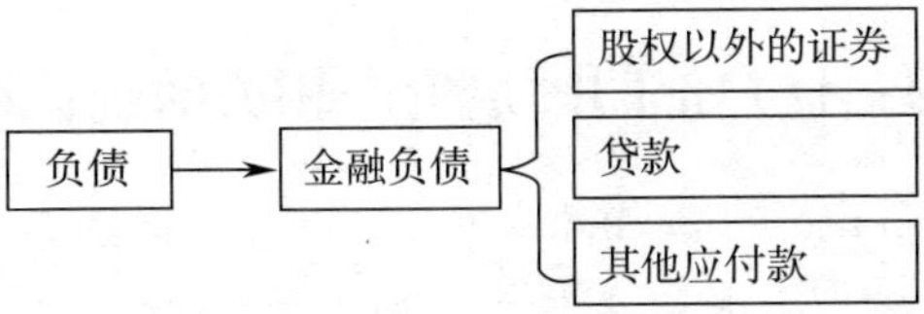

图 6－4　澳大利亚国家统计局住户部门资产负债表中的负债分类

第四节　澳大利亚住户部门资产负债表的编制

澳大利亚住户部门资产负债表的编制以澳大利亚国家统计局的各项抽样调查和政府相关部门的行政管理数据为基础，采用市场价值法等方法估算资产负债表中各资产负债项目的价值，得到最终的资产负债表。

一、数据来源

澳大利亚住户部门资产负债表编制数据来源以统计调查数据为主，部分通过间接估算得出。其中，非金融资产数据主要来源于澳大利亚国家统计局进行的各项调查、其他政府部门以及州和领地的估价师事务所；金融资产和负债数据则主要来源于澳大利亚审慎监管局的行政管理部门、澳大利亚国家统计局的金融信息中心和国际投资调查。

（一）非金融资产的数据来源

1. 有形固定资产

住宅、非住宅建筑、所有权转移成本、机器设备和育得生物资源等有形固定资产的数据主要来源于澳大利亚国家统计局开展的各项调查。

住宅数据来源于澳大利亚国家统计局开展的建筑业调查（CIS）和住户支出调查（HES），在非 CIS 和 HES 年份，数据来源于建筑活动调查（BACS）；非住宅数据来源于建筑业调查（CIS），在非 CIS 年份，数据来源于澳大利亚国家统计局按季度开展的建筑活动调查（BACS）和工程建设调查（ECS）；所有权转移成本数据来源于澳大利亚房地产代理行业、澳大利亚法律服务部、澳大利亚会计实务部、各州印花税办事处①、8 个省会城市的住宅物业价格指数；机器和

---

① NSW、VIC、QLD、SA、WA、TAS、NT 和 ACT。

设备数据来源于澳大利亚国家统计局开展的经济活动调查（EAS）。

专题：住户部门固定资产相关的统计调查

建筑业调查（Construction Industry Survey，CIS）是由澳大利亚国家统计局开展的抽样调查，调查频率基本为每5年一次，迄今为止已进行五次（1978—1979年、1984—1985年、1988—1989年、1996—1997年和2002—2003年）。建筑业调查从私营企业样本采集收入、支出、就业、建筑活动及其他详细信息，这些企业主要从事建筑施工、非建筑施工及建筑贸易服务活动。调查中将建筑资产分为房屋、其他住宅建筑、非住宅建筑、道路和桥梁、其他建筑工程五类。

住户支出调查（Household Expenditure Survey，HES）是由澳大利亚国家统计局开展的抽样调查，迄今为止已进行九次[①]，目前每六年进行一次。其中，2015—2016年住户支出调查收集了2015年7月至2016年6月期间10046户家庭样本信息。住户支出调查收集样本住户支出的详细信息，并同时开展收入和住房调查（Survey of Income and Housing，SIH），该调查采集家庭收入、资产、负债等数据，阐明在各种特征（如收入水平和来源、地理位置、家庭成员构成）背景下不同家庭的支出模式和水平，调查数据公布于cat. no. 6530.0。

建筑活动调查（Building Activity Survey，BAS）是由澳大利亚国家统计局按季度开展的抽样调查，数据来源于建筑物审批资料、建筑商以及从事建筑活动的其他个人和机构的调查反馈。自1990年第三季度以来，调查范围涵盖公共和私营部门所有获批准的1万美元以上的住宅建筑、5万美元以上的非住宅建筑。自2002年9月开始，澳大利亚境外地区的建筑活动被纳入统计范围。杰维斯湾计入新南威尔士州，圣诞岛和科科斯（基林）群岛计入西澳大利亚州。调查数据按季度公布于ABS. cat. no. 8752.0，包括本季度数据和经季节性调整的上一季度数据。

牲畜等育得生物资源数据主要来源于澳大利亚国家统计局的农业普查和专项统计调查。农业普查对象仅为从事经济活动且经营估值为22500澳元及以上

① 1974—1975年、1975—1976年、1984年、1988—1989年、1993—1994年、1998—1999年、2003—2004年、2009—2010年和2015—2016年。

的基层单位，专项统计调查收集了农业经营估值为5000澳元到19999澳元的基层单位的部分商品数据，根据两组数据之和推算出农业经营估值在5000澳元以上的所有基层单位的入选商品的估价总额。育得生物资源的价格数据来源则相对复杂，因为有些种类的牲畜销量少或当牲畜卖不掉时，往往以私人协约的方式进行处理而不是公之于众，因此市场价格难以获得。为此，澳大利亚国家统计局与生产商、各州的农业部门、农学家和各个行业有关组织签订了合同，获得大量的参考数据。除此之外，澳大利亚国家统计局还尽可能增加其他数据来源作为补充。如牛、绵羊和猪的价格数据均采用了计算机辅助牲畜营销（CALM）价格数据来进行估价。计算机辅助牲畜营销是一项全国性的商业服务，为生产商提供电子销售场地拍卖，以便于买卖牲畜，而这些牲畜存货依然放在农场。因此，生产商无需将存货运到市场，免去了运费等成本。这相当于是农村的出场价格，在概念上也是最接近基本价格的概念。

2. 无形固定资产

研究与开发数据来源于澳大利亚国家统计局开展的研究与开发调查，调查对象包括企业研发部门、高等教育机构等政府和私营非营利组织的研发部门；计算机软件数据来源于澳大利亚国民经济账户和通信技术卫星账户；艺术品原作数据来源于相关行业协会，录制的音乐来自澳大利亚唱片业协会（ARIA）年鉴，文学作品数据来自澳大利亚图书出版社统计数据，电影、独立电视和其他艺术品原件数据来自澳大利亚电影金融公司（FFC）提供的电影产量和特许权使用费收入数据以及澳大利亚广播管理局（ABA）。

3. 存货

私人非农商品数据来源于澳大利亚国家统计局的季度商业指标调查（QBIS）。农场数据来源于澳大利亚农业资源经济局（ABARES）公布的《农产品季度统计》、澳大利亚国家统计局的年度动物总量等农业统计数据以及澳大利亚羊毛交易所。人工林用材数据来源于澳大利亚森林种植者协会（AFG）和澳大利亚农业资源经济局（ABARES）的年度出版物《国家种植园库存》。

4. 非生产资产

住户部门持有的非生产资产来源于政府财政统计数据，通过广义政府部门和住户部门之间的交易间接得出，由澳大利亚国家统计局按季度公布于澳大利亚国民经济账户的金融财富报表（cat. no. 5232. 0）中。政府财政统计数据（GFS）包括联邦财政部和州政府的财务报表、地方政府和公共非金融公司的季度调查等行政管理数据。

表 6－3　　　　住户部门金融资产负债主要项目数据来源

金融资产分类	子目录	数据来源
通货和存款	通货	澳大利亚储备银行（纸币）的调查信息和国家广义政府部门（硬币）发行的总账信息编制，银行等金融机构持有现金总额来自澳大利亚审慎监管局提供的银行季度财务报表。
	存款	澳大利亚审慎监管局的银行、建房互助协会、信用社等其他存款类机构的季度财务报表，存款持有方数据来自澳大利亚国家统计局的国际投资调查和金融信息调查。
债务性证券	汇票	澳大利亚审慎监管局的银行承兑汇票月度统计报表和各银行季度财务报表。
	单名票据	澳大利亚审慎监管局的银行等金融机构的债券发行统计表，交易对手方数据来自澳大利亚国家统计局的金融信息调查和审慎监管局的银行季度财务报表。
	长期债券	来自银行、保险公司和其他金融机构向澳大利亚审慎监管局提交债券统计表和澳大利亚国家统计局金融信息调查中的资产负债表，补充数据来源包括澳大利亚国家统计局的政府财政统计和国际投资调查、澳大利亚储备银行、澳大利亚财务管理办公室。
贷款和拆放	由银行和其他存款类金融机构发放	银行、建房互助协会、信用社等存款类金融机构向澳大利亚审慎监管局提交的资产负债表。
	由中央借贷公司（CBA）等其他金融机构发放	澳大利亚国家统计局金融信息调查数据。
	由国家广义政府发放	政府财政统计提供的联邦政府财务总账。
	由国外发放	澳大利亚国家统计局的国际投资调查。
股票和其他权益	上市股票和其他权益	澳大利亚证券交易所。
	非上市股票和其他权益	澳大利亚国家统计局金融信息和国际投资调查。
保险专门准备金	保险专门准备金——养老金	私营保险公司向澳大利亚审慎监管局提交的季度财务报表，澳大利亚国家统计局对官方和公共保险公司开展的金融信息调查。
	保险专门准备金——其他	私营保险公司向澳大利亚审慎监管局提交的季度财务报表；澳大利亚私人健康保险管理委员会（PHIAC）提供的健康险保险公司的年度资产负债表，季度数据根据年度数据建模取得；世界其他地区的保险专门准备金来自澳大利亚国家统计局开展的国际投资调查。
其他应收/应付款	其他应收/应付款	澳大利亚国家统计局的金融信息调查，澳大利亚审慎监管局的季度财务报表，世界其他地区的其他应收/应付款来自澳大利亚国家统计局开展的国际投资调查。

住宅用地数据来自澳大利亚国家统计局房地产销售价格统计调查；非住宅用地包括商用、农用和其他用途土地，数据来自澳大利亚各州和领地估价师事务所。天然林资产的数据来源：一是澳大利亚资源评估委员会的年度森林和木材统计调查；二是澳大利亚农业与资源经济局公布的《澳大利亚森林与木制品季度统计》；三是新南威尔士林业委员会，澳大利亚各地区森林的可采伐木材的估计数由该委员会提供。此外，该委员会还提供不同森林类别相关的产量。

（二）金融资产和负债的数据来源

住户部门金融资产和负债的数据主要来源于澳大利亚审慎监管局的行政管理机构，这是因为澳大利亚审慎监管局的信息均由金融交易双方上报，因而对数据源的选择和数据对比更为可靠。同时，澳大利亚储备银行的统计数据、澳大利亚国家统计局的金融信息调查和国际投资调查两项季度调查也是金融资产负债数据的重要来源。由于住户部门金融资产负债数据收集难度大，持有的相关金融工具数量较少，因此澳大利亚国家统计局并未直接向住户收集金融资产负债数据，住户部门的数据主要来自交易对手部门报送的交易余额。此外，还有其他补充数据来源，如政府财政统计提供的联邦政府分类账信息、澳大利亚证券交易所提供的股票市值以及私募市场分析师提供的债券价格指数。表6－3罗列了住户部门金融资产和负债具体项目的数据来源。

（三）耐用消费品的数据来源

耐用消费品数据来自澳大利亚国家统计局，公布于澳大利亚国民经济账户的住户最终消费支出报表中。

二、估价方法

澳大利亚住户部门资产负债核算原则上按编制时点的市场价格估价。其中，金融资产和负债由于有活跃的交易市场，故采用市场价格估价；对于缺少可观测市场价格的非金融资产，根据数据的可获得性和资产的不同类型，分别使用重置成本估价法和未来收益现值法两种方法近似估算资产的现期价格。

方法一：减值重置成本法，就是将过去购建而形成的资产按照现在的重置价值进行估价的一种评估方法。由于部分资产，其初始获得的成本会随着资产的预期寿命而冲销、折旧，即这些资产在其既定寿命时间点的价值等于其获得的成本减去核销后的累积价值。在重置成本法中，澳大利亚最常用的是永续盘存法（PIM），固定资产和耐用消费品（以备忘项目的形式列示）采取这种估价法。

方法二：未来收益现值法，即通过测算被估算资产的未来预期收益，并按照一定折现率估算出资产的现值。由于一些资产可能会存在回报延迟（如木材等）或将在较长时期内才产生回报（如地下资产等）的情况，因此，需要使用折现率计算预期未来收益的现值和当前产出的市场价值。未来收益现值法主要是地下资产、天然林资产等自然资源的估价。对于自然资源而言，预期收益相当于贴现预期经济租金流量。

（一）非金融资产

1. 固定资产的估价

有形固定资产存量采用永续盘存法（Perpetual Inventory Method，PIM）进行估值，该方法是从固定资产形成额的流量数据出发，结合资本货物的价格指数，用逐年递推的方法得出固定资产重估价值。有形固定资产通过永续盘存法得到现价资本存量，然后用链式价格指数进行缩减，得到不变价资本存量。根据经济活动调查（Economic Activity Survey）数据，将非住宅建筑资产分配至各部门和产业。

无形固定资产，即知识产权产品，根据资产类型采取不同的估价方法。计算机软件、艺术品原作按市场交易价格估值，而住户部门内部开发的则按估计的基本价格进行估价，如果其基本价格无法估计，则按其生产成本估价。研究和开发的价值应由其未来预期可提供的经济利益来决定。除非能够直接测算研究与开发的市场价值，否则，只能按照惯例以研究与开发的费用之和对其进行估价，其中包括未成功的研究与开发费用。根据澳大利亚知识产权组织（Intellectual Property Australia）汇编的数据，澳大利亚研究与开发支出的平均使用寿命为 11 年，与经合组织成员国通行做法一致。

2. 存货的估价

私人非农商品和农场的存货均按照账面价值计量。人工林用材采用未来收益现值法估值，步骤为：首先对森林面积进行估计，再利用折现率进行净现值估算。人工林采用树龄的保险价值估算市场交易价格，人工林的保险明细表由澳大利亚森林种植者协会（AFG）确定。人工林（包括人工阔叶林和人工针叶林）面积的总公顷数，通过汇总各州及机构或个人拥有的人工林面积得出；人工林的采伐量则通过人工林总面积与各年度投保种植面积的差额计算得出；人工阔叶林的产量等于面积乘以成熟树（上限为 20 年）每立方米的产量，再通过保险明细表得出每棵树龄类别的收入，最终按成熟前的年数进行贴现得到一个现值；人工针叶林采用保险一览表来对针叶林进行估值，该一览表列示了 1 ~ 30

年（南澳大利亚部分州为1～35年）树龄的每公顷森林的价值。

3. 非生产资产的估价

土地的价值以新所有者支付的现期价格估价，不包括所有权转移成本。由于土地的当前市场价值可能因其位置及其用途而有很大差异，因此必须确定土地的位置和用途，以便相应地对其进行评估。澳大利亚国家统计局成立了土地与房产信息处（LPI），负责监督或不定期检查土地估价师的实际操作，以确保澳大利亚土地估价的科学性和可行性。

非住宅用地的估算来自每个州和领地的估价师事务所，估价师一般按市场价格计算土地价值。非生产资产部门的数据分配主要利用固定比率计算，将商业用地价值分配给非金融企业部门、金融机构部门和住户部门，农业土地分配给住户和非金融企业部门，其他非住宅用地视为广义政府部门拥有，估计数直接来自政府财政统计（GFS）。对于住宅用地，使用澳大利亚国家统计局提供的房地产价格指数（RPPI）推算出其价值，并根据房地产价格指数将住宅用地价值划分至住户部门、广义政府部门和非金融公司部门，得出住户部门持有的住宅用地（不包括空置住宅用地）价值。

天然林由于缺少市场价格，采用未来收益现值法，即用折现率计算预期未来收益的现值和当前产出的市场价值。由于天然林等资产的所有权通常不会在市场上经常发生变动，因此澳大利亚国家统计局很难获得用于估价所需的市场价格，从而在实际估价时需要使用资产所有人在各自账户中使用的估价，这些资产所有人对商业开发产生的预期净回报估价具有较大的不确定性，且可能进行反复修改，因此净现值估价法的估价结果同样存在不确定性。

（二）金融资产与负债

1. 通货和存款

对通货来说，其名义价值或面值即是其估价。通货通过澳大利亚储备银行发行的纸币和硬币总额，减去各银行的库存现金总额得出。将通货平均分配至私营非金融企业和住户部门，因此住户部门持有的通货占比为50%。

住户部门在各类金融机构的存款是指根据契约规定，在结清债务时，金融机构应偿还存款住户的金额，包括应付但未付的利息和本金。

2. 债务性证券

澳大利亚对于债务性证券采用SNA2008中的“债权人原则”估价，即按当前市场价值计量。住户部门持有的债务性证券（汇票和单名票据）通过发行总额减去非金融企业和金融机构的持有总额得出。

3. 贷款和拆放

SNA2008 建议设立两个与不良贷款相关的备忘项目。第一个是贷款的名义价值，包括产生的利息和服务费用。第二个是这些贷款的市场等量值。最接近于该市场等量值的是所谓公允价值，即“近似于当事人之间进行市场交易而产生的价值”。当缺乏公允价值数据时，备忘项目只能利用名义价值减去预期贷款损失确定。

不同于 SNA2008 对贷款按名义价值计量，澳大利亚国家统计局采用贷款未清偿本金和利息总额的市场价格估价，以保持所有金融工具估值的一致性，按名义价值计量的贷款估值在澳大利亚国民经济账户的补充表格中列示。在评估贷款组合及其对应产品的价值时，减去不良贷款损失准备金，但不考虑一般的贷款损失准备金。对于非存款类机构的拆放款以当期市场价格估价。

4. 股票与其他权益

上市股票按市场价格估值。对于非上市股票，使用在盈利和股息历史及前景方面具有可比性的上市股票的价格，如有必要向下调整，应考虑市场性或流动性方面的差异。对于准公司，权益等于资产减去负债。

5. 保险专门责任准备金

保险专门责任准备金属于储备净权益，代表保单持有人对人寿保险公司和养老基金的索取权，采用市场价值计量，其中未偿索偿准备金是预期支付款的现值。保险专门责任准备金是通过总资产价值扣除所有可偿还负债计算得出的。

表 6－4　　住户部门资产负债表主要项目的估值方法

项目	估值方法
有形固定资产	这类型资产通常采用永续盘存法（PIM）估值，使用的是资本形成减去资本消耗的估计值。根据经济活动调查（Economic Activity Survey）数据，将非住宅建筑资产划分至各部门和产业。
无形固定资产（知识产权产品）	根据类型采用不同估价方法。
研究与开发	除非能够直接测算研究与开发的市场价值，否则，按照惯例，只能以研究与开发的费用之和对其进行估价，其中包括未成功的研究与开发的费用。根据澳大利亚知识产权组织（Intellectual Property Australia）汇编的数据，澳大利亚研究与开发产品的平均使用寿命为 11 年。
计算机软件	以其最近交易时的价格（或以自有账户的生产成本）计算，或者使用预期未来收益的现值。

续表

项目	估值方法
艺术品原作	以其最近交易时的价格（或以自有账户的生产成本）计算，或者使用预期未来收益的现值。
存货	根据类型采用不同估价方法。
私人非农场存货	账面价值计量，反映购置成本。
农场的存货	账面价值计量，反映购置成本。
人工林用材	人工种植木材采用未来收益现值法估值，即先对森林面积进行估计，再利用折现率来进行净现值估算。人工林采用树龄的保险价值估算市场交易价格，人工林的保险明细表由澳大利亚森林种植者协会（AFG）确定。
非生产资产	根据类型采用不同估价方法。
土地	土地的价值以新所有者支付的现期价格计算，不包括所有权转移成本。非住宅用地的估算来自每个州和领地估价师事务所，住宅用地采用澳大利亚统计局提供的房地产价格指数（RPPI）推算出其价值。
天然林	天然林由于缺少市场价格，采用未来收益现值法，即使用折现率计算预期未来收益的现值和当前产出的市场价值。
金融资产和负债	基本采用市场价格估价。
通货和存款	对通货来说，其名义价值或面值即是其估价；存款是指根据契约规定在结清时金融机构应偿还存款住户的金额，包括应付但未付的利息和本金。
债务性证券	采用 SNA2008 中的“债权人原则”估价，即按当前市场价值计量。
贷款和拆放	不同于 SNA2008 对贷款按名义价值计量，澳大利亚国家统计局采用贷款未清偿本金和利息总额的市场价格估价，按名义价值计量的贷款估值在澳大利亚国民经济账户的补充表格中列示。贷款估值时，减计不良贷款损失准备金，但不考虑一般的贷款损失准备金。对于非存款类机构的拆放款以当期市场价格估值。
股票与其他权益	上市股票按市场价格估值。对于非上市股票，使用在盈利和股息历史及前景方面具有可比性的上市股票的价格，如有必要向下调整，应考虑市场性或流动性方面的差异。对于准公司，权益等于资产减去负债。
保险专门责任准备金	采用市场价值计量，未偿索偿准备金是预期支付款的现值。
其他应收/应付款	按账面价值计量，为债务人向债权人未偿付的本息总额，包括已发生但未付的本金和利息。

6. 其他应收/应付款

其他应收/应付款按账面价值计量，是债务人未向债权人偿付的本息总额，包括已发生但未付的本金和利息。

（三）耐用消费品的估价

耐用消费品存量以现期价格估价，采用永续盘存法估计，即每期投资计入耐用消费品存量，并扣除累计折旧（等同于固定资本消耗）后的净额，资产负债表中作为备忘项目记录的数据是累计费用的净额。

表6-4列示了澳大利亚住户部门资产负债表具体项目的估值方法。

三、数据处理

澳大利亚国民经济核算体系遵从SNA标准，住户部门资产负债表编制以四个积累账户（资本账户、金融账户、其他变化账户、重估价账户）为基础，其净值反映住户部门持有的净资产或净负债。

（一）国家与部门资产负债表的编制

住户等各部门资产负债表的编制过程，以期初的资产负债存量加上固定资本形成、金融工具净借出和借入、价值重估以及其他变化部分，即可获得期末部门的资产负债表。其中，在核算期内发生交易获得的非金融资产总值减去处置总值，记录在资本账户中；与金融资产和负债有关的交易则记录在金融账户中；资产物量的其他价值变化（正的或负的）记录在资产物量其他变化账户中；由于资产价格变动引起正的或负的名义持有收益价值记录在重估价账户中，这就意味着，期末资产负债表中每一个项目的数值，原则上都可以通过期初资产负债表中的数值加上与该资产有关的记录在四个积累账户中的数值得到。

各部门得出初步数据后，还需要各部门的统计学家召开会议协调、整合各部门间的数据，使各部门数据保持一致，最后形成各部门资产负债表及国家资产负债表。这个过程会持续多次，在产生一组完全一致和连贯的账目后，数据才被发表。

因此，需要通过部门间的协调，使资产负债表中的每个项目满足以下等式：

某特定类型资产在资产负债表中按资产负债表既定日期的价格估价的期初存量值+核算期内发生交易所获得的资产总值，减去处置的资产总值+所持有资产物量的其他正的或负的变化值（例如发现了地下资产，或者由于战争或自然灾害造成资产的破坏）+由于资产价格变动引起的正的或负的持有收益名义值=某特定类型资产在资产负债表中按资产负债表既定日期价格估价的期末存量值。

（二）流量与存量数据的处理

澳大利亚住户部门资产负债表编制中涉及的数据处理方法主要是对流量数

据取净值与合并。

以金融资产为例，在核算金融交易时，取净值是指对同一个机构单位，只记录金融资产和负债的净增加值，其会影响金融资产与负债存量数据。其中，金融资产净增加是金融资产发生额减去金融资产处置额后的净额，负债净增加是负债发生额减去负债清偿额后的净额。比如对某银行来说，某一时期内既吸收客户存款又有客户提取存款，此时的流量核算不是分别记录存款的增加和减少，而是以净增加值作为该银行的净负债发生额。

合并是指将某部门中的各子部门（或组成部分）的数据进行加总而得到该部门的核算数据。在合并时，同组内的各机构单位之间发生的同类交易要相互抵消，以合并后的数据反映该部门与其他部门之间的交易。有一些特定类型的金融资产的交易项目会被保留下来，如准备金等，以突出金融机构的作用。

进行资产负债的存量数据核算时，首先，要在特定时点记录数据，澳大利亚住户部门资产负债年度数据的记录时点为每年的6月30日24时，季度数据的记录时点为每季度末。其次，按照权责发生制确定记录时间，即在债权和债务关系发生、转移或取消时记录。

第五节　澳大利亚住户部门资产负债表简要分析

对2008—2018年澳大利亚住户部门资产负债（见附表1）的分析显示：

从资产看，资产总额稳步上升，非金融资产占比近六成；金融资产主要是保险专门准备金、通货和存款；非金融资产以住宅和土地资产为主。

从负债看，负债总额增速比资产更低；负债以贷款和拆放为主，占比连续十年超九成，并呈缓慢上升趋势；资产负债率总体较低，呈微降趋势；债务与收入比呈上升趋势。

从总净值看，总净值增速总体呈上升趋势；资产、净值占GDP的比例上升明显，住户负债占GDP的比例上升缓慢。

一、住户部门资产的简要分析

（一）资产总额稳步上升，非金融资产占比近六成

澳大利亚住户部门资产总额从2008年的71270亿澳元上升到2018年的128183亿澳元，增加56913亿澳元，增长0.80倍，年均增加5691.3亿澳元。资产年均增长率为6.05%，且增速波幅较大，最高为2010年的12.94%，最低为

2009 年的 -1.17%（见图 6-5）。

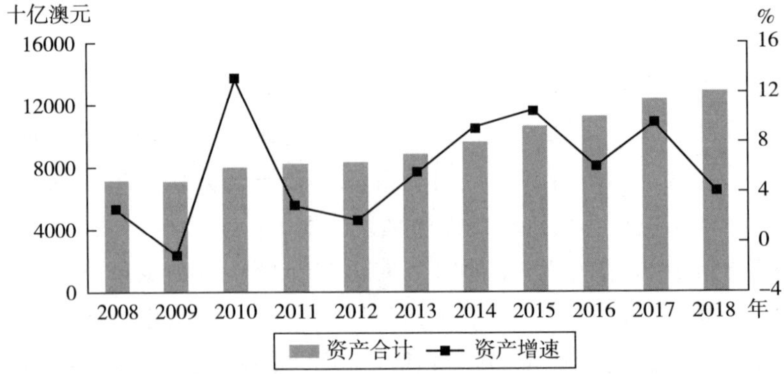

图 6-5　2008—2018 年澳大利亚住户资产总量的变化趋势图

从资产构成看（见图 6-6），2008—2018 年澳大利亚住户部门金融资产占总资产的平均比重为 39.28%，非金融资产占总资产的平均比重为 60.72%。其中金融资产规模从 2008 年的 26634 亿澳元上升到 2018 年的 52096 亿澳元，增速总体呈上升趋势，最高为 2014 年的 9.74%，最低为 2008 年的 -1.47%。非金融资产总体呈缓慢上升趋势，且增速波动较大，最高为 2010 年的 16.08%，最低为 2009 年的 -2.17%。

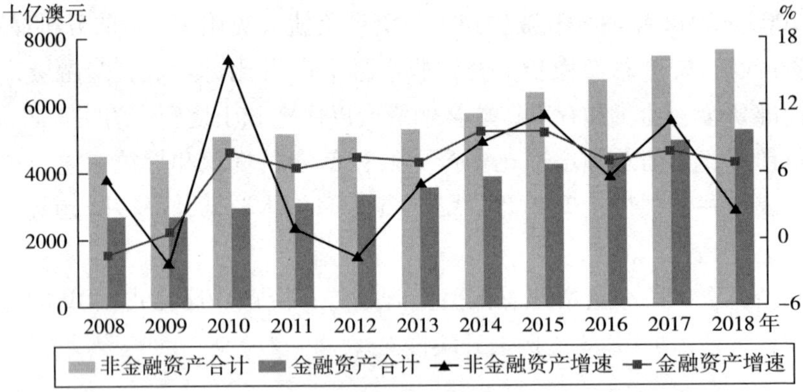

图 6-6　2008—2018 年澳大利亚住户资产结构变化趋势图

（二）非金融资产中，以住宅和土地资产为主

截至 2018 年末，澳大利亚住户部门的资产中，非金融资产占比为 59.36%，且主要为土地和住宅，两者合计占非金融资产的比重超过 91%。其中，土地占非金融资产的比重高达 65.21%，是住户部门最重要的资产；住宅占非金融资产

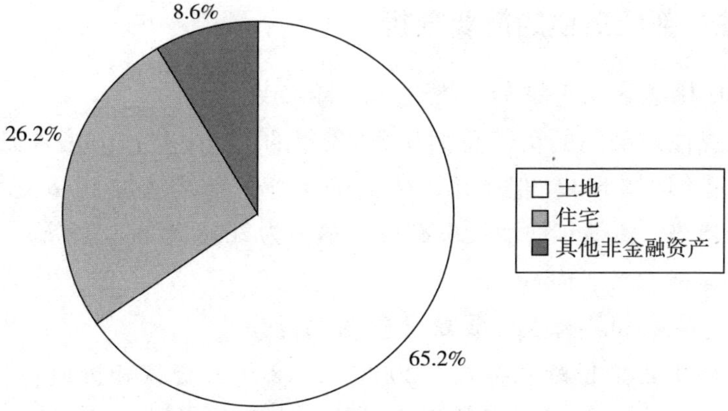

图 6－7　2018 年末澳大利亚住户部门非金融资产占比结构

的比重为 26.20%；所有权转移成本占比为 3.15%，非住宅建筑占比为 3.14%，机器和设备占比为 1.59%，知识产权资产占比为 0.08%，存货占比为 0.34%，人工林用材占比极少，可以忽略不计（见图 6－7）。

（三）金融资产中，以保险专门准备金、通货和存款为主

截至 2018 年末，澳大利亚住户部门的资产中，金融资产占比为 40.64%。其中，保险专门准备金占金融资产的比重最高，达到 57.96%，通货和存款、股票和其他权益占比分别为 21.26% 和 18.64%。其他金融资产占比较少。其中，其他应收款的占比为 1.94%，债务性证券的占比为 0.16%，贷款和拆放的占比为 0.03%（见图 6－8）。

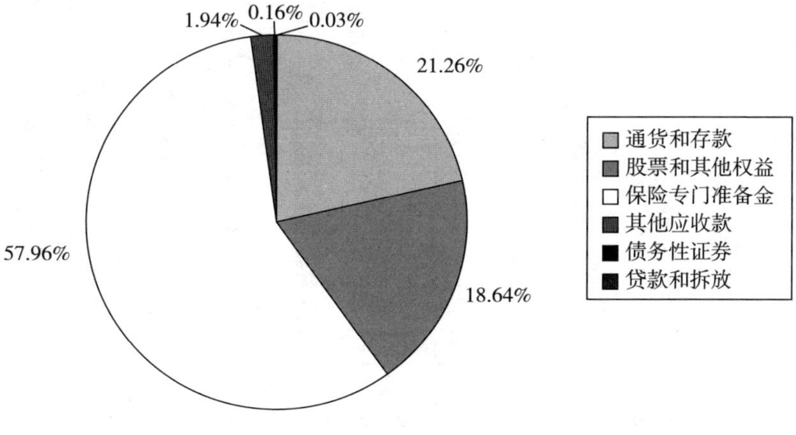

图 6－8　2018 年末澳大利亚住户部门金融资产占比结构

二、住户部门负债的简要分析

（一）负债总量逐年增加，增速呈下降趋势

澳大利亚住户部门的负债总额从 2008 年的 13661 亿澳元增加到 2018 年的 24038 亿澳元，增加 10377 亿澳元，增长 0.76 倍，年均增加 1038 亿澳元。负债增速呈下降趋势。负债年均增长 5.82%，最高为 2008 年的 8.75%，最低为 2013 年的 4.12%。

（二）负债以贷款为主，贷款呈长期化趋势

住户负债主要是贷款和拆放。2008—2018 年，贷款和拆放占住户负债的平均比重为 92.2%；总体呈缓慢上升趋势，由 2008 年的 91.63% 上升至 2018 年的 92.93%。这表明澳大利亚住户部门主要通过贷款进行融资，这与住户部门的构成有关。住户部门主要是常住住户，所以家庭负债的形式多为住房按揭贷款及消费性贷款等。此外，其他应付款占比为 6.71%，债务性证券占比为 0.36%。

负债呈长期化趋势。澳大利亚国家统计局将住户部门的总负债分为银行承兑汇票、短期贷款和拆放、长期贷款和拆放、其他应付款四种类型，其中长期贷款和拆放在总负债中一直占较大比重，且呈上升趋势，从 2012 年的 87.6% 上升到 2018 年的 89.3%。短期贷款和配售占总负债金额的比重较小，且呈下降趋势，从 2012 年的 4.4% 下降到 2018 年的 3.3%（见图 6－9）。

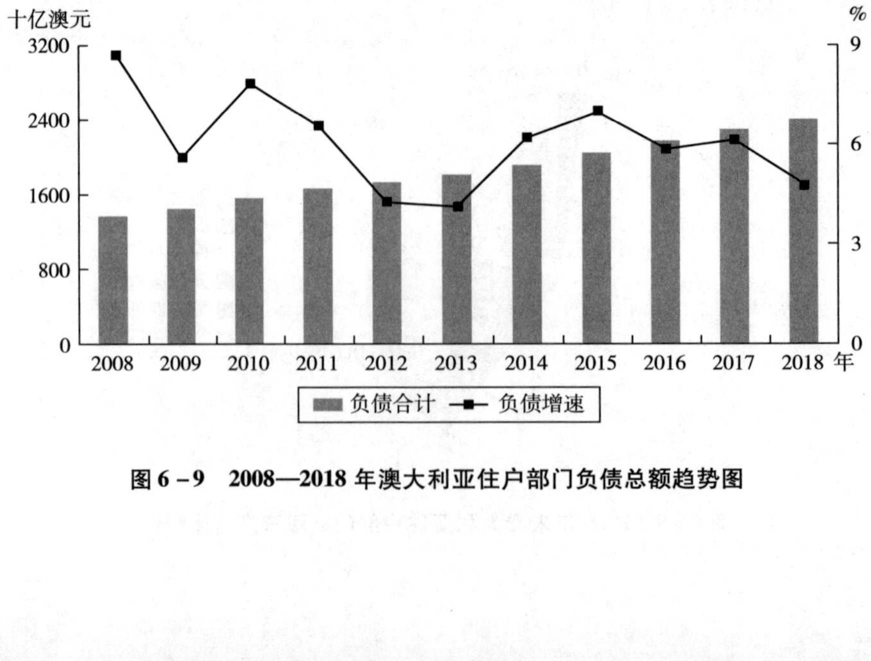

图 6－9　2008—2018 年澳大利亚住户部门负债总额趋势图

（三）住户部门资产负债率稳中有降，债务与收入比呈上升趋势

住户部门资产负债率总体稳中有降。2008—2018 年，住户部门总债务占总资产的比重从 2008 年的 19.17% 下降到 2018 年的 18.75%，其中最高为 2012 年的 20.77%，最低为 2017 年的 18.65%；占净资产的比重从 2008 年的 23.71% 下降到 2018 年的 23.08%，其中最高为 2012 年的 26.21%，最低为 2017 年的 22.92%。

住户部门债务与收入比呈上升趋势。澳大利亚储备银行“住户部门风险的演变”① 一文分析了 1991—2018 年住户债务占收入的变化，在过去 30 年中债务占收入的比例一直处于上升状态，2007—2013 年比例稳定在 160%，自 2013 年以来债务占收入的比例再次上升，到 2018 年达到 190% 左右（见图 6－10）。与一系列发达国家相比，澳大利亚债务占收入的比例上升幅度更大。住户债务增加主要是由于住房抵押贷款的增加所致，2013 年以来房地产市场火爆，住户投资房地产的意愿不断增强。

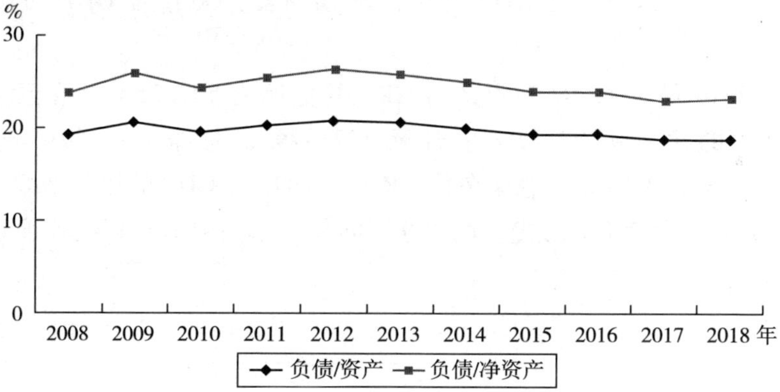

图 6－10　2008—2018 年澳大利亚住户部门负债、杠杆情况

三、住户部门总净值的简要分析

（一）总净值增速整体呈上升趋势

澳大利亚住户部门总净值从 2008 年的 57609 亿澳元增加到 2018 年的 104144 亿澳元，增加了 46535 亿澳元，增长 0.81 倍。从净资产增速看，总体呈上升趋势，且波动幅度较大。年均增长率为 6.11%，最高为 2010 年的 14.26%，最低

---

① The Evolution of Household Sector Risks | Speeches | RBA. The Evolution of Household Sector Risks.

为 2009 年的 -2.78%（见图 6-11）。

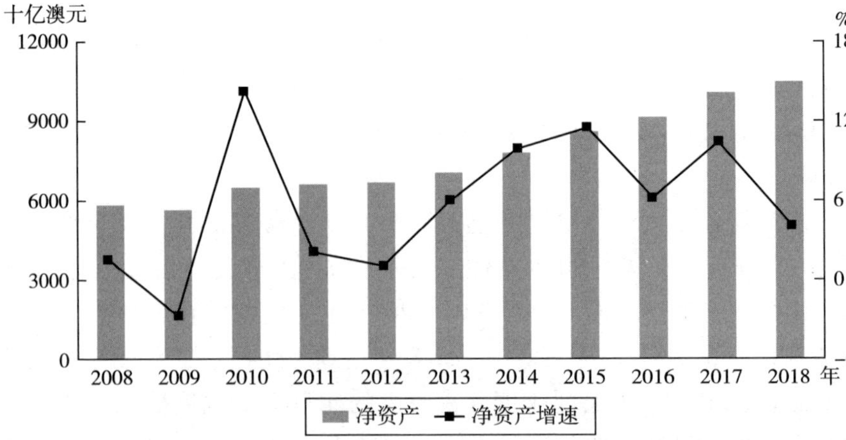

图 6-11　2008—2018 年澳大利亚住户净资产趋势图

（二）资产、总净值占 GDP 的比例增幅明显，负债占 GDP 的比例上升缓慢

2008—2018 年，住户部门资产占 GDP 的比例由 507.21% 上升至 706.2%，负债占 GDP 的比例由 97.22% 上升至 132.47%，总净值占 GDP 的比例由 409.99%上升至 573.94%。总体来看，资产、净值占 GDP 的比例增幅明显，住户负债占 GDP 的比例上升缓慢，说明这期间住户部门财富积累的速度较快（见图 6-12）。

图 6-12　澳大利亚住户部门资产、负债、总净值占 GDP 的比例

附表：

附表 1　　2008—2018 年澳大利亚住户部门资产负债表　　单位：十亿澳元

项目	2008 年	2009 年	2010 年	2011 年	2012 年	2013 年	2014 年	2015 年	2016 年	2017 年	2018 年
总资产	7127.0	7043.8	7955.6	8183.0	8319.4	8783.6	9581.0	10591.2	11231.3	12299.0	12818.3
非金融资产	4463.6	4366.9	5068.9	5113.5	5026.4	5264.1	5720.4	6354.6	6704.8	7418.7	7608.6
住宅	1255.2	1316.6	1374.3	1430.0	1471.7	1528.0	1608.1	1697.9	1786.6	1883.9	1993.7
所有权转移成本	166.6	164.3	180.8	184.7	183.0	188.3	209.7	232.5	240.5	241.8	239.9
非住宅建筑	172.8	180.7	184.3	191.6	197.2	202.4	207.2	213.2	219.6	228.0	239.0
机器和设备	110.1	116.9	114.9	111.5	110.4	112.8	114.5	118.2	118.8	118.7	120.7
育得生物资源	17.9	17.1	17.1	18.2	18.6	18.8	19.0	19.1	19.4	20.3	20.6
知识产权产品	3.7	3.8	3.8	4.2	4.6	5.0	5.2	5.6	5.7	6.0	6.1
私人非农商品	13.3	13.6	13.4	14.4	14.7	14.6	14.7	14.8	14.6	15.4	16.2
农场	8.0	7.3	6.8	7.7	8.1	8.4	8.7	8.7	8.6	8.6	8.3
人工林用材	1.7	1.7	2.0	2.0	2.3	2.4	2.0	2.0	1.9	1.9	1.7
土地	2713.9	2544.6	3171.1	3148.7	3015.4	3183.1	3531.0	4042.4	4288.8	4893.9	4961.9
天然林	0.4	0.3	0.3	0.3	0.3	0.3	0.2	0.3	0.3	0.3	0.3
金融资产	2663.4	2677.0	2886.7	3069.6	3293.0	3519.5	3860.6	4236.5	4526.5	4880.3	5209.6
通货和存款	488.1	570.7	612.4	666.0	725.8	777.9	841.7	917.6	994.4	1057.3	1107.7
债务性证券	15.3	13.6	9.7	7.8	7.7	6.9	8.4	8.2	8.7	9.1	8.5
贷款和拆放	0.5	0.5	0.6	0.7	0.8	0.8	1.2	1.1	1.5	1.4	1.4
股票和其他权益	630.5	595.9	607.6	604.1	614.6	659.1	722.2	794.7	842.5	910.7	971.2
保险专门准备金——养老金	1295.7	1268.2	1410.2	1540.2	1689.3	1819.2	2020.5	2257.9	2424.2	2639.9	2832.1
保险专门准备金——其他	151.5	140.6	152.1	154.4	150.2	156.9	170.3	166.6	170.6	173.9	187.6
其他应收款	81.7	87.3	94.1	96.3	104.6	98.8	96.3	90.4	84.7	88.0	101.3
负债	1366.1	1442.8	1555.7	1657.3	1727.6	1798.7	1910.1	2043.0	2162.0	2293.7	2403.8
债务性证券	26.7	31.6	31.1	31.3	27.1	28.8	24.7	18.9	15.1	12.1	8.7
贷款和拆放	1251.7	1314.0	1419.6	1512.8	1589.6	1656.9	1764.6	1895.1	2010.2	2122.2	2233.8
其他应付款	87.7	97.2	105.0	113.2	110.9	112.9	120.9	129.0	136.7	159.3	161.3
净值	5760.9	5601.0	6399.9	6525.7	6591.8	6984.9	7670.8	8548.2	9069.3	10005.3	10414.4
住宅用地和住宅	3719.9	3602.8	4279.6	4315.6	4221.0	4447.4	4873.9	5469.8	5786.3	6466.3	6610.1
耐用消费品	278.2	288.0	298.1	304.0	311.1	319.0	329.4	348.5	366.4	373.9	361.0

数据来源：ABS. cat. 5232.0 Table 34 以及 ABS. cat. 5204.0 Table 51.

附表 2　　2012—2017 年澳大利亚储备银行编制的住户部门资产负债表

单位：十亿澳元

项目	2012 年	2013 年	2014 年	2015 年	2016 年	2017 年
住户住宅	4221.0	4447.4	4873.9	5469.8	5786.3	6466.3
住户耐用消费品	311.1	319.0	329.4	348.5	366.4	373.9
住户非金融资产总额	4532.1	4766.4	5203.3	5818.3	6152.7	6840.2
住户存款	700.8	751.1	813.7	886.9	961.3	1022.6
住户养老金	1394.0	1586.1	1795.3	1972.2	2053.5	2304.6
住户股票	614.6	659.1	722.2	794.7	842.5	910.7
住户其他金融资产	583.5	523.2	529.4	582.7	669.2	642.4
住户总金融资产	3293.0	3519.5	3860.6	4236.5	4526.5	4880.3
住户总资产	7825.1	8285.9	9063.9	10054.8	10679.2	11720.5
住户总负债	1727.6	1798.7	1910.1	2043.0	2162.0	2293.7
住户净资产	6097.5	6487.3	7153.8	8011.8	8517.2	9426.8
住户住宅库存	9097.6	9226.9	9366.8	9562.1	9774.5	9974.8
年末住户住宅存量增长	1.4	1.4	1.5	2.1	2.2	2.0

数据来源：RBA 网站 Statistics 板块下的 Economic and Financial Statistics 中的 Statistical Tables E1.

附表 3　　2008—2018 年澳大利亚住户部门资产负债项目增长分析　　单位：%

项目	2008 年	2009 年	2010 年	2011 年	2012 年	2013 年	2014 年	2015 年	2016 年	2017 年	2018 年
总资产	2.66	-1.17	12.94	2.86	1.67	5.58	9.08	10.54	6.04	9.51	4.22
非金融资产	5.30	-2.17	16.08	0.88	-1.70	4.73	8.67	11.09	5.51	10.65	2.56
住宅	6.93	4.89	4.38	4.05	2.92	3.83	5.24	5.58	5.22	5.45	5.83
所有权转移成本	-0.83	-1.38	10.04	2.16	-0.92	2.90	11.36	10.87	3.44	0.54	-0.79
非住宅建筑	8.54	4.57	1.99	3.96	2.92	2.64	2.37	2.90	3.00	3.83	4.82
机器和设备	6.17	6.18	-1.71	-2.96	-0.99	2.17	1.51	3.23	0.51	-0.08	1.68
育得生物资源	1.13	-4.47	0.00	6.43	2.20	1.08	1.06	0.53	1.57	4.64	1.48
知识产权产品	5.71	2.70	0.00	10.53	9.52	8.70	4.00	7.69	1.79	5.26	1.67
私人非农商品	9.02	2.26	-1.47	7.46	2.08	-0.68	0.68	0.68	-1.35	5.48	5.19
农场	17.65	-8.75	-6.85	13.24	5.19	3.70	3.57	0.00	-1.15	0.00	-3.49
人工林用材	30.77	0.00	17.65	0.00	15.00	4.35	-16.67	0.00	-5.00	0.00	-10.53
土地	4.69	-6.24	24.62	-0.71	-4.23	5.56	10.93	14.48	6.10	14.11	1.39
天然林	33.33	-25.0	0.00	0.00	0.00	0.00	-33.33	50.00	0.00	0.00	0.00
金融资产	-1.47	0.51	7.83	6.34	7.28	6.88	9.69	9.74	6.85	7.82	6.75

续表

项目	2008年	2009年	2010年	2011年	2012年	2013年	2014年	2015年	2016年	2017年	2018年
通货和存款	16.05	16.92	7.31	8.75	8.98	7.18	8.20	9.02	8.37	6.33	4.77
债务性证券	-8.38	-11.11	-28.68	-19.59	-1.28	-10.39	21.74	-2.38	6.10	4.60	-6.59
贷款和拆放	-94.05	0.00	20.00	16.67	14.29	0.00	50.00	-8.33	36.36	-6.67	0.00
股票和其他权益	-9.62	-5.49	1.96	-0.58	1.74	7.24	9.57	10.04	6.01	8.09	6.64
保险专门准备金——养老金	-2.14	-2.12	11.20	9.22	9.68	7.69	11.07	11.75	7.37	8.90	7.28
保险专门准备金——其他	-5.31	-7.19	8.18	1.51	-2.72	4.46	8.54	-2.17	2.40	1.93	7.88
其他应收款	7.78	6.85	7.79	2.34	8.62	-5.54	-2.53	-6.13	-6.31	3.90	15.11
负债	8.75	5.61	7.83	6.53	4.24	4.12	6.19	6.96	5.82	6.09	4.80
债务性证券	16.09	18.35	-1.58	0.64	-13.42	6.27	-14.24	-23.48	-20.11	-19.87	-28.10
贷款和拆放	9.56	4.98	8.04	6.57	5.08	4.23	6.50	7.40	6.07	5.57	5.26
其他应付款	-3.31	10.83	8.02	7.81	-2.03	1.80	7.09	6.70	5.97	16.53	1.26
净值	1.32	-2.78	14.26	1.97	1.01	5.96	9.82	11.44	6.10	10.32	4.09
住宅用地和住宅	5.05	-3.15	18.79	0.84	-2.19	5.36	9.59	12.23	5.79	11.75	2.22
耐用消费品	6.06	3.52	3.51	1.98	2.34	2.54	3.26	5.80	5.14	2.05	-3.45

附表4　2008—2018年澳大利亚住户部门资产负债项目结构分析表　单位:%

项目	2008年	2009年	2010年	2011年	2012年	2013年	2014年	2015年	2016年	2017年	2018年
总资产											
非金融资产	62.63	62.00	63.71	62.49	60.42	59.93	59.71	60.00	62.63	62.00	63.71
住宅	17.61	18.69	17.27	17.48	17.69	17.40	16.78	16.03	17.61	18.69	17.27
所有权转移成本	2.34	2.33	2.27	2.26	2.20	2.14	2.19	2.20	2.34	2.33	2.27
非住宅建筑	2.42	2.57	2.32	2.34	2.37	2.30	2.16	2.01	2.42	2.57	2.32
机器和设备	1.54	1.66	1.44	1.36	1.33	1.28	1.20	1.12	1.54	1.66	1.44
育得生物资源	0.25	0.24	0.21	0.22	0.22	0.21	0.20	0.18	0.25	0.24	0.21
知识产权产品	0.05	0.05	0.05	0.05	0.06	0.06	0.05	0.05	0.05	0.05	0.05
私人非农商品	0.19	0.19	0.17	0.18	0.18	0.17	0.15	0.14	0.19	0.19	0.17
农场	0.11	0.10	0.09	0.09	0.10	0.10	0.09	0.08	0.11	0.10	0.09
人工林用材	0.02	0.02	0.03	0.02	0.03	0.03	0.02	0.02	0.02	0.02	0.03
土地	38.08	36.13	39.86	38.48	36.25	36.24	36.85	38.17	38.08	36.13	39.86
天然林	0.00	0.00	0.00	0.00	0.00	0.00	0.00	0.00	0.00	0.00	0.00

续表

项目	2008 年	2009 年	2010 年	2011 年	2012 年	2013 年	2014 年	2015 年	2016 年	2017 年	2018 年
金融资产	37.37	38.01	36.29	37.51	39.58	40.07	40.29	40.00	37.37	38.01	36.29
通货和存款	6.85	8.10	7.70	8.14	8.72	8.86	8.79	8.66	6.85	8.10	7.70
债务性证券	0.21	0.19	0.12	0.10	0.09	0.08	0.09	0.08	0.21	0.19	0.12
贷款和拆放	0.01	0.01	0.01	0.01	0.01	0.01	0.01	0.01	0.01	0.01	0.01
股票和其他权益	8.85	8.46	7.64	7.38	7.39	7.50	7.54	7.50	8.85	8.46	7.64
保险专门准备金——养老金	18.18	18.00	17.73	18.82	20.31	20.71	21.09	21.32	18.18	18.00	17.73
保险专门准备金——其他	2.13	2.00	1.91	1.89	1.81	1.79	1.78	1.57	2.13	2.00	1.91
其他应收款	1.15	1.24	1.18	1.18	1.26	1.12	1.01	0.85	1.15	1.24	1.18
负债											
债务性证券	1.95	2.19	2.00	1.89	1.57	1.60	1.29	0.93	1.95	2.19	2.00
贷款和拆放	91.63	91.07	91.25	91.28	92.01	92.12	92.38	92.76	91.63	91.07	91.25
其他应付款	6.42	6.74	6.75	6.83	6.42	6.28	6.33	6.31	6.42	6.74	6.75

参考文献

[1] 联合国，欧盟委员会，经济合作与发展组织，国际货币基金组织，世界银行．2008年国民账户体系，中国国家统计局国民经济核算司，中国人民大学国民经济核算研究所，译．[M]．北京：中国统计出版社，2012.

[2] 杜金富，等．政府资产负债表：基本原理及中国应用 [M]．北京：中国金融出版社，2015.

[3] 杜金富，王毅，阮健弘，等．中国政府资产负债表编制研究 [M]．北京：中国金融出版社，2018.

[4] 王毅，郭永强．政府资产负债表：国际标准与实践 [M]．北京：中国金融出版社，2015.

[5] 李扬，张晓晶，常欣，等．中国国家资产负债表 2018 [M]．北京：中国社会科学出版社，2018.

[6] 解明明．澳大利亚国家资产负债表编制简介 [J]．中国统计，2016（5）.

[7] 王伟斌，王毅．基于国民账户核算体系的澳大利亚政府资产负债表编制研究 [J]．金融理论与实践，2016（6）.

[8] Australian System of National Accounts 2015，ABS. cat. no. 5216.0.

第七章　新西兰住户部门资产负债表

新西兰统计局和新西兰储备银行[①]均编制和发布住户部门资产负债表，两者之间既联系紧密也存在差异。本章将分别阐述两项资产负债表的核算历史、编制现状、核算范围与分类等，并对报表数据进行简要分析。

第一节　新西兰住户部门资产负债表编制的基本情况

早在19世纪50年代，新西兰政府便着手开展国民经济核算，并以联合国国民账户体系（SNA）为基础不断完善本国体系。目前，新西兰统计局编制的住户部门资产负债表是其国民账户的重要组成部分，指标设置和统计标准与国民账户体系（SNA2008）高度一致。而新西兰储备银行在为统计局提供编制所需金融资产负债数据的同时，也自行编制了住户部门资产负债表，该表在核算原则方面亦参照国际标准，但指标设置呈现出自己的特点。

一、新西兰住户部门资产负债核算的发展过程

（一）新西兰国民账户体系发展历程

1948年，新西兰统计局开始统计国民收入总额，首次公布的国民收入总额数据涵盖了1938年至1947年的年度数据。1949年，新西兰统计局在前期国民收入数据基础上增加了支出数据，标志着其国民收入与支出统计正式开始，并一直延续到1977年。1951年，新西兰统计局编制了第一个制造业生产账户，将其纳入国民收入与支出统计。1968年联合国发布SNA1968，新西兰政府成立国家发展委员会，下设统计技术委员会负责制定新西兰国民账户体系（NZSNA）。新西兰国民账户体系以联合国SNA为基础，并随着SNA版本的更新不断变化，发展至今，新西兰国民核算体系已较为完善（见图7－1）。

---

① 新西兰储备银行即为新西兰中央银行。

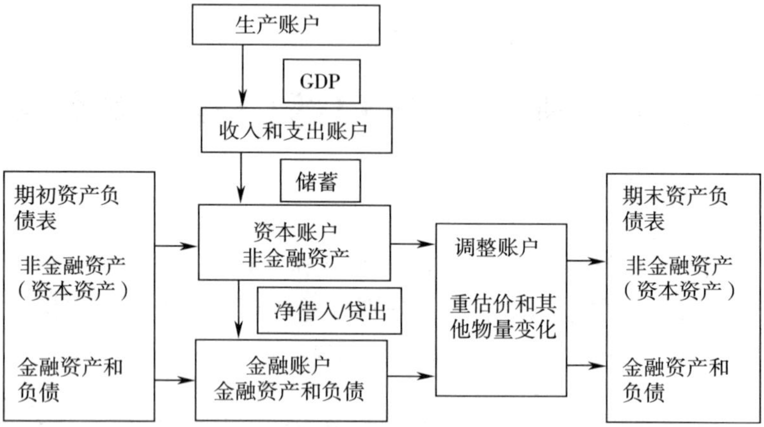

图 7－1　新西兰国民核算体系

（二）住户部门资产负债表编制历程

1. 新西兰统计局编制历程

新西兰统计局基于 NZSNA 率先开始了国民账户核算工作，并于 1975 年发布第一个新西兰国民账户，包含了国家资产负债统计数据。随后，新西兰统计局不断完善资产负债表的编制工作，根据联合国发布的 SNA1993、SNA2008，适时调整和改进核算方法（如 2000 年引入资本存量的重置成本法）。

尽管新西兰统计局资产负债核算开始较早，但 2017 年之前，新西兰统计局仅公布国家资产负债表数据，未对分部门数据进行披露。直到 2017 年 12 月，新西兰统计局按照最新的机构部门分类（将机构部门分为非金融企业、金融企业、包括社保基金在内的政府单位、为住户服务的非营利机构、住户部门和国外部门）公布了 2007 年至 2015 年的分部门资产负债表。住户部门作为国民账户体系六大机构部门之一，其资产负债表首次单独编制发布，是国家资产负债核算体系的重要组成部分。

2. 新西兰储备银行编制历程

除新西兰统计局之外，新西兰储备银行为反映与住户部门金融资产和负债相关的金融市场和体制结构变化情况，也进行了住户部门资产负债表的编制，且公布住户部门数据的时间早于统计局。新西兰储备银行于 2000 年开始在《储备银行公报》中发布住户部门资产负债表，首次发布涵盖了 1998 年以来的季度数据。2015 年，为了与 SNA2008 保持一致，新西兰储备银行与新西兰统计局合作对住户资产负债核算进行修订和完善，主要表现在两个方面：一是扩展了住户部门的资产范围，增加了非法人企业股权、非上市公司股权、住房和土地价值等内容；二是住户部门资产负债表中不再包含租赁住宅的相关资产和负债，而是改为在附报中展现。2017 年 3 月，新西兰储备银行又对其住户部门资产负债表中非法人企业、上市和非上市公司股权以及投资基金份额的家庭持股比例数据进行了修正，并将以前缺失的非寿险索赔纳入核算。

二、新西兰住户部门资产负债表编制现状

新西兰统计局和新西兰储备银行均编制住户部门资产负债表，两表的编制既存在差异又紧密联系。本节分别介绍两项资产负债表的编制情况，并简要分析两表之间的区别和联系。

（一）新西兰统计局住户部门资产负债表

新西兰统计局按年度单独编制并发布住户部门资产负债表，表样与其他部门资产负债表一致，主要包括非金融资产、金融资产、金融负债、净资产、负债和净资产合计五大项。表中资产和负债的指标设置遵照国际分类标准：非金融资产分为生产性非金融资产、非生产性非金融资产；金融资产与负债分为货币黄金和特别提款权，通货与存款，债务性证券，贷款，股权和投资基金份额，保险、养老金和标准化担保计划，金融衍生品，其他应收/应付款（见表 7－1）。然而，在实际核算过程中，新西兰住户部门的金融资产仅涉及通货与存款，债务性证券，贷款，股权和投资基金份额，保险、养老金和标准化担保计划五项，而金融负债仅涉及贷款一项。

新西兰统计局住户部门资产负债表的编制频度为年度，目前仅公布两次，分别是 2017 年 12 月首次公布 2007 年至 2015 年数据、2018 年 12 月公布 2017 年数据。值得注意的是，新西兰统计局公布的资产负债表年度数据并非年末数，而是每年第一季度末数据。统计局在公布最新数据时会根据核算方法、分类标准等制度的变化对以前年度数据进行追溯调整。

表 7－1　　新西兰统计局住户部门资产负债表

××××年　　　　单位：百万新西兰元

指标	金额
非金融资产	
生产性非金融资产	
非生产性非金融资产	
非金融资产总计	
金融资产	
货币黄金和特别提款权	

续表

指标	金额
通货与存款	
债务性证券	
贷款	
股权和投资基金份额	
保险、养老金和标准化担保计划	
金融衍生品	
其他应收款	
金融资产总计	
资产总计	
金融负债	
货币黄金和特别提款权	
通货与存款	
债务性证券	
贷款	
股权和投资基金份额	
保险、养老金和标准化担保计划	
金融衍生品	
其他应付款	
金融负债总额	
净资产	
负债和净资产合计	

资料来源：新西兰统计局网站。

（二）新西兰储备银行住户部门资产负债表

新西兰储备银行住户部门资产负债表也包括金融资产、金融负债、金融净资产、非金融资产、净资产合计五大项。其中，金融资产分为货币、存款、非股票证券、贷款、股票和投资基金份额、保险技术准备金；金融负债主要是贷款，包括消费贷款、住房贷款、学生贷款；非金融资产主要统计住房和土地价值（见表7-2）。

新西兰住户部门资产负债表按季度及年度发布，季报与年报分别于季度、年后约3个月发布。目前已经公布了1998年以来的季度数据。

表 7－2　　新西兰储备银行住户部门资产负债表

××××年×季度　　单位：百万新西兰元

指标	年度数据	季度数据
金融资产		
货币		
存款		
其中：注册银行①存款		
非银行金融机构存款		
非股票证券		
中央政府债券		
地方政府债券		
其他债务性证券		
贷款		
股权和投资基金份额		
股权		
新西兰上市公司股权		
新西兰非上市公司股权		
新西兰非法人企业股权		
海外上市公司股权		
投资基金份额		
现金管理信托		
其他投资基金份额		
保险技术准备金		
寿险和养老金基金净额		
寿险准备金净额		
养老金基金净额		
非寿险索赔		
金融负债		
贷款		
消费贷款		
注册银行消费贷款		
非银行金融机构消费贷款		
其他消费贷款		
住房贷款		
注册银行住房贷款		

① 新西兰注册银行包括多功能大银行、批发银行、零售银行。

续表

指标	年度数据	季度数据
非银行金融机构住房贷款		
其他住房贷款		
学生贷款		
净金融资产		
非金融资产		
住房和土地价值		
净资产合计		
附报：住房和土地价值（包含租赁房产）		
住房贷款（包含租赁房产）		

资料来源：新西兰储备银行网站。

（三）两项资产负债表的区别与联系

由于编制主体与目的不同，新西兰统计局和储备银行住户部门资产负债表在指标设置、数据来源、编制频度等方面不尽相同。在指标设置方面，统计局资产负债表指标设置参照国际标准分类，而储备银行资产负债表的指标设置主要取决于数据可得性及其他管理部门的需求，指标更加细化。在编制频度上，统计局为年度数据，更新时间较慢，而储备银行为季度数据，且更新更及时。

表 7-3　　2015—2017 年新西兰住户部门资产负债表数据比较

单位：亿新西兰元

项目	机构	2015 年 3 月		2016 年 3 月		2017 年 3 月	
		数额	差额	数额	差额	数额	差额
金融资产	储备银行	7571.71	-1.63	8108.77	12.96	8934.85	4.69
	统计局	7573.34		8095.81		8930.16	
非金融资产	储备银行	5964.33	0	6801.23	0	7725.37	0
	统计局	5964.33		6801.23		7725.37	
总资产	储备银行	13536.04	-1.63	14910	12.96	16660.22	4.69
	统计局	13537.67		14897.04		16655.53	
金融负债	储备银行	1716.56	0.59	1836.66	0.76	1988.22	1.86
	统计局	1715.97		1835.9		1986.36	
净资产	储备银行	11819.49	-2.21	13073.34	12.2	14672	2.83
	统计局	11821.7		13061.14		14669.17	

资料来源：新西兰统计局、新西兰储备银行网站。

两表之间也存在紧密的联系，一方面，两表都以 SNA2008 为基础，在核算方法、统计原则上基本保持一致；另一方面，新西兰统计局和储备银行住户部门资产负债表相互补充、互为来源，如储备银行资产负债表中非金融资产数据基本取自统计局，并且其在进行季度数据估算时借鉴统计局的年度估算方法，而统计局的通货和存款、养老基金、贷款等数据基本来源于储备银行（详细内容见本章第四节）。双方均试图保持资产负债表的一致性，一方偶尔进行的修订调整可能会导致数据暂时错位，但随后都将尽快进行同步修订。从 2015 年至 2017 年新西兰统计局和储备银行住户部门资产负债表可以看出，两表数据基本保持一致，差异较小（见表 7 - 3）。

三、住户部门资产负债表下一步编制计划

当前新西兰住户部门资产负债表核算发展较为完善，统计局已经形成一套相对成熟的核算体系，且与储备银行数据基本保持一致，但还存在一些需要改进的方面。新西兰统计局已将其纳入下一步工作计划。

一是改进数据频度。新西兰统计局计划于 2020 年发布所有机构部门的资产负债表季度数据。

二是进一步完善表中缺失项目。尽管新西兰统计局在 2015 年、2017 年对资产负债表中缺失的项目进行了多次修订和完善，但从目前来看，仍有一些项目由于缺乏数据源而没有被纳入，如耐用消费品、贵金属以及住户在海外持有的资产等。鉴于此，统计局下一步拟通过住户净资产统计（HNW）对资产负债表中的缺失项目进行补充，进一步完善资产负债表的编制。

住户净资产统计由新西兰统计局实施，数据来自统计局 2016 年开展的一项新的调查——住户经济调查（HES），并形成住户净资产统计表（见表 7 - 4）。表中项目分为资产总额、负债总额、净资产总额及信托补充项目四大类。其中，非金融资产包括业主自住住宅、其他房地产、耐用消费品、贵重物品；金融资产包含货币和存款、债券和其他债务证券、自有非法人企业股权、股票和其他股权、共同基金和其他投资基金、人寿保险基金和年金、养老金基金、其他金融资产；负债包括自住住房贷款、其他房地产贷款、消费者贷款、教育贷款、其他贷款和债务；信托补充项目指住户以信托形式持有的资产和负债，主要是与房地产相关的资产负债情况。

表 7－4　　新西兰统计局住户部门净资产统计表

××××年　　单位：百万新西兰元

资产或负债类型	中位数	平均值	总数
资产			
业主自住住宅			
其他房地产			
耐用消费品			
贵重物品			
非金融资产			
货币和存款			
债券和其他债务证券			
自有非法人企业的股权			
股票和其他股权			
共同基金和其他投资基金			
人寿保险基金和年金			
养老金基金			
其他金融资产			
金融资产			
资产总额			
负债			
自住住房贷款			
其他房地产贷款			
消费贷款			
教育贷款			
其他贷款和债务			
负债总额			
净资产总额			
信托补充项目			
自住房屋总计			
其他房地产总计			
自住房屋贷款总额			
其他房地产贷款总额			

资料来源：新西兰统计局网站。

住户部门资产负债表是从宏观层面反映住户部门资产负债的总量和结构，

而住户净资产统计数据来自微观层面，主要是通过人口统计反映住户资产负债的分布情况。从数据对接上看，微观调查数据存在一些限制，目前并未在资产负债表中直接使用，但其仍可以作为资产负债表数据的验证以及缺失项目的估计来源。由于住户部门净资产统计表每三年编制一次，统计局需对表中数据进行处理以得到年度数据。

第二节 住户部门的核算范围及分类

新西兰统计局和储备银行对住户定义界定基本遵循国际准则，但在核算范围和住户分类上体现本国特征。本节将综合新西兰统计局及储备银行的相关情况，阐述新西兰住户部门的范围和分类，同时厘清住户与非法人企业、为住户服务的非营利组织之间的关系。

一、住户的定义及范围

新西兰统计局对住户的定义与 SNA2008 保持一致，即共享生活设施、集中其部分或全部收入和财产，并共同消费一些货物和服务（主要是住房和食品）的一群人。一个住户单位可能包含一个或多个家庭以及除家庭之外的其他人，也可能没有家庭，如生活在一起的不相关的人。但不包括非私人住宅的人群，如招待所、养老院和医院（养老院内的服务式公寓算作私人住宅）。具体不包括：（1）希望定居在新西兰但居住未满 12 个月的海外游客；（2）住在非私人住所（如旅馆、汽车旅馆、寄宿处、招待所和老年公寓）的人群；（3）住在医院的患者；（4）精神病患者或刑事机构内的居民；（5）常设武装部队成员、集体生活区域（如兵营）的居民；（6）生活在近海岛屿（不包括威赫克岛）的居民；（7）非新西兰武装部队成员、非新西兰籍外交官及其家属。

新西兰储备银行认为住户作为最终消费者和生产要素所有者，涵盖了居民个人、家庭、家族和附属的毛利人（非毛利部落），包括在非私人住宅（如养老院、医院和学生宿舍）居住的居民，以及在新西兰拥有资产或负债的海外居民。因此，单纯从理论上看，新西兰储备银行的住户范围包括非私人住宅居住者，比统计局的住户范围更广泛，但在住户部门资产负债表编制实践中，考虑到数据资源的可得性及公布数据的一致性，两个编制主体保持了在住户核算范围上的统一。

二、住户、非企业法人及为住户服务的非营利组织

尽管SNA对不同机构部门的定义和核算范围进行了明确，但是不同国家在具体核算过程中有不同的处理，尤其是在住户界定方面，其与非法人企业、为住户服务的非营利组织之间的关系需要厘清。

（一）住户与非法人企业

住户和企业之间的关系，特别是住户自营的非法人企业，可能在许多方面存在模糊。住户能从事所有的生产活动，可以是小到几乎不需要资本或不动产的单人工作，也可以大到拥有许多员工的大型制造、建筑或服务企业。新西兰统计局在核算过程中将非法人企业划为企业部门，仅将企业家的收入计入家庭账户，非法人企业的未分配利润（储蓄）则计入企业部门。当住户自营的非法人企业的净收入与住户其他收入混合时，则将该净收入作为转移而计入家庭所有者。

此外，新西兰统计局在部分报告中也给出了一些有关住户收支统计的例子。一是支出统计中，如经营农场的住户一些非农场最终消费可能统计在企业（即农场）的支出中，与企业相关的支出又可能被计入住户消费，从而无法准确统计住户部门的支出。二是收入统计中，住户储蓄是非法人企业的资金来源，当住户非法人企业被划分为企业部门时，住户储蓄就应反映在公司部门而非住户部门的资产中。

（二）住户与为住户服务的非营利组织

新西兰将住户与为住户服务的非营利组织作为两个部门进行独立核算。新西兰统计局对为住户服务的非营利组织的定义与SNA2008中基本一致，即为向家庭免费或以不具有经济意义的价格或收费提供商品或服务的非市场非营利组织，通常主要向自己的成员提供服务。非市场性和非营利性是为住户服务的非营利组织与住户相区别的主要特征。

新西兰为住户服务的非营利组织主要可分为三类：第一类是为了满足成员的需求建立，它优先向成员提供货物或服务，且一般免费，其资金来源于定期缴纳的会费或缴款，如专业或学术团体、政党、工会、消费者协会、教会或宗教团体，以及社会、文化、娱乐、体育等方面的俱乐部。第二类是出于慈善目的成立的慈善、救济或援助机构，以非市场原则向有需要的住户提供货物或服务，包括那些受自然灾害或战争影响的住户。资源主要来自社会公众、公司、政府的现金或实物形式的捐赠。第三类是提供公共服务的机构，如无偿提供其

成果的研究机构、环保组织等。与前两类非营利组织相比，第三类机构比较少见。

值得注意的是，政府控制的有类似功能的机构不属于为住户服务的非营利组织，如接受政府单位提供的必要资金支持且受政府控制的非市场非营利组织，应归属广义政府部门。对于宗教机构而言，即使其资金主要来源于政府单位，但只要多数资金不受政府控制，则仍可将其划作为住户服务的私人非营利组织。

三、住户的分类

一个住户多数情况下有 2 个或 2 个以上的人住在一起并共用设施（如饮食设施、烹饪设施、浴室和厕所设施、生活区）。新西兰统计局以住户构成为标准对住户进行分类，其中住户构成是指住户中人与人之间的关系。具体来看，住户分类的一级标准是人数，二级标准是家庭数量，三级标准是亲属关系。按照这一原则可将住户分为一人住户、家庭住户、亲属住户、复合住户和其他住户五种类型（见图 7－2）。

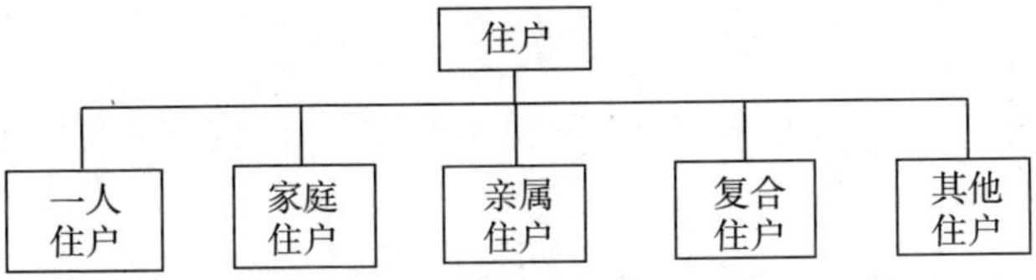

图 7－2　新西兰统计局住户部门住户的分类

具体过程为：当人数为 1 时判定为一人住户，如果人数大于 1，则判断是否存在家庭，如果不存在家庭则为复合住户；如果存在家庭，则需判断所有成员间是否存在非亲属关系，如果存在则为复合住户；如果成员之间均有亲属关系则继续判断：如果家庭数为 1 且无其他亲属，则为家庭住户，否则为亲属住户（见图 7－3）。五类住户的具体定义为：

1. 一人住户。单人独居的住户。

2. 家庭住户。单独一个家庭构成的住户。可分为已婚夫妇家庭（有子女/无子女）、有子女的单亲家庭。

3. 亲属住户。一个或以上的家庭同家庭成员之外的亲属构成的住户。

4. 复合住户。住户成员中存在非亲属关系的住户。分以下四种情况：(1) 至少存在一个家庭且存在非亲属；(2) 不存在家庭但成员之间均存在亲属关系；(3) 不存在家庭且成员之间均没有亲属关系；(4) 不存在家庭且成员之间既存在亲属关系也存在非亲属关系。

5. 其他住户。以上四种住户构成之外的住户。

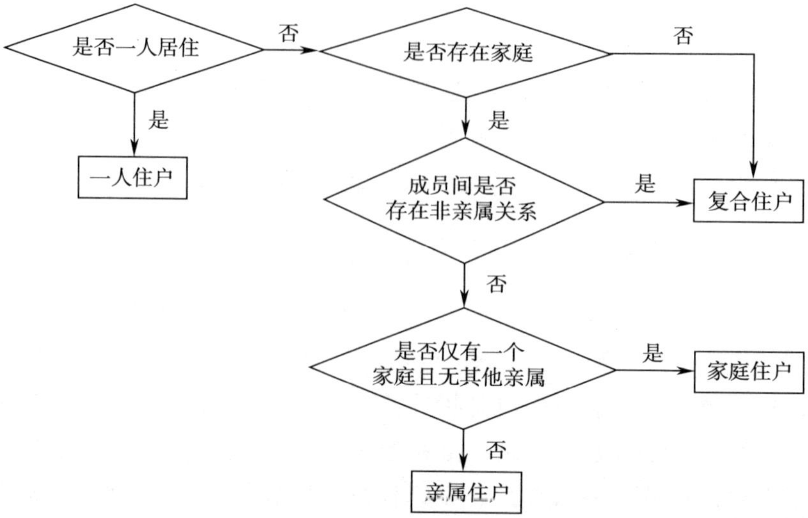

图7－3 新西兰统计局住户部门住户分类流程图

第三节 住户部门资产负债核算范围及分类

新西兰统计局住户部门资产负债指标定义、分类及内涵皆参考国际标准，新西兰储备银行对住户部门金融资产负债的项目划分较细。尽管新西兰统计局与储备银行在项目分类上存在差异，但统计实践中，内容及范围基本一致，本节将分别进行介绍。

一、统计局住户部门资产负债核算范围及分类

住户部门资产负债表核算的资产是指经济资产，由住户部门对其行使所有权，通过在一定时期内使用或持有获取经济利益。新西兰统计局住户部门的资产负债分类严格参照SNA标准，但其表中项目按本国实际核算范围及内容进行统计（见图7－4）。

（一）非金融资产

新西兰统计局按非金融资产在生产中的作用，将其划分为生产性和非生产性非金融资产。新西兰统计局披露的住户部门资产负债表中，未进一步对非金融资产进行细分。

1. 生产性非金融资产，根据目前可获取的各类非金融资产数据资料，初步

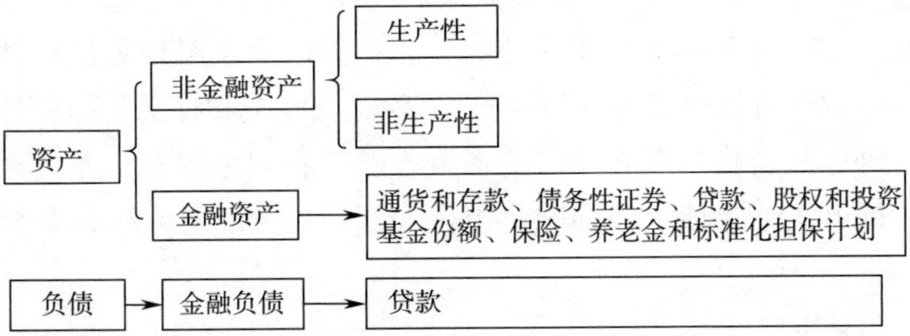

图7-4　新西兰统计局住户部门资产负债核算范围及分类

判断新西兰统计局资产负债表中生产性非金融资产主要是住房财产，不包括耐用消费品和贵重物品。

住房财产可分为业主自住住宅和租赁住房。新西兰统计局将住房租赁视为商业活动，独立于住户部门，只将租赁住房的权益（租赁住房资产减去负债）计入住户部门。也就是说住户部门生产性非金融资产核算对象只包括业主自住住宅，核算范围为在新西兰持有的所有住房财产价值，包括海外居住的新西兰人在新西兰持有的房产，不包括新西兰人在海外持有的房产。

2. 生产性非金融资产，主要指土地资产。新西兰统计局住户核算中的土地包括住宅所在的土地以及住户成员拥有的土地，不包括新西兰人在海外持有的空置土地。

（二）金融资产

新西兰国民核算中的金融资产是指能用于索取实物资产的无形的权利，并能够为持有者带来货币收入流量的资产。住户部门金融资产参照国际标准分为八类，但货币黄金和特别提款权、金融衍生品、其他应收款等项目均为空值。统计局住户部门金融资产数据主要来源于储备银行，两表的指标存在一一对应关系。

1. 通货和存款。住户部门持有的用于支付的纸币和硬币、可转让存款和其他存款。不包括海外存款。对应储备银行表中的货币与存款。

2. 债务性证券。住户部门持有的除股票外的有价证券，是作为债务证明的可转让工具，通常包括票据、债券、可转让存款证、商业票据、债权证、资产支持证券和可在金融市场交易的类似工具。对应储备银行表中的非股票证券。

3. 贷款。是指住户部门按一定利率和必须归还等条件出借的货币资金。对应储备银行表金融资产项下的贷款。

4. 股权和投资基金份额。住户部门持有的，证明其对发行单位资产有剩余索取权的有价证券。对应储备银行表金融资产项下的股权和投资基金份额。

5. 保险、养老金和标准化担保计划。住户部门向发起计划机构缴款，并在同期或后期领取保险金（或得到赔付）。保险、养老金和标准化担保计划适用的准备金有五种，分别是非寿险专门准备金、寿险和年金权益、养老金权益、养老金经理人的养老基金债权和标准化担保代偿准备金。对应储备银行表中的保险技术准备金。

（三）金融负债

负债是指住户部门对其他机构单位或机构部门的债务。SNA 中金融资产与负债具有对称性，因此金融负债与金融资产采用了同样的分类。新西兰住户部门负债方的货币黄金和特别提款权，通货和存款，债务性证券，股权和投资基金份额，保险、养老金和标准化担保计划，金融衍生品，其他应付款均为空值，主要体现为贷款，是指银行或其他金融机构按一定利率和必须归还等条件出借给住户部门的货币资金，包括消费贷款、住房贷款与学生贷款。

新西兰统计局住户部门资产负债表与储备银行表中对应的指标数值基本一致，下文将对指标进行进一步的解释说明。

二、储备银行住户部门资产负债核算范围及分类

新西兰储备银行在住户部门资产负债核算内容上更侧重金融项目的反映，金融工具的分类也更加细致（见图 7 – 5）。

（一）非金融资产

新西兰储备银行住户部门资产负债表中的非金融资产只统计住房和土地价值项目，不包括本国住户在海外持有的住房和空置土地。储备银行使用统计局资产负债表中的数据方法来进行住房财产估算，也就是说，储备银行资产负债表中的住房也仅包括业主自住住宅。

（二）金融资产

新西兰储备银行核算的金融资产分为货币、存款、非股票证券、贷款、股权和投资基金份额、保险技术准备金。

1. 货币。住户部门持有的储备银行发行的纸币和硬币。

2. 存款。住户部门持有的存款类金融机构的存款，包括注册银行存款和非银行存款机构存款，不包括海外存款。

3. 非股票证券。住户部门持有的除股票外的有价证券，包括中央政府债券、地方政府债券及其他债务性证券。其中，中央政府债券是住户部门持有的中央

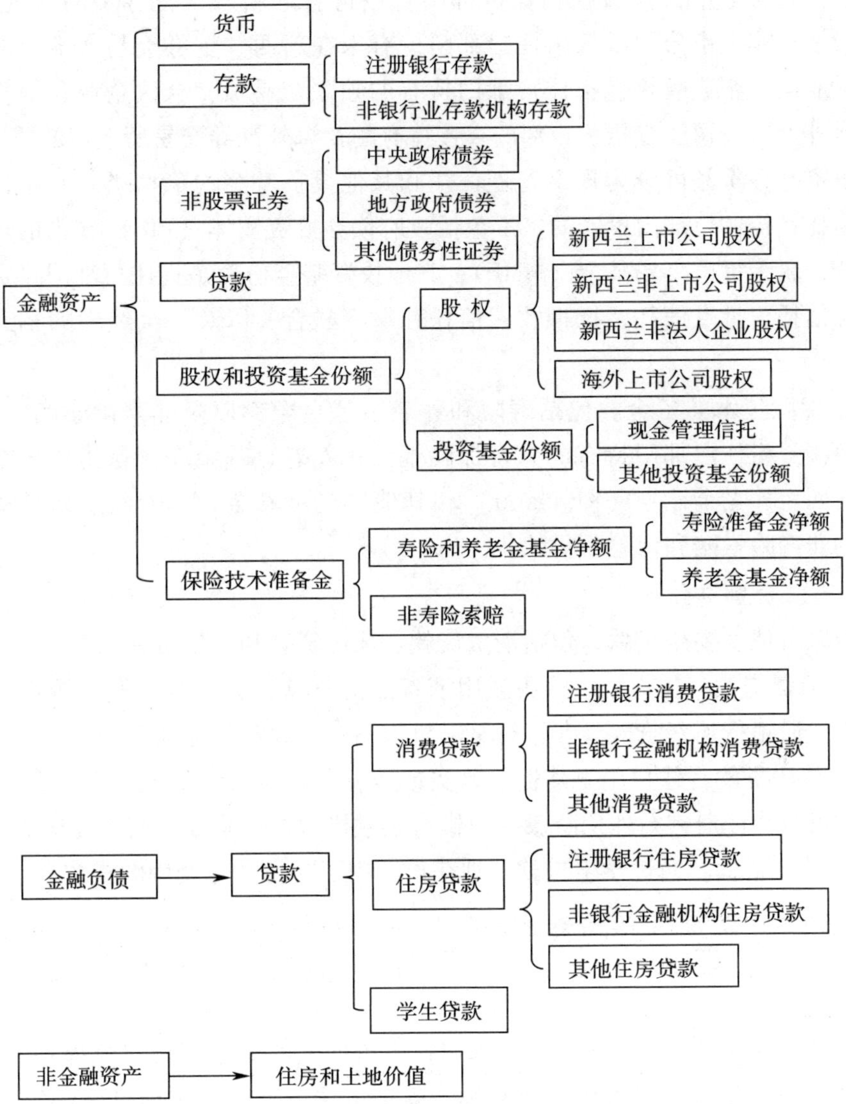

图 7－5　新西兰储备银行住户部门资产负债核算范围及分类

政府债券；地方政府债券是住户部门持有的市议会、区议会、港湾委员会和电力局等地方当局债券；其他证券包括零售债券、公司债券等。

4. 贷款。指住户部门对其他部门持有的约定归还时间、支付一定利息的债权资产。

5. 股权和投资基金份额。包括股权和投资基金份额两类，股权分为新西兰上市公司股权、新西兰非上市公司股权、新西兰非法人企业股权和海外上市公司股权。其中上市公司股权指住户部门直接持有的新西兰证券交易所（NZX）上市股票；非上市公司股权指住户部门持有未在新西兰证券交易所上市的企业股权；非法人企业股权包括住户部门持有的独立交易员、合伙企业和信托的股权；海外上市公司股权指住户部门直接持有的在海外证券交易所上市的股票。

投资基金份额可分为现金管理信托和其他投资基金份额两类。其中，现金管理信托是指住户部门投资的、不包括政府债券投资实体（PIE）在内的现金管理信托，属于货币市场基金（MMF）；其他投资基金份额是指住户部门投资的零售单位信托、批发信托、抵押收入信托和财产联合，以及基金经理的私人财富基金。

6. 保险技术准备金。包括寿险和养老金基金净额以及非寿险索赔。其中，寿险净额是指住户部门持有的人寿保险基金；养老金基金净额是指住户部门持有的新西兰养老金计划（KiwiSaver）和其他养老金基金；非寿险索赔是指住户部门的非寿险索赔和保险预付款。

（三）金融负债

金融负债主要是贷款，包括消费贷款、住房贷款和学生贷款三类。

1. 消费贷款。住户用于购买耐用消费品的贷款，通常为短期。按贷款机构可分为注册银行消费贷款、非银行金融机构消费贷款和其他消费贷款。

2. 住房贷款。住户用于建造、购买或改善住房的贷款，通常为长期。按贷款机构可分为注册银行住房贷款、非银行金融机构住房贷款和其他住房贷款。

3. 学生贷款。通过学生贷款计划获得、用于支付学习费用的贷款。

第四节　住户部门资产负债表的编制

新西兰统计局及储备银行住户部门资产负债表的编制框架与流程基本一致，都以行政管理数据和调查数据为基础，采用市场价值法、账面价值法等手段估算各类资产负债的价值，经过汇总、轧差与合并，得到最终的资产负债表。本节主要介绍新西兰统计局及储备银行住户部门资产负债表的编制情况，包括数据来源、资产和负债的估价及数据整理。

一、数据来源

新西兰统计局和储备银行的住户部门资产负债表均是行政管理数据和调查数据的结合，并且两表之间相互补充、互为来源。统计局数据来源为储备银行、皇家金融信息系统和地方议会的行政管理数据，以及年度企业调查和管理基金调查等调查数据；储备银行数据也来源于行政管理数据（注册银行和其他金融机构资产负债表、统计局数据）和调查数据（年度企业调查和管理基金调查等）。下文根据已有文献资料归纳整理出资产负债表中部分项目的数据来源（见表7－5）。

表7－5　　住户部门资产负债统计项目数据来源

项目	储备银行资产负债表	统计局资产负债表
非金融资产（住房和土地）	取自统计局资产负债表数据	基于CoreLogic（新西兰最大房地产公司）提供的财产市场价值进行估算
金融资产		
通货和存款	来自储备银行管理数据及估算数	来自储备银行数据
非股票证券/债务性证券	来自统计局数据、注册局和债务管理办公室登记数据等	来自皇家金融信息系统数据、地方议会数据和储备银行数据
贷款	来自新西兰律师协会数据	来自储备银行数据
股权和投资基金份额	来自统计局数据和储备银行管理数据	来自企业部门数据、新西兰交易所行政管理数据、年度企业调查数据和储备银行数据
保险技术准备金/保险、养老金和标准化担保计划	寿险和养老金基金净额来自管理基金调查数据及储备银行估算； 非寿险索赔来自统计局数据	养老金基金数据来自储备银行数据； 非寿险索赔来自统计局年度企业调查
金融负债		
贷款	消费贷款和住房贷款来自储备银行管理数据（注册银行资产负债表、其他存款机构资产负债表）、新西兰住房公司报表及储备银行估算； 学生贷款来自财政部年度报告	来自储备银行数据

下面重点介绍数据来源中的两个调查：

年度企业调查（AES）。AES是新西兰最全面的金融统计数据来源，它提供新西兰企业年度经营业绩和财务状况信息。AES为抽样调查，按行业、活动单位类型和地理位置组织分层抽样，抽样框为在统计局商业登记处登记的所有企业。目前样本规模约56000家，涵盖了贡献国内生产总值约80%的企业，虽然该调查的对象为企业，从企业层面而不是住户部门收集信息，但也能间接真实地反映住户部门的资产负债情况。

管理基金调查（MFS）。管理基金调查是投资基金和养老金基金的首选数据来源，也是编制新西兰国际投资头寸统计数据的来源之一。管理基金调查是针对新西兰大型基金经理人的季度调查，也有针对小型经理人的年度调查。MFS根据经理人管理的产品类型收集数据，包括 KiwiSaver 和其他养老基金、零售信托、批发信托和现金管理基金等。MFS 可以获取每种类型产品的负债方信息，居民持有资产和负债的对手方信息，以及持有各类产品股权的机构单位信息。

二、资产和负债的估价

新西兰统计局和储备银行资产负债数据基本遵循相同的估价原则，下文合并介绍。

（一）非金融资产估价

新西兰住户部门非金融资产主要是业主自住住宅和土地，通常采用永续盘存法（Perpetual Inventory Method，PIM）对这类资产估值，无法获得详细信息时可求助于其他方法进行估算，最通行的方法是：用资产负债表期初（或获得新资产的时间）价值加上核算期内资产的重估价因素，减去核算期内估算的固定资本消耗以及任何其他物量变化和处置价值。

（二）金融资产与负债的估价

1. 通货和存款。以账面价值计价。

2. 债务性证券。以市场价值计价。

3. 贷款。记录未偿付本金以及已发生但未支付的利息数额，以市场价值计价。应当包括间接测算的由该项债务所承担的已发生但未付的服务费用数额。

4. 股票和投资基金份额。上市股票按市场价格计价；对于未上市股权及投资基金份额难以取得公开市场价格的，则采用近期交易价格法和市场资本化法进行估值。

5. 保险、养老金和标准化担保计划。保险资产按其实际或估计的当前价格估价，其中未决索偿准备金按预期结算支付额的现值进行估计。

三、数据整理

从现有报告资料及国际准则来看，新西兰住户部门资产负债表的编制，无论是统计局还是储备银行，都采取以下数据处理方法。

（一）缺失数据的推算与估计

报表编制所需的数据资源不可能完全充分，需要对缺失物量数据及价格数据进行推算及估计。如新西兰储备银行将流通货币减去银行和其他储蓄机构持有的货币，减去赌场和超市持有货币，剩余部分的三分之二作为住户部门持有货币的估计数。此外，报表的编制需要对未来现金流的现值进行判断、估算。如保险公司未偿付索赔债务的清偿以及政府养老金的支付，将在未来很长一段时间内产生持续且大笔的现金流量，应通过合理判断、适当假设及历史经验来对其现值进行估算。统计局还需不定期对上述估算方法、假定系数等进行重审修正。

（二）协调不同会计制度和数据口径的差异

对于分别以收付实现制和权责发生制为会计核算基础的住户导致的初始来源数据不一致的，在汇总时要进行调整，确保协调一致。对于按会计准则进行资产负债分类的原始资料，需要把不同口径的原始数据指标按国民经济核算体系规定的核算口径及指标分类要求重新分解、归类合并。

（三）部门内合并与轧差

住户部门内之间发生的债权债务关系，应相互抵消和剔除，以避免重复记录和虚增交易。收集整理原始数据时，通常采用汇总、合并、轧差几种方法。汇总是将某一部门或几个部门中所有机构单位的存量进行加总，或某一类别的所有资产或负债进行加总；合并是冲销属于一个核算范围内的机构之间发生的交易；轧差又称取净额，即一组流量（或存量）之和减去另一组流量（或存量）之和。如金融资产、负债的获得与处置时应轧差，以其净值表示存量变化；又如非金融资产存量应以剔除折旧、重估、退役和其他变化后的净额表示，等等。

第五节　住户部门资产负债表简要分析

新西兰统计局与储备银行公布的住户部门资产负债表数据基本一致，但新西兰统计局仅公布每年 3 月末数据，而储备银行公布各个季度末的数据。因此，本节选取储备银行公布的每年 12 月末住户部门资产负债表数据（不包含附报指标），简要分析新西兰住户部门 2012—2017 年资产负债变化情况。

数据显示：资产总额较快增长，金融资产占比略高于非金融资产；金融资产以股权和投资基金份额为主，负债总额增速略低于资产总额，并以住房贷款为主；贷款低速增长是资产负债率维持低水平的主要原因（见表 7－6）。

表 7－6　2012—2017 年末新西兰储备银行住户部门资产负债表

单位：亿新西兰元

项目	2012 年 12 月	2013 年 12 月	2014 年 12 月	2015 年 12 月	2016 年 12 月	2017 年 12 月
金融资产	6497.7	6981.01	7440.13	7993.71	8726.04	9175.36
货币	25.65	27.82	30.08	33.6	34.21	37.28
存款	1135.22	1232.79	1339.26	1486.66	1585.32	1696.21
非股票证券	55.04	53.36	51.36	50.9	51.65	39.28
贷款	4.94	4.29	3.91	3.4	2.9	2.9
股权和投资基金份额	4618	4959.26	5255.17	5595.49	6172.7	6414.58
保险技术准备金	658.84	703.49	760.34	823.64	879.25	985.11
金融负债	1526.81	1610.78	1685.73	1801.83	1950.65	2078.7
贷款	1526.81	1610.78	1685.73	1801.83	1950.65	2078.7
消费贷款	129.11	133.05	141.95	146.98	153.77	166.63
住房贷款	1268.01	1342.19	1401.98	1507.37	1644.96	1756.92
学生贷款	129.69	135.54	141.81	147.48	151.92	155.15
净金融资产	4970.89	5370.23	5754.4	6191.87	6775.39	7096.66
非金融资产	4963.4	5445.6	5809.57	6582.68	7616.09	7998.34
住房和土地价值	4963.4	5445.6	5809.57	6582.68	7616.09	7998.34
净资产合计	9934.29	10815.82	11563.96	12774.55	14391.49	15095

资料来源：新西兰储备银行网站。

一、资产

（一）资产总额增长较快，金融资产占比略高于非金融资产

新西兰住户部门资产总额从 2012 年的 11461.1 亿新西兰元增加到 2017 年的 17173.7 亿新西兰元，增长 49.8%。其中，金融资产增加 2677.7 亿新西兰元，年均增加 535.5 亿新西兰元；非金融资产增加 3034.9 亿新西兰元，年均增加 607 亿新西兰元。

2012—2017 年资产总额年均增长 8.4%，其中金融资产增长 7.1%，低于非金融资产 2.9 个百分点。资产增速最高为 2016 年的 12.1%，最低为 2017 年的 5.1%，其中，金融资产增速最高为 2016 年的 9.2%，最低为 2017 年的 5.1%；非金融资产增速最高为 2016 年的 15.7%，最低为 2017 年的 5.0%。从资产构成来看，金融资产平均占比为 55.1%，高于非金融资产 10.2 个百分点。

（二）金融资产中，以股权和投资基金份额为主

2017 年末，新西兰住户部门金融资产余额 9175. 4 亿新西兰元，占总资产的 55. 1%。其中，股权和投资基金份额占金融资产的比重最高，达 69. 9%，其次是存款和保险技术准备金，分别为 18. 5% 和 10. 7%，三项合计占金融资产的 99. 1%。其他金融资产占比较少，其中，债务证券占 0. 4%，现金占 0. 4%，贷款占比不到 0. 1%。

从增长趋势来看，2012—2017 年，存款和保险技术准备金增势最猛，分别增长 49. 5% 和 49. 4%，住户贷款增长 36. 15%。此外，值得一提的是，股权和投资基金份额项下的投资基金份额 6 年间增长 106. 9%，年均增速达到 15. 6%，增长速度在所有子项中最为突出。

（三）非金融资产占比近五成

2017 年末，新西兰住户部门非金融资产余额 7998. 34 亿新西兰元，占总资产的 46. 57%。从储备银行资产负债表的补充项可以看到，新西兰还公布了包括租入房产在内的住房和土地价值项，2017 年末共计 10673. 7 亿新西兰元。

二、负债

（一）负债总额增速略低于资产总额

负债总额从 2012 年的 1526. 8 亿新西兰元增加到 2017 年的 2078. 7 亿新西兰元，增加 551. 9 亿新西兰元，不及同期资产总额增量的十分之一，增长 36. 1%，年均增加 110. 4 亿新西兰元，年均增长 6. 4%，低于资产增速 2 个百分点。同时，负债增速的波动较小，最高为 2016 年的 8. 3%，最低为 2012 年的 3. 9%。

（二）负债以住房贷款为主

住户部门负债全部为贷款。从贷款构成来看，以住房贷款为主，2017 年末占全部负债的 84. 5%，其次为消费贷款，占全部负债的 8. 0%，学生贷款占全部负债的 7. 5%。

从增速来看，住房贷款增长最快，由 2012 年的 1268 亿新西兰元增长至 2017 年的 1756. 9 亿新西兰元，年均增长 6. 7%；消费贷款由 2012 年的 129. 1 亿新西兰元增加至 2017 年的 166. 6 亿新西兰元，年均增长 5. 2%；学生贷款由 2012 年的 129. 7 亿新西兰元增加至 2017 年的 155. 2 亿新西兰元，年均增长 3. 6%。

三、净值

（一）净值稳步增长，资产负债率较为稳定

新西兰住户部门资产净值从2012年的9934.3亿新西兰元增加到2017年的15095亿新西兰元，增加了5160.7亿新西兰元，增长51.9%，年均增速为8.7%。

2012—2017年，住户平均资产负债率为12.6%。资产负债率整体波动较小；其中，最高水平为2012年的13.3%，最低水平为2016年的11.9%。

（二）贷款低速增长是资产负债率维持低水平的主要原因

2012年至2017年，新西兰住户部门资产负债率一直维持在较低水平，且从国际货币基金组织公布的数据来看，新西兰GDP年均增速不算高，仅为2.7%，住户部门低水平的资产负债率主要得益于金融负债，主要是贷款特别是住房贷款的低速增长。2012—2017年，住房贷款作为住户部门负债的主要构成一直维持在10%以下的低速增长，这与新西兰居民的租房习惯密不可分。

附表：

附表1　2012—2017年新西兰储备银行住户部门资产负债项目结构分析表 单位：%

项目	2012年	2013年	2014年	2015年	2016年	2017年	平均占比/比率
金融资产	56.7	56.2	56.2	54.8	53.4	53.4	55.1
货币	0.2	0.2	0.2	0.2	0.2	0.2	0.2
存款	9.9	9.9	10.1	10.2	9.7	9.9	10.0
非股票证券	0.5	0.4	0.4	0.3	0.3	0.2	0.4
贷款	0	0	0	0	0	0	0
股权和投资基金份额	40.3	39.9	39.7	38.4	37.8	37.4	38.9
股权	36.1	35.5	34.6	33.0	32.3	31.5	33.8
投资基金份额	4.2	4.4	5.0	5.4	5.5	5.8	5.1
保险技术准备金	5.7	5.7	5.7	5.7	5.4	5.7	5.7
金融负债	100.0	100.0	100.0	100.0	100.0	100.0	100.0
贷款	100.0	100.0	100.0	100.0	100.0	100.0	100.0
消费贷款	8.5	8.3	8.4	8.2	7.9	8.0	8.2

续表

项目	2012 年	2013 年	2014 年	2015 年	2016 年	2017 年	平均占比/比率
住房贷款	83.0	83.3	83.2	83.7	84.3	84.5	83.7
学生贷款	8.5	8.4	8.4	8.2	7.8	7.5	8.1
非金融资产	43.3	43.8	43.8	45.2	46.6	46.6	44.9
住房和土地价值	43.3	43.8	43.8	45.2	46.6	46.6	44.9
资产负债率	13.32	12.96	12.72	12.36	11.94	12.10	12.57

附表 2　2012—2017 年新西兰储备银行住户部门资产负债项目增长分析表 单位:%

项目	2012 年	2013 年	2014 年	2015 年	2016 年	2017 年	平均增速
金融资产	5.5	7.4	6.6	7.4	9.2	5.1	7.1
货币	1.8	8.5	8.1	11.7	1.8	9.0	7.8
存款	6.7	8.6	8.6	11.0	6.6	7.0	8.4
非股票证券	-2.0	-3.1	-3.7	-0.9	1.5	-23.9	-6.5
贷款	-12.1	-13.2	-8.9	-13.0	-14.7	0	-10.1
股权和投资基金份额	4.7	7.4	6.0	6.5	10.3	3.9	6.8
股权	4.2	6.7	4.0	4.7	9.7	2.8	5.5
投资基金份额	9.3	13.1	12.6	17.8	13.3	10.4	13.4
保险技术准备金	10.4	6.8	8.1	8.3	6.8	12.0	8.4
金融负债	3.9	5.5	4.7	6.9	8.3	6.6	6.4
贷款	3.9	5.5	4.7	6.9	8.3	6.6	6.4
消费贷款	1.9	3.1	6.7	3.5	4.6	8.4	5.2
住房贷款	3.7	5.9	4.5	7.5	9.1	6.8	6.7
学生贷款	7.4	4.5	4.6	4.0	3.0	2.1	3.6
净金融资产	6.0	8.0	7.2	7.6	9.4	4.7	7.4
住房和土地	5.7	9.7	6.7	13.3	15.7	5.0	10.0
总资产	5.6	8.4	6.6	10.0	12.1	5.1	8.4
净资产合计	5.9	8.9	6.9	10.5	12.7	4.9	8.7

附表 3　　2012—2017 年 3 月末新西兰统计局住户部门资产负债表

单位：亿新西兰元

项目	2012 年 3 月	2013 年 3 月	2014 年 3 月	2015 年 3 月	2016 年 3 月	2017 年 3 月
非金融资产						
生产性非金融资产	1881.2	1975.7	2110.2	2265.0	2445.3	2660.1
非生产性非金融资产	2818.4	3112.8	3371.7	3699.4	4355.9	5065.2
非金融资产总计	4699.7	5088.5	5481.9	5964.3	6801.2	7725.4
金融资产						
货币黄金和特别提款权	0	0	0	0	0	0
通货和存款	1092.2	1178.2	1266.7	1393.6	1538.1	1643.3
债务性证券	55.2	53.1	52.5	51.1	52.5	47.5
贷款	5.4	4.8	4.2	3.8	3.3	2.9
股权和投资基金份额	4424.7	4693.1	5045.2	5338.7	5677.2	6337.8
保险、养老金和标准化担保计划	621.7	667.7	696.4	786.2	824.9	898.7
金融衍生品	0	0	0	0	0	0
其他应收款						
金融资产总计	6199.3	6596.8	7065.0	7573.3	8095.8	8930.2
资产总计	10898.9	11685.3	12546.9	13537.7	14897.0	16655.5
金融负债						
货币黄金和特别提款权	0	0	0	0	0	0
通货和存款	0	0	0	0	0	0
债务性证券	0	0	0	0	0	0
贷款	1477.6	1544.6	1634.4	1716.0	1835.9	1986.4
股权和投资基金份额	0	0	0	0	0	0
保险、养老金和标准化担保计划	0	0	0	0	0	0
金融衍生品	0	0	0	0	0	0
其他应付款						
金融负债总额	1477.6	1544.6	1634.4	1716.0	1835.9	1986.4
净资产	9421.3	10140.7	10912.5	11821.7	13061.1	14669.2
负债和净资产合计	10898.9	11685.3	12546.9	13537.7	14897.0	16655.5

资料来源：新西兰统计局网站。

注：1. 由于四舍五入，数字加总可能不等于总数。

2. 生产性非金融资产和非生产性非金融资产之间的价值分割仍在完善之中。

3. 住户权益是资产负债表系统中的剩余资产，其数据质量低于其他系列。

参考文献

［1］联合国，欧盟委员会，经济合作与发展组织，国际货币基金组织，世界银行．国民账户体系 2008［M］．中国国家统计局国民经济核算司，中国人民大学国民经济核算研究所，译．北京：中国统计出版社，2012.

［2］王毅，郭永强．政府资产负债表：国际标准与实践［M］．北京：中国金融出版社，2015.

［3］耿建新，丁含，吕晓敏．国家资产负债表编制的国际比较——基于《中国国民经济核算体系（2016）》的思考［J］．财会月刊，2018（11）．

［4］李扬，张晓晶，常欣，等．中国国家资产负债表 2018［M］．北京：中国社会科学出版社，2018.

［5］Household Balance Sheets – c22 1998 – 2019［EB/OL］．http：//www. rbnz. govt. nz.

［6］Annual Balance Sheet 2007 – 2017［EB/OL］．（2018 – 12）http：//www. stats. govt. nz.

［7］sources – methods – accumulation – accounts – changes – assets – liabilities［EB/OL］．http://www. stats. govt. nz.

［8］Annual national accounts sources and methods［EB/OL］．（2014 – 12）http：//www. stats. govt. nz.

［9］Measuring capital stock in the New Zealand economy［EB/OL］．（2014 – 11）http：//www. stats. govt. nz.

［10］Improvements to Household Balance Sheet statistics［EB/OL］．（2015 – 03 – 27）http://www. stats. govt. nz.

［11］Revisions – Household Balance Sheet statistics［EB/OL］．（2017 – 05 – 30）http：//www. stats. govt. nz.

［12］Comparison of household Net Worth Statistics［EB/OL］．（2018 – 12）http：//www. stats. govt. nz.

［13］2018 – national Accounts Improvements Preview［EB/OL］．（2018 – 12）http：//www. stats. govt. nz.

第八章　南非住户部门资产负债表

南非是较早进行国民账户核算并系统性编制住户部门资产负债表的发展中国家之一。南非住户部门资产负债表的编制基本遵循国际通用标准 SNA，同时借鉴英国国家统计局（Office for National Statistics，ONS）的编制方法，实现了住户部门资产和负债的系统核算。本章从南非住户部门资产负债核算的发展历程及编制现状、部门和资产负债核算范围及分类、数据来源和估计方法、数据简要分析等方面系统地介绍南非住户部门资产负债表的编制情况。

第一节　南非住户部门资产负债表编制的基本情况

一、南非住户部门资产负债核算发展历程及概况

南非住户部门资产负债核算的发展大致可分为三个阶段：第一阶段为 20 世纪中期到 2005 年，南非国民账户体系的逐渐完善以及统计数据的不断丰富，为住户部门资产负债核算奠定了良好基础；第二阶段为 2006—2011 年，南非储备银行在借鉴英国国家统计局编制方法的基础上，研究并制定了南非住户部门资产负债表的编制和估计方法；第三阶段为 2012 年至今，南非储备银行不断改进编制方法，定期编制、修订并公布住户部门资产负债表。

（一）第一阶段：20 世纪中期到 2005 年

1. 南非国民账户体系的发展和完善为住户部门资产负债核算奠定了框架基础。

1951 年，南非储备银行开始在《季度公报》中公布部分国民账户年度数据（此时仅是对现价进行估算）；1966 年，主要国民账户数据开始按基准年即不变价格进行估算；1971 年，南非储备银行参照国际通用标准《国民账户体系 1968》（*System of National Accounts* 1968，SNA1968）编制并发布了《南非国民账户体系 1946—1970：来源与方法概述》；随后，南非国民账户体系随着 SNA 的

发展而不断完善[①]，南非储备银行于1999年参照《国民账户体系1993》（*System of National Accounts* 1993，SNA1993）编制并发布了《南非国民账户体系1946—1998：来源与方法概述》。

2. 相关调查统计体系的不断完善为住户部门资产负债表编制夯实了数据基础。

早在20世纪中期，南非已经开始公布与家庭资产负债有关的基础数据，包括家庭消费、储蓄、资产和债务等数据，同时还开展一些与家庭收入支出有关的流量数据调查。

1946年，南非储备银行开始公布家庭最终消费支出和净储蓄值；1970年，南非储备银行开始公布有关家庭持有地方政府和公共企业债券、单位信托基金、养老金和长期保险基金的相关数据；1990年，南非开始公布家庭债务数据。

1993年，南非统计局（Statistics South Africa，Stats SA）开始开展“10月家庭调查”（October Household Survey，OHS）[②]以获取家庭收入支出的相关数据；2000年左右，南非统计局组织开展收入和支出调查（Income and Expenditure Survey，IES）；从2002年起，南非统计局开始每年开展综合住户调查（General Household Survey，GHS），该调查包括住户部门资产和收入支出等方面的内容，为获得收入、支出的区域和性别结构，调查按地域和性别来划分收入来源和支出项目。上述住户调查为编制住户部门资产负债表打下了重要的数据基础。

3. 明确了住户部门定义和分类，不断更新完善为住户服务的非营利机构（NPISH）名单。

1999年，南非储备银行根据SNA1993编制并发布了《南非机构部门分类指南（1999）》，明确了南非国民经济各部门的核算范围和分类，其中包含住户部门的定义和分类。该指南在2005年、2011年、2017年分别进行了修订和改进，如不断更新完善指南中所列示的为住户服务的非营利机构名单等。其中2011年和2017年编制的《南非机构部门分类指南（2011）》是依据SNA2008修订的。

（二）第二阶段：2006—2011年

南非住户部门资产负债核算始于2006年。在英国国际发展部和南非储备银行的赞助下，牛津大学研究学者Janine Aron、John Muellbauer和南非储备银行研

---

① 其间，由于南非某些地区独立等原因还修订了《南非国民账户体系1946—1980：来源与方法概述》和《南非国民账户体系1946—1995：来源与方法概述》等。

② 由于调查一般于每年10月开展，因此称为10月家庭调查，该项调查于1999年停止，之后被GHS所代替。

究部的 Johan Prinsloo 开始着手研究编制南非住户部门资产负债表，其研究成果以《估计南非住户部门的财富》[①] 为题发布在南非储备银行官网。这是南非官方首次编制、公布住户部门资产负债表。此项研究基于 SNA1993，借鉴英国国家统计局住户部门资产负债表编制方法，结合南非各类数据来源和发展实际，构建了南非住户部门资产负债编制基本框架，同时编制了 1975 年至 2005 年部分年份[②]的南非住户部门资产负债表，并对该阶段的住户部门财富进行了简要分析。《估计南非住户部门的财富》中对住户部门资产负债表的编制方法介绍较为简单，仅涉及了资产负债的大致核算范围、分类以及部分重要数据的来源与估算方法，更为详细的介绍可见 Janine Aron、John Muellbauer 和 Johan Prinsloo 于 2007 年在南非储备银行官网发布的《1975—2005 年南非住户部门资产负债表的估计》。

2008 年，南非储备银行制定了自身实施《巴塞尔协议Ⅱ》的规则框架，在此框架下，住户部门资产负债表中的部分数据有所调整。如银行向消费者发放的分期付款、个人贷款和抵押贷款等指标有了更为具体、准确的数据来源及统计口径。

2010 年，南非储备银行研究部的 K. Kuhn[③] 在 Janine Aron 等编制方法的基础上，对住户部门资产负债表的编制和估计方法加以改进和完善：一是改进了有形资产的数据来源和估计，明确了存货的市场价值来源于南非统计局非公开的年度财务统计调查（Annual Financial Statistics Surveys），除存货外的非金融资产数据来自南非储备银行《季度公报》中的国民账户资本存量，并乘以适当的资产价格指数得到其市场价值；二是扩大了住户部门债务的核算范围，将住户部门对国内购买援助协会（Buy-aid Associations）[④] 和地方政府的债务包括在内。同时，编制并发布了 2005 年至 2009 年的住户部门资产负债表。

（三）第三阶段：2012 年至今

2012 年 6 月，南非储备银行首次在《季度公报》中的国民账户下公布住户部门资产负债表的年度数据，此后，南非储备银行按季度在《季度公报》中发布并更新南非住户部门资产负债表的现价年度数据[⑤]。

---

① 在南非储备银行 2006 年 6 月的《季度公报》中发布。

② 该研究中只列出了 1975 年、1980 年、1985 年、1990 年、1995 年、2000 年和 2005 年的资产负债表，其中 2005 年的为初步估计数。

③ 其成果在南非储备银行 2010 年 9 月的《季度公报》中发布。

④ 购买援助协会是为各类供应商的消费者提供贸易信贷或贸易折扣等福利的俱乐部。

⑤ 由于是现价数据，因此同一年份不同季度公布的住户部门资产负债表会有所差异。

2015 年，南非储备银行根据《国民账户体系 2008》（*System of National Accounts* 2008，SNA2008）修订并发布了《南非国民账户体系 1946—2014：来源与方法概述》，其中对住户部门资产负债表的编制情况进行了修订，修订内容主要涉及两个方面：一是根据国际通行做法，将有形资产项下的住宅楼平均寿命由 50 年调整为 75 年，规定廉租房的折旧年限为 30 年；二是扩大了其他债务的核算范围，将其他金融机构和小额贷款公司等发放的贷款一并纳入该项统计范围。

二、南非住户部门资产负债表编制现状

（一）基本现状

目前，随着南非国民经济核算体系的不断完善，住户部门资产负债表已成为南非国民经济核算的重要组成部分，由南非储备银行定期编制并发布。南非储备银行基于 SNA 核算原则，编写并及时更新《南非国民账户体系：来源与方法概述》与《南非机构部门分类指南》，介绍国民经济核算的基本框架、部门核算范围和分类、数据来源与核算方法等，这是南非编制住户部门资产负债表的主要理论依据。在此基础上，南非储备银行借鉴英国国家统计局的编制方法，并结合南非实际情况，采用灵活的估算方法（如大多数非金融资产均采用折旧重置价值的方法进行估计，住宅则按照市场价格进行估计），编制并发布了南非住户部门资产负债表。

住户部门资产负债表编制的数据主要来源于南非储备银行和南非统计局，少数指标数据由南非财政部等部门提供（详细指标来源参见本章第四节）。南非储备银行按年度核算南非住户部门资产负债数据，并编制住户部门资产负债表，其统计时点为每一年的 12 月 31 日 24 时，即每一年的年末。从发布频率看，南非储备银行按季度在《季度公报》中发布住户部门资产负债表年度数据。

现行南非储备银行编制的住户部门资产负债表表样如表 8 - 1 所示。该资产负债表是竖式结构，横栏按照资产、负债和净资产顺序逐一列示，其资产部分又分为非金融资产和金融资产，纵栏为当年数据和历史可比数据。货币单位统一采用南非本国货币兰特。南非住户部门资产负债表数据除从南非储备银行《季度公报》获取[①]外，还可在其官方网站通过指标名称或代码进行在线查询[②]，目前可查询到的数据为 1975—2018 年的年度数据。

---

① 南非储备银行《季度公报》国民账户下的 KB644 报表。

② 在南非储备银行官方网站（www. resbank. co. za）研究调查板块中“在线统计数据查询功能”进行查询。

表 8－1　　南非住户部门资产负债表表样

代码	项目	时点数据
KBP6920J	非金融资产合计	
KBP6921J	住宅资产	
KBP6922J	其他非金融资产	
KBP6923J	金融资产合计	
KBP6924J	通货和存款	
KBP6925J	养老金和长期保险基金	
KBP6926J	其他金融资产	
KBP6927J	资产合计	
KBP6928J	负债合计	
KBP6929J	抵押贷款	
KBP6930J	其他负债	
KBP6931J	净资产	
KBP6932J	负债和净资产	
KBP6933J	净资产（包括耐用消费品）	

资料来源：南非储备银行《季度公报》中 Household Balance Sheet（KB644）。

（二）比较分析

与英国、澳大利亚等发达国家相比，南非住户部门资产负债表在编制、发布和应用等方面还存在一定差距：一是编制部门较为单一，南非住户部门资产负债表仅由南非储备银行编制并发布，南非统计局等其他部门只提供部分数据的来源；二是住户部门资产负债表结构较为简单，从南非住户部门资产负债表上仅能获取大类数据，更详细的指标则难以获得，如非住宅建筑及用地、运输设备、存货等均被列入其他非金融资产，其子项数据无法获得；三是在数据应用方面内容较少，南非第一次发布住户部门资产负债表至今已有十余年，现有可查询数据最早可追溯到 1975 年，但与之相关的数据分析与应用还相对较少。

国家资产负债表一般由政府、住户、金融机构和企业等经济部门的子表构成。目前，南非还未系统地编制国家资产负债表，仅编制了政府资产负债表①、住户部门资产负债表，并发布了部分部门的非金融资产数据。与其他部门资产负债表编制情况相比，南非住户部门资产负债表发展已较为完善。这为数据基础薄弱的发展中国家探索编制资产负债表提供了一种方法：在资产负债数据部

① 目前，南非有三大部门编制政府资产负债表，即财政部门、统计部门和南非储备银行，其中南非储备银行仅编制社会保障基金、地方政府、非金融公共企业和公司、金融公共企业和公司等单个机构的资产负债表。

分缺失的情况下，可先暂缓国家资产负债表系统性的编制，仅对某一部门（如住户部门）的资产负债表进行编制。

第二节 南非住户部门的核算范围及分类

1999年，南非储备银行在参照SNA1993的基础上，编制并发布了《南非机构部门分类指南（1999）》，明确了南非国民经济各部门的核算范围和分类。该指南在2005年、2011年、2017年分别进行了修订和改进。目前，南非住户部门核算范围及分类主要依据《南非机构部门分类指南（2017）》。

一、住户部门的定义

南非国民账户体系中对于住户的定义与SNA2008基本一致，是指这样一群个体：共用生活设施，把成员的部分或全部收入和财产汇聚起来使用，共同消费某些货物和服务（主要是住房和食物）。一般而言，住户中的每一位成员都应具有集体资源的部分索取权，至少某些影响消费或者其他经济活动的决策是需要由住户作为一个整体来作出的。

住户规模的大小可能各不相同，且受传统、宗教、教育、气候、地理、历史及其他社会经济因素的影响，住户在不同的社会及文化中将呈现出各种形式。一是准公司的归属。SNA对准公司的定义是，该主体必须具有或者能够编制一套包括资产负债表在内的完整账户。所有住户都进行最终消费，并或多或少进行积累，但作为住户并不需要从事生产活动。可能的话，住户内的生产活动应被视为准公司，并纳入公司部门，与住户其他活动区分开来。根据准公司的定义，仅当一套完整的账户，包含资产负债表项目及从准公司提取收入的信息均可获得时，它才能被称为准公司。通常情况下，特别是在自由职业者的情形下，尽管可获得生产活动的完整信息，却不太可能将与该生产活动相关的其他收入流、转移支付、金融交易从整体住户中分离出来。在这种情况下以及生产活动相关信息不完整的情况下，非法人企业仍被视为住户的一部分。二是家政服务人员的归属。和雇主共同居住在同一住所内的家政服务人员并不构成该雇主住户的一部分，即使他们获得住宿及膳食等实物报酬。受雇用的家政服务人员对雇主住户的集体资源无索取权，他们消费的住宿及膳食并不包括在雇主的消费当中。因此，这些雇员应有别于雇主所属的住户。三是机构常住人员的归属。对于那些永久居住在一个机构中，或者预计在很长或无限期的时间内居住在一个机构中的人，如果几乎没有或根本没有行动自主权或相关经济活动的决定权，应视为同一机构住户。属于机构住户的人包括：居住在寺院、修道院或者类似宗教机构中的成员；在医院（包括精神病医院）长期住院的病人；长期服刑的犯人；永久居住在养老院的老人。而短期进入医院、诊所、康复中心、宗教收容所或者类似机构的人，以及进入寄宿学校、学院或者大学，短期在监狱内服刑的人，均应被视为所属住户的成员。

住户部门由所有的常住住户组成，其中包括由长期住在医院、养老院、宗教场所、监狱等地的人员所组成的机构住户。其中，住户所拥有的非法人企业被认为是住户整体的一部分，而不作为独立的机构单位（除非其具备足够详细的账户）。此外，与 SNA2008 不同的是，南非住户部门的核算范围除包括住户、住户非法人企业外，还包括为住户服务的非营利机构。

二、南非住户部门的核算范围及分类

《南非国民账户体系：来源与方法概述》中未对住户部门进行子部门的划分，南非储备银行编制的《南非机构部门分类指南（2017）》中也只是明确了住户部门的核算范围和分类，即南非住户部门分为三类：住户、住户非法人企业和为住户服务的非营利机构。

（一）住户

住户作为“一群人”，他们共用生活设施，把成员的部分或全部收入和财产汇聚起来使用，共同消费某些货物和服务——主要是住房和食物。个人是住户的成员，而不被视为独立的机构单位。一般来说，住户通常和家庭是一致的，可以共享资源与消费，但同一个住户的成员未必属于同一个家庭。

（二）住户非法人企业

住户非法人企业是指以一人企业、独资企业、合伙企业等形式从事市场生产的住户。它们是法律实体，但不是以公司形式组织的，且不将住户账户和企业账户分开单独核算。此类住户可以划分为在其非法人企业中有雇员和无雇员两种，无雇员的非法人企业所有者被称为自雇工作者。

（三）为住户服务的非营利机构

SNA 中将非营利机构分为三种，一是从事市场生产的非营利机构，应将其归入公司部门；二是从事非市场生产且受政府控制的非营利机构，则应归入广义政府部门；三是除上述两类以外的非营利机构，即那些既不以有显著经济意义的价格出售所生产的货物和服务，也不受政府控制的非营利机构，被称为为住户服务的非营利机构。

综上所述，为住户服务的非营利性机构是指向住户免费或以没有显著经济意义的价格提供商品和服务，但不包括由政府提供资金的法律或社会团体。其主要资金来源是捐款、会员的认缴、所持实物或金融资产的收益。目前南非为住户服务的非营利性机构按其业务性质可分为两大类：一是为满足其成员需求而建立的，优先向其成员提供货物或服务的机构，包括非营利性医院、学校，教堂、宗教团体，工会，志愿者组织，政党，友好社团[①]以及非营利性质下的社会、文化、娱乐和体育等方面的俱乐部。二是出于慈善目的而成立的慈善、救济或援助机构等。其主要名单在《南非机构部门分类指南（2017)》中列示。

第三节　南非住户部门资产负债核算范围及分类

南非住户部门资产负债核算范围及分类主要遵循 SNA1993 和 SNA2008，并参照《南非国民账户体系：来源与方法概述》中有关资产负债范围及分类的相关规定。目前，南非住户部门资产负债核算主要分为三部分：一是资产项目，包括非金融资产与金融资产；二是负债项目，即金融负债；三是净资产，为资产总额与负债总额相抵后的余额。本节主要从资产和负债两方面介绍住户部门资产负债表的具体核算范围和分类，基本分类见图 8－1。

一、资产的核算范围及分类

目前，南非关于资产负债表中资产核算范围的规定主要依据《南非国民账户体系 1946—2014：来源与方法概述》，其遵从了 SNA2008 的相关标准。核算对象均为经济资产，也就是所有者对它拥有所有权或处置权，通过对它的使用可以获得经济利益，这将一些重要的无形要素（比如空气、环境、气候、声誉、技术、受教育程度等）排除在资产核算范围之外。此外，耐用消费品由于其提供的服务不属于生产范围，因此也不计入资产的核算范围。

南非储备银行在进行住户部门资产核算时，将资产项目划分为非金融资产和金融资产，同时将耐用消费品作为具有分析价值的附加项目在住户部门资产负债表中列示，具体分类见图 8－1。

① 友好社团是官方的非营利互助组织，根据 1956 年南非《友好社团法》（1956 年第 25 号法令）进行管理，职责主要是当其成员及成员亲属因疾病、死亡、失业和退休等原因陷入财政困难时，向他们提供福利及帮助，包括经济支持、子女教育和培训等。

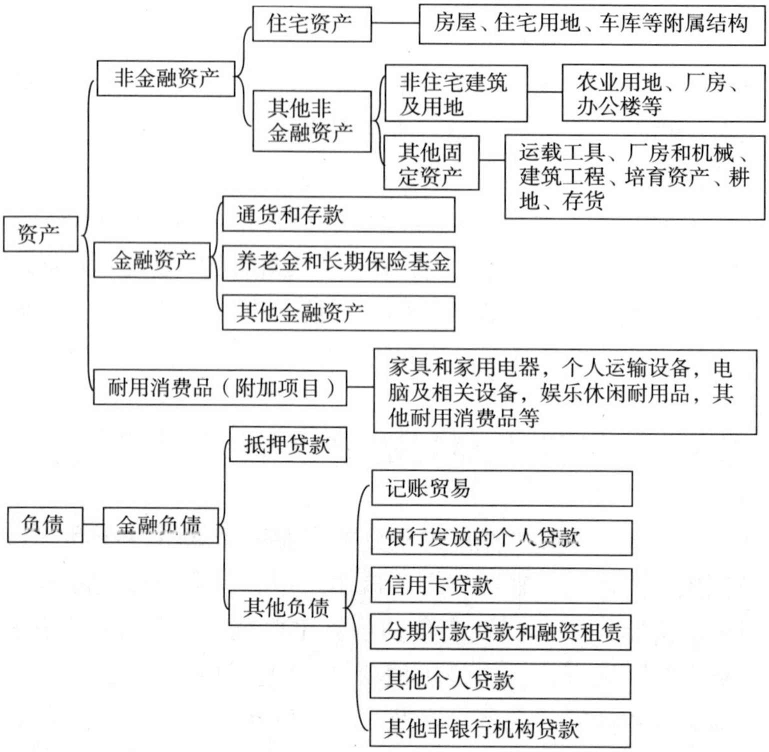

图 8-1　南非住户部门资产和负债分类示意图

（一）非金融资产（KBP6920J）

非金融资产又称为有形资产，南非国民账户体系中对非金融资产的定义与国际标准基本一致，从分类看，按其在生产中的作用，划分为生产资产与非生产资产。而南非储备银行在编制住户部门资产负债表时，并未按照这个分类，而是为了简便，将非金融性资产划分为住宅资产和其他非金融资产两类。

1. 住宅资产（KBP6921J）

住宅资产是指住户或非法人企业持有的完全或基本作为居住使用的房屋、住宅用地以及车库等附属结构。

2. 其他非金融资产（KBP6922J）

其他非金融资产包括非住宅建筑及用地、其他固定资产两部分。

非住宅建筑及用地即非法人企业持有的非住宅建筑和非住宅用地等固定资产，包括农业用地、厂房、办公楼等。

其他固定资产主要是指住户或非法人企业拥有的运载工具、厂房和机械、建筑工程、培育资产、耕地、存货等。南非将非法人企业用于生产运输的机械设备（如半挂车等）作为其他固定资产中运载工具的一项计入资产，但住户购置的用于最终消费的车辆则不在此核算范围内，而是计入耐用消费品中。培育资产包括能重复提供产品的动植物资源，这些资源由个人直接控制、负责和管理，如种畜、奶牛、果树、耕地等。存货是指由当期或前期生产的货物和服务构成的生产资产，并在以后一段时间内用于销售、生产或其他用途，包括各类材料、在产品、半成品、产成品或库存商品以及包装物、委托加工物资等。

（二）金融资产（KBP6923J）

南非国民账户体系中对于金融资产的定义和分类与 SNA2008 基本一致，主要包括通货和存款、养老金和长期保险基金以及其他金融资产三个部分。

1. 通货和存款（KBP6924J）

通货和存款主要是指住户部门在各类金融机构的存款和持有的通货。对于通货而言，包括流通中通常用于支付的纸币和硬币，其名义价值或面值即是其估价。对于存款而言，除包括住户部门在银行、互助银行、邮政银行、土地和农业银行的存款外，还包括在非货币金融机构的存款。分期限看，存款既包括支票和直接转账单等短期类存款，也包括定期存款和通知存款等长期类存款。

2. 养老金和长期保险基金（KBP6925J）

住户持有的养老金包括官方养老金、公积金（为公共部门雇员提供养恤金）以及私营养老金。其中，官方养老金是由南非财政部、运输部、电信公司和邮局管理的基金；私营养老金包括根据 1993 年《养老金法案》设立登记的基金、在南非登记的海外基金、根据个别协议设立的基金以及不受国家法案约束的国家控制基金。为避免重复计算，由长期保险公司承保的保单或团体保险计划资金不在此核算范围内。

住户持有的长期保险基金来自长期保险公司的养老金业务，包括养老基金和年金承销业务。

3. 其他金融资产（KBP6926J）

其他金融资产包括股票、直接持有的非流动性金融资产和国外资产。

股票包括上市公司股票和非上市公司股票，其中上市公司股票会在证券交易所或有组织的金融市场中有规则地交易，目前南非唯一的证券交易所是约翰内斯堡证券交易所（JSE）[①]。

① 约翰内斯堡证券交易所成立于 1887 年，成立之初主要是为金矿开发筹资，之后融资方向开始多元化，目前是非洲交易量最大的证券交易所。

直接持有的非流动性金融资产是住户部门持有的政府、公共企业和公司债券，参与抵押债券计划和其他存款的总和。参与抵押债券计划与单位信托类似，是指通过将大量较小的贷款机构资金汇集起来，组建一个较大的资金池以进行多元化投资，这种方式类似于 5 年及以上的长期存款。其他存款即在其他非金融机构的存款，如住户在当地政府的存款，但不包括公共投资委员会和购买援助协会的存款。由于其他存款类别较小，因此不将其单独核算，而是作为直接持有的非流动性金融资产中的一项进行核算。

住户部门投资的境外投资计划[①]，包括通过基金公司在国外投资的股票和债券，但通过此方式进行的现金投资不在该项核算范围内。

（三）耐用消费品（附加项目）

耐用消费品是指以消费为目的，可以反复或连续使用一年以上的货物。因为它们没有用于提供家庭服务的生产过程，因此该项目不属于固定资产。但由于耐用消费品是长期消费的商品，有关数据会影响到住户收入支出的统计，所以将它们作为附加项目列入住户部门资产负债表，但不计入资产总量。

南非住户部门资产负债表中耐用消费品的核算范围主要包括五类：家具和家用电器等、个人运输设备（如家庭汽车）、电脑及相关设备、娱乐休闲耐用品（如相机、通讯设备等）、其他耐用消费品（如珠宝、手表等）。

二、负债的核算范围及分类

负债是指金融负债，仅包括两部分：抵押贷款和其他负债。

（一）抵押贷款（KBP6929J）

抵押贷款是指住户部门以住宅资产或其他固定资产作为抵押品向银行获得的贷款。

（二）其他负债（KBP6930J）

其他负债主要是指消费信贷，可以细分为记账贸易（Open Accounts，OA）、银行发放的个人贷款、信用卡贷款、分期付款贷款和融资租赁、其他个人贷款以及其他非银行机构贷款。

1. 记账贸易

住户部门的记账贸易包括对零售商的所有未偿还借款以及对购买援助协会的应付账款。记账贸易是一种由零售商提供的商业信用方式，而非银行信用方

① 境外投资在南非发展较为迅速，已成为住户部门资产中较为重要的组成部分。1998—2006 年住户部门境外投资最高限额为 75 万兰特，2006—2007 年度预算中已增至每人 2.2 亿兰特。

式。通常购买援助协会的会员在购买货物一两个月后向购买援助协会付款，购买援助协会在第三个月向供货商支付货款，会员在年底可根据其贸易金额享受购买援助协会净利润的分红。

2. 银行发放的个人贷款

银行发放的个人贷款包括银行向客户提供的透支贷款和其他个人贷款。透支贷款中只有消费者实际提取的透支额度才可以计入住户部门债务中，未使用的透支额度不在此核算范围内。

3. 信用卡贷款

信用卡贷款是银行根据信用卡持卡人的资信状况给予一定透支额度，用于购买商品或服务并延迟支付。核算信贷额度时，应统计每个统计时点的应还款余额，而非可用额度。

4. 分期付款贷款和融资租赁

分期付款贷款是卖方向买方提供货物或服务（通常是耐用消费品），买方在未来一段时间内分期支付的总款项。融资租赁是指作为资产法律所有者将经济所有权传递给承租人，并收取一定租金。承租人可将资产用于生产性活动获得经济收益，并承担经营风险。

5. 其他个人贷款

其他个人贷款包括长期保险公司发放给个人的贷款以及通过参与抵押债券计划发放给个人的贷款，其中保单贷款是指以保单的现金价值作为担保，以此从保险公司获得的贷款。

6. 其他非银行机构贷款

其他非银行机构贷款主要是指小额贷款公司①向住户部门发放的贷款以及住户部门拖欠地方政府的债务。为避免重复计算，在核算小额贷款公司向住户部门发放的贷款时，应将资金来源于银行的小额贷款予以扣除，仅将资金来源于非银行机构的小额贷款计入住户部门的负债，这部分负债约占小额贷款总额的50%。

综上所述，住户部门的资产总净值是在特定时点上所有资产价值减去其所有未偿还的负债价值，依据住户部门资产负债表进行核算，计算公式为：资产总净值＝资产－负债＝非金融资产＋金融资产－金融负债。

---

① 20世纪90年代以来，南非小额贷款行业进入快速发展期。2003年南非小额贷款公司贷款总额165亿兰特，2005年增加到210亿兰特。此类贷款是南非其他非银行机构贷款的主要构成部分。

第四节　南非住户部门资产负债表的编制

南非住户部门资产负债表的编制以南非储备银行、南非统计局和南非财政部的统计数据为基础，采取市场价值等方法估算编制时点各资产负债项目的价值，通过数据整理、分类和汇总，得到最终的资产负债表。本节主要介绍南非住户部门资产负债表编制的数据收集、估价方法和数据整理等情况。

一、数据来源

从数据来源看，南非住户部门资产负债表的数据来源较为广泛，主要来源于南非储备银行的《季度报表》，此外还有部分数据来自南非统计局和南非财政部，如存货数据来源于南非统计局的年度财务统计调查（Annual Financial Statistics surveys），记账贸易、租赁贷款数据来自南非统计局公布的零售月度数据，小额贷款公司发放的贷款数据从小额信贷管理委员会（MFRC）的季度数据中获得，拖欠地方政府的债务数据来自南非财政部。住户部门资产负债主要项目的数据来源见表8－2。

表8－2　　南非住户部门资产负债表数据来源

项目	具体数据来源
资产	
非金融资产	
存货	南非统计局的年度财务统计调查
非金融资产（除存货）	南非储备银行《季度公报》中的KB621报表和KB621报表
金融资产	
通货和存款	南非储备银行月度公布的货币银行表，《季度公报》中的KB109报表和KB212报表等
养老金利息和长期保险基金	南非储备银行《季度公报》中的KB221报表和KB215报表
股票	南非储备银行《季度公报》中的KB230报表
直接持有的非流动性金融资产	持有的政府和国有企业债券资产来自南非储备银行《季度公报》中的KB230报表，参与抵押债券计划来自南非储备银行《季度公报》中的KB226报表，其他存款来自南非储备银行《季度公报》中的KB230报表
国外资产	南非储备银行的非公开联合投资组合调查（CIPS）
负债	

续表

项目	具体数据来源
抵押贷款	南非储备银行的月度 DI900 报表和季度 DI920 报表
记账贸易、分期付款贷款和融资租赁	南非统计局月度统计报告中的零售数据
银行发放的个人贷款、信用卡贷款数据	南非储备银行的月度 DI900 报表和《季度公报》中的 KB107 报表
其他个人贷款	南非储备银行《季度公报》中的 KB216 报表和 KB226 报表
其他非银行机构贷款	小额信贷管理委员会（MFRC）、南非财政部、购买援助协会

（一）资产

1. 非金融资产

存货的市场价值来源于南非统计局非公开的年度财务统计调查。除存货外的非金融资产数据均来自南非储备银行《季度公报》中的国民账户资本存量，并乘以相应的资产价格指数得到有形资产的市场价值。

住宅和非住宅建筑数据来自南非储备银行《季度公报》国民账户下的按资产类型划分的固定资本形成总额报表（表 KB621）中的住宅（KBP6110C）、非住宅（KBP6114C）指标，其中住宅用地价值来自南非联合银行（Amalgamated Banks of South Africa，ABSA）开展的年度非公开调查，非住宅用地价值来自南非统计局年度经济活动调查（Economic Activity Surveys P8001），农业用地价值来自南非农业部非公开的年度估计数。

其他固定资产中的建筑工程、运载工具、机械设备数据来自南非储备银行《季度公报》国民账户下的按资产类型划分的固定资本形成总额报表（表 KB621）中的建筑工程（KBP6118C）、运载工具（KBP6122C）、机械和其他设备（KBP6126C）指标。

此外，通过南非统计局的行业经济活动调查（EAS）[①] 获得的信息得到非法人企业和公司的比率，并依据该比率对非法人企业和公司的非金融资产价值进行估计。

2. 金融资产

（1）通货和存款

通货（纸币和硬币）来自南非储备银行月度公布的货币银行表中的 M0 指

① 该项调查自 1998 年起按年定期开展。

标，住户部门持有的通货占比约为70%；存款数据主要来自南非储备银行《季度公报》，住户在银行、邮储银行、土地银行、互助银行的存款分别为国民经济账户下的KBP1154M（表KB109）、KBP1209M（表KB114）、KBP1273M（表KB118）、KBP1204M（表KB114）指标，在公共投资委员会的存款来自资本市场下公共投资委员会负债报表（表KB212）中的KBP2544K指标。

（2）养老金和长期保险基金

官方和私营养老金的数据均来源于相关机构按季度向南非储备银行提交的数据，该数据经汇总后在《季度公报》资本市场下的官方和私营养老金、公积金报表（表KB221）中公布。其中私营养老金来自私营养老金总负债（KBP2342K）指标；官方养老金来自官方养老金总资产（KBP2339K）指标，该项目为年度投资组合数据，按账面价值计量。

长期保险公司承销的养老金业务未到期数据由南非储备银行从保险公司直接调查得出，并经汇总后在《季度公报》资本市场下的长期保险报表（表KB215）中按季度公布，为未到期负债下的养老金业务（KBP2215J）指标。

（3）其他金融资产

股票数据来自南非储备银行《季度公报》资本市场下的国民金融账户报表（表KB230），包括“（24）其他贷款存量和优先股、（25）普通股”指标，住户部门持有的股票份额通过股票总市值乘以住户部门收到的股息占比（住户部门收到的股息/企业支付的总股息，住户部门收到的股息＝企业支付的净股息－国外支付的股息－长期保险公司和养老金收到的股息）得出①。在这里，住户部门持有的非上市公司股票数据无法获得。

直接持有的非流动性金融资产是住户部门持有的政府和国有企业债券、参与抵押债券计划和其他存款的总和。其中，住户部门持有的政府和国有企业债券资产来源于自1970年起南非储备银行开展的资本市场季度统计，数据可从南非储备银行《季度公报》资本市场下的国民金融账户报表（表KB230）中获得，包括“（19）短期政府债券存量、（20）长期政府债券、（22）地方政府债券、（23）国有企业债券”四项指标；参与抵押债券计划数据来自南非储备银行《季度公报》资本账户下的参与抵押债券计划报表（表KB223）中的KBP2372K指标；其他存款数据从南非储备银行资本市场下的国民金融账户报表（表KB230）中的“（14）与其他机构发生的存款”获取。

---

① 据此测算1975—2003年约翰内斯堡证券交易所股票市值的16%为住户部门持有。

国外资产数据来自南非储备银行的非公开联合投资组合调查（CIPS）[①]。

（二）负债

住户部门的债务主要是银行贷款，相关数据来自南非储备银行的月度 DI900 报表。该报表是根据各银行按南非《银行法》（1990 年第 94 号法令）第 90 条的规定向南非储备银行监管部门提交的数据编制而成的。

1. 抵押贷款

抵押贷款数据来自南非储备银行的月度 DI900 报表以及按机构和资产类型划分的季度 DI920 报表。

2. 其他负债

记账贸易、分期付款贷款和融资租赁数据均来自南非统计局月度调查的统计数据，即月度统计公报 P6242. 1 报表中的零售数据。

银行发放的个人贷款、信用卡贷款数据来自南非储备银行的月度 DI900 报表。其中，信用卡贷款汇总数据可从《季度公报》货币银行下的银行资产报表（表 KB107）中的信用卡贷款（KBP1110M）指标获得。

其他个人贷款来自南非储备银行对长期保险公司的季度调查，其中长期保险公司发放给个人的贷款数据可从《季度公报》资本账户下的长期保险资产报表（表 KB216）中的 KBP2237K 指标获得；参与抵押债券计划发放给个人的贷款数据可从《季度公报》资本账户下的参与抵押债券计划报表（表 KB223）中的 KBP2378K 指标获得。

其他非银行机构贷款主要包括小额贷款公司发放的信贷，相关数据从小额信贷管理委员会（MFRC）的季度数据中获得。此外，拖欠地方政府的债务数据来自南非财政部，购买援助协会的信贷数据来自购买援助协会。

（三）耐用消费品

耐用消费品数据来自南非储备银行《季度公报》国民经济账户下的住户部门最终消费支出报表（表 KB611）中的耐用消费品（KBP6050J）指标，该项数据由南非储备银行根据南非统计局的调查数据计算得到。

二、估价方法

资产负债核算原则上按编表时点的市场价格进行估价。其中，住宅和非住宅建筑、存货按编制资产负债表时点的市场价格进行估价，其他非金融资产采

① 该项调查最早开始于 2001 年，此后在国际货币基金组织的支持下每年定期开展。

用折旧重置价值。金融资产与负债的估价可分为两大类：一类是在有组织的金融市场上经常进行交易的，按编制资产负债表时点的市场价格进行估价；另一类是未在有组织的金融市场交易的，按编表时点债务人为清偿债务应向债权人支付的金额进行估价。住户部门资产负债主要项目的编制方法见表8-3。

表8-3　南非住户部门资产负债表编制方法

项目	估价方法
资产	
非金融资产	
住宅及土地	住宅价值采用永续盘存法估算。
非住宅建筑及用地	住户持有的非住宅建筑是通过非住宅建筑的不变价值存量乘以非法人企业固定比率来获得，并利用价格指数将得到的账面价值数据调整为市场价值；非住宅土地的价值根据南非统计局的行业经济活动调查来估算。
其他固定资产	存货按市场价格来估价，除存货外的其他固定资产按净资本存量来计量，并乘以非法人企业固定比率估计出住户部门所持有的部分。
金融资产	
通货和存款	住户部门持有的通货根据以往年份住户部门和非金融公司部门的经营盈余比例估算，存款包括应付但未付的利息和本金。
养老金和长期保险基金	私营的养老金和公积金按市场价格估价，官方养老金和长期保险基金采用价格指数重估调整得出市场价值。
其他金融资产	政府和国企债券、股票采用国民金融账户报表中的相关资金流量来估算，采用价格指数重估调整为市场价值，其中股票根据约翰内斯堡证交所全股价格指数重估市场价值；其他存款通过累计相关资金流量数据得出。
负债	指未偿付本金的数额，包括已发生但未付的利息。
耐用消费品	采用永续盘存法估算。

（一）非金融资产

1. 住宅及土地

住户部门所拥有的住宅价值采用永续盘存法（Perpetual Inventory Method，PIM）来估算。南非各地方政府在评估房地产价值方面没有建立统一的标准，虽然从南非联合银行（ABSA）获得的平均房价并不准确，夸大了住宅的不变价格资本存量，但为核算住户部门住宅建筑的市场价值提供了依据。住宅的土地价值通过现有住房和新房的土地价值与扣除土地价值的建筑物价格的平均比率计算得到①。

① 该比率来自南非联合银行开展的非公开调查，1966—2004年的调查得出的平均比率为32.7%。

2. 非住宅建筑及用地

非法人企业拥有的非住宅建筑资产价值无法直接获取，只能通过间接估算获得。非住宅建筑的不变价值存量采用非住宅建筑市值的衍生价格指数估算，该指数是根据较大都市区的工业建筑、办公楼和购物中心的租金价值和市值比率计算得出的。通过南非统计局行业经济活动调查（EAS）获得的信息，得出非法人企业和公司的比率，南非储备银行根据该比率估计住户部门持有的非住宅建筑及用地存量，并利用价格指数将得到的账面价值数据调整为市场价值。

非住宅土地的价值是根据南非统计局行业经济活动调查中未公布的资产负债表估算的。其中，各行业（除农业外）的非住宅用地与建筑账面价值之比（估计平均值约为14%）适用于估算非法人企业的非住宅建筑市场价值；对于农业用地而言，市场价值的年度估计数来自南非农业部。

3. 其他固定资产

住户部门的其他固定资产与非住宅建筑一样，都只能间接地估算获得。车辆、厂房和机械设备、建筑工程以及耕地等固定资产的重置价值是按净资本存量来计量，其中净资本存量则是根据南非统计局编制的各行业基本价值 PIM 计算得出；存货是从南非统计局的季度调查中获得的以市场价值计量的数据。而住户部门持有的以上固定资产则是根据南非统计局的各行业经济活动调查（EAS）得出的公司与非法人企业比率，通过乘以各行业中非法人企业所占比例，计算得出住户部门所持有的价值。

（二）金融资产

1. 通货和存款

对通货来说，其名义价值或面值即是其估价，通过南非储备银行发行的纸币和硬币总额减去各银行的库存现金总额即可得出。同时根据以往年份住户部门和非金融公司部门的经营盈余比例估算住户部门持有的通货比例①，以此估算住户部门持有通货的数据。

住户部门在各类金融机构的存款是指根据契约规定在结清时金融机构应偿还存款住户的数额，包括应付但未付的利息和本金。

2. 养老金和长期保险基金

养老金和长期保险基金应按市场价值计量，但由于官方养老基金的数据是按账面价值提报的，因此需采取 Aron 和 Muellbauer（2006）中提到的方法，将

---

① 据测算，南非流通中的纸币和硬币大约70%为住户部门持有。

官方养老金的账面价值数据相应地调整为市场价值。该方法首先计算持有的存量资产市值加上持有期间因通胀等产生的净收益，其次估算持有期内新购买资产加上其持仓收益，二者相加即可得到市场价值，用公式表示如下：

$$A_t = A_{t-1}(\pi_t/\pi_{t-1}) + NPA_t(\pi_t/\tilde{\pi}_t) \quad (1)$$

式中，A_t 是 t 时期末持有的资产价值，A_{t-1} 是 t 时期初持有的资产价值，π_t/π_{t-1} 是 t 时期的资产价格上涨率，NPA_t 是 t 时期资产净购买额，$\tilde{\pi}_t$ 是 t 时期内该资产的平均价格水平（假设购买行为发生在该期间的任何时点）。给定初始日期资产、该期间净购买数据和相应价格指数的情况下，可利用式（1）估算出该资产的市场价值。

对于长期保险基金，1991 年第四季度之前的数据是以账面价值编制的，需通过使用 Aron 和 Muellbauer 的方法重估早期数据的市场价值，1991 年后的数据采用市场价值计量，可直接使用。

3. 其他金融资产

由于没有股票登记和住户财务相关调查，采用国民金融账户中住户部门持有的普通股相关资金流量间接估算，根据 JSE 全股价格指数调整交易成本或管理成本，将股票的账面价值转换为市场价值。住户部门持有的政府和国企债券资产采用南非储备银行国民金融账户中的相关资金流量来估算，基数和流量数据都按账面价值计量，采用式（1）进行重新估价，调整为市场价值。其他存款则通过累计相关资金流量数据得出。

（三）负债

住户部门资产负债表中的负债总值指未偿付的本息总额，包括已发生但未付的本金和利息。

（四）耐用消费品

耐用消费品的价值采用永续盘存法估计，即每期投资计入耐用消费品存量，扣除报废资产（耐用消费品）与固定资本消耗，以此估算耐用消费品的存量值。

三、数据处理

南非住户部门资产负债表中涉及的数据处理方法主要是用净值核算流量，如每种金融资产和负债的流量分别按净值进行记录。

南非储备银行在获得数据后，根据其资产和负债分类对数据进行处理和整合，以保证反映住户部门资产和负债数据的准确性。住户部门资产负债表采用竖式结构，横栏按照资产、负债和净资产顺序逐一列示，纵栏为当年数据和历史可比数据，具体表样见表 8－1。南非住户部门资产负债年度存量数据为每一年的 12 月 31 日 24 时，数据记录原则为权责发生制，即在债权和债务关系发生、转移或取消时记录。

第五节　南非住户部门资产负债表的简要分析

本节主要对南非 2008—2018 年住户部门资产负债表（见附表 1）进行简要分析，结果显示：南非住户部门资产、负债和净资产规模均呈现逐年上升趋势，且波动幅度较大；资产负债率、负债收入比整体较为稳定，呈略微下降趋势。

一、住户部门的资产分析

（一）资产总额稳步增长，且波动幅度较大

资产总额从 2008 年的 6.01 万亿兰特上升到 2018 年的 12.82 万亿兰特，增加 6.81 万亿兰特，增长 1.13 倍，年均增加 0.68 万亿兰特。资产年均增长率为 7.87%，且增长波动幅度较大，最高为 2013 年的 13.41%，最低为 2008 年的 －2.54%（见图 8－2）。从资产构成看（见附表 3），2008—2018 年南非住户部门金融资产占总资产的平均比重为 64.33%，非金融资产平均比重为 35.67%。

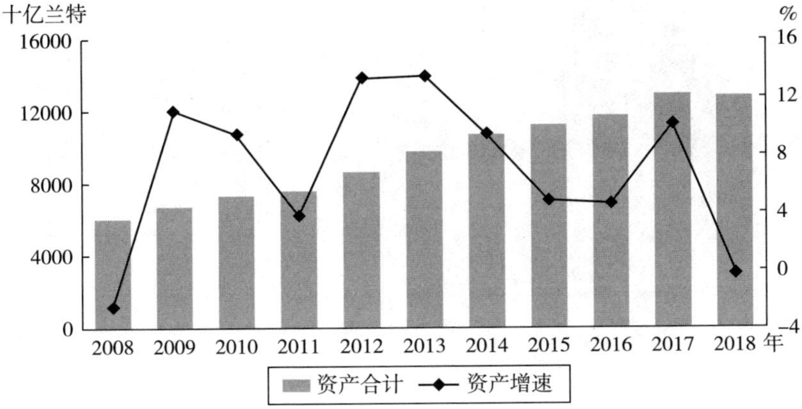

图 8－2　2008—2018 年南非住户部门资产趋势图

（二）金融资产以养老金和长期保险基金为主

金融资产规模从 2008 年的 3.59 万亿兰特上升到 2018 年的 8.32 万亿兰特，增加 4.73 万亿兰特，增长了 1.31 倍，年均增加 0.47 万亿兰特。金融资产年均增长 8.77%，波动幅度较大，最高为 2012 年的 16.28%，最低为 2008 年的 －6.55%

（见图 8 -3）。

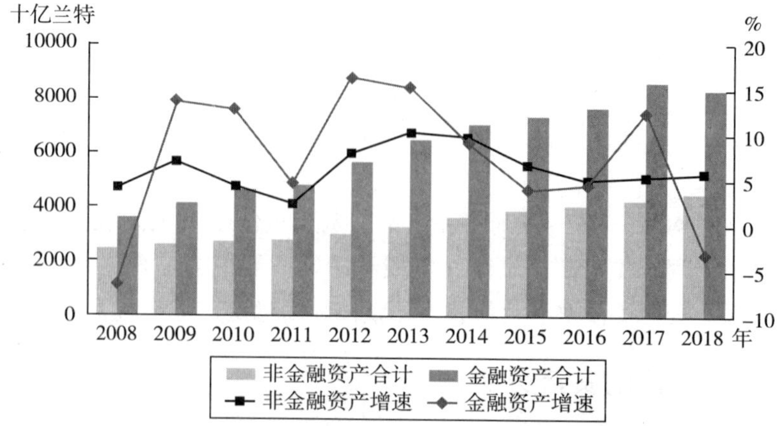

图 8 -3　2008—2018 年南非住户部门资产结构趋势图

从金融资产的结构看，其主要构成部分是养老金和长期保险基金，其次是其他金融资产，2008—2018 年占金融资产的平均比重分别为 52.83% 和 33.75%。2018 年末，住户部门养老金和长期保险基金、其他金融资产以及通货和存款分别占金融资产比重为 53.10%、31.69% 和 13.42%（见图 8 -4）。

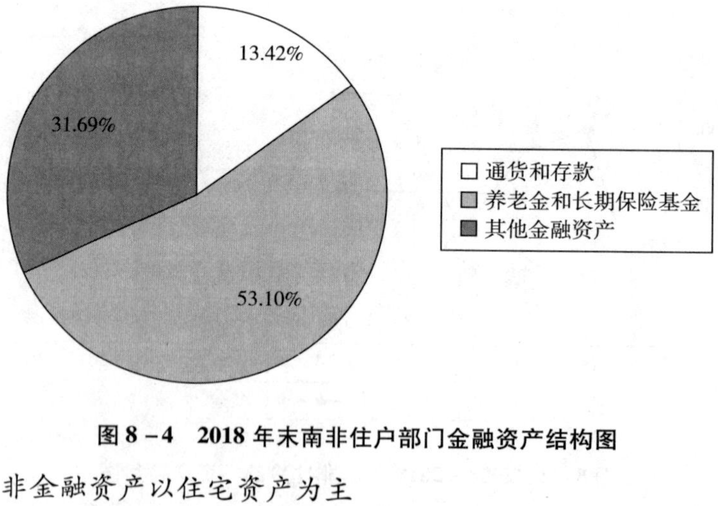

图 8 -4　2018 年末南非住户部门金融资产结构图

（三）非金融资产以住宅资产为主

2008—2018 年非金融资产整体呈缓慢上升趋势，由 2008 年的 2.42 万亿兰特上升到 2018 年的 4.50 万亿兰特，增加 2.08 万亿兰特，增长 0.86 倍，年均增加 0.21 万亿兰特。非金融资产年均增长 8.02%，增速变化相对金融资产较为平缓，最高为 2013 年的 10.13%，最低为 2011 年的 2.44%。从非金融资产结构看，主要以住宅资产为主，2008—2018 年住户部门住宅资产约占非金融资产的 62.93%，2018 年末，住户部门住宅资产约占非金融资产的 63.26%（见图 8-5）。

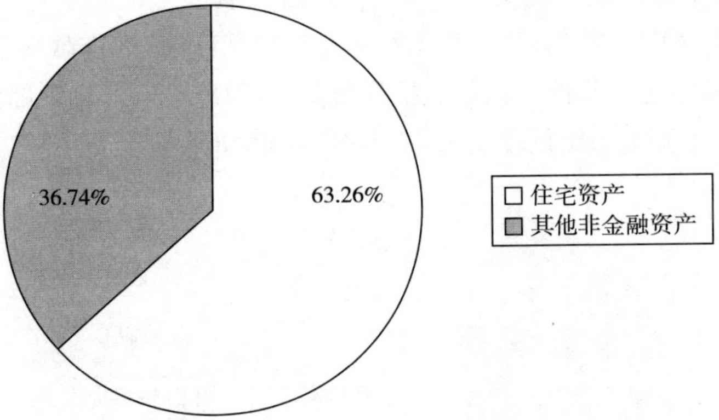

图 8-5　2018 年末南非住户部门非金融资产结构图

二、住户部门的负债分析

（一）负债总额稳步上升，但其波动幅度较资产略低

负债总额从 2008 年的 1.23 万亿兰特增加到 2018 年的 2.17 万亿兰特，增加 0.94 万亿兰特，增长 0.76 倍，年均增加 0.09 万亿兰特。负债年均增长 5.84%，增长率波动较大，最高为 2012 年的 9.64%，最低为 2009 年的 2.44%（见图 8-6）。

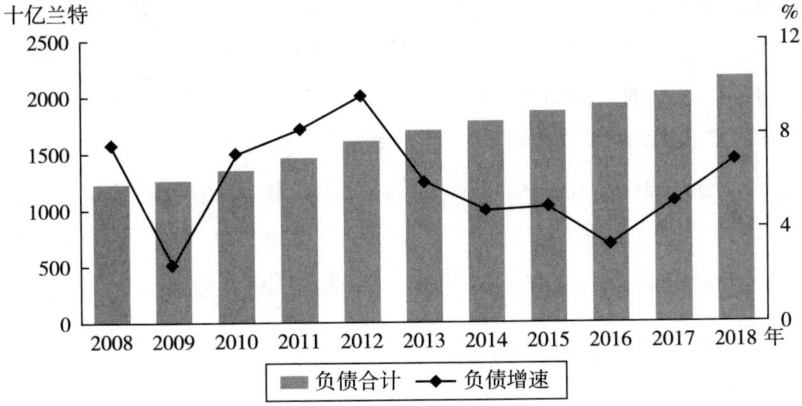

图 8-6　2008—2018 年南非住户部门负债趋势图

（二）住户部门负债以抵押贷款为主

从负债结构看，住户负债的主要构成部分为抵押贷款，2008—2018 年抵押贷款占住户负债的比重平均为 53.08%。从占比看，呈下降趋势，由 2008 年的 60.98%下降至 2018 年的 47.10%。2008—2013 年，抵押贷款所占比重均超过 50%，从 2014 年起，其他负债超过抵押贷款。2018 年末，住户部门抵押贷款和其他负债占全部负债的比重分别为 47.10%和 52.90%（见图 8-7）。

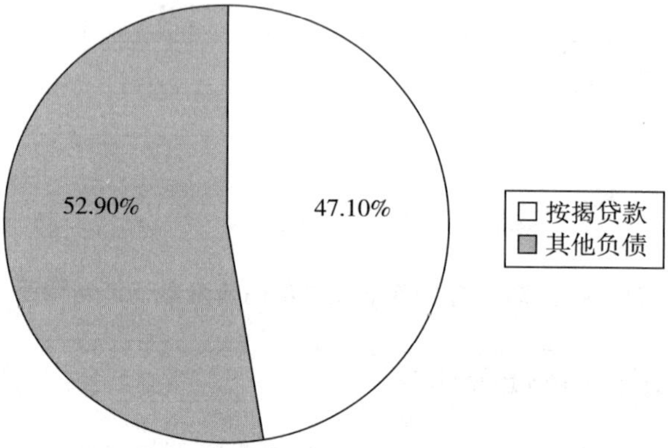

图 8-7　2018 年末南非住户部门负债结构图

（三）资产负债率、负债收入比整体较为稳定，呈略微下降趋势

南非住户部门债务总量虽逐年上升，但从债务收入比和资产负债率看，风险基本可控（见图 8-8）。一方面，2008—2018 年南非住户部门债务占可支配收入的比例总体呈下降趋势，由 2008 年的 87.44%下降到 2018 年的 74.37%。南非住户负债率低于大多数发达国家（其中 2018 年加拿大住户部门债务收入比高达 170%以上，美国、欧元区在 100%左右）。另一方面，2008—2018 年南非住户部门资产负债率整体稳中有降，住户部门总债务占总资产的比重从 2008 年的 20.46%下降到 2018 年的 16.92%，其中最高为 2008 年的 20.46%，最低为 2017 年的 15.78%；占净资产的比重从 2008 年的 25.71%下降到 2018 年的 20.37%，其中最高为 2008 年的 25.71%，最低为 2017 年的 18.74%。

三、住户部门的净资产分析

净值从 2008 年的 4.78 万亿兰特增加到 2018 年的 10.65 万亿兰特，增加了 5.87 万亿兰特，增长 1.23 倍，净值年均余额为 7.88 万亿兰特。从净资产增速看，年均增长率为 7.30%，整体呈下降趋势，且波动幅度较大，最高为 2013 年

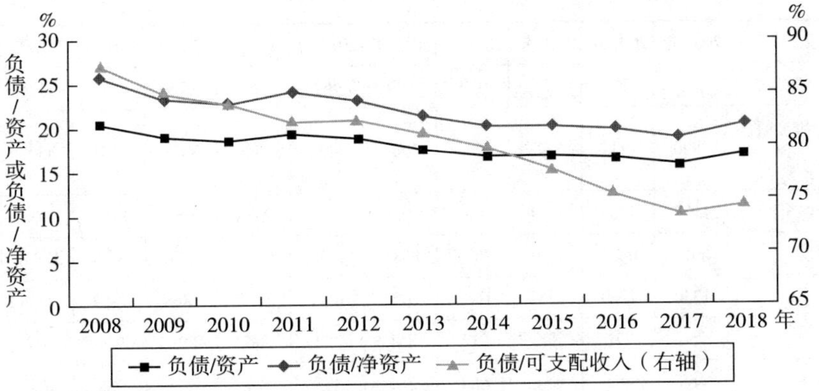

图 8-8　2008—2018 年南非住户部门负债杠杆情况

的 15.08%，最低为 2008 年的 -4.81%（见图 8-9）。

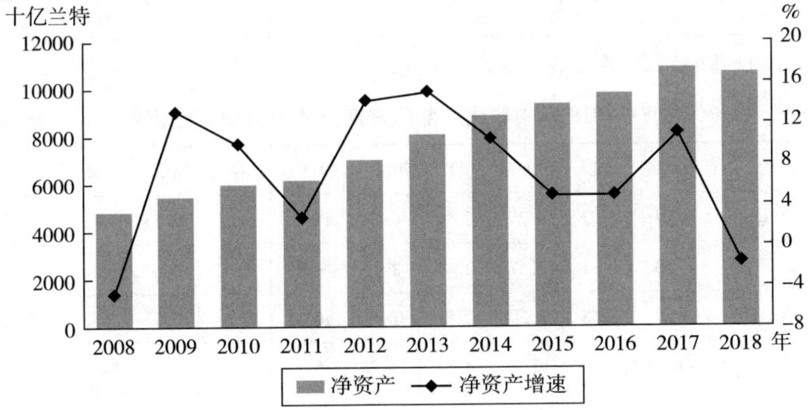

图 8-9　2008—2018 年南非住户部门净资产趋势图

附表：

附表 1　　**2008—2018 年南非住户部门资产负债表**　　单位：十亿兰特

项目	2008 年	2009 年	2010 年	2011 年	2012 年	2013 年	2014 年	2015 年	2016 年	2017 年	2018 年
非金融资产	2419	2590	2700	2766	2990	3293	3610	3853	4043	4260	4502
住宅资产	1497	1599	1704	1745	1888	2073	2285	2442	2556	2691	2848
其他非金融资产	922	991	996	1021	1102	1220	1325	1412	1487	1569	1655
金融资产	3594	4083	4602	4811	5594	6441	7041	7320	7641	8597	8320

续表

项目	2008 年	2009 年	2010 年	2011 年	2012 年	2013 年	2014 年	2015 年	2016 年	2017 年	2018 年
通货和存款	547	564	579	639	699	762	860	976	1072	1174	1265
养老金和长期保险基金	1896	2117	2392	2511	2943	3422	3804	3928	4081	4509	4418
其他金融资产	1152	1403	1631	1662	1953	2257	2378	2416	2488	2914	2637
资产	6013	6674	7301	7577	8584	9735	10651	11173	11684	12857	12822
负债	1230	1260	1351	1462	1603	1699	1780	1868	1929	2029	2170
抵押贷款	750	771	800	812	841	864	882	923	949	982	1022
其他负债	480	489	551	650	761	835	898	945	980	1047	1148
净资产	4784	5414	5951	6115	6982	8035	8871	9305	9755	10828	10652
负债和净资产	6013	6674	7301	7577	8584	9735	10651	11173	11684	12857	12822
净资产（包括耐用消费品）	5208	5854	6416	6616	7528	8634	9516	9989	10469	11569	11419

数据来源：南非储备银行官方网站（www. resbank. co. za）。

附表 2　　2008—2018 年南非住户部门资产负债项目增长分析表　　单位：%

项目	2008 年	2009 年	2010 年	2011 年	2012 年	2013 年	2014 年	2015 年	2016 年	2017 年	2018 年
非金融资产	4.04	7.07	4.25	2.44	8.10	10.13	9.63	6.73	4.93	5.37	5.68
住宅资产	3.60	6.81	6.57	2.41	8.19	9.80	10.23	6.87	4.67	5.28	5.83
其他非金融资产	4.77	7.48	0.50	2.51	7.93	10.71	8.61	6.57	5.31	5.51	5.48
金融资产	-6.55	13.61	12.71	4.54	16.28	15.14	9.32	3.96	4.39	12.51	-3.22
通货和存款	18.14	3.11	2.66	10.36	9.39	9.01	12.86	13.49	9.84	9.51	7.75
养老金和长期保险基金	-2.97	11.66	12.99	4.97	17.20	16.28	11.16	3.26	3.90	10.49	-2.02
其他金融资产	-19.33	21.79	16.25	1.90	17.51	15.57	5.36	1.60	2.98	17.12	-9.51
资产	-2.54	10.99	9.39	3.78	13.29	13.41	9.41	4.90	4.57	10.04	-0.27
负债	7.52	2.44	7.22	8.22	9.64	5.99	4.77	4.94	3.27	5.18	6.95
抵押贷款	9.65	2.80	3.76	1.50	3.57	2.73	2.08	4.65	2.82	3.48	4.07
其他负债	4.35	1.88	12.68	17.97	17.08	9.72	7.54	5.23	3.70	6.84	9.65
净资产	-4.81	13.17	9.92	2.76	14.18	15.08	10.40	4.89	4.84	11.00	-1.63

附表3 2008—2018年南非住户部门资产负债项目结构分析表 单位:%

项目	2008年	2009年	2010年	2011年	2012年	2013年	2014年	2015年	2016年	2017年	2018年	平均占比
非金融资产	40.23	38.81	36.98	36.51	34.83	33.83	33.89	34.48	34.60	33.13	35.11	35.67
住宅资产	24.90	23.96	23.34	23.03	21.99	21.29	21.45	21.86	21.88	20.93	22.21	22.44
其他非金融资产	15.33	14.85	13.64	13.47	12.84	12.53	12.44	12.64	12.73	12.20	12.91	13.23
金融资产	59.77	61.18	63.03	63.49	65.17	66.16	66.11	65.52	65.40	66.87	64.89	64.33
通货和存款	9.10	8.45	7.93	8.43	8.14	7.83	8.07	8.74	9.17	9.13	9.87	8.62
养老金和长期保险基金	31.53	31.72	32.76	33.14	34.28	35.15	35.71	35.16	34.93	35.07	34.46	33.99
其他金融资产	19.16	21.02	22.34	21.93	22.75	23.18	22.33	21.62	21.29	22.66	20.57	21.72
资产												
负债												
抵押贷款	60.98	61.19	59.22	55.54	52.46	50.85	49.55	49.41	49.20	48.40	47.10	53.08
其他负债	39.02	38.81	40.78	44.46	47.47	49.15	50.45	50.59	50.80	51.60	52.90	46.91
净资产												

参考文献

[1] 联合国，欧盟委员会，经济合作与发展组织，国际货币基金组织，世界银行，国民账户体系2008 [M]. 中国国家统计局国民经济核算司，中国人民大学国民经济核算研究所，译. 北京：中国统计出版社，2012.

[2] 杜金富，等. 政府资产负债表：基本原理及中国应用 [M]. 北京：中国金融出版社，2015.

[3] 杜金富，王毅，阮健弘，等. 中国政府资产负债表编制研究 [M]. 北京：中国金融出版社，2018.

[4] 王毅，郭永强. 政府资产负债表：国际标准与实践 [M]. 北京：中国金融出版社，2015.

[5] Janine Aron, John Muellbauer and Johan Prinsloo, J W. Balance sheet estimates for South Africa's household sector from 1975 to 2005 [R]. Working Paper WP/01/07, Pretoria: South African Reserve Bank, 2007.

[6] Janine Aron, John Muellbauer and Johan Prinsloo, J W. Balance sheet estimates for South Africa's household sector from 1975 to 2003 [J]. World Institute for Development Economics Re-

search, 2006.

[7] South African Reserve Bank. South Africa's National Accounts 1946 – 2014: An Overview of Sources and Methods [Z]. Supplement to the Quarterly Bulletin March 2015. Pretoria: South African Reserve Bank, 2015.

[8] K Kuhn. Note on household wealth in South Africa [Z]. Supplement to the Quarterly Bulletin September 2010. Pretoria: South African Reserve Bank, 2010.

[9] South African Reserve Bank, "Full Quarterly Bulletin – No 291 – March 2019", 2019.

[10] 南非储备银行网站 [EB/OL]. http://www.resbank.co.za.

[11] J Janine Aron, John Muellbauer and Johan Prinsloo, J W. Estimating Household-sector Wealth in South Africa [R]. Working Paper WP/06/06. Pretoria: South African Reserve Bank, 2006.

[12] South African Reserve Bank. Institutional Sector Classification Guide for South Africa 2017 [Z]. Supplement to the Quarterly Bulletin March 2017. Pretoria: South African Reserve Bank, 2017.

[13] South African Reserve Bank. South Africa's National Accounts, 1946 – 1998: An Overview of Sources and Methods [Z]. Supplement to the Quarterly Bulletin , June. Pretoria: South African Reserve Bank, 1999.

第九章　印度住户部门资产负债表

目前印度住户部门资产负债状况主要由两个部门编制和发布，一个是印度中央统计局（Central Statistical Organization，CSO）编制和发布的国民账户核算中的住户部门资产负债表，另一个是印度国家抽样调查局（National Sample Survey Office，NSSO）组织和开展的全印度负债与投资调查（All India Debt and Investment Survey，AIDIS）。前者参照SNA标准在国民账户核算体系下进行统计，后者对印度住户资产负债总量和结构情况，尤其是非金融资产结构情况进行深入调查，分类更加全面、详尽，是前者的补充。本章将重点介绍CSO编制的住户部门资产负债表，阐述其发展历史与现状、住户及资产负债范围与分类、编制过程，并对报表数据进行简要分析，同时，在部分章节对AIDIS进行阐述，尽可能展示印度住户部门资产负债统计的全貌。

第一节　印度住户部门资产负债表编制的基本情况

印度国民账户核算体系始建于19世纪60年代，建立伊始就将住户部门纳入其核算范围。纵观其发展历史，住户部门资产负债表的统计内容和口径无太大变化，但统计方法和数据来源在不断完善。而印度国家抽样调查局为深入了解住户资产负债总量及结构情况，开展了AIDIS，分城市地区和农村地区住户进行了全面调查。本节将结合印度国民账户核算体系的演变，对住户部门资产负债表编制的发展历程和现状进行阐述，并对AIDIS的发展过程进行简要描述。

一、住户部门资产负债表编制的发展历程

（一）国民账户核算体系的建立和完善

印度独立之前，已有部分经济学家和研究工作者开始计算国民收入，虽然数据广度、深度、真实性受限，但他们的努力为后面的工作奠定了良好基础。独立之后，出于政策制定和经济调控的需要，国家层面充分认识到国民收入和其他经济总量核算的必要性，为此，1949年印度设立了国民收入委员会（National Income Committee）专门负责此事务，同时设立国民收入行动小组（National Income Unit）予以协助。由此印度实现了第一次全国性国民收入核算，详细核算结果及核算方法分别由国民收入委员会在1951年和1954年对外公布。在此之后，印度政府考虑将国民收入核算常态化，将国民收入行动小组并入财政部，负责每年编制国民收入表。后来，此项职能转移至印度中央统计局，并且随着核算范围不断扩大、核算方法不断改进，建立了专门的国民账户核算部门（National Accounts Division）。

发展至今，印度国民核算体系已经较为完善，每年由印度中央统计局对外公布数据。从公布的数据看（见表9－1），印度国民核算参考SNA的方法，将机构部门分为非金融公司、金融公司、广义政府、住户及其他部门五大部门。其中，非金融公司、金融公司又分别可进一步细分为公共及私营两部门。因此，印度中央统计局开展的国民账户核算又可从另一维度分为私营公司、政府、住户和其他四大部门。具体核算方法以SNA1993为基础，但是在数据可获得的范围内采取SNA2008某些可行的建议，如把政府部门当做资本支出方、采用余额递减法（Declining Balance Method）[①] 对固定资本消耗和资本存量进行估算等。

表9－1　　　　印度国民账户对外发布主要内容

数据性质	章节	主要内容
总量数据	第一章：宏观经济总量	国民经济总量、国民收入、价格指数、国民产出、国民总增加值、金融总量、总资本形成、消费支出、固定资本增加等
分部门数据	第二章：非金融公司	再细分为公共非金融公司和私营非金融公司，核算非金融公司的产出、中间品消费、总增加值、资本消耗、收入、储蓄、净资本形成、资产、负债
	第三章：金融公司	再细分为公共金融公司和私营金融公司，核算金融公司的产出、中间品消费、总增加值、资本消耗、收入、储蓄、净资本形成、资产、负债
	第四章：广义政府	核算中央和地方政府的产出、中间品消费、总增加值、资本消耗、收入、储蓄、净资本形成、资产、负债。同时详细列出每个州（地区）政府的增加值变化，对政府支出项目也做详尽统计
	第五章：住户部门	核算住户部门的产出、中间品消费、总增加值、资本消耗、收入、储蓄、净资本形成、资产、负债。同时对住户部门的支出项目进行详尽统计，单列住户部门资产负债表
	第六章：其他部门	核算其他部门（主要是国外部门）的产出、中间品消费、总增加值、资本消耗、收入、储蓄、净资本形成、资产、负债。同时对境外交易状况进行详细统计

① 余额递减法是加速折旧法的一种，这种方法将每期固定资产的期初账面净值（原值减累计折旧）乘以一个固定不变的百分率计算该期折旧额。

续表

数据性质	章节	主要内容
分行业数据	第七章：分行业主要经济指标	核算11个大类行业的产出、增加值、消费支出、资本消耗、收入、净资本形成等。同时每一经济指标都细分政府部门、私营公司部门、住户部门，形成分部门、分行业的交叉数据
	第八章：行业内部主要经济指标	核算行业内部各子行业的产出、增加值

（二）住户部门资产负债表编制演变进程

1. 住户部门资产负债表编制进程

住户部门作为印度中央统计局国民账户核算的一个重要组成部分，一开始就被纳入国民账户体系中，核算起步早。纵观其时间序列数据，核算内容上并无太大变化，资产主要包括现金、存款、股权和债券、保险、政府性资产、公积金和养老金，负债主要是各种形式的贷款。统计口径变化也不大，涵盖个人、非政府性非公司性企业、为住户服务的非营利性组织三部分。但是在细项科目、统计方法、统计口径细分、核算方法、数据来源等方面是随着国民核算体系的不断完善而完善的。

2. AIDIS 演变进程

1951 年，印度储备银行（Reserve Bank of India，RBI）为了解农村住户部门的信贷需求和供给情况，开展了为期一年的全印度农村信贷调查（All - India Rural Credit Survey）。

此后，1961—1962 年印度储备银行又开展了一次类似的调查，调查内容扩展到住户部门资本支出以及农村经济相关指标等，但地域范围仍是农村。因此，第二次调查也被称作全印度农村负债和投资调查（All - India Rural Debt and Investment Survey）。

第三次则由印度国家抽样调查局负责开展。印度国家抽样调查局将此调查与土地和牲畜拥有情况调查（Land and Livestock Holding Survey，LHS）合并，于1971—1972 年开展了 AIDIS，相较于全印度农村负债和投资调查，AIDIS 首次将城市地区纳入调查的地域范围。

从此之后，印度国家抽样调查局承接此项调查，每十年进行一次。1982 年，印度国家抽样调查局开展第四次 AIDIS，此次调查已经较为成熟，调查模式和抽样方式在后期调查中得以延续。到最近 2013 年的一次调查，印度住户部门资产负债调查已经开展六次。

二、住户部门资产负债表的编制现状

（一）住户部门资产负债表核算与发布情况

住户部门资产负债表跟随国民账户核算每年发布一次，且公布的为独立的住户部门资产负债表，表样见表9－2。采集内容包括金融资产、非金融资产等。数据于次年1月左右在印度中央统计局网站上公布，还通过《国民核算年报》的方式对外出版。需要说明的是，印度国民账户核算统计的是各个财年的数据，每个财政年度是从上年4月至当年3月，资产负债数据为当年3月末时点数。例如，2011—2012财年是指2011月4月至2012年3月，资产负债数据截止时点为2012年3月末，数据于2013年1月左右对外公布。

表9－2　　住户部门资产负债表表样

	住户净资产（1＋2＋3－4）
1	金融资产
1.1	现金
1.2	存款
1.2.1	银行存款
1.2.2	非银行性公司存款
1.2.3	合作银行/组织存款
1.2.4	贸易债务净额
1.3	股权和债券
1.3.1	私营公司
1.3.2	合作银行/组织
1.3.3	共同基金
1.4	政府性资产
1.4.1	政府有价债券
1.4.2	政府小额储蓄①
1.5	保险基金
1.5.1	人寿保险
1.5.2	简易人寿保险
1.5.3	国家保险
1.6	公积金和养老金

① 政府小额储蓄包括国家储蓄凭证、国家计划储蓄凭证、邮政储蓄银行存款、邮储现金凭证、国库储蓄凭证、国库年金储蓄等，与一般存款有区别。

续表

	住户净资产（1+2+3-4）
2	实物资产
3	金银首饰
4	金融负债
4.1	银行垫款
4.2	合作银行/组织贷款或垫款
4.3	金融机构/非银行公司贷款
4.4	政府贷款/垫款
4.5	保险公司贷款
5	净金融资产（1-4）

资料来源：印度中央统计局。

（二）AIDIS现状

AIDIS每十年进行一次，调查对象包括全印度11万住户。采集内容除金融资产负债情况外，还涉及其他实物资产，主要包括住户资产价值和构成、负债程度及资本支出情况。其中，金融资产包括现金、存款、股票、债券、保险费、企业年金、公积金、代金券等；金融负债包括本票、不动产抵押、动产抵押（金银饰品等）、无担保贷款、应付款项或商业信用等。AIDIS采用问卷调查方式，包括十余张调查表，但最后并未将调查成果编制为资产负债表的形式，也没有专门的编制表样。我们在归类和整理调查表及其主要内容的基础上，根据住户部门资产负债表的一般样式自行编制了参考表样，见表9-3。

表9-3　AIDIS印度住户部门资产负债表参考表样

总资产
非金融资产
土地和其他建筑物
房屋和其他建筑
牲畜和家禽
机器和设备
金融资产
股票和债券
公司
共同基金
合作社
其他

续表

存款
银行存款（包括合作银行）
非银行公司存款
小额信贷机构/自助组织存款
政府存款
邮局存款
其他小额储蓄计划
保险
公积金和养老金
养老金
年金计划
应收账款
总负债
贷款
机构性贷款
非机构性贷款
其他负债

资料来源：根据 AIDIS 内容整理得到。

调查结果由印度政府统计和规划实施部门（Ministry of Statistics and Programme Implementation，Government of India）对外发布。最近一次调查共发布四份报告：《印度住户资产和负债（截至2012年6月30日）》《印度住户负债（截至2012年6月30日）》《印度社会团体的住户资产和负债（截至2012年6月30日）》《印度住户资本支出（2012年1月1日至2013年6月30日期间）》。

（三）二者的联系与区别

二者均对住户资产负债情况进行统计，相互印证，相互补充。二者的区别主要体现在：

一是住户定义不同。印度中央统计局定义的住户更加宽泛，除了 AIDIS 定义的住户外，还包括非政府性非公司性企业和服务于住户的非营利性机构。

二是指标设置不同。相较于住户部门资产负债表，AIDIS 表的项目更多、分类更加多元化。AIDIS 中贷款的统计除余额指标外，还包括贷款期限、贷款用途、利率、信贷机构、偿还情况等指标，而在住户部门资产负债统计中，仅统计贷款余额。

第二节　印度住户部门的核算范围及分类

印度中央统计局和印度国家抽样调查局对住户部门的定义和核算范围基本遵循国际准则，但稍有差异，以体现本国特色。本节将综合阐述印度住户部门的定义和分类，同时厘清住户与企业、住户与非营利组织之间的关系。

一、住户部门的定义及范围

印度中央统计局编制国民账户时，住户部门采用最宽泛的定义，包括以下几个部分：（1）个人，即现实生活中严格意义上的住户；（2）非政府性、非公司性企业，如个人独资企业、由个人控制的合伙制企业等；（3）为住户服务的非营利组织，包括宗教社团，社交、文化、娱乐俱乐部，政治性组织，贸易联盟等。

其中，严格意义上的住户指共享住所和共同用餐的人群，不包括临时到访者。子女在外求学不居住在家中不算在其父母的住户中，但长期居住家中的雇工、佣人或付费房客算在雇主的住户中。一般来说，当“共享住所”和“共同用餐”两个标准发生冲突时，以共享住所为判断标准。但是有种特殊情况：如果一个人与家人一起用餐，但由于住房面积不足而不得不居住他处，仍算在同一住户中。在旅店、寄宿公寓、汽车旅馆等地长期居住的每一个人都算作一户（如果是一家人都住在这些地方，则所有家庭成员算作一户）。狱中服刑的犯人、住院治疗的病人、居住于疗养院的人都算在其最后归属的住户中。

与此同时，有以下几类人群不算在住户之中：（1）流动性人口，即没有常住地的人群。但居住于露天场所、马路边棚区、桥下等固定地方的人群仍算作住户；（2）外籍人士，如果外籍人士有国内佣人，但按照住户定义应划入外籍人士的住户，则不算作国内住户；（3）常年居住于兵营或非法性军事力量营房里的人群，但在营房周围居住的平民（包括现役军队旁边的家属宿舍）在住户范围内；（4）居住在孤儿院、收容所、静修社、流浪民居的人群。但居住于养老院的人、住在静修社/汽车旅馆的学生、静修社的工作人员（非尼姑与和尚）、孤儿院的工作人员（非孤儿）在住户范围之内。

二、住户部门、企业及非营利组织

印度中央统计局编制国民账户过程中将国内各主体分为私营公司部门、政府部门、住户部门和其他部门四部分，因此，在住户界定方面，需要厘清其与企业、非营利组织之间的关系。

印度中央统计局对企业的定义是指从事生产或分销商品（服务）的组织，目的在于通过销售获利，无论是全职还是兼职都算作企业。企业可以由一个或几个住户拥有、运营，也可以是法人（集团）拥有、运营。统计过程中，企业部门包含法人制股份公司和合作组织两部分：法人制股份公司是指在印度《1956 年公司法》（*Companies Act* 1956）项下注册的公司，分为金融性公司和非金融性公司两类；合作组织则主要包括合作性信贷机构和合作性非信贷机构两类。其中，个人独资企业、个人控制的合伙制企业归入住户部门。由上可见，住户部门与企业既有交叉又有区别，边界划分的主要依据是企业的控制人和方式。

住户部门与非营利组织同样是既有交叉又有区别。具体来说，非营利组织如果从事市场生产，应将其归入公司部门；如果从事非市场生产且受政府控制，则应归入广义政府部门；剩下的非营利组织就称作为住户服务的非营利组织（NPISH），它们全都是免费或以无显著经济意义的价格提供货物和服务的，这类部门归入住户部门。

三、住户部门分类

如前所述，印度住户部门包含严格意义上的住户、非政府性非公司性企业、为住户服务的非营利性组织三类。印度中央统计局对住户先按照农村住户和城市住户加以区分，再进一步有粗分和细分两种方式。

粗分以职业为依据，即农村住户分为农耕住户和非农耕住户，城市住户分为个体经营户和其他。农耕住户是指在统计日之前的 365 天里耕种了至少 0.002 公顷土地的农村家庭；非农耕住户是指没有耕种土地或者耕种土地面积小于 0.002 公顷的农村家庭；个体经营户是指经营自己农业企业或非农业企业的人群，如果在统计日之前的 365 天里，城市住户的主要收入来源为家庭成员自己经营所得，那么住户应归入个体经营类；除个体经营户以外的城市住户归为其他住户。

城市住户细分的方式与农村住户类似，下面我们以农村住户为例进行介绍。细分以住户在统计日之前的 365 天里的主要收入来源为依据，且只有来源于经济性活动的家庭收入才纳入考察范围，佣人和付费房客的收入不在考察范围内。据此，农村住户可分为农业/非农业个体经营户、有固定工资收入的住户、农业/非农业临时工、其他。具体定义如下：

农业/非农业个体经营户：经营自己的农业或非农业企业，或独立从事某一职业，或进行自营贸易的人都应归入个体经营户。个体经营户的收入包括不可分割的两部分：劳动报酬和企业利润，这两部分收入来源于个体经营户的销售收入与采购成本、其他成本的差值。

有固定工资收入的住户：指在非自家经营的农业或非农业企业中工作，并且定期获得工资的住户。

农业/非农业临时工：指在非自家经营的农业或非农业企业中工作，并按日结算报酬，或者签订定期工作合同的人群。如在统计日之前的365天里，住户收入主要来源于家庭成员的临时打工收入，那么这一住户归入“临时工”住户。

其他：不能归入以上几种的住户均归入“其他”。

第三节　印度住户部门资产负债核算范围及分类

住户部门资产负债表中的资产负债核算范围和分类主要以SNA为标准，定义和内涵皆参考国际准则。印度国家抽样调查局开展的AIDIS对于资产负债信息的收集更加全面、具体，对非金融资产的划分更加细致，是对前者的有效补充。本节将对二者分别进行介绍。

一、住户部门资产负债表中资产负债核算范围及分类

印度中央统计局定义的住户部门资产都是经济资产，也就是住户部门对它拥有所有权或处置权，所有者通过对它的使用可以获得经济利益的实体，包括金融资产和非金融资产。除人寿保险、公积金和养老基金外，住户资产的测算采用剩余法①。而负债项目只设置金融负债（见图9－1）。

（一）资产的核算范围及分类

1. 金融资产

金融资产包括现金、存款、股权和债券、政府性资产、保险基金、公积金和养老金等。

（1）现金。指以通货形式存在的住户储蓄，从总通货中扣除私营公司和公共部门持有的通货后的残值。总通货为流通中的纸币、卢比硬币和小硬币减去

① 剩余法是指难以获取住户部门数据时，根据总值减去其他部门值进行推算的方法。

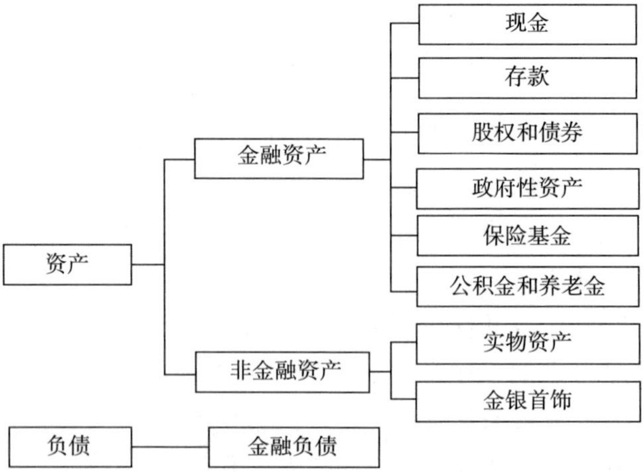

图 9－1　印度中央统计局关于住户部门资产和负债分类示意图

银行持有现金。在计算现金时，应扣除：私营公司，包括根据《公司法》注册的非政府性金融组织和非金融公司；合作机构（合作银行除外）；政府类企业和法定企业；铁路部门等机构或部门持有的现金和中央、州政府国债。

（2）存款。存款包括住户的商业银行存款、非银行性公司存款、合作银行/组织存款和贸易债务净额，不包括外币存款和非居民存款。银行存款可分为活期存款、储蓄存款和定期存款。其中，非银行性公司中，非银行性金融公司分为三类：一是在印度储备银行登记且由印度储备银行监管的非银行性金融公司，包括贷款公司、投资公司、设备租赁公司、租购融资公司和其他银行业务公司；二是未在印度储备银行登记但印度储备银行对其存款承兑业务进行指导，包括互惠互利财务公司等；三是不在印度储备银行登记且不受印度储备银行监管，包括保险公司、证券交易所、证券营业部、住房金融公司等。贸易债务净额是指债权人贸易额变动与债务人贷款、预付款项的差额。

（3）股权和债券。包括住户持有的股权或债券投资，如非政府性金融公司、非政府性非金融公司、合作银行/组织发行的股票或债券，公共企业发行的股票或债券，印度单位信托（UTI）等。值得注意的是，政府背景类的非金融公司发行的股票和债券不包括在内。

（4）政府性资产。包括住户持有的政府有价证券、小额储蓄、不记名债券、资本投资债券、国家农村发展债券、国家存款计划方面的投资以及强制性存款等。

（5）保险基金。包括住户购买的人寿保险、简易人寿保险和国家保险。人寿保险是住户储蓄的一种渠道，寿险公司的人寿保险业务（扣除政府转移）可看作保单持有人的储蓄。以简易人寿保险、州政府人寿保险和中央政府员工保险计划形式存在的储蓄，为收入与支出的差额，即住户部门在保险公司获取的贷款、保险到期或死亡后所获取的保险金与住户部门支付的费用间的差额。

（6）公积金和养老金。包括缴费型或非缴费型的公积金，其中缴费型公积金计划是指雇主和员工都缴纳公积金。公积金计划包括中央和州政府、地方当局、非金融性法定公司、金融机构、教育机构公积金计划，员工公积金计划（1952 年的雇员公积金法案），煤矿公积金计划，Assam Tea Plantations 公积金计划，Seamen 公积金计划，公共公积金计划，Port Trust 公积金计划，Dock Labour Boards 公积金计划。中央和州政府公积金计划从预算支出中获取；地方当局公积金计划按照地方当局和员工分别支付员工工资的 6% 提取；非金融性法定公司包括印度航空和其他法定货币公司；金融机构包括印度储备银行、商业银行、寿险公司、印度出口信用担保公司、员工国家保险公司、印度单位信托及其他金融和投资公司。

2. 非金融资产

（1）实物资产。实物资产是指由住户部门所有的、可在持有或使用中获取经济效益的资产。包括建筑物、机器和设备方面的固定资产投资和库存情况。住户部门固定资产投资是用总固定资产投资扣除公共部门和私营部门固定资产投资计算得出，库存情况根据不同行业进行估计。

建筑物包括住宅和非住宅建筑。住宅是指完全或主要用作住宅的建筑物，以及相关的附属结构，如车库、安装在住宅中的永久固定装置等。船屋、泊船、移动房屋、房车也属于住宅。在计算住宅价值时，场地清理和准备费用也包括在内。非住宅建筑是指住宅以外的建筑物，包括未被指定为住宅的整个或部分建筑物，以及固定装置、设施和设备等建筑物的组成部分。如非住宅楼、仓库和工业建筑、商业建筑、作为公共娱乐设施的建筑物、酒店、餐馆、教学楼等。

机器和设备是指运输设备及其他机器和设备。运输设备包括汽车、拖车和半挂车、船舶、铁路、有轨电车、机车、飞机和航天器、摩托车和自行车等。其他机器和设备包括一般用途机器，专用机器，办公、财务和计算用的设备，电机，无线电、电视、通信设备和仪器，医疗器械，精密和光学仪器，钟表，除中央供暖外的蒸汽发生器锅炉等。以下几类不包括在机器和设备内：价格便宜、购买频率固定的工具；与建筑物不可分割的机器设备，用于住户消费的机器设备（耐用消费品）。

（2）金银首饰。主要是住户作为价值储存品而持有，以期待其升值。

（二）负债的核算范围及分类

负债是指住户部门对其他机构单位或机构部门的债务。在印度中央统计局的住户部门资产负债表中，负债指金融负债，包括银行垫款、合作银行/组织贷款或垫款、金融机构/非银行性公司贷款、政府贷款/垫款、保险公司贷款。

其中，垫款是指银行、合作银行/组织、政府部门在住户无力支付到期款项的情况下，被迫以自有资金代为支付的款项。贷款是指住户向金融机构、合作银行/组织、非银行性公司、政府部门和保险公司借得的资金。

住户净资产是在特定时点上所有非金融资产、金融资产与金融负债的差额的加总，计算公式为：住户净资产 = 非金融资产 + 金融资产 − 金融负债。

二、AIDIS 住户资产负债核算范围及分类

AIDIS 中，对住户部门金融负债有更为细致的划分，调查内容包括住户资产价值及其构成、负债价值及其构成和资本支出情况等（见图 9－2）。

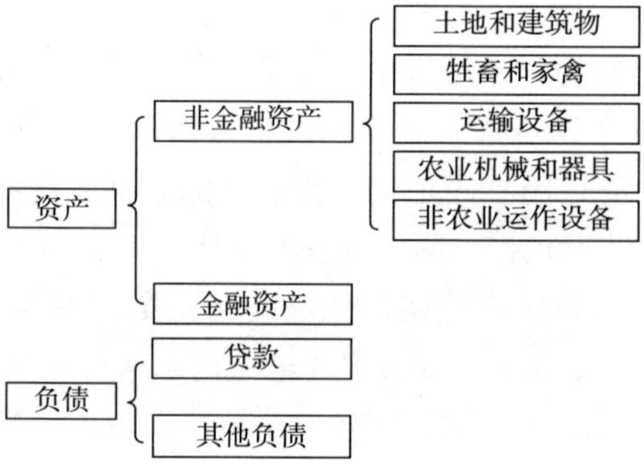

图 9－2　AIDIS 中资产和负债分类示意图

（一）资产项目范围及分类

AIDIS 中住户资产是指住户拥有的、能用货币衡量的资产，不包括田里的农作物和家里储存的商品。可分为非金融资产、金融资产两大类。

一是非金融资产，包括土地和建筑物、牲畜与家禽、运输设备、农业机械和器具、非农业运作设备，其中，农场业务包括种植、农产品加工、牲畜饲养、奶牛养殖、蜜蜂养殖、渔业等农业辅助活动。非农业务是指除农场业务以外的经济活动，包括采矿业、住宿和餐饮业、交通运输业、建筑业、修理和其他服务、贸易活动等。国有企业、集体企业、社会团体等的非农业务除外。

二是金融资产，包括应收款、住户存款、银行、企业或合作组织股权、国民储蓄证书等。

需要注意的是，住户耐用品①及金银首饰不包括在AIDIS的住户资产内，因为耐用品价值难以估算，并且如有需要，住户耐用品相关信息可以从印度国家抽样调查局开展的另一项住户消费支出调查（Household Consumer Expenditure Survey）中获取。金银首饰价值也不算在住户资产范围内。

（二）负债项目范围及分类

住户负债是指住户所有对外的货币形式的债务，住户负债分为贷款和其他负债。

贷款是指以货币形式支付的负债/借款，包括短期贷款（1年以内）、中期贷款（1~3年）和长期贷款（3年以上），不动产抵押贷款、动产质押贷款、第三方保证贷款和信用贷款。亲戚朋友借款、分期付款也属于贷款的范畴。贷款目的包括农场业务的资本支出、农业经营中的经常支出、非农业企业的资本支出、非农业经常性支出、诉讼支出、偿还债务、金融投资支出、教育、医疗、住房及其他住户开支。

其他负债是指除贷款以外的应付款项，包括从医生、律师等处获得的货物和服务所产生的应付款项，未缴税款，应付给政府、其他公共机构、房东的租金，由家庭商业交易产生的应付款项，未按期支付的款项等。

第四节 印度住户部门资产负债表编制

印度中央统计局住户部门资产负债表的编制是以各政府相关部门报表、微观主体报表、专项调查数据等为基础，采用账面价值法、市场价格法等对资产和负债进行价值估计，经过数据推算、口径统一、取净值与合并等，得到最终的资产负债表。而AIDIS是根据调查数据汇总得到。本节主要介绍住户部门资产负债表的编制情况，包括数据来源、项目估计及数据整理三个部分。

一、数据来源

由于印度住户部门不仅包括个人，而且包括企业和非营利组织，其编制资产负债表时，各项目数据收集相对复杂，采用直接取数与间接推算相结合的方

① 住户耐用品是指用于家庭事务且具有较长使用寿命（寿命在一年及以上且不经常购买）的物品。瓶子、刀具等小件物品虽然使用寿命较长，但不算作耐用品。

式，数据来源渠道主要有印度储备银行、各项调查、商务部门等。各项数据测算方式与数据来源见表9-4。

表9-4　　　　印度住户部门资产负债表主要指标数据收集方式

指标名称	获取方法	相关数据来源
金融资产		
现金	采用“总通货-私营公司部门持有现金量-公共部门持有现金量”进行倒推	印度储备银行公告与公司金融样本研究结果、印度国家农业农村发展银行《合作性组织统计报表》、政府性公司报表、中央和地方政府报表
存款		
银行存款	直接取数	印度储备银行《商业银行存款构成与所有权统计表》
非银行性公司存款	直接取数	印度储备银行非银行监管部
合作银行/组织存款	直接取数	印度国家农业农村发展银行
贸易债务净额	直接取数	印度储备银行公告
股权和债券		
私营公司	采用“股权和债券总投资值-公共部门投资值-私营公司部门投资值”进行倒推	印度储备银行公司事务部、印度储备银行资本市场部
合作银行/组织	直接取数	印度国家农业农村发展银行
单位信托公司	直接取数	印度单位信托公司报表
公共企业	直接取数	印度财政部
共同基金	收集数据进行估计	各家共同基金公司
政府性资产		
政府有价证券	根据印度储备银行相关调查结果确定住户部门在政府有价证券购买中的比重，然后销售总值×比重	中央和地方政府预算文件、印度储备银行“中央和地方政府有价证券所有权结构调查”
政府小额储蓄	直接取数	中央政府预算文件
人寿保险基金		
人寿保险	直接取数	印度各家人寿保险公司
简易人身保险	直接取数	印度各保险公司年报
国家保险	直接取数	中央和地方政府预算文件

续表

指标名称	获取方法	相关数据来源
公积金和养老金	直接取数	中央和地方政府预算文件
非金融资产		
实物资产	采取“土地+建筑物+机器设备+存货”求和获得	印度中央统计局资产形成调查结果、工业存货使用统计结果
金银首饰	根据调查结果估算	印度住户部门资产负债调查
资产总计		
负债		
银行垫款	直接取数	印度储备银行
合作银行/组织贷款或垫款	直接取数	印度国家农业农村发展银行
金融机构/非银行公司贷款	直接取数	印度储备银行，各金融公司与非银公司年报
政府性贷款/垫款	直接取数	中央和地方政府预算文件
保险公司贷款	直接取数	各家保险公司报表
负债总计		
住户部门净资产		

资料来源：*National Accounts Statistics*：*Sources and Methods* 2012.

二、资产和负债估值

印度中央统计局的估价方法主要有账面价值法与市场价格法，账面价值为取得资产（负债）时支付的价格，市场价格法则采用随市场价格变化而变动的价值。印度住户部门资产和负债的主要估价原则如下。

（一）非金融资产估价

1. 土地与建筑价值估计。截至调查日，住户通过遗产继承或其他方式获得的土地价值通过询问专业人员或机构的方法进行估价。农村地区土地与建筑估价标准由调查员咨询 Patwaris① 确定，城市地区土地估价标准则通过向注册办公室（Registrar's Office）咨询确定。对于“村庄之外的土地”等特殊情形，则将

① Patwaris 为印度专有词（或者是印度语），意指负责土地所有权登记、估价的政府官员。

调查住户填报的估计价值作为最后的估价。

2. 其他实物资产估价。如果住户对机器和设备、存货等能够进行估价，则按填报价值计入；如果住户对机器和设备、存货等无法填报价值，则联系对情况了解的当地人对这些资产进行估价，或者由调查人员根据市场均价进行估价。

（二）金融资产与负债估价

1. 现金和存款估价。印度中央统计局对现金和存款均按账面价值计算。

2. 股权和债券估价。股权分为上市股票和非上市股票，上市公司股票的计价按市场价格估值；非上市股票采用近期交易价格法和市场资本化法来计算其市场价值。债券价值则按照市场价格法进行估价。

3. 政府性资产估值。住户部门持有的政府有价证券的价值确定采用账面价值法，即确定了住户部门在有价证券销售总额中所占比重，用总额×比重计算得到，销售总额账面数据依据政府预算文件确定。政府小额储蓄估值进行类似处理。

4. 其他金融资产估价。对于养老金、年金计划等，按账面价值确定价值；对于保险资产，按到统计日已支付的保险费总额、未决索赔款计算；对于公积金，按公积金总额加利息收入计算；对于投资连结型保险，按“份数×实际价值”确定。

5. 金融负债估价。各项贷款按照“未偿还本金余额+应付利息+应支付其他费用”进行计价，其中包括已发生但未付的利息，也包括间接测算的由该项债务所承担的已发生但未付的服务费用数额。

三、数据整理

在住户部门资产负债表编制过程中，印度中央统计局的数据整理工作主要分为以下几个方面。

（一）缺失数据推算与检验

印度采用最宽泛的住户部门定义，报表编制过程中需要的数据非常多，数据来源不全、不准确是需要重点解决的问题。为此，印度中央统计局主要采取“倒推法”与“交叉验证法”予以解决。如对于住户部门持有的现金与私营公司的股权、债权金额，印度中央统计局均采取“总量—非住户部门持有量”的方法进行推算，在推算之后，还会结合调查数据或其他部门数据进行交叉检验，以评估准确性。评估住户部门持有现金量时，参照印度国家账户咨询委员会根据历史经验数据提出的“住户部门现金持有量与非住户部门现金持有量比值在0.93左右”这一基准；评估住户部门在非银行公司的存款额时，参照印度储备银行非银行监管部门“存款增长调查”所确立的政府性非银行公司存款与非政府性非银行公司存款的比值；评估住户部门持有私营公司股权与债券额时，参照印度储备银行“股份公司资本所有权结构调查”所获得的各方股份占比。当然，随着社会经济发展，这些占比都会发生变化，印度中央统计局会不断进行调整。

（二）协调不同性质数据的差异

住户部门中涉及个人（实际住户）的各项数据是以收付实现制为基础进行记录的，而涉及个人独资、个人控制的合伙制企业以及为住户服务的非营利性组织则按照统一规则，以权责发生制进行核算。这中间就会产生口径、时点等方面的差异，需要进行统一并予以规范。在报表编制过程中，印度中央统计局遵循SNA核算原则，总体采取权责发生制进行核算。为此，对于住户数据则进行区分处理：许多数据，如现金、存款、当场完成交割的交易，实际上收付实现制与权责发生制无差异，直接编制入表即可；对于股权和债券、人寿保险基金、政府有价证券等，则按照发生日期与性质进行界定是否计入报表，如应付未付利息、未决索偿款等都是其中需要进行数据处理的项目。

（三）数据取净值与合并

为了准确反映住户部门的资产与负债情况，住户部门内部的债务债权关系要尽可能厘清，交叉部分要进行抵消和剔除，以避免重复和虚增。为此，印度中央统计局在整理原始数据时，会有针对性地进行取净值和合并。如在某一特定资产内取净值，用获得的债券减出售的债券，或用按新债券形式发行的债券减赎回的债券。合并则是指把某一组机构单位的资产交易与同一组机构单位对应的负债交易相抵消的过程，在印度住户部门资产负债表编制过程中，涉及住户与公司、住户与非营利性组织、公司与非营利性组织之间的合并。

第五节　印度住户部门资产负债表简要分析

考虑到AIDIS频率较低，最近一次调查仅为2013年。因此，本节重点介绍印度中央统计局编制的住户部门2011—2017财年资产负债表的主要指标及结构、增长等情况。

一、印度住户部门资产负债表

表 9-5　　2011—2017 财年印度住户部门资产负债表　　单位：千万卢比

编号	科目	2011—2012 财年	2012—2013 财年	2013—2014 财年	2014—2015 财年	2015—2016 财年	2016—2017 财年
	住户净资产（1+2+3-4）	2065566	2235280	2285301	2439104	2447990	2479661
1	金融资产	932729	1064041	1190770	1257247	1520727	1404847
1.1	现金	106242	111521	99520	133345	200518	-316473
1.2	存款	540500	606174	666958	612364	645675	971295
1.2.1	银行存款	492319	533890	598646	538965	567512	873789
1.2.2	非银行性公司存款	10021	27911	22816	28915	18293	25061
1.2.3	合作银行/组织存款	33651	41190	40658	40307	55804	68085
1.2.4	贸易债务净额	4509	3183	4838	4177	4066	4360
1.3	股权和债券	16522	17027	18930	20364	44893	36265
1.3.1	私营公司	7604	8405	3677	5593	9161	23201
1.3.2	合作银行/组织	224	405	261	300	306	298
1.3.3	共同基金	8694	8217	14992	14471	35427	12765
1.4	政府债权	-21889	-7109	23053	969	67939	62552
1.4.1	政府有价证券	-109	211	14794	-602	14206	3516
1.4.2	政府小型储蓄等	-21780	-7320	8259	1571	53733	59036
1.5	保险基金	195673	179949	204469	299322	269960	349198
1.5.1	人寿保险	195463	179843	216508	296923	265828	347234
1.5.2	简易人寿保险	-2579	-2272	-15086	-943	924	-2019
1.5.3	国家保险	2789	2378	3047	3343	3208	3982
1.6	公积金和养老金	95680	156479	177841	190883	291742	302010
2	实物资产	1389322	1465013	1416428	1513127	1272105	1398462
3	金银首饰	33635	36650	36782	45562	46246	51053
4	金融负债	290120	330425	358679	376832	391089	374701
4.1	银行垫款	266294	302455	286587	258461	258971	234311
4.2	合作银行/组织贷款或垫款	6215	6292	15749	23982	15816	16593
4.3	金融机构/非银行公司贷款	9954	6837	47822	84730	106491	117224
4.4	政府贷款/垫款	301	168	665	193	395	850
4.5	保险公司贷款	7356	14673	7856	9466	9416	5723
5	净金融资产（1-4）	642609	733616	832091	880416	1129639	1030146

资料来源：印度中央统计局官网。其中，2011—2012 财年指 2011 财年至 2012 财年，资产负债数据时点为 2012 年 3 月末，下同。

二、印度住户部门资产负债表简析

对 2011—2017 财年印度住户部门资产负债表的分析显示：

从资产看，资产总额稳步增长，实物资产占比高于金融资产；金融资产以存款为主。

从负债看，负债总额增速大于资产增速，负债以银行垫款为主，金融机构/非金融公司贷款增长较快。

从净资产看，净资产稳步增长，资产负债率处于较低水平；银行垫款负增长是资产负债率维持低水平的主要原因。

（一）资产

1. 资产总额稳步增长，实物资产占比高于金融资产。

印度住户部门资产总额从 2011—2012 财年的 23.56 万亿卢比增加到 2016—2017 财年的 28.54 万亿卢比，增加了 4.98 万亿卢比，增长 21.14%，年均增加 9974 亿卢比。其中，金融资产增加 4.72 万亿卢比，年均增加 9442 亿卢比；非金融资产增加 2656 亿卢比，年均增加 531 亿卢比。

2011—2017 财年，资产年均增长 3.92%，其中金融资产年均增长 5.71%，非金融资产年均增长 0.37%。资产增速最高为 2012—2013 财年的 8.92%，最低为 2016—2017 财年的 0.54%。其中，金融资产增速最高为 2015—2016 财年的 20.96%，最低为 2016—2017 财年的 -7.62%；实物资产增速最高为 2016—2017 财年的 9.95%。最低为 2015—2016 财年的 -15.41%。从资产构成来看，金融资产平均占比为 45.59%，实物资产占比为 54.41%。

2. 金融资产中以存款为主。

截至 2016—2017 财年，印度住户部门的资产中，金融资产占比为 49.22%。其中，存款占金融资产的比重最高，达 69.14%，保险基金、公积金和养老金份额紧随其后，分别为 24.86% 和 21.50%。其他金融资产占比较小，政府债券的占比为 4.45%，股票和债券的占比为 2.58%，现金占比为 -22.53%。

从增长趋势来看，2011—2017 财年，公积金和养老金、股票和债券增势最猛，分别增长 215.65% 和 119.50%，存款和保险基金紧随其后，分别增长 79.70% 和 78.46%，但现金和政府债券出现负增长，增速分别为 -397.88% 和 -385.77%。

（二）负债

1. 负债总额增速大于资产增速。

印度住户部门负债总额从 2011—2012 财年的 2.9 万亿卢比增加到 2016—

2017 财年的 3.75 万亿卢比，增加 8458 亿卢比，增长 29.16%，年均增加 1692 亿卢比，年均增长 5.25%，高于资产年均增速 1.33 个百分点。

2. 负债以银行垫款为主，金融机构/非金融公司贷款增长较快。

截至 2016—2017 财年，印度住户部门负债中，银行垫款占比最大，达 62.53%。其次是金融机构/非银行公司贷款，占比为 31.28%。合作银行/组织贷款或垫款、保险公司贷款、政府贷款/垫款占比分别为 4.43%、1.53% 和 0.23%。

从增速来看，金融机构/非银行公司贷款增长最快，由 2011—2012 财年的 995.4 亿卢比增加至 2016—2017 财年的 1.17 万亿卢比，年均增长 63.76%；合作银行/组织贷款或垫款由 2011—2012 财年的 621.5 亿卢比增加至 2016—2017 财年的 1659 亿卢比，年均增长 21.70%；政府贷款/垫款由 2011—2012 财年的 30.1 亿卢比增加至 2016—2017 财年的 85 亿卢比，年均增长 23.08%；银行垫款和保险公司贷款均出现负增长。

（三）净资产

1. 净资产稳步增长，资产负债率处于较低水平。

印度住户部门净资产从 2011—2012 财年的 20.66 万亿卢比增加到 2016—2017 财年的 24.80 万亿卢比，增加了 4.14 万亿卢比，增长 20.04%，年均增加 8282 亿卢比，年均增速为 3.72%。

2011—2017 财年，住户平均资产负债率为 13.17%。资产负债率整体波动较小；其中，最高水平为 2015—2016 财年的 13.78%，最低水平为 2011—2012 财年的 12.32%。

2. 银行垫款负增长是资产负债率维持低水平的主要原因。

2011—2017 财年，印度住户部门资产负债率一直维持在较低水平，这与金融负债尤其是银行垫款的负增长有关。2011—2017 财年，银行垫款作为住户部门负债的主要构成，一直维持低速增长，有三个财年甚至出现负增长，导致资产负债率处于较低水平。

参考文献

[1] 联合国，欧盟委员会，经济合作与发展组织，国际货币基金组织，世界银行．国民账户体系 2008 [M]. 中国国家统计局国民经济核算司，中国人民大学国民经济核算研究所，译．北京：中国统计出版社，2012.

[2] National Accounts Statistics Sources and Methods - 2012 [EB/OL]. http://www.stats.govt.in.

[3] Household Assets and Liabilities in India (as on 30.06.2012) [EB/OL]. http：// www. stats. govt. in.

[4] Household Indebtedness in India (as on 30.06.2012) [EB/OL]. http：//www. stats. govt. in.

[5] Household Asset Holding and Indebtedness of Social Groups in India (as on 30.06.2012) [EB/OL]. http：//www. stats. govt. in.

[6] Household Capital Expenditure in India during 01.07.2012 to 30.6.2013 [EB/OL]. http：// www. stats. govt. in.

第十章　国际专家组关于住户收入统计的建议

第一节　住户收入统计国际研究的历史沿革

各国对住户收入统计的研究和实践由来已久，而国际层面上的研究合作则主要始于20世纪60年代。

1966年，联合国统计委员会第十四届会议首次将收入分配统计列入会议议程。会后，联合国统计局逐步构建了收入分配统计体系，包括住户的收入、消费和累积，并将其与早期版本的联合国国民账户体系（SNA）和目前已取消的物质产品平衡表体系（MPS）联系起来。

1972年，联合国统计委员会第十七届会议原则通过了该收入分配统计体系，但要求联合国统计局根据会议讨论情况对该体系进行修正和简化。

1974年，在联合国统计委员会第十八届会议上，经修正简化后的收入分配统计体系被“附意见”地采纳了。其中一条意见认为该体系仍需进一步简化完善。

1977年，联合国统计局经研究后认为，应将收入分配统计体系的完整版和简化版归并在同一份出版物中。为此，联合国统计局发布了《住户收入、消费和累积分配统计暂行准则》（以下简称《暂行准则》），以协助各国收集并发布收入分配统计数据，同时提供数据可比的国际报告。《暂行准则》强调，需要将微观层面的收入分配统计与宏观层面的国家会计标准联系起来。此后，联合国统计局分别于1981年和1985年发布了对各国收入统计工作的调查结果。结果显示，《暂行准则》较少被各国采用。由于缺乏共同遵循的国际标准，各国住户收入的统计数据往往缺乏可比性。

1979年，几乎与对1968年版SNA的修订同步，联合国欧洲经济委员会（以下简称欧洲经委会）开始着手对《暂行准则》进行修订，并特别注重与1968年版SNA修订工作相联系。欧洲经委会组织了若干关于住户收入统计的工作会议和研讨会，但由于总体资源有限，修订工作进展缓慢。

1983 年，卢森堡收入研究所（LIS）成立，旨在解决不同国家住户收入数据缺乏可比性的问题。LIS 汇集了各个国家的数据，并试图将它们重新组织成一套共同的概念和准则。

1993 年，在国际劳工统计学家第十五届会议上，国际劳工组织的统计部门改进了对就业收入的衡量方法。

1996 年 8 月，国际收入和财富研究协会（IARIW）第二十四届大会套开了关于收入和财富分配国际标准的会议。会议重点在于修订 1977 年的《暂行准则》，并形成了两份重要文件：一是“关于修订联合国住户收入、消费和累积分配统计的指引”；二是“住户收入、消费、储蓄和财富统计暂行框架”。该会议的主要结论之一，是从微观数据用户的角度来看，“自上而下”和“宏观到微观”的方法是不够的，还需要“自下而上”和“微观到宏观”的方法；同时需要有新的国际准则来解决这些问题。为此，会议倡议更多统计学家特别是来自各国统计局和国际组织的学者合作开展对住户收入统计的国际研究，以制定统一的国际准则。

1996 年 12 月，作为对上述会议倡议的响应，并回应国际社会日益强烈的对制定住户收入统计国际标准的需求，在澳大利亚统计局的具体倡议下，国际专家组成小组在澳大利亚堪培拉市举行了首次会议，讨论各国和国际统计机构在住户收入统计方面共同面临的问题。人们按照会议举办地的名字将这个国际专家小组命名为“堪培拉专家小组”。“堪培拉专家小组”由来自澳大利亚、美国、加拿大、日本、中国等 26 个国家和欧盟统计局、国际劳工办公室、经合组织等 7 个国际机构的 70 多名专家组成，致力于解决各方在住户收入统计领域面临的概念定义和实际操作问题。

2001 年，堪培拉专家小组在加拿大渥太华市发布了《专家组关于住户收入统计的最终报告和建议》（以下简称《2001 年堪培拉专家小组报告》），该报告提出了在住户收入统计编制、发布和分析等领域的指导原则，为各个国家和国际统计机构的相关工作提供了重要参考，在住户收入统计领域，特别是在微观收入统计的国际标准方面具有很大的影响力。

2003 年，国际劳工组织通过了关于住户收入统计标准（以下简称《ICLS 标准》）的决议。《ICLS 标准》在很大程度上遵循了《2001 年堪培拉专家小组报告》对住户收入的定义和统计建议。

2008 年，欧洲统计学家会议（CES）对收入、生活水平和贫困状况的统计现状进行深入审查，并成立了一个小型的工作小组对《2001 年堪培拉专家小组报告》进行适当更新。该小组结合《ICLS 标准》，以及各国统计的最新情况，将住户收入统计领域的最新进展纳入报告，并对各国住户收入统计工作提出更多指导性意见。

2011 年，该小组于瑞士日内瓦市发布了关于住户收入统计的第二版报告，即《堪培拉专家小组关于住户收入统计的手册（2011）》（以下简称《2011 年堪培拉专家小组手册》）。《2011 年堪培拉专家小组手册》基本遵循《2001 年堪培拉专家小组报告》的框架、主要结论和建议，在指导性原则和主要结论方面没有重大差异。此外，《2011 年堪培拉专家小组手册》结合相关统计的最新发展对《2001 年堪培拉专家小组报告》进行了一些更新，如将无偿家务劳动的价值和家庭耐用消费品的服务价值纳入住户收入统计的框架中。同时，《2011 年堪培拉专家小组手册》包含相关统计领域各国实践的最新信息，并为编制、发布和分析住户收入统计报告提供了最新指导。

第二节　住户收入的定义和构成

一、住户收入的定义

收入的定义在不同时期有所不同，在相同时期的不同国家，也不尽相同。这些差异主要集中在收入是否应该包括非定期的收款、是否应该包括那些有助于未来经济福利的收款、是否应该包括维持净资产价值的费用等。如希克斯所说，“……我们应该将一个人的收入定义为他在一个星期内可以消费的最大值，并在周末仍预期他的收入与开始时一样好”（Hicks 1946，p. 172）；Haig - Simons 则认为，收入包括一个时期内消费和净资产价值变化的总和，因此，不区分定期收入和非定期收入（Goode，1977）。

住户收入的定义源于“收入”，但更常作为衡量人们经济福利的首选。因为人们的经济福利水平不仅取决于个人，还受住在同一住所的其他住户成员收入水平的影响。不仅如此，现代经济社会的发展，需要各国的住户收入统计数据具有可比性，这就需要有一个相对统一的、被国际广泛认可的住户收入定义。

如前所述，在多年国际合作的基础上，《2001 年堪培拉专家小组报告》首次系统地提出了受到国际广泛认可的住户收入定义。2003 年，国际劳工组织通过的《ICLS 标准》也沿用了这一定义。“《ICLS 标准》中的住户收入定义在原则上与《2001 年堪培拉专家小组报告》中的定义没有区别，唯一的例外是关于无偿家务劳动的价值和家庭耐用消费品的服务价值”（《堪培拉专家小组关于住户收入统计的手册（2011）》）。在《2001 年堪培拉专家小组报告》中，无偿家务劳动的价值和家庭耐用消费品的服务价值未被纳入住户收入的定义；在《ICLS 标准》中，它们被纳入住户收入的概念性定义，但未给出具体的衡量方法。《2011 年堪培拉专家小组手册》继续沿用了《ICLS 标准》中的住户收入定义，即包含无偿家务劳动的价值和家庭耐用消费品的服务价值，并给出了具体的衡量方法。

综上所述，根据《ICLS 标准》和《2011 年堪培拉专家小组手册》，住户收入的“国际定义”如下：包括住户或住户的个体成员每年或更频繁的间隔期内收到的所有货币或实物（商品和服务）形式的收入，但不包括意外获得的收入以及其他非定期的一次性收入。住户收入可用于当前消费，且不会通过减少现金、增加负债，或处置其他金融或非金融资产来降低住户资产净值。住户收入主要由以下四部分构成：（1）就业收入；（2）财产收入；（3）来自住户生产并用于自己消费的服务的收入；（4）收到的经常转移。

这一定义与 SNA 2008 对住户可支配收入的定义（即住户或其他单位在会计期间可以承担的消费或服务支出的最高金额，且无需通过减少现金，处置其他金融或非金融资产或增加其负债）是一致的。

二、住户收入的构成

如前所述，《2011 年堪培拉专家小组手册》与《2001 年堪培拉专家小组报告》在住户收入定义上的主要区别，是将无偿家务劳动的价值和家庭耐用消费品的服务价值纳入住户收入定义中。

在住户收入的构成方面，两个版本的报告都依照基本相同或相似的方式进行分类，除无偿家务劳动的价值和家庭耐用消费品的服务价值外，两者涵盖的内容一致。但在具体结构和细分层次上，两者略有不同，具体差异见表 10－1 和表 10－2。

表 10－1　　《2001 年堪培拉专家小组报告》中住户收入的构成

住户收入的构成及其细分	
1	雇员收入
	现金或准现金形式的收入
1.1	现金工资与薪酬
1.2	小费和奖金
1.3	分享的利润（含股票期权）

续表

住户收入的构成及其细分	
1.4	遣散费和解雇费
1.5	在偏远地区工作等的应付津贴
	附加福利的现金价值
1.6	雇主给雇员的社保缴款
1.7	提供给雇员作为其职业方案一部分的商品和服务
2	自我雇用的收入
	现金或准现金形式的收入
2.1	非法人企业的利润/亏损
2.2	版税和稿酬
2.3	用于易货贸易而生产的商品和服务，减投入的成本
2.4	用于住户消费而生产的商品和服务，减投入的成本
2.5	来自自住住宅的收入减去相应支出
3	租金收入
	除土地租赁之外的其他租金收入减去支出
4	财产收入
4.1	利息收入减利息支出
4.2	股息和红利
4.3	土地出租收入
5	收到的经常转移
5.1	来自雇主计划的社会保险福利
5.2	来自政府计划的现金形式的社会保险福利
5.3	来自政府计划的现金形式的一般社会救助福利
5.4	来自政府计划的现金形式且经收入调查的社会救助福利
5.5	收到的住户间定期现金转移
5.6	收到的来自慈善机构等非营利机构的定期援助
6	总收入（以上第1项至第5项的和）
7	已支付的经常转移
7.1	雇主的社会保险出资
7.2	雇员的社会保险出资
7.3	所得税
7.4	定期的财产税
7.5	住户间的定期现金转移
7.6	给慈善机构的定期现金转移
8	可支配收入（第6项减去第7项）
9	收到的实物形式的社会转移
10	经调整后的可支配收入（第8项加上第9项）

资料来源：《堪培拉专家小组关于住户收入统计的最终报告和建议（2001）》。

表 10－2　　《2011 年堪培拉专家小组手册》中住户收入的构成及与 2001 年版的对应关系

序号	住户收入的构成及其细分	与 2001 年版分类的对应关系（序号与表 10.1 对应）
1	就业收入	1＋2 的部分
1a	雇员收入	1
1a1	工资与薪酬	1.1＋1.5
1a2	现金红利和奖金	1.2 的部分
1a3	佣金和报酬	1.1＋1.2
1a4	董事和主管的酬金	1.1 的部分
1a5	分享利润的奖金和其他形式与利润相关的薪酬	1.3
1a6	作为雇员报酬的一部分所给予雇员的股份	1.1 的部分
1a7	雇主给予雇员的免费或享受补贴的商品和服务	1.7
1a8	遣散费和解雇费	1.4
1a9	雇主给雇员的社保缴款	1.6
1b	自我雇用的收入	2.1
1b1	非法人企业的利润/亏损	2.1
1b2	用于易货贸易而生产的商品和服务，减去投入的成本	2.3
1b3	用于住户消费而生产的商品和服务，减去投入的成本	2.4
2	财产收入	2.2
2a	来自金融资产的收入减去费用后的净值	4.1
2b	来自非金融资产的收入减去费用后的净值	3.1
2c	版税	2.2
3	来自住户生产并用于自己消费的服务的收入	
3a	自住住宅和租金补贴所提供的住房服务的净值	2.5
3b	无偿家务劳动的价值	2001 年未包括
3c	家庭耐用消费品的服务价值	2001 年未包括
4	收到的经常转移	5
4a	社会保障的抚恤金/计划	5.2
4b	养老金和其他保险福利	5.1
4c	社会救助福利（不包括实物社会转移，参见 10）	5.3
4d	来自非营利机构的经常转移	5.6
4e	收到的住户间的经常转移	5.5
5	来自生产的收入（1 和 3 的总和）	1＋2.1＋2.3＋2.4
6	初级收入（2 和 5 的总和）	1
7	总收入（4 和 6 的总和）	
8	已支付的经常转移	7

续表

序号	住户收入的构成及其细分	与2001年版分类的对应关系（序号与表10.1对应）
8a	直接税（扣除退款的净值）	7.3
8b	强制性费用和罚款	7.3的部分
8c	已支付的住户间经常转移	7.5
8d	雇员和雇主的社会保险出资	7.1
8e	给非营利机构的经常转移	7.6
9	可支配收入（7减8）	8
10	已收到的实物社会转移（STIK）	9
11	调整后的可支配收入（9加10）	10

资料来源：《堪培拉专家小组关于住户收入统计的手册（2011）》。

综上所述，住户收入主要由就业收入、财产收入、住户生产并用于自己消费的服务的收入和收到的经常转移这四大部分构成，它们还可继续细分为雇员收入、自我雇用收入等子项目（住户收入各个组成部分的定义、范围和统计要点详见附录1）。

堪培拉专家小组建议，将上表列示的概念框架作为住户收入统计和分析的框架。当然，该小组也表示，并非上述所有项目都可直接用于统计实践。

三、将住户收入定义扩展至消费和资本累积

尽管将住户收入定义向消费和资本累积扩展超出了堪培拉专家小组的研究范围，但考虑到研究的完整性，以及衡量“资本净累积”（即由于储蓄和资本转移而带来住户净资产的变化），以便利编制住户部门资产负债表的需要，堪培拉专家小组对这一问题进行了研究。表10－3（承接表10－1）显示了如何将住户收入定义扩展至支出和累积，并得到“资本净累积”的过程。

表10－3　　将收入定义扩展至消费和累积

11	住户消费支出（包括STIK以外的实物消费）
11.1	应付未付的工作相关费用（旅行、儿童保育等），不含间接税
11.2	与工作相关的开支（旅行、儿童保育等）的间接税
11.3	住房消费支出［实际租金、住房补贴，自住业主的估算租金（等于表10－1中的第2.5项）］，不包括间接税
11.4	住房消费支出的间接税
11.5	其他住户消费支出，不包括间接税

续表

11.6	其他住户消费支出的间接税
11.7	作为职业方案的一部分向员工提供的商品和服务（等于表10－1中的第1.7项）
11.8	通过物物交换收到的货物（等于表10－1中的第2.3项）
11.9	为住户消费生产的商品，减去投入成本（等于表10－1中的第2.4项）
12	不定期的现金和实物转移支出
12.1	从其他住户和慈善机构收到的不定期现金和实物转移减去转移出去的数量
12.2	彩票和赌博赌注减去奖金后的净值
12.3	非人寿保险保费减去索赔后的净值
13	总消费支出（等于第11项加上第12项）
14	收到的实物社会转移（等于表10－1中的第9项）
15	住户实际消费（等于第13项减去第14项）
16	住户储蓄（等于表10－1中的第10项减去第15项）
17	收到的资本转移
17.1	继承
17.2	一次性的退休金支付
17.3	人寿保险索赔减去保费后的净值
17.4	其他意外收获
18	已支付的资本转移
18.1	遗产税
18.2	对财产的定期税（包括持有收益/损失的税）
19	资本净累积（等于第16项加上第17项减去第18项）
20	备忘项目：持有收益/损失

资料来源：《堪培拉专家小组关于住户收入统计的最终报告和建议（2001）》。

堪培拉专家小组建议，应收集有关持有收益和损失的数据，并将其作为“资本净累积”之外的单独的备忘录项目记录下来，在编制住户部门资产负债表时将它们考虑在内。

第三节　住户收入统计的其他概念性问题

一、会计期间的选择

原则上，不同目的的统计和分析可能适用不同的会计期间，但总体来说，一年的会计期间在许多情况下都是较为理想和更具操作性的。例如，衡量自我雇用收入时，“一年”往往是小企业主在合规经营中获得利润或承受损失的时间；在衡量利息、红利和季节性活动（如农业和旅游业）的收入时，由于这些收入通常也是以年度为周期获得的，因此“一年”也是适用的会计期间。

当然，某些情况下可能并非如此。因此，堪培拉专家小组对会计期间的选择提出了三条建议：一是通常情况下，用于住户收入统计的会计期间应该是“一年”；二是根据实际需要，尽量收集具有不同会计期间的数据，并对其进行标准化处理；三是对于在某个较短会计期间（如季度）适用的收入组成部分，应积极寻求补充信息，判断这些数据在较长的会计期间里是否适用。

二、统计单位的确定

无论是统计还是分析收入数据，都要确定统计单位。例如，工资和薪酬最好在个人层面统计，而住房租金则必须在家庭层面统计。

由于经济福利是个人感受而非共同感受，似乎应以个人作为收入统计分析的主要单位。但这忽视了“个人经常与和其共同生活的其他人分享收入”基本假设（收入分享假设），会在实践中遇到很多问题。例如，一个收入很低被视为“贫困”的人，可能因分享其配偶或子女的收入而过得富裕。因此，统计单位必须是经济资源分享假设最合理的单位。表 10 – 4 列示了收入分析中各种统计单位的定义。

堪培拉专家小组建议，将表 10 – 4 中定义的“住户”作为收入分析的基本统计单位，其他单位可作为特定分析目的下的替代方案。

表 10 – 4　　　　收入分析中各种统计单位的定义

独立个体	独居的人或在住户中但与其他住户成员无关的人
住户	一个人或居住在同一住所*的一群人
广义家庭（经济家庭）	两个或两个以上的人共享同一个住所，并通过血缘、婚姻（包括同性伴侣、法律上的婚姻以及事实上的婚姻）或领养关系相联系
核心家庭	共享住所的父母和未婚子女。核心家庭是广义家庭中较小的单位，包括父母、兄弟、姐妹等
收入单位	在住户内的一个人或一组相关人员，他们掌管并分享收入

注：*住所是指一组结构独立的生活场所，其中从建筑物外部进入的入口不通过其他住所。

三、等值标准的运用

住户的规模和结构各不相同，将带来住户收入统计结果的差异。例如，在其他条件相同的情况下，一个规模较大的住户的生活水平将低于与其有着相同收入的规模较小的住户；同时，住户的生活成本也因成员年龄、身份和劳动状况等结构性因素而有所不同。

在该情况下，需要运用等值标准去调整住户收入，消除或减少住户规模和结构差异所带来的影响。等值标准通常可表示为特定生活水平下，不同规模和结构的住户所需的收入比率。例如，如果只含一人的住户需要一个单位的收入来维持特定的生活水平，那么一个含两人的住户可能需要1.7个单位，而一个含三人的住户可能需要2.2个单位，那么1∶1.7∶2.2就是一组等值标准。构建等值标准有两种基本方法：一是运用社会科学等专业知识，二是对调查数据进行实证分析。

当涉及不同国家（地区）的住户时，堪培拉专家小组建议根据各国（地区）住户的平均规模对收入进行调整。例如，可以用收入除以住户规模的平方根来调整住户收入。此外，等值标准的选择可能会因各国采用的收入定义的不同而有所差异。例如，如果某个国家的收入定义中包括实物形式的社会福利，那么用于调整这种收入的等值标准可能不同于只包括单独现金收入时所运用的等值标准（Smeeding等，1993）。

另外，堪培拉专家小组提醒，即使对于特定时间的统一国家（地区），既不涉及数据的跨时间和跨国别比较，也没有绝对正确的等值标准。这意味着，任何看似正确的等值标准的运用，都可能为住户收入统计带来了新的错误来源。为此，需要测试统计数据对等值标准选择的稳健性。

四、价格指数的调整

价格在同一区域的不同时间，或同一时间的不同区域间，都可能是不同的，因此，当需要对收入统计数据进行跨时间和跨区域（国家）的比较时，需要运用价格指数对收入数据进行调整，以消除通货膨胀的影响，从而使比较结果更为真实可靠。

这种调整可以看做是上述等值标准的延伸。等值标准是对不同规模和结构的住户收入数据进行调整，使不同类型住户之间的收入数据更具可比性。从这个角度看，等值标准可视为规模和结构不同的住户之间的“价格指数”。

运用价格指数对不同时间、不同区域的收入数据进行调整时，需要根据所采用的收入定义选择不同的价格指数。例如，当收入定义包括非现金收入时，需采用那些包含相应非现金收入成分的价格指数；如果收入定义扩大到包括实物形式的社会转移，那么这些转移也需要包含在所选择的价格指数中。

堪培拉专家小组建议，价格指数的选择需要与统计中采用的收入定义相匹配。如果价格指数的组成部分与收入定义之间不完全匹配，那么需进一步检验这些不匹配是否会给数据比较结果带来偏差。

五、微观角度和宏观角度的协调

住户收入统计有微观和宏观两个角度。上述住户收入的定义和统计框架主要是从微观角度来分析和构建的，这一角度是“自下而上”和“从微观到宏观”的。而与之相对应的是宏观角度，则以“自上而下”和“从宏观到微观”的方式来构建收入的定义和统计框架。微观角度和宏观角度进行收入统计和分析的目标不同，对收入的处理方式也不尽相同。前者侧重于对住户个体的收入及其分配情况的统计和分析；后者对住户部门的总收入更感兴趣，侧重于对住户部门与国民经济其他部门经济往来的总量分析。

宏观角度进行收入统计和分析的主要框架是SNA，它是以统计语言对国民经济大多数元素进行解释的综合体系，表达了经济不同部门的角色和相互关系，是国民经济统计领域被广为接受和运用的国际标准。堪培拉专家小组认为，其从微观角度构建收入定义和统计框架与SNA的框架非常相似，但由于统计目的和处理方式不同，两者也有差异（详见附录2）。

第四节　住户收入统计：从概念到实践

堪培拉专家小组对住户收入的定义、构成以及会计期间、统计单位等概念性问题进行了明确，构建了一套关于住户收入统计的较系统的概念框架。但是受各种现实约束，将这些概念付诸实践时面临一些困难。

面临的主要约束因素有两个：一是数据的可得性，二是数据的质量。在住户收入统计的实践中，有些数据是不可得或难以得到的，尽管某些国家可以借助如税收记录、社会救济金记录、个人收入登记册等行政资源来获取数据，但任何类型的数据源都不可能提供上述概念框架所对应的全部数据。另外，收集到的数据也未必都是准确且与统计目标契合的。以住户收入统计中的入户调查为例，当受访者不能准确理解调查者的问题、不知道需要其报告的收入项目（如雇主为其代缴的社保金），或难以准确回忆起有关信息时，入户调查所获得数据质量也将大打折扣，甚至影响统计结果。此外，样本覆盖范围不全面、某些群体的代表性过于集中而其他群体代表性不足等问题，也会影响数据质量。

为了解各国住户收入统计实践的差异，特别是各国的统计实践在多大程度上遵循上述概念框架，堪培拉专家小组对来自全球五大洲25个国家的30个住户收入统计项目进行了研究。结果显示，多数国家的统计实践都无法完全遵循上述概念框架，只有以下10个收入项目被多数国家（约占被调查国家的四分之三）所统计：(1)现金工资和薪水；(2)奖金；(3)非法人企业的利润/亏损；(4)租金收入；(5)收到利息和股息；(6)以雇主计划为主的私人养老金（包括外国养老金）；(7)政府社会保险（即社会保障）福利；(8)政府社会救助福利；(9)定期的住户间现金转移；(10)来自住户以外的其他定期支付。

这一研究进一步验证了把住户收入的概念框架运用于统计实践将面临许多现实约束。为解决这些问题，特别是在实践中构建各国可比的统计数据，堪培拉专家小组借鉴卢森堡收入研究所（LIS）多年来在收入数据跨国比较方面的研究成果，构建了一套可用于跨国比较的住户收入统计实践框架，如表10-5所示。

表10-5 可用于跨国比较的住户收入统计的实践框架

1	雇员收入
1.1	现金工资与薪酬
2	自我雇用的收入
2.1	非法人企业的利润/亏损
2.4	为易货交易而生产的商品和服务，减去投入的成本
2.5	为住户消费而生产的商品，减去投入的成本
3	租赁收入减去相关费用支出，土地租金除外
4	财产收入
4.1	收到的利息减去支付的利息
4.2	股息与红利
5	收到的经常转移
5.1	来自雇主计划的社会保险福利
5.2	来自政府计划的现金形式的社会保险福利
5.3	来自政府计划的现金形式的一般社会救助福利
5.4	来自政府计划的对低于一定收入水平人群的现金救助福利
5.5	收到的定期的住户间现金转移
6	总收入（上述1-5项的总和）
7	已支付的经常转移
7.2	雇员社会保险缴款
7.3	所得税
8	可支配收入（6-7）

资料来源：《堪培拉专家小组关于住户收入统计的最终报告和建议（2001）》。

附录1：各收入组成部分的定义、范围和统计要点

1. 雇员收入

雇员收入是指雇员从其雇主手中获得的各种现金和准现金形式的报酬的总和。

1.1 现金工资与薪酬

包括：（1）以现金支付的工资和薪酬；（2）对非工作时间（如年假）的报酬；（3）加班费；（4）向法人企业的董事和高管支付的酬金；（5）计件工资；（6）为雇员抚养子女所支付的款项（即使这些项目出自政府援助计划）。

注：（1）将为雇员抚养子女所支付的款项包括在内，是因为它更类似于为住户所提供服务的酬金，而不是一项社会转移；（2）应扣除雇主对雇员工作相关费用（如差旅费和住宿费）给予报销后支付的款项。

1.2 小费和奖金

包括：（1）小费；（2）第十三个月的工资；（3）以现金支付的奖金。

1.3 包括股票期权在内的分红

包括：分红的收益，但不包括现金奖励。

注：这里包括股票期权，尽管在某些情况下，这些股票期权在转移给雇员一段时间后才能转换为现金收入。同时，关于股票期权的正确计值一直存在争议。

1.4 买断或解雇的薪水

包括：（1）旨在补偿雇员在正常退休之前就结束就业的款项（买断补偿）；（2）解雇补偿。

不包括：在正常退休时支付的一次性款项，被视为资本转移。

注：正常退休时点可能因工作而异。例如，武装部队和警察部队的成员有权较早享受退休金和其他福利。根据劳动合同安排，当雇员在正常退休年龄之前离开工作时，雇主通常应支付买断费或解雇费。

1.5 在偏远地区工作等的应付津贴

包括：为诸如在特殊区域工作而支付的津贴，这通常是工作条件的一部分。

不包括：纯粹与工作有关的费用，例如出差和防护服的费用（被视为雇主的费用）。

注：此项收入涵盖军人和其他人员在特殊职位上的津贴。如果将收入估计

数与支出估计数进行比较，则支出估计数应排除纯粹与工作有关的费用（如差旅费）。

1.6　雇主给雇员的社会保险出资

包括：（1）雇主对私人退休（养老金）计划的出资；（2）雇主对私人医疗保险的出资；（3）雇主对雇员人寿保险的出资；（4）雇主对其他的雇主保险计划的出资（如残疾险）；（5）雇主对政府保险（社会保障）计划的出资（包括为社会保险而征收的工资税）。

注：一些雇主，特别是政府雇主，执行未被资助的社会保险计划。即他们平常按要求为雇员缴纳养老金和其他福利，而在权责发生时（如雇员退休时）没有留出相应的资金。雇主为其提供社会保险缴款的雇员的潜在经济福利明显大于那些雇主没有为其缴款的雇员，尽管他们的收入在其他所有方面均相同。在这种情况下，该项目需要估算雇主的名义责任。该项目包含在总收入的定义中，但在推导可支配收入时，应扣减作为转移支付的相应金额。

实际操作：雇主为其提供社会保险缴款的雇员通常不知道缴费的具体金额，因此无法在住户调查中提供准确信息。通常需通过模拟建模和/或直接从社会保险基金获得数据来估计该项目。为了进行成功的建模，可能有必要从受访者那里收集某些指标数据。

鉴于上述困难，可能无法以其他收入组成部分的估算频率去估算该项目。但在分析收入分配时，这是一个重要的项目。首先，包括这一项目可能会增加收入分配的广度，因为这是一种可能受到现金收入较高的人青睐的报酬形式。其次，随着时间发展，所谓的“薪酬包”增加，这个项目可能会变得越来越重要。最后，由于税收和其他制度性因素的不同，这种形式的薪酬包可能因国家而异。

1.7　提供给雇员作为其职业方案一部分的商品和服务

包括：交通费、通信费、住房和医疗补助、低息补贴、儿童保育费、额外假期等由雇员享有但由雇主支付的价值（如果上述雇员的支出是由雇主部分补贴，而不是全额支付，则此处仅包括雇主的实际支出）。

不包括：（1）雇主给雇员的社会保险缴款（作为单列项目）；（2）纯粹与工作相关的费用（被视为雇主的成本）。

注：在某些情况下，雇员可以在此项目下收到现金，但通常是对特定形式的商品或服务的支出的“报销款”（或部分报销款）。因此，该项目涵盖了作为雇用计划一部分的可提供给雇员的所有商品和服务。

2. 自我雇用的收入

自我雇用的收入是某种程度上对劳动回报的收入，不是雇员收入。通常，它还包括投资于非法人企业的资本回报收入（因此，其在 SNA 中被称为“混合收入”）。

2.1 非法人企业的利润或亏损

包括：非法人企业的所有者或合伙人的净营业利润或亏损。

不包括：（1）企业所有者赚取的董事费，它被视为雇员收入；（2）企业所有者赚取的股息，它包括在财产收入中；（3）非法人企业资本投资产生的利润，它包括在财产收入中；（4）租金和特许权使用费收入，它作为单列项目包括在收入中。

注：（1）净营业利润或亏损是收入总额减去经营成本和支付给员工的工资和薪金，包括社保缴款、支付的税款、支付的商业贷款利息和固定资产折旧等；净营业利润包括企业主或合作伙伴从企业取得的实物商品和服务；总收入包括收到的补贴。（2）亏损被视为负收入。（3）某些国家应将农场主收入与其他自我雇用收入区分开来。

实际操作：如果可能的话，利息支付应始终作为单独的项目来记录，并在总体水平上与国家会计数据等进行核对。

2.2 版税和稿酬

包括：从著作、发明等赚取的且不包括在非法人企业损益中的版税。

注：版税费被视为自我雇用的收入，因为它们是对版税所有人付出努力的回报。

2.3 用于易货贸易而生产的商品和服务

包括：为与其他住户易货交换而生产的商品和服务的价值，减去生产过程中的成本。

注：住户不仅消费从他人那里购买的商品和服务，而且还消费自己生产或通过易货交易获得的商品和服务。这些商品和服务的估价很困难，因为缺乏可参考的市场交易价格。但是，这些自产自用或通过易货交易所获得商品和服务也是住户经济福利的重要组成部分，应将其纳入收入的定义中。如果忽略它们，对收入在不同国家（地区）、不同时间或不同人群之间的比较将产生影响。特别是在非现金经济显著的国家（地区），将这一项目纳入收入定义特别重要。

实际操作：实践中，易货交易的产出可能不容易与自己的账户消费，以及住户之间交换礼物的易货交易过程严格区分开来。例如，如果易货交易既涉及最终消费又涉及中间消费，如易货交易所获得的牛奶既用于饮用又用于蓄养家禽，则在收入统计时存在困难。

2.4　用于住户消费而生产的商品和服务

包括：住户内部生产且自我消费的商品和服务的价值，减去生产过程中的成本。

注：在自给自足农业占重要地位的国家中，将这一项目纳入收入定义尤其重要。

实际操作：任何住户支出估算中都应有相应的项目与住户收入估算值进行比较。

2.5　来自自住住宅的收入减去相应支出

包括：扣减开支、折旧和财产税后，住户的住所提供的居住服务的虚拟价值。

注：无论是跨时间还是跨国的比较，对住宅问题的处理都存在困难。有些人直接拥有住宅，因此没有定期的住房支出；有些人住在有补贴的住宅中，其支出相对较少。通常，一些最贫困的住户住在租来的房子中，且需支付较高的租金。为解决这一困难，SNA 甚至将每个房主都视为一个将住宅回租给自己使用的非法人企业，其住宅的租赁价值设定为相似住宅的市场租金，其虚拟收入等于该租赁价值减去住户作为该住宅房东所产生的费用。

实际操作：业主自住住宅的租赁价值理论上应该相当于相似住宅的市场租金价格。由于住宅的市场租金价格主要取决于地理位置，当有些地区的住宅租赁市场不完全，同一类型或该区域的住宅租赁很少时，就很难确定用于估算租赁价值的市场租金价格。这一情况在偏远的农村以及发展中国家大城市周边的棚户区特别典型。

自住住宅的虚拟收入是估算的租赁价值减去住户作为该住宅房东所产生的各种费用和成本，包括维护费等。与自产自用生产一样，费用、折旧和财产税等的投入成本应从消费支出中扣除。虽然消费支出的估算值不太可能包括折旧，但必须注意它们不包括自住业主发生的费用，例如从五金店购买的维修材料。

如果用于购买自住住宅的贷款利息不能与其他形式的利息（如消费信贷）分开估算，则该组合利息应作为负的财产收入纳入计算，从而抵消财产收入总额中获取的利息。

3. 除土地租赁之外的其他租金收入减去支出

包括：（1）未含在非法人企业损益中的住宅、商业建筑、车辆、设备等的租金收入；（2）来自寄宿生或住宅租客的收入。

不包括：土地的租金。

注：在SNA中，除土地之外的租金收入被视为自我雇用的收入，因为通常需要付出大量努力来获得并维护租赁物品。以此相应，土地租金被视为财产收入。但是，目前在许多国家的微观收入统计中，所有租金收入被视为财产收入。因此，堪培拉专家小组在表10－1中将它作为一个独立类别显示。

实际操作：实践中，由于附有建筑物的土地的租金无法与建筑物本身的租赁价值区分开。因此，该项目通常包括除农地租金以外的所有租金收入。同时，实践中可能无法估算与非法人企业损益总额区分开的租金收入，这种情况下，将该租金收入归并到自我雇用收入中。

4. 财产收入

财产收入是指为取得货币收益而将某一资产交给另一方使用而获得的收入减去相应支出后的净值。

4.1 利息收入减去利息支出

包括：（1）收到的未计入非法人企业损益的利息；（2）从包括银行账户、存单、债券等资产收到的利息；（3）以私人保险计划的利息形式收到的养老金或年金收入，其中，对该计划的出资并非由政府强制要求，也与雇主对该计划的出资无关，即出资完全由出资者自行决定。

注：原则上，利息应按照权责发生制记录，即在应该收到而不是实际收到利息时记录。两者间的差异可能很大。但在住户层面，往往只能估算已收到的利息。

实际操作：堪培拉专家小组的建议是，将利息收入扣除所有利息支出。人们通常无法区分与商业贷款相关的利息、与自有住宅抵押相关的利息及与消费信贷有关的利息，并获得已付利息的估计数。如果商业贷款的利息不能与其他形式的利息分开估算，则该组合利息应作为负的财产收入纳入计算，从而抵消财产收入总额中的利息收入。但如果可能的话，还是应尽可能地单独估算应收利息和已支付利息。

4.2 收到的股息和红利

股息和红利代表了给予投资于企业但不在其中工作的人的回报。对法人企业来说，它们被称为股息和红利。对其他企业来说，则代表从非法人企业所获取的权益，包括对不参与具体经营的合伙人报酬。

包括：（1）法人企业支付的股息和红利；（2）从持有的股票和共同基金份额中获得的收入；（3）未含在自我雇用收入中的从非法人企业获取的权益，如给不参与具体经营的合伙人的报酬；（4）以私人保险计划的利息形式收到的养老金或年金收入，其中，对该计划的出资并非由政府强制要求，也与雇主对该计划的出资无关，即出资完全由出资者自行决定。

实际操作：原则上，股息和红利应按照权责发生制记录。即在应该收到而不是实际收到股息时记录。而在住户收入统计中，往往是按实际收到的股息来记录，两者间的差异可能很大。

4.3 土地出租收入

包括：未含在非法人企业损益中的土地租金。

不包括：土地上建筑物的租金收入。

实际操作：参见第 3 条“除土地租赁之外的其他租金收入减去支出”的讨论。

5. 收到的经常转移

“转移”是指没有“交换条件”的付款和收款，如退休金。它们在某些情况下往往是常规、定期或可预测的，且通常是法律或某些类似义务的强制性要求。社会保险的缴款和收益都是“转移”，只是从住户角度看，收益和缴款的方向是相反的。

5.1 来自雇主计划的社会保险福利

社会保险福利是对接受者或其受益者支付或代表其支付的出资的回报。

包括：（1）来自完全为政府雇员福利而运营的政府社保福利计划和私营雇主社保福利计划的养老金和其他保险福利；（2）海外政府的养老金和其他福利；（3）军人养老金；（4）由取得社保资格的私人保险计划支付的失业、疾病、残疾、医疗等保险福利；（5）作为雇员薪酬待遇一部分而支付给雇员家庭的教育费用。

不包括：（1）支付给雇员的一次性退休费用；（2）私人保险计划的收益，政府或雇主没有强制要求雇员参与该计划，即参与该计划及相关出资完全由雇员自行决定。

注：一些社会保险计划允许（或强制要求）参与者在退休之日一次性获得

一笔退休福利。在这种情况下，后期继续给予参与者的定期退休福利较少。SNA规定，所有退休福利都作为社会保险福利处理，即作为经常转移。这样就无需分别单独获得一次性福利支付和定期福利支付的信息，而将所有的出资和收益都记录在同一账户中。但是，对于收入统计，最好将上述一次性福利支付作为资本转移来处理，因为它们是一次性的。所以，在本报告中将该项目归入表10－3而不是表10－1。

这里的福利支付对应于本附录7.1“雇主的社会保险缴款”和7.2“雇员的社会保险缴款”所涵盖的社会保险缴款，这些缴款缴纳给私人社会保险计划。

完全由参与者（供款人）自行决定的私人保险计划的收益可能是非人寿保险，其超出表10－1所定义的收入范畴；也可能是类似于年金或类似投资工具的福利支付，后者应视为财产收入。

实际操作：在住户调查收集住户的社会福利数据时，建议准备一份综合且广泛的清单，将所有可能的社会福利支付列入其中。

5.2 来自政府计划的现金形式的社会保险福利

包括：来自政府社会保险计划的、与职业有关的养老金和其他保险福利。

不包括：（1）来自完全为政府雇员福利而运营的政府福利计划的支付；（2）一次性的退休福利支付；（3）政府报销的医疗费用，它被视为实物社会转移。

注：这里的福利支付对应于本附录7.1“雇主的社会保险缴款”和7.2“雇员的社会保险缴款”所涵盖的社会保险缴款，这些缴款缴纳给政府的社会保险计划。

5.3 来自政府的现金形式的一般（即不经过收入调查）社会救助福利

包括：（1）老龄、丧偶、失业、疾病、残疾等的抚恤金和津贴，它与参与者职业无关，取决于受益人对保险计划的直接出资；（2）妇女和儿童的救济金；（3）政府提供的奖学金和其他教育援助；（4）对学生贷款利息的减免（不经收入调查）；（5）课税扣除（参见本附录7.3“所得税”的讨论）。

不包括：（1）房租津贴（住房补贴）；（2）报销的医疗费用；（3）其他实物社会福利。

实际操作：在住户调查中收集住户的社会福利数据时，建议准备一份综合且广泛的清单，将所有可能的社会福利支付列入其中。

5.4 来自政府的经收入调查的现金社会救助福利

该项目涵盖政府向收入（和/或储蓄）低于特定水平的个人、家庭或住户支付的福利。

包括：（1）老龄、丧偶、失业、疾病、残疾等的抚恤金和津贴，它与职业无关，取决于受益人对保险计划的直接出资；（2）妇女和儿童的救济金；（3）政府提供的奖学金和其他教育援助；（4）对学生贷款利息的减免（不经收入调查）；（5）课税扣除（参见本附录7.3“所得税”的讨论）。

不包括：（1）房租津贴（住房补贴）；（2）报销的医疗费用；（3）其他实物社会福利。

实际操作：在住户调查中收集住户的社会福利数据时，建议准备一份综合且广泛的清单，将所有可能的社会福利支付列入其中。

5.5　收到的住户间定期现金转移

包括：（1）收到强制性的赡养费和子女抚养费；（2）定期收到的自愿性的赡养费和子女抚养费；（3）来自其他国家住户的定期支付；（4）其他来自生活在其他住户的人的经常性收入保障款项，例如远离家庭求学的孩子或住在另一个住户的老年亲属所接受的收入保障款项。

不包括：来自亲属的非收入保障的款项，如偿还贷款。

注：对收入保障是否由法院强制要求，各国存在不同的规定，因此在确定自愿性收入保障是否定期支付方面存在一些随意性，但重要的是将定期的自愿性保障支付概念纳入其中。即使并非根据法院的要求进行支付，但只要这些支付是定期的，且出资者承认其出资已从其可支配收入中扣减，同时受益者承认该款项已纳入其可支配收入中，那么就应该将这笔收入保障支付纳入“收到的住户间定期现金转移”。

原则上，还需要将定期支付给远离家庭的孩子和老年亲属的收入保障款项纳入“收到的住户间定期现金转移”中。该项目的反向项目是本附录7.5“住户间的定期现金转移”。

实际操作：无论该项目的实际操作如何，都必须采用相同的方法来收集本附录7.5“住户间的定期现金转移”相关数据。否则，将会重复计算或低估可支配收入。

5.6　收到的来自慈善机构等非营利机构的定期援助

包括：（1）为住户服务的非营利机构提供的定期援助；（2）从工会定期收到的罢工工资；（3）慈善信托机构的奖学金。

不包括：所有一次性或一次付清的款项。

6. 总收入（上述1至5的总和）

总收入是来自住户以外的实体的所有现金和非现金收入的增加，这些实体包括政府、企业、非营利组织和其他住户。总收入包括就业收入、财产收入和收到的转移支付，还包括住户为自己消费而生产的商品和服务的估算价值和自住住宅的估算租金。

实际操作：总收入中的一些要素较难衡量。首先，应该衡量代表住户收到的现金流量的所有收入成分；其次应优先衡量可能对有关国家收入统计结构产生最大影响的非现金因素。

7. 从收入中扣除已支付的经常转移

这类强制性支付主要包括所得税和强制性社会缴款。这些项目从总收入中扣除，以衡量可支配收入。

7.1 雇主的社会保险缴款

此项目与本附录1.6项相反。这些缴款由雇主代替雇员缴纳，并作为就业收入纳入总收入中。这些缴款会立即转移到指定的社会保险计划，无论该计划是否由雇主运营。因此，这些缴款在会计期间不可用于消费。

实际操作：应与本附录1.6项运用相同的处理方法。

7.2 雇员的社会保险缴款

包括：雇员对政府和私人社会保险计划（养老金、健康保险等）的缴款。

不包括：对完全由出资者自行决定的私人社会保险计划的缴款。

注：对社会保险计划的总缴款包括雇主支付的部分（7.1）和雇员支付的部分（7.2）。在一些社会保险计划中，为了获得更高的福利支付，雇员可以某种投资形式进行更高的缴款，作为强制性缴款的一种补充。在这种情况下，可能无法明确区分强制性和自愿性缴款，因此这两种缴款可能都必须包括在本项目中。

7.3 所得税

包括：（1）所得税减去税收返还后的净值；（2）狩猎、射击和捕鱼的强制性费用和罚款。

注：为了与SNA一致，所得税应按权责发生制记录。根据权责发生制对所得税数额进行调整的过程中，最重要的是对住户在一个财政年度末所收到的、用以纠正年内多付款项的税收返还的调整。反之，如果在这一年中某些住户少

付，他们可能会收到额外的纳税义务声明。此类税收返还和补税声明都应从已纳税额中扣除或增加。对于自我雇用收入，有时是基于上一年的收入征税，在这种情况下，应记录本年度应缴纳的税款，而不是记录基于当年收入而应在下一年度缴纳的税额。

虽然课税扣除（税收抵免）是针对税收收入设定的，但并非总是如此。在概念上（有时在实践中），它们应与税收返还分开处理。税收抵免或免税额可用于减少应纳税额。在宏观数据中，应付税额仅在考虑税收抵免后给出；而对于住户收入，有时需要计算在没有税收抵免的情况下应支付的税款，并将总税收抵免显示为抵消项目，以便了解不同税收抵免制度的收入再分配效果。

某些住户可能存在税收抵免超过税务负担的情况。在一些国家，剩余的税收抵免就此消除；在其他国家，剩余的税收抵免应以现金形式支付给受益人。这种情况下，该款项显示为社会援助，并包括在本附录5.4的项目中。此时，宏观账户数据可能不会显示税务机关应支付的税收抵免，因为这些税收抵免可能会与其他应收税款抵消。

政府收取的一些罚款和费用可称为税收。由于国家间的差异大，难以形成一个有说服力的标准来确定哪些罚款和收费应被视为税收。SNA的约定是：为狩猎、射击和捕鱼许可而支付的罚款和费用应视为税收；其他支付给政府的所有罚款和费用应视为对某项服务的付款，进而成为相关住户消费支出的一部分。实践中，即使不能在住户调查数据来源中区分这些罚款和费用，也应避免产生重大错误。

实际操作：可能难以直接从用于编制收入统计报告的数据源中直接获得住户所得税负担的数值，特别是在未收集年度数据的情况下。因此，必须对应付所得税进行估算。当对个人的收入征税时，要估算一个住户的应付税款也存在困难。在一些国家，收集税后收入的数据更加容易，在这种情况下，必须先计算所得税负债并将其加到税后收入数据中，以估算总收入。

7.4　定期的财产税

包括：（1）土地税（不包括对农业土地征税的土地税）；（2）对定期支付的资产征收的税收；（3）租户支付的房产税。

注：租金收款之外，由房主或地主支付的财产税归为生产税，是从自住房主或租赁的估算租金扣除的成本之一。如果租户负责直接支付房产税，则该项税收应包括在此项目中。

本项目只包括那些定期支付的资产税。例如，对汽车和船只等资产所有权征税。遗产税等间歇性税收由财富支付，因此作为财富税列入表 10 - 3。

实际操作：对于无独立缴纳房产税义务的租户，最好将税收与其租金区分开，但数据方面的限制可能做不到这一点。因为尽管房东知道纳税数额，但租客可能不知道，所以很难在住户调查中收集相关数据。

7.5 住户间的定期现金转移

包括：（1）强制支付的赡养费和子女抚养费；（2）定期支付的自愿性的赡养费和子女抚养费；（3）向生活在其他住户的人支付的经常性收入保障款项，例如向远离家庭求学的孩子或住在另一个住户的老年亲属支付的收入保障款项。

不包括：向亲属支付的非收入保障的款项，如偿还贷款。

注：该项目是本附录 5.5“收到的住户间定期现金转移”的反向项目。

实际操作：应与本附录 5.5 项运用相同的处理方法，否则会重复计算或低估可支配收入。

7.6 给慈善机构的定期现金转移

包括：工会会费和会员给慈善机构的付款。

8. 可支配收入（第 6 项减去第 7 项）

可支配收入的定义是总收入减去直接税和强制转移以及住户间的家庭保障支付。它消除了个体住户和整个经济的重复计算。这种收入概念可用于衡量可供消费和储蓄的资源。

9. 收到的实物形式的社会转移

实物形式的社会转移所涵盖的项目包括政府提供的服务，如公共卫生和教育；社会保障和社会救助计划提供的实物福利（其中一些有时也被称为消费者补贴）和医疗费用，这些费用最初由个体住户支付，但随后由政府报销。

包括：（1）根据政府社会保险计划报销的医疗费用；（2）政府社会保险计划提供的医疗服务；（3）租金津贴（住房补贴）；（4）食品补贴或代金券；（5）公有住房的补贴；（6）公共教育；（7）社会保险计划未提供的医疗服务；（8）文化和娱乐服务；（9）特定类别住户的交通补贴（例如，老年人免费乘车或车票折价）。

不包括：住户为这些服务支付的名义价值。

注：公共住房补贴的估算方式与自住住宅租赁价值的估算方式类似。

10. 经调整后的可支配收入（第 8 项加上第 9 项）

虽然实物社会转移支付的接受者未选择如何使用相当于该实物转移价值的现金收入，但就像可支配收入与消费支出有关，经过这一调整后的可支配收入与实际消费关系密切。

附录2：微观和宏观角度

表1　　在住户收入定义和统计方面的区别

<table>
<tr><th>微观住户收入统计</th><th>宏观住户收入统计</th></tr>
<tr><td colspan="2">A. 人口范围</td></tr>
<tr><td>很多微观的住户调查都有范围限制，如只包含私人住户，不包括居住在非私人住宅（养老院、监狱、医院、寄宿学校等）的人等。这些范围的变化因国家不同而有所不同</td><td>住户部门由人口中的所有个体或人群组成。与微观统计一致，包括独资企业和合伙企业在内的非法人企业所开展的生产活动被纳入住户部门，但在SNA中被视为准公司的企业除外</td></tr>
<tr><td colspan="2">B. 数据记录</td></tr>
<tr><td>收入根据住户在会计期间内实际或预期的收款来记录（包括现金和实物）</td><td>记录从其他经济部门流入住户部门的收入。其中收入按权责发生制记录。有些收入是估算值，因为住户未意识到他收到了该收入</td></tr>
<tr><td colspan="2">C. 住户收入定义和处理</td></tr>
<tr><td>堪培拉专家小组的住户收入定义</td><td>SNA 2008 的相应处理</td></tr>
<tr><td colspan="2">1. 就业收入</td></tr>
<tr><td colspan="2">1a　雇员收入</td></tr>
<tr><td>工资与薪酬</td><td rowspan="8">这些收入组成部分都被纳入“工资和薪酬总额”中。“工资和薪酬总额”（包括现金和实物形式）是“雇员报酬”中的一个单列成分</td></tr>
<tr><td>现金红利和奖励</td></tr>
<tr><td>佣金和报酬</td></tr>
<tr><td>董事和主管的酬金</td></tr>
<tr><td>分享利润的奖金和其他形式与利润相关的薪酬</td></tr>
<tr><td>作为雇员报酬的一部分所给予雇员的股份</td></tr>
<tr><td>雇主给予雇员的免费或补贴的商品和服务</td></tr>
<tr><td>遣散费和解雇费</td></tr>
<tr><td>雇主的社会保险缴款</td><td>是“雇员报酬”中的一个单列成分。SNA中还包括雇主给短期离职金计划的缴款的估算值</td></tr>
<tr><td colspan="2">1b　自营雇用的收入</td></tr>
</table>

续表

微观住户收入统计	宏观住户收入统计
C. 住户收入定义和处理	
非法人企业的利润/亏损	是“总混合收入”（GMI）中的一个单列成分。 GMI是扣除员工成本和中间消耗成本（用作生产投入的商品和服务的价值）后，非法人企业的利润或亏损。其他成本如固定资本消耗（CFC）和利息，不从GMI中扣除。 相对而言，净混合收入（NMI）更接近住户收入概念，因为它是GMI减去CFC的差额
用于易货贸易而生产的商品和服务，减去投入的成本	是GMI中的一个单列成分
用于住户消费而生产的商品和服务，减去投入的成本	是GMI中的一个单列成分
2. 财产收入	
2a　来自金融资产的收入，减去费用的净值	
对来自金融资产的某些收入成分的住户调查统计，是其以投资为目的的收入扣减相应费用后的净值	SNA中，来自金融资产的收入不扣减直接费用
来自金融机构的利息	SNA中的“应收利息”，包括金融机构支付的利息，以及金融中介提供管理住户存款服务的估算价值
红利，包括来自自有非法人企业的收入、给不参与经营管理的合伙人的报酬，以及来自资产和信托的分配	企业分配的收入被纳入其中
	SNA中的财产收入还包括外国直接投资的再投资收入、非寿险保单持有人应占的投资收入的估算值、养老基金的住户权益应付的投资收入以及集体投资基金股东应占的投资收入。这些都在住户收入调查中进行收集
2b　来自非金融资产收入减去费用的净值	
来自住宅地产的租金收入，减去运营费用、折旧和利息等的净值	住户拥有的住宅租金收入是经营盈余总额（GOS）的一个组成部分。 在计算GOS时，会扣除维护费用等运营所消耗的成本。但是，在计算GOS时不会扣除CFC和利息。 净营业盈余（NOS）更接近住户收入概念，因为它是GOS减去CFC

续表

微观住户收入统计	宏观住户收入统计
C. 住户收入定义和处理	
来自非住宅地产的租金收入，减去运营费用、折旧和利息等的净值	非住宅地产（例如工厂、商店等）的租金收入被视为非法人企业的营业收入，并计入 GMI。计算 GMI 时不扣除 CFC 和利息
来自非产出资产（如土地）的租金收入	同样纳入
2c 版税	纳入自我雇用收入中的 GMI
3. 来自住户生产并用于自己消费的服务的收入	
3a 自住住房和租金补贴所提供的住宅服务的净值	是 GOS 中的一个单列成分。 住房服务被纳入生产的范围内，是 SNA 普遍排除所有供自己消费的住户服务的一个例外
3b 无偿家务劳动的价值	未包括在 SNA 中
3c 家庭耐用消费品的服务价值	未包括在 SNA 中
4. 收到的经常转移	
4a 社会保障的抚恤金/计划	同样纳入
4b 养老金和其他保险福利	同样纳入“其他社会保险福利”中。“其他社会保险福利”包括养老金社会保险和非养老金社会保险
4c 社会救助福利（不包括实物社会转移）	同样纳入
4d 来自非营利机构的经常转移	同样纳入
4e 收到的住户间的强制和半强制的经常转移	SNA 包括所有来自居民和非居民的其他住户的经常转移（包括现金和实物转移）。但是，除非来自住户调查，否则很多住户间的转移难以衡量。 SNA 还包括住户应收的非人寿保险的索赔，这些索赔不包括在微观的收入定义中。 SNA 将赌博的部分盈利/损失视为服务费，其余部分则被视为住户间的转移。这两者均不包括在微观的收入定义中
5. 来自生产的收入（1 与 3 之和）	相应 SNA 的概念是：雇员报酬（减去对养老金缴款的估算值）加上 GMI，再减去 CFC 和获得 GMI 所支付的利息，以及在微观住户收入中被视为财产收入的 GMI 中的成分（如租金收入）。 SNA 不包括家庭耐用消费品和无偿家务劳动的价值

续表

微观住户收入统计	宏观住户收入统计
C. 住户收入定义和处理	
6. 初级收入（2 与 5 之和）	相应 SNA 的概念是：雇员报酬（减去对养老金缴款的估算值）加上 GMI；再减去 CFC 和获得 GMI 所支付的利息；加上住户拥有的住宅的 GOS；减去 CFC 和利息；加上财产收入；减去投资基金的估算收益；减去 FISIM 对住户应收利息的估算部分；减去非人寿保险的估算补贴。 SNA 不包括家庭耐用消费品和无偿家务劳动的价值
7. 总收入（4 与 6 之和）	参见上述初级收入的差异。 SNA 还包括住户应收的非人寿保险的索赔，这些索赔不包括在微观的收入定义中
8. 已支付的经常转移	
8a 直接税（扣除退款的净值）	同样纳入
8b 强制性费用和罚款	同样纳入
8c 已支付的住户间的强制和半强制的经常转移	参见上述“收到的住户间的强制和半强制的经常转移”项的差异
8d 雇员和雇主的社会保险出资	雇主的社会保险缴款是“雇员报酬”中的一个单列成分，并被视为从住户到保险计划的转移。 相似地，SNA 包括雇主给短期离职金计划的缴款的估算值，雇员对养老基金的缴款，以及扣除服务费后的保费补贴
8e 给非营利机构的经常转移	同样纳入
9. 可支配收入（7 减 8）	这种差异消除了几个抵消 SNA 估算的流入和流出住户的流量。 SNA 可支配收入概念（净值）： （1）删除在上述各项上存在差异的 CFC；（2）取消构成住户获得收入所支付成本的一部分的住户利息和其他支付；（3）扣除了住户其他财产收入的支付，这些支付在编制微观层面可支配收入时没有扣除
10. 已收到的实物社会转移（STIK）	同样纳入
调整后的可支配收入（9 与 10 之和）	主要的差异在于 SNA 中扣除了在微观可支配收入中没有扣除的应付财产收入

资料来源：《堪培拉专家小组关于住户收入统计的手册（2011）》。